AF289915

BERNHARD LUBOS

ENGESOHDER SKULPTUR

Die große Zeit der Bildhauer auf Hannovers romantischem Stadtfriedhof

1. Auflage

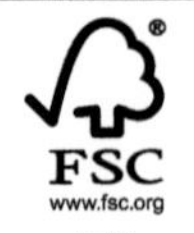
FSC
www.fsc.org
MIX
Papier aus ver-
antwortungsvollen
Quellen
Paper from
responsible sources
FSC® C105338

Liebe Kunstfreundin, lieber Kunstfreund,

mit der Engesohder Skulptur besitzt Hannover einen kulturellen Schatz, frei zugänglich mit Respektierung der postmortalen Menschenwürde und in Rücksicht auf die gartentechnisch gepflegte Anlage. Dem Erhalt für kommende Generationen wurde teils durch Eigeninitiative der Grabstätteneigentümer teils durch die aufmerksame Arbeit der Stadtverwaltung Bereich Friedhöfe bislang Genüge getan.

Das Projekt, welches diesem Buch zugrunde liegt, kümmert sich nunmehr um die grandiosen Bildhauer, um die Urheberschaft der beeindruckenden figurativen Geschöpfe aus Stein und Bronze auf diesem Gelände. Ziel ist es, die Künstler zu benennen, sie aus der Vergessenheit zu holen und ihre Zeit zu verstehen, in der es ihnen ermöglicht wurde, solch aufwändige Werke der Sepulkralkunst zu schaffen.

Geistreich, poetisch und phantasievoll schufen sie ihre Grabmalfiguren, die uns auf Hannovers romantischem Engesohder Stadtfriedhof in aller Stille von der Melancholie einer Epoche, von der Kraft des Ausdrucks symbolistischer Bauplastik, vom Mut zum Monumentalen und von Jugendstilgrabmalen als Gesamtkunstwerke berichten.

Die Recherche Ihres Autors hat ein nahezu komplettes Künstlertableau von gut 50 Bildhauern ans Licht gebracht. Daraus werden wir eine Hand voll als Ausnahmespezialisten der Grabmalplastik identifizieren, wir werden sie „Die Großen Fünf" nennen.

Innerhalb der mittlerweile über 160-jährigen Geschichte des Friedhofs können wir vier Jahrzehnte lokalisieren, in denen diese anspruchsvollen Skulpturen entstanden. Jede Zeit hat ihre Regeln in der Gesellschaft, in der Politik und natürlich auch in der Kunst. Der Bildhauer hat an seiner in Stein gemeißelten oder über das Wachsausschmelzverfahren in Bronze gegossenen Figur die Regeln hinterlassen, die seine Zeit, seine Epoche ausmachten. Wenn wir diese kennen, können wir sie in der Plastik wiedererkennen.

Begleiten Sie den Autor bei der Suche nach dem Schöpfer, im Fall Wegener, in der Frage Serielles oder Unikat, bei erfolgreichen Zuschreibungen über künstlerische Kriterien.

In manchen Fällen ergaben sich bei der Recherche nach der Urheberschaft interessante Hintergrundinformationen, überraschende Verschachtelungen von Ereignissen, so entstanden regelrechte Geschichten, Engesohder Geschichten.

Für Ihren nächsten Besuch hält dieses Buch am Ende einen detaillierten Kartenteil vor, so können Sie eine Plastik, auf die Sie per Zufall stoßen, identifizieren oder gezielt zu einem von 192 Kunstwerken navigieren.

Neben den ins Tableau aufgenommenen 17 Reliefs, 5 Portraitbüsten, 4 Kopfportraits, 26 Portraitplaketten und 7 anders gearteten Arbeiten, wie zwei Mosaiken, gilt unser besonderes Augenmerk den 133 Figuren und Figurengruppen, die seit gut einem Jahrhundert der Vergänglichkeit trotzen und auf ihre Art versuchen, uns die Ewigkeit zu erklären.

Und bestimmt kommen Sie darauf, mit wem wir bei Frida die Ehre haben könnten, die uns mit ihren Gedanken thematisch durch die jeweiligen Aspekte des Buches folgt.

Impressum

Bibliografische Information der Deutschen Nationalbibliothek: Die Deutsche Nationalbibliothek verzeichnet diese Publikation in der Deutschen Nationalbibliografie; detaillierte bibliografische Daten sind im Internet über dnb.de abrufbar.

© 2024 Bernhard Lubos – 1. Auflage 2025

Lektorat: Elke Bartels

Konzeption und Gestaltung: Bernhard Lubos

Verlag: BoD · Books on Demand GmbH,
Überseering 33, 22297 Hamburg, bod@bod.de

Druck: Libri Plureos GmbH,
Friedensallee 273, 22763 Hamburg

ISBN: 978-3-8192-4789-7

Autor

Bernhard Lubos (Jahrgang 1966) ist selbst als Bildhauer tätig. Seit einigen Jahren nutzt er ausgedehnte Besuche des Engesohder Stadtfriedhofs um zu zeichnen und die Arbeitsweise der Bildhauer zu studieren. Da sich mit der Zeit ein tieferes Verständnis und ein umfangreiches Fotoarchiv der figurativen Kunst vorort bildete, entschloss er sich 2024 die gesamte Anlage mit den darauf befindlichen künstlerisch wertvollen Objekten zu katalogisieren, kartographieren und sich um die künstlerische Urheberschaft zu kümmern. Als Autor des 2023 erschienenen Buchs „Moderne Plastik vor dem Durchbruch der Abstraktion – Die letzten figurativen Klassiker geboren bis 1900" war es ihm ein Vergnügen, das so entstandene Künstlertableau in kunstgeschichtlichen Zusammenhang und dem Leser in einer verständlichen und, wie er hofft, unterhaltsamen Art näher zu bringen.
Lubos ist Diplomdesigner, hat nach dem Besuch einer privaten Kunstschule Architektur, dann Produktdesign studiert und als Grafikdesigner sowie Zeitschriftenlayouter für Verlage gearbeitet. Seit 2016 gilt sein Interesse in zunehmendem Maße der figurativen Plastik, im eigenen Schaffen sowie als Forschender und Autor mit der Mission, die mit viel Verve und Eleganz arbeitenden Bildhauer vergangener Jahrhunderte aus der Vergessenheit zu holen. Künstlerische Schätze, wie die vom Autor getaufte „Engesohder Skulptur", lassen sich wohl am besten bergen, wenn man sie benennen kann.

Mit ihrem Glockenhut und dem grünen Gehrock erscheint sie im Outfit der 1920er. Stilsicher, denn die Tasche, die sie mit beiden Händen vor sich herträgt, und die ebenfalls schwarzen Damenschuhe wirken nicht zu modisch. Vielleicht haben wir uns etwas zu warm angezogen, denkt Frida und blickt in den blauen Himmel, doch später am Bahnhof kann es kühler werden. Wann fuhr der Zug nochmal zurück nach Berlin?

Das pittoreske Eingangsgebäude und die Kapelle machen mit ihren Rundbögen einen neoromanischen Eindruck. Kunsthistorisch ist er innerhalb des Historismus geplant und entstanden, das ist ihr bewusst, sie hat ihr Leben lang mit Kunst zu tun gehabt. Und, je mehr Abteilungen sie durchdringt, desto intensiver erfüllt sie eine Empfindung von Romantik.

Lange schlendert sie gemächlich dahin. Sie überlegt sich, ob sie beginnen soll, die Eichhörnchen zu zählen, die ihren Weg kreuzen. Dann betritt sie schließlich eine fürstliche Gartenanlage, so kommt es ihr vor. Sie steht mitten in einer als großes Halbrondell angelegten Abteilung, viele Blumenbeete zwischen den Gräbern, keine Bäume, es wird ihr zu warm, sie geht zum Rande hin, hinter der Friedhofsmauer sieht sie wieder große Bäume. Unmittelbar vor der Mauer, vor dem größten Grabmal der Abteilung, steht Frida endlich im Schatten. Wie prüfend, den Kopf etwas zur Seite geneigt, betrachtet sie drei, eine stehende und zwei sitzende, mit wallenden Kleidern ausstaffierte Damen aus Stein. Wie Burgfräulein sitzen sie da. Der romantische Carl mit C war hier zu Gange. Schuldig im Sinne der Anklage. Sie freut sich.

Die Großen Fünf

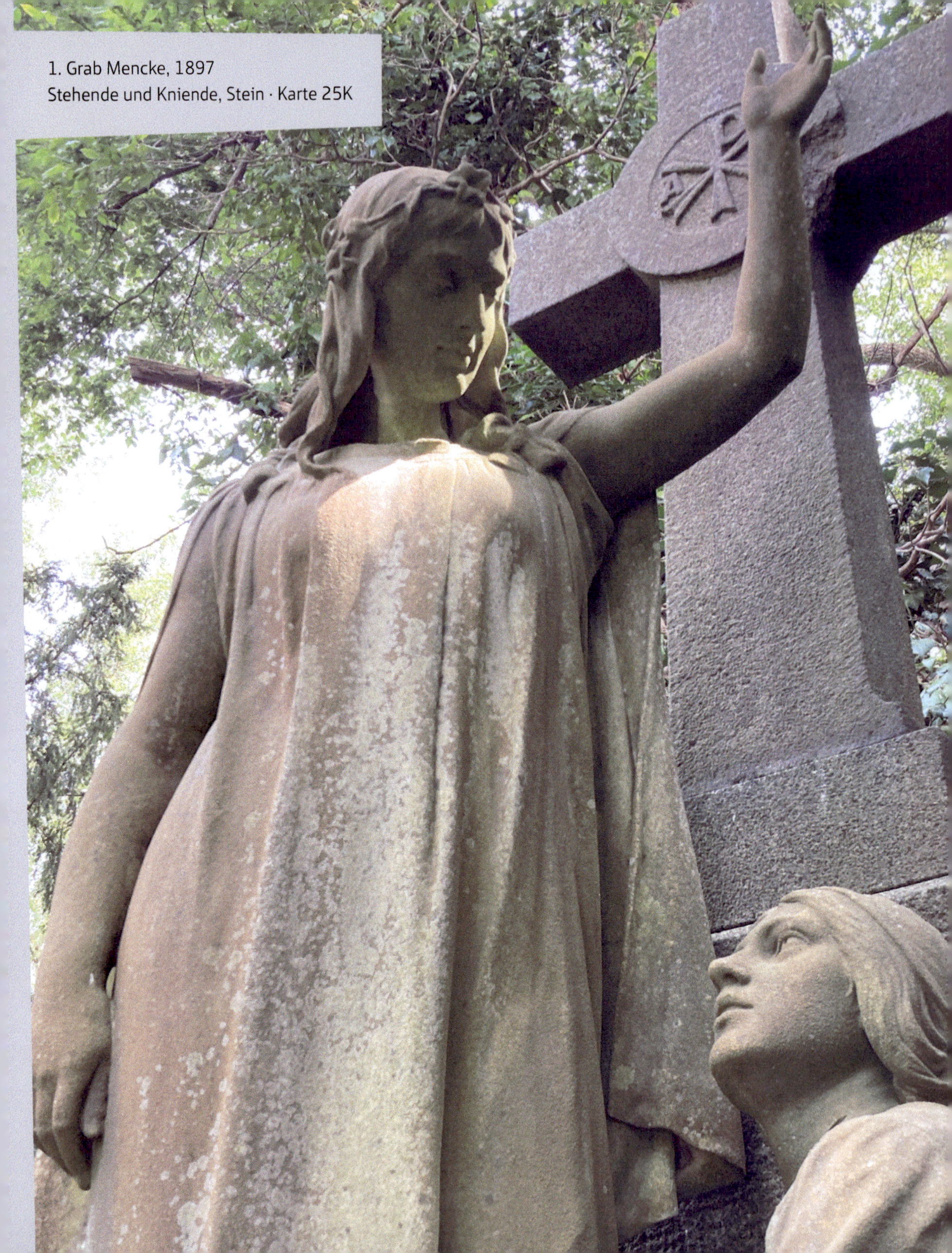

1. Grab Mencke, 1897
Stehende und Kniende, Stein · Karte 25K

Die Großen Fünf

Wir gehen gleich ins Volle. Gleich zu Anfang wollen wir die fünf wichtigsten Künstler, bezüglich ihrer Präsenz auf diesem Friedhof, behandeln. In der Kombination von Qualität und Quantität ragen sie deutlich aus dem gesamten Künstlertableau hervor. Gleichzeitig finden wir über ihre Geschichte und ihre Werke am schnellsten Zugang zu den künstlerischen und kulturpolitischen Zusammenhängen der großen Zeit der Grabmalplastik in Deutschland.

Geistreicher Naturalismus

Beginnen wir bei einem Meister des Portraits und der anmutigen Arme und Hände.
Als 25-Jähriger hat er großen Erfolg mit einem tanzenden Faun nebst einer tanzenden Bacchantin, die quasi den Abschluss seiner Ausbildungszeit darstellen, zum einen handwerklicher Art, die in der Werkstatt seines Vaters als Gipsformer beginnt, zum anderen künstlerischer Art über Besuche der Kunstakademien in Kassel, München und Dresden. Es handelt sich um Carl Friedrich Echtermeier, geboren 1845 in Kassel. Auf den preußischen Fritz im Namen legt er keinen übergroßen Wert, seinen „Karl" möchte er aber bitte mit C geschrieben haben, er selbst signiert seine Werke mit C. Echtermeier, indem er das C in Form einer Ligatur mit dem E verbindet (Abb. 6).
Diese frühe Phase manifestiert sich in einem sehr ausschmückenden Stil. Wir reden hier vom Neobarock, dem vorherrschenden Stil in der Kaiserzeit in Deutschland.

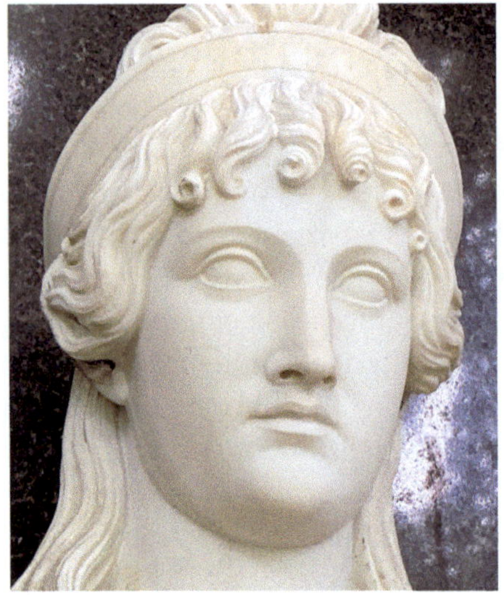 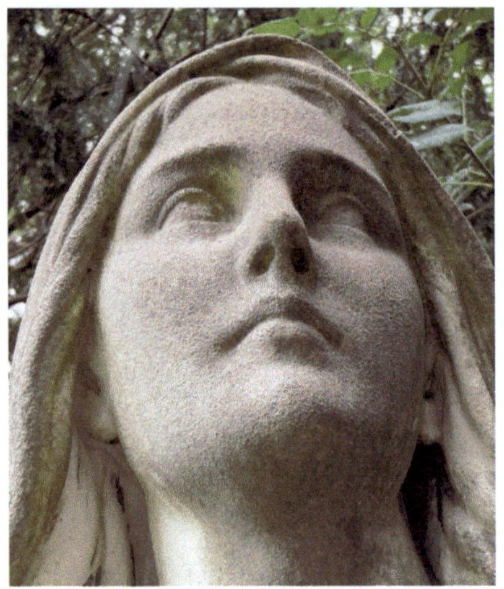

2. Klassischer Formenkanon
Grab Wessel, Von Nerée, 1879–1899
Stehende, Stein · Karte 25E
Künstler unbekannt

3. Ein „Echtermeier-Gesicht"
Grab Koehler, 1892–1903
Ausschnitt, Sitzende links · Karte 25D

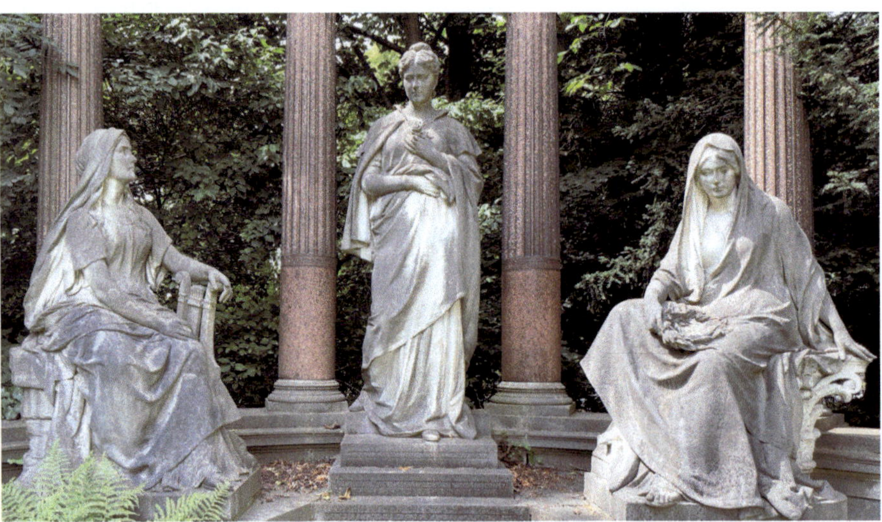

4. Reiche Gewänder als Statussymbol
Grab Koehler, 1892–1903
Stehende, flankiert von zwei Sitzenden, Stein · Karte 25D

Von Berlin aus setzt im Besonderen Reinhold Begas (1831–1911) Maßstäbe, als wahrscheinlich einflussreichster deutscher Bildhauer in dieser Epoche.

Das liegt unter anderem daran, dass Kaiser Wilhelm II., der von 1888 bis 1918 regiert, seine Arbeiten schätzt und ihn geradezu mit Aufträgen überschüttet, wie etwa für seine „Puppenallee", wie sie die Berliner damals nennen, eine 750 Meter lange „Siegesallee" mit 32 großen Denkmalen, mit denen die Geschichte des Hohenzollerngeschlechts, von dem Wilhelm abstammt, glorifiziert werden soll.

Ernst Herter (1846–1917) folgt ihm in Sachen Neobarock und Virtuosität in die Fußstapfen, er stattet gerade mit seinem „Sterbenden Achill" Sissis Achilleion auf Korfu aus, ein 1890 bis 1892 erbauter Palast, welchen die österreichische Kaiserin Elisabeth bis zu ihrer Ermordung 1898 immer wieder besucht. Der Berliner ist dann von den 1840ern gemeinsam mit Adolf von Hildebrand (1847–1921), der von München aus die Szene überstrahlt, prägend in Deutschland. Während Hildebrand, der zunächst beweist, dass er genauso detailreich und hypernaturalistisch Körper formen kann, sehr bald zu einem reduzierterem Stil findet, dem Neoklassizismus, seine eigene Theorie in der Anschauungsweise von Plastiken entwickelt, in seinem Buch „Das Problem der Form in der Bildenden Kunst" formuliert und nach der Überlieferung damit die Ausbildung in der Münchener Akademie maßgeblich beeinflusst.

In diesem Kontext befindet sich also Carl Echtermeier, der – nach einer Italienreise, was für den ernstzunehmenden deutschen Bildhauer

seinerzeit Pflichtprogramm war, um sich die altrömischen Plastiker und Renaissancegrößen vor Augen zu führen und sich so quasi den letzten Schliff zu holen – inzwischen Braunschweiger ist, dort und in Magdeburg Aufträge für Denkmale erhält und an der TH Braunschweig Modellieren und Bossieren lehrt. Bossieren meint ein direktes Erstellen einer Figur mit einem speziellen Wachs, was sonst nur einen Teil im Abgussverfahren des Modells übernimmt.

Für sein Können und sein Selbstbewusstsein spricht auch, dass er sich bei einem Wettbewerb für ein Bismarck-Denkmal in Berlin beteiligt – der spätere Gewinner, wir ahnen es: Reinhold Begas, wer auch sonst in Wilhelms preußischer Hauptstadt. Immerhin realisierte die Stadt Magdeburg Echtermeiers Entwurf. In seiner Sepulkralkunst, der er sich überwiegend um die Jahrhundertwende widmet – er selbst stirbt 1910 in Braunschweig, gelangt er zu einem Stil, der sich gut mit „Geistreicher Naturalismus" beschreiben lässt.

Schauen wir uns dazu Echtermeiers Plastiken in Engesohde mal genauer an. Seine zwei Hauptwerke hier finden wir in Abteilung 25. Was uns unmittelbar auffällt, sind seine geradezu erschreckend lebensnahen Gesichter, nicht nur in der Frontalen, sondern auch in seitlichen oder dreidimensional gedrehten Ansichten. Die Augen weichen von Skulpturen nach dem griechischen Ideal ab, wo Ober- und Unterlid überdeutlich klare Konturen erhalten. Vergleichen wir seine Gesichter mit einer Nachbarfigur, die nach dieser Art entworfen wurde (Abb. 2): Echtermeiers Augenpartien sind naturalistisch, lebensecht, wie fotografisch festgehalten, nur eben räumlich

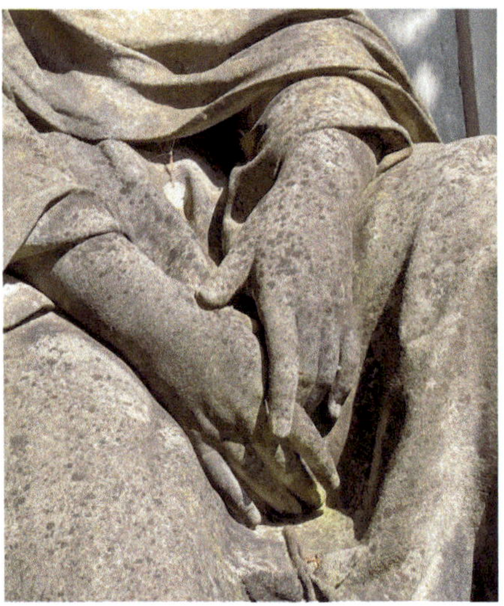

5. „Echtermeier-Hände"
Grab Hoffmann, 1892
Sitzende, Stein · Karte 40E

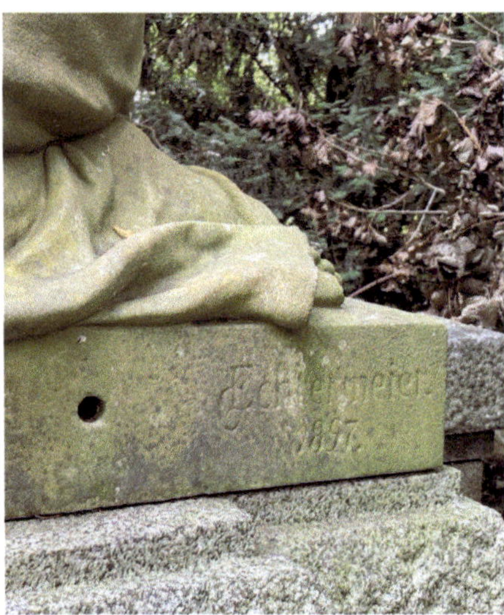

6. „CE", Echtermeiers Ligatur-Kniff bei
seiner Signatur mit Jahreszahl

(Abb. 3). Auch die Nase folgt nicht dem griechischen Kanon, zwischen Nase und Stirn bildet sich ein natürlicher Absatz, das ganze Gesicht von Stirn über Wangen, Mund und Kinn vereinfacht oder stilisiert er in keinster Weise, spannungsvoll geformt zeigt es die Attraktivität seiner Modelle, die in ihrem Ausdruck eine Geschichte erzählen. Das ist das typische des Neobarocks, dass die Protagonisten mit all ihren Details in einer einzigen Pose – zugegeben, das geht ja auch nicht anders, ist ja Skulptur und kein Schauspiel – eine ganze Geschichte erzählen. Und die handelt hier auf diesem Friedhof oft von Trauer und Melancholie. Desweilen sehen wir aber auch Szenen meist von Engeln vorgetragener Verheißungen – über die Auferstehung – begleitet von hoffnungsvoller, staunender Mimik bei den lauschenden Menschenwesen wie hier bei Echtermeiers Grabmal für Familie Mencke (Abb. 1).

Insbesondere den Begriff der Romantik, die in der Plastik ab den 1830ern menschliche Gefühle in den Fokus nimmt, können wir bei Echtermeier unbedingt wiederfinden. Beim imposanten Grabmal Koehler in dieser Abteilung scheint es sich um Portraits zu handeln (Abb. 4). Die Gesichter folgen nicht einem Ideal, sondern sind Spiegelbilder der Charaktere, der Persönlichkeiten. Wir erkennen den Bildhauer als hervorragenden Portraitisten. Die Auftraggeber müssen sich mit seinem geistreichen Naturalismus sehr geschmeichelt gefühlt haben. Aber züchtig geht es bei ihm zu. Das bedingt auch die Zeit, vor dem Jugendstil in deutschen Landen. Seine Protagonistinnen sind reichlich in wallende Kleider gehüllt, Kopfbedeckungen, Tücher, Überröcke, von Kopf bis zu den Fußknöcheln: Stoff, Stoff, Stoff. Aber reiche Kleidung adelt hier die Trägerin. Die Romantik bringt auch nationale Ideale aus der Ritter- und Sagenwelt des Mittelalters mit sich. So werden die Dargestellten als Edelfrauen kenntlich, die unendlich vielen Falten und Details der Kleidung werden wichtig für den portraithaften Gesamteindruck einer wichtigen Dame der Dynastie.

Auch bei männlichen Darstellungen biblischer Thematik verwendet er große Sorgfalt auf die faltenreichen Gewänder, wie beim Grabmal Ebeling, am Wegesrand zur Abteilung 9, wo er äußerst virtuos ein Bildmotiv des damals bekannten Malers Bernhard Plockhorst (1825–1907) ins Dreidimensionale überträgt. In Stein gehauen sehen wir da den sitzenden Jesus, der einen knienden Jüngling tröstet, aus dem Jahre 1898.

Die Möglichkeit, dem Menschlichen und Gefühlvollen Ausdruck zu verleihen, beschränkt sich also für Echtermeier in Bezug auf seine Friedhofsplastik auf die unverhüllten Gesichter und Hände. Bei der charakterisierenden Darstellung scheint dieses Manko für ihn nicht allzu gravierend auszufallen, verraten doch gerade die Hände, so man sie meisterlich umsetzen kann, soviel über einen Menschen. Wir wissen, Arme und Hände besitzen eine eigene Sprache, die Gestik, welche eine verbale Kommunikation ersetzen kann. Wie Arme und Hände schweigen können, zeigt Echtermeier an einer in Stein materialisierten Trauernden am Grabmal Hoffmann (Abb. 5) von 1892. Die Steinart lässt feine Strukturen zu, die Oberfläche zeigt sich inzwischen jedoch aufgeraut und dunkelgrau angelaufen. Speziell durch ihre Hände erhält die vor dem

Grab Sitzende, die in sich gekehrt ist, in Gedanken und Melancholie verharrt, Anmut und Eleganz.

Das ist eine Fähigkeit, welche die nächste Bildhauergeneration, der wir gleich bei der Arbeit über die Schulter blicken wollen, von Carl Echtermeier lernen konnte.

Alles beginnt mit Wilhelm Engelhard

Doch zuvor müssen wir noch ein wenig zurückgehen – zeitlich, denn wir sollten kurz über einen großen Namen in der Kunstgeschichte Hannovers sprechen, der essentiell für den Lebensweg der nun folgenden Hauptakteure der Bildhauerkunst auf dem Engesohder Parkfriedhof ist. Ein Künstler, der selbst Schüler von den beiden wahrscheinlich wichtigsten nicht-italienischen Bildhauern des Klassizismus war, von Bertel Thorvaldsen (1770–1844) in Kopenhagen sowie Ludwig Michael Schwanthaler (1802–1848) in München, und anschließend drei Jahre in Rom lebte. Es ist Wilhelm Engelhard (1813–1902), der durch einige Denkmale in Hannover bekannte Maler und Bildhauer.

Am herausragendsten in seinem Werk ist vielleicht die Friesreihe „Nordisches Heldenleben" nach der Edda, in der er mit atemraubender Präzision und Naturtreue die Körper der Protagonisten meist im Flachrelief, teils im Halbrelief, herausarbeitet.

Zu sehen ist der Edda-Fries heute nur noch auf Fotos. In Gestalt von Zeichnungen hing er schon in der Weltausstellung 1851 in London und sollte später einmal in der Marienburg in Marmor realisiert werden. Den Fries installierte man zunächst in der Gipsversion im ersten Geschoss der glasüberdachten Halle des Welfenschlosses. Dann, nach dem Zweiten Weltkrieg, zeigte sich auch hier die sprichwörtliche Radikalität der Städteplanung der 1950er. Für das an sich hehre Ziel, eine moderne Hochschule zu schaffen, die heutige Leibniz Universität Hannover, wurde der Kern des Schlosses umgebaut. Doch anstatt darüber einen Gedanken zu verlieren, wohin man das historische Kulturgut verbringen könnte, wurde 1956 das gesamte Foyer mit dem Edda-Fries und weiteren 18 Portraitbüsten vernichtet, so berichtete es der Architekt Friedrich Lindau.[1]

Zwei Kostproben hinterlässt Wilhelm Engelhard auf dem Gelände des Engesohder Friedhofs: einen sitzenden Engel aus dem Jahre 1880 in den südlichen Arkaden des Eingangsgebäudes sowie von 1891 eine Portraitbüste seines verstorbenen Künstlerkollegen Heinrich Brehmer in Abteilung 40, beide aus Stein. Seine plastischen Erfahrungen– gerade auch im Relief – gab Wilhelm Engelhard in Hannover unter anderem an seinen Sohn Roland Engelhard und an Karl Gundelach weiter, die wiederum beeindruckende Werke, insbesondere in der Grabmalkunst, hinterließen und die wir nun hier auf diesem romantischen Parkfriedhof näher kennenlernen wollen.

Poetischer Portraitist

Karl Gundelach (1856–1920) ist zwar nur elf Jahre jünger als Carl Echtermeier, trotzdem ist er Bestandteil einer vollkommen neuen Generation, die den europaweit aufkommenden Jugendstil in Hannover zur Anwendung bringt, und die im späteren weitere moderne Ansätze in der Plastik mit Vergnügen mitträgt.

Dazu gehört auch ein neues Körperbewusstsein, eine Befreiung vom Dogma der menschlichen Darstellung in standesgemäßer Tracht und Montur. Männer ohne Rauschebart oder Offiziersuniform und Frauen, die sich selbstbewusst, emanzipatorisch, in ihrer betonten Körperlichkeit geben.

Der wie Gundelach im Jahre 1856, aber in Köln geborene Bildhauer Peter Breuer (1856–1930) ist ein Wirkungsmächtiger aus dieser Generation. Als Professor an der Akademie Berlin-Charlottenburg prägt er ab 1896 mit seinem eleganten, reduzierten Stil seine Schüler Fritz Röll, Felix Pfeiffer, Rudolf Belling sowie Hans Dammann, der auf diesem Gelände in einer der Hauptrollen zu sehen ist.

Zur epochalen Einordnung vielleicht noch ein Name, den Sie bestimmt kennen: Max Klinger (1857–1920). Der Leipziger stößt die Secessionen im deutschsprachigen Raum ab 1892 mit an, die ausschlaggebend für die Entwicklung der Moderne waren.

In diesem Zusammenhang dürfen wir hier in Hannover also Karl Gundelach sehen, als Akteur und als Lehrer, etwa von Georg Herting (1872–1951).

Karl Gundelach erblickt am 16. Juni 1856 in der Deisterstraße 19 in Linden, das damals noch nicht zur Stadt Hannover gehört, das Licht der Welt. Nachdem sein künstlerisches Talent aufgefallen ist, betritt er mit 17 Jahren als Lehrling das Atelier von Wilhelm Engelhard. Da muss er auch den kleinen fünfjährigen Roland schon herumspringen gesehen haben. Der Ausbildung folgt ein Studium bei Friedrich Schaper an der Berliner Kunstakademie. Noch in Gundelachs Berliner Zeit entsteht der „Friedensengel" für den Lindener

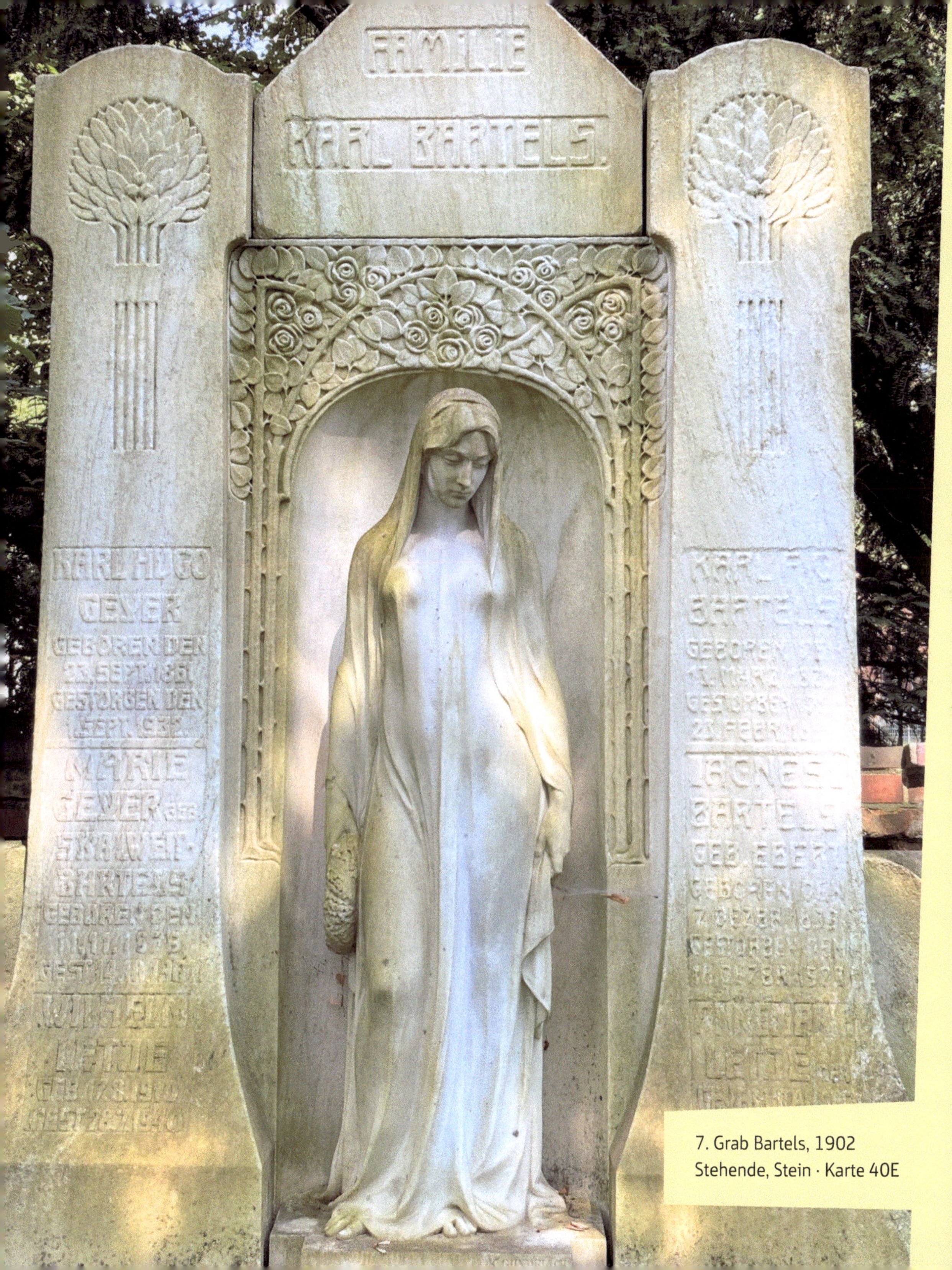

7. Grab Bartels, 1902
Stehende, Stein · Karte 40E

Bergfriedhof, nach 1884.

Bis zur Jahrhundertwende unternimmt er ausgedehnte Reisen nach Schweden, Italien, Frankreich und Belgien. Es gibt Ausstellungsbeteiligungen in zahlreichen deutschen Städten, im norditalienischen Turin wird er mit einer Silbernen Medaille prämiert.[2]

Wieder nach Hannover zurückgekehrt, lehrt er ab 1900 an der Kunstgewerbeschule.

1902 beerbt er Wilhelm Engelhard als Dozent, später als Professor, für das „Modellieren in Ton von Ornamenten in verschiedenen Stilformen und Modellieren nach figürlichen Vorlagen" an der Technischen Hochschule Hannover.

Die Auftragslage wird von einer langen Zusammenarbeit mit dem Architekten Otto Lüer begünstigt, der vor allem im Stil der Neugotik und Neuromanik Kirchen, Villen und Denkmale erbaut, wozu Gundelachs poetisch naturalistischer Stil hervorragend passt. Ein Beispiel dieses gemeinsamen Wirkens ist das Hölty-Denkmal in der Innenstadt von 1901.

Zudem hat Gundelach die Reliefkunst seines alten Meisters Wilhelm Engelhard augenscheinlich gut verinnerlicht und zeigt dies etwa an den Hochrelieftafeln der Eingangsfront des Landesmuseums in Hannover, die er gemeinsam mit Friedrich Küsthardt und Georg Herting gestalten darf. Auf einem seiner Motive erscheint die Kurfürstin Sophie von Hannover mit ihrem Berater Gottfried Wilhelm Leibniz. Diese Fertigkeit im Relief zeigt er auch bei Portraitplaketten, die unter anderem auf Gräbern in Engesohde auftauchen. Wenn wir also eine solche Bronzeplakette mit der Signatur K.G. und zugleich ein

Motiv eines Jungen mit Weltkugel vor uns haben, deutet dies auf Gundelach und seine Beschäftigung mit dem Ort der Wissenschaft hin (Abb. 8).

In Sachen Bronzeskulpturen müssen wir uns heute etwas bescheiden, die lebensgroße des 1907 eingeweihten Rudolf-von-Bennigsen-Denkmals am Maschpark oder sein bronzener Schmied mit Merkurstab am Holzmarktbrunnen Hannover wurden zu militärischen Zwecken im Zweiten Weltkrieg eingeschmolzen. Um so erfreulicher die Tatsache, dass das bronzene Grabdenkmal für Ludwig Hölty (Abb. 10) so gut erhalten ist und es nun an exponierter Stelle den Goseriedeplatz mit anderen versetzten Grabmalresten des Alten St.-Nikolai-Friedhofs aufwertet.

Gundelach stellt dabei einen stehenden, bis auf einen schmalen Hüftschurz nackten Jüngling dar, der sich mit nach vorne gerichtetem Arm auf eine Säule aufstützt und in leichtem Kontrapost auf der anderen Seite die Hüfte nach außen stemmt. In dieser lockeren Pose, die einen deutlich femininen Charakter abgibt, ist die Jünglingsfigur eine seltene wie erfrischende Abwechslung zum im Historismus üblichen heroischen Männerbild.

Bei dem melancholisch dreinschauenden Engel, der am Grabdenkmal der Schlüterschen sitzt (Abb. 11), könnte es sich im Modellvergleich um denselben hübschen jungen Mann handeln. Karl Gundelach, der nach Berichten fast drei Jahrzehnte überaus glücklich mit Ida Helmholz verheiratet war, deren Vater Instrumente und Klaviere in Gronau produzierte,[3] hat bei seiner figurativen Kunst keine Prämissen, er führt uns seine naturalistische Bega-

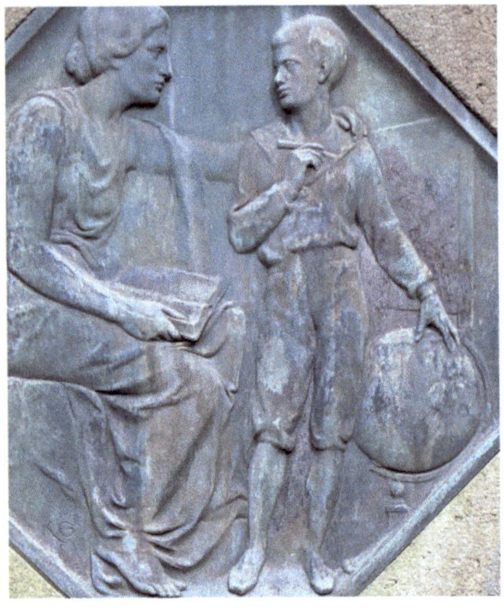

8. Motive aus der Arbeit an der Fassade
des Landesmuseums
Grab Hinneschiedt, 1911
Plakette, Bronze · Karte 10D

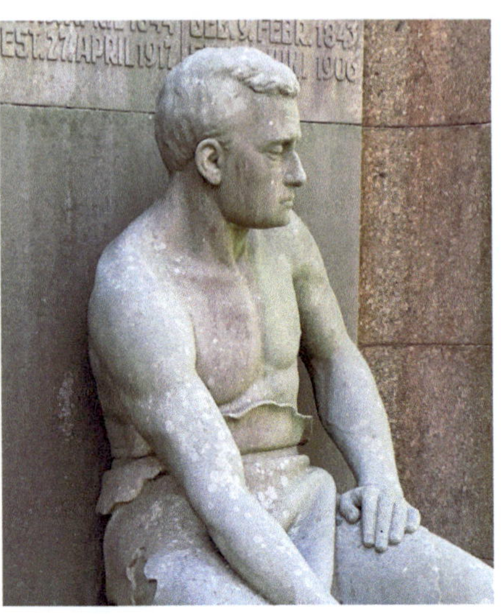

9. Gundelachs Portraitkunst zieht sich
über den ganzen Körper
Grab Eilers, 1906–1917
Sitzender Bergmann, Stein · Karte 15C

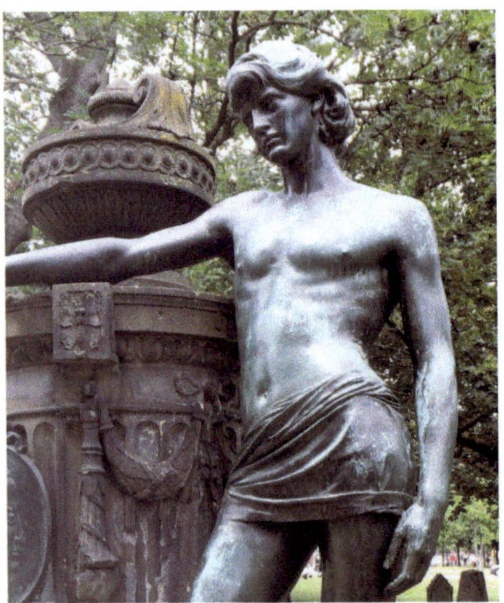

10. Modellvergleich: Stehender Jüngling
vom Hölty-Denkmal, Alter St.-Nikolai-
Friedhof in Hannover, 1901

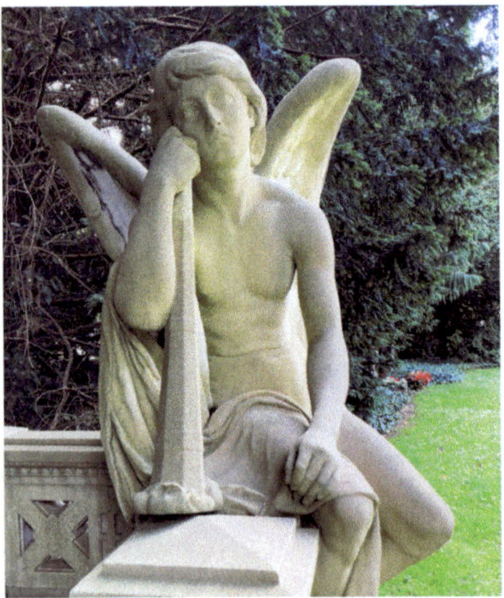

11. … und Sitzender Engel in Engesohde,
Grab Schlütersche, nach 1900 · Karte 25H

bung bei Frauendarstellungen, wie am Grabmal Bartels oder am Grabmal Strack in den nördlichen Arkaden (Abb. 12), gleichermaßen vor Augen wie seine anatomisch durchdeklinierten Männerkörper, etwa beim sitzenden Bergmann am Grabmal Eilers (Abb. 9).

Wenn wir uns die Stehende am Grabmal Bartels anschauen (Abb. 7), samt den steinernen Aufbauten mit den Inschriften, kommt uns sofort der Jugendstil in den Sinn. Das trifft definitiv auch zu. Er macht sich bei diesem Werk sichtbar in der Form, in der Entstehungszeit, in der Schrifttype, in den floralen Ornamenten. Die Figur ist mit der sie umgebenden steinernen Architektur ein Gesamtkunstwerk. Gundelachs Frauenfigur ist körperbetont, die sich an die Haut eng anfügende Toga bildet lange, elegant geschwungene Linien. Dies sind alles Eigenschaften des Jugendstils.

Aber ihr Körper ist nicht überlängt. Auch das Gesicht erhält keine idealistische Veränderung, wie beispielsweise einen Weichzeichner-Effekt. Dazu lässt sich Gundelach nicht verleiten, dazu ist er als naturalistischer Ausnahmekünstler viel zu sehr Portraitist – und vielleicht ist das ja seine Ida, die da steht.

Gleichzeitig lässt Gundelachs poetischer Stil die Körper unter den Bekleidungen aufblühen. Die Trauernde aus einem weißen, marmorartigen Stein in den nördlichen Arkaden am Grabmal Strack (Abb. 12 + 13) zeigt uns, dass der Stoff mit seinen Faltungen den Körper zwar umhüllt, ihn aber im Grunde genommen nicht mehr verdeckt, wie es noch bei Echtermeiers Figuren der Fall war, sondern, im Gegenteil, ihn noch vorteilhafter erscheinen lässt und weiter beschreibt.

Dieses Stilmittel haben wir in der Plastik selbstredend schon öfter gesehen, vielleicht haben Sie, liebe Leserin, lieber Leser, Beispiele von den großen italienischen Meistern der römischen Barockskulptur, wie Giovanni Lorenzo Bernini (1598–1680), oder Werke vom bedeutendsten Vertreter des italienischen Klassizismus, Antonio Canova (1757–1822), vor dem inneren Auge.

Diese Art Attraktivität und Frische in die figurative Plastik zu bringen war in Deutschland lange nicht angesagt, besonders im Norden unter einem recht prüden preußischen Kulturdiktat. Doch der künstlerische Horizont erweitert sich mit der Industriealisierung. Gundelach bringt das jetzt nach Hannover, auf die Grabstätten, aber stets mit Fingerspitzengefühl: nicht auf provokante, sondern auf elegante und verträgliche Art und Weise. Es sind in Bezug auf die Bestimmung der Örtlichkeit tolerable Entwürfe.

Die beschriebene Trauernde in den Arkaden mit ihrem feinen hauchdünnen Kleid mag jedoch nicht so recht in den Jugendstil-Kanon passen. Im Jugendstil wäre es natürlich auch üblich, körperbetont zu arbeiten, aber beim Stoff wäre es uninteressant darzustellen, ob es sich um Seide oder um Garne aus Wolle oder Leinen handelt.

Die Tücher würden florale, ornamentale Linien bilden und zwar großzügig, im Sinne von deutlich, zusammengefasster. Desweiteren werden die Linien im Jugendstil in das Gesamtwerk eingebunden, wie Gundelach es am Grabmal Bartels bei der mittleren Falte des Kleides macht, welche eine Mittelachse des gesamten Grabmals bildet. Zudem werden Linien von Stoffen oft getaktet, durch Wiederholung ergibt sich ein Muster, das der

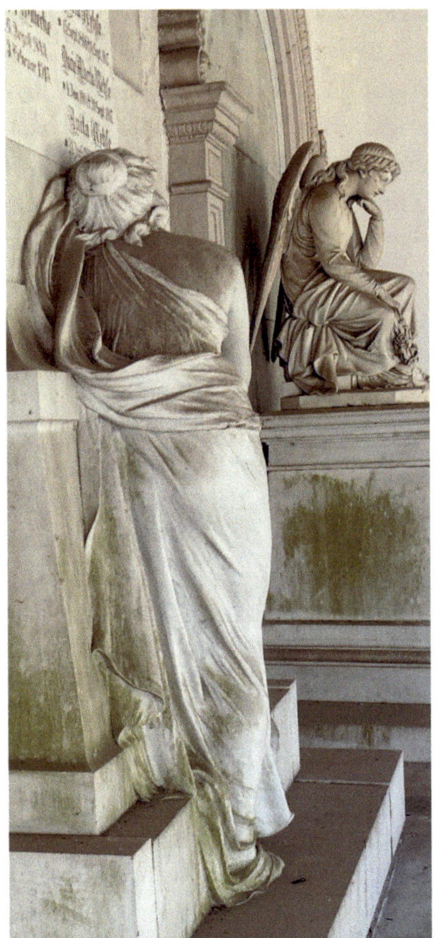
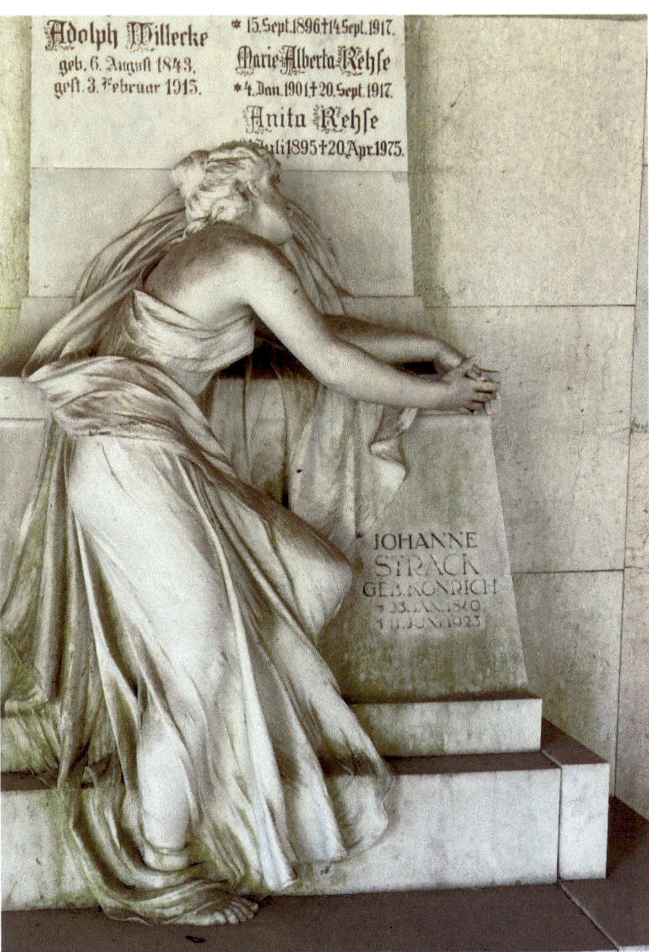

12. + 13. Gundelachs Bekleidungen schmücken den Körper mehr als ihn zu verdecken
Grab Strack, um 1900
Stehende, Stein · Karte 01B

Plastik selbst architektonischen Charakter gibt und sich meist in der umgebenden Architektur und in Ornamenten wiederfindet. Aber wir können Jugendstil-Liebhaber trösten, erstens ist Karl Gundelach nicht der Einzige, der in einer Phase auf den Jugendstil absolut eingeht und ihn dann nach einer Zeit wieder fallen lässt, zweitens werden wir Jugendstilwerke noch von weiteren Künstlern in Engesohde finden und drittens musste Gundelach trotz seines poetischen Stils auf die Befindlichkeiten seiner Kundschaft eingehen und beim Geschmack der Leute um die Jahrhundertwende war der reine typische Jugendstil nach allen Quellen eher selten nachgefragt, es dominierte der Historismus. Und das blieb so bis zum Ende der Regentschaft des letzten Deutschen Kaisers Wilhelm II. am Ende des Ersten Weltkriegs.

Danach, nach dem einschneidenden Erlebnis des Krieges und der Spanischen Grippe, kam der Jugendstil nicht mehr zurück. In der Verarbeitung des Traumas schufen die Künstler nüchterne Werke, Gefühle wie Träumereien oder Melancholie wurden außen vor gelassen. Es folgte die Neue Sachlichkeit. In der Bildhauerei bedeutete dies sportliche Figuren mit Gesichtern von nüchterner, teilnahmsloser Mimik. Ob wir dazu auf diesem romantischen Stadtfriedhof noch etwas finden? – nun, wir werden sehen.

Im Werk von Karl Gundelach zeigt sich dieser Paradigmenwechsel nicht mehr, an den Folgen eines Schlaganfalls stirbt er am 19. Januar 1920 mit 63 Jahren. Er, der feinen Ausarbeitung menschlicher Gefühle verpflichtete poetische Portraitist, der es vermag Angehörige und Besucher so vieler Grabmale zum Nachsinnen und Träumen zu bringen, findet seine eigene Ruhestätte auf dem Stadtfriedhof Stöcken am Grabmal der Familie Helmholz, der Familie seiner Ida, für das er einen Friedensengel geschaffen hatte.

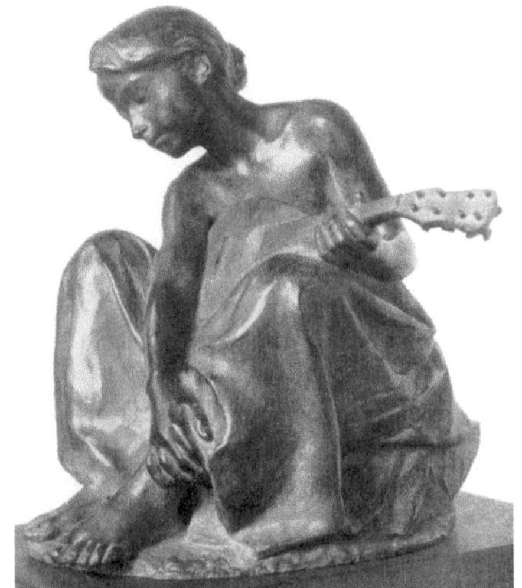

14. „Melancholie", 1897
Henryk Glicenstein (1870–1942)

Foto: aus „Die Plastik" 1913,
Verlag Georg D.W. Callwey, München

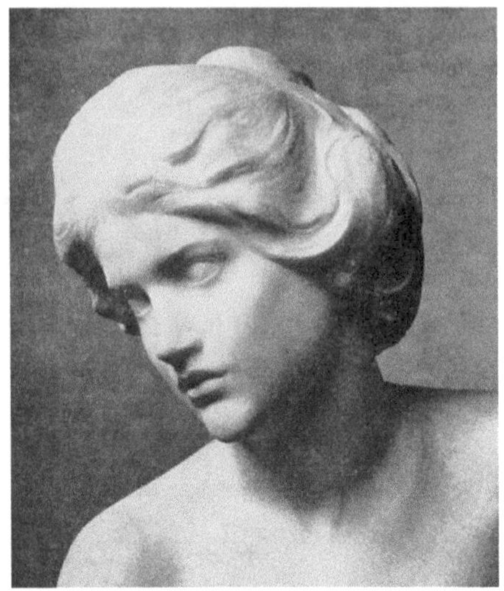

15. „Träumerei", 1900–1904
Max Levi (1863–1912)

Foto: Katalog Berliner Kunstauktionshaus
Gebrüder Heilbron Berlin

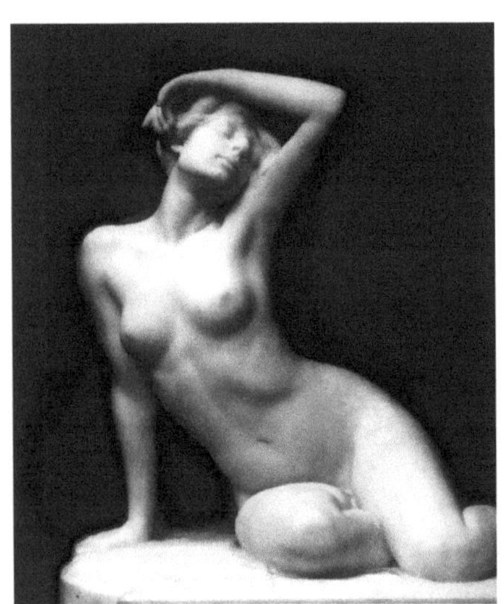

16. „Der Traum", 1904
Martin Schauß (1867–1927)

Foto: alte Postkarte

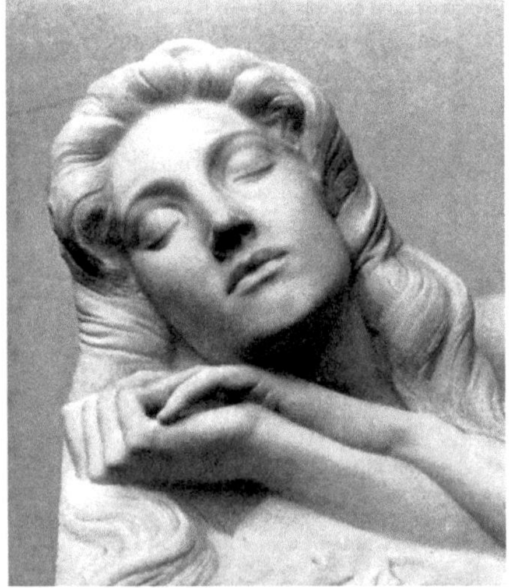

17. „Die Träumende", 1908
Otto Stichling (1866–1912)

Foto: aus dem Monatsheft „Kunst für allle"
von 1909

Die Sache mit der Melancholie

Nachdem wir diesen Vorreiter Jahrgang 1856, Karl Gundelach, kennengelernt haben, lassen Sie uns nun zu den 1860ern gehen. Stilistisch beherrschen und bedienen sie alles, außer Abstraktion. Sie profitieren von den aus der Antike herausführenden Entwicklungen ihrer deutschen und französischen Vorgänger am meisten und befördern einen wahren Boom in der figurativen Skulptur vor dem Ersten Weltkrieg. Noch im Historismus ausgebildet, mit seinen je nach Sujet von Gotik über Barock bis Klassizismus entlehnten Stilelementen, sind die 1860er die Gruppe, die als gestandene Bildhauer, mit etwa 30 bis 45 Jahren im Zenit ihrer Schaffenskraft stehend, den Jugendstil am extensivsten prägen.

Doch bevor wir uns der kunsthistorisch wichtigen Verbindung von Grabmalkunst und Jugendstil widmen, sei an dieser Stelle eine gemeinsame Geisteshaltung beschrieben. Die Industrialisierung um die Jahrhundertwende raubt den Menschen die Beschaulichkeit. Mit dem Maschinenzeitalter scheint die Zeit immer schneller zu rasen. Die künstlerische Gegenbewegung antwortet darauf, indem sie sich auf menschliche Gefühle konzentriert – Träumereien, Melancholie.

Die Bildhauer überbieten sich nun gegenseitig in figurativen Darstellungen dieser Wesenszüge (Abb. 14–17) und geben den Menschen so gewissermaßen die Zeit zurück, uns heute natürlich eingeschlossen.

In den Beispielen sehen wir eine innehaltende Gitarrespielerin, wahrscheinlich ein Portrait seiner Tochter, aus der Hand des Bildhauers Henryk Glicenstein (1870–1942), der regelmäßig im Münchener Glaspalast, wie in den Ausstellungen der Münchener und Berliner Secessionen, zu sehen war.

Max Levi (1863–1912) mit seiner „Träumerei" zeigt wie ein Gesichtsausdruck auch mit offenen Augen eindeutig träumerische Wirkung haben kann. In Rom bezog der in Stuttgart geborene Student der Berliner Akademie 1893 als Stipendiat mit seinem Hund „Herr Kraus" ein Atelierhaus der Villa Strohl-Fern und gehörte später mit Gustav Eberlein, Ferdinand Seeboeck und Louis Tuaillon zur legendären Kolonie deutschsprachiger Bildhauer in Rom.

Dem Akt von Martin Schauß (1867–1927) mit der träumerischen Mimik fehlt zu einer Grabfigur nur noch die passende Kleidung, welche der Berliner detailversessene Hyperrealist an anderer Stelle, bei einem Marmorengel zeigt. Otto Stichling (1866–1912), der große Romantiker und Jugendstilkünstler bringt zusätzlich noch „träumende" Hände mit ins Spiel.

Scheinbar wie gemacht für das Sujet der Sepulkralkunst, finden wir melancholische Motive auch im öffentlichen Raum und bei Kleinplastiken im Art-déco-Bereich. Dergleichen zeigte man um die Jahrhundertwende an renommierter Stelle, wie auf der jährlichen Großen Berliner Kunstausstellung (im Folgenden GBK genannt). Diese Tendenz zum Träumerischen und zur Melancholie um 1900 im Allgemeinen war ein Gesellschaftsphänomen. Ein melancholischer Blick war gewollt und nachgefragt und so finden wir ihn bei einem großen Teil der anspruchsvollen Plastik aus dieser Zeit auf diesem Gelände wieder, insbesondere bei Werken von Karl Gundelach, Hans Dammann und Roland Engelhard.

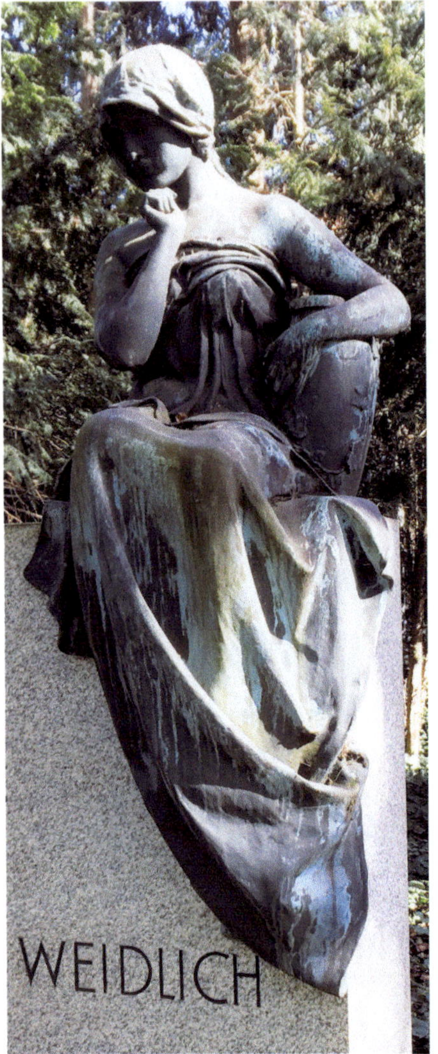

18. Vielleicht die Ikone deutscher Grabmalplastiken: Dammanns „Sitzende Trauernde mit Urne", in Stein vor 1904 Bronze · Karte 01R

Hochzeit der Grabmalkultur

Eine weitere gesellschaftliche Tendenz fördert in dieser Zeit die Qualität der Grabmale zusätzlich, nämlich der Anspruch der neuen industriellen Oberschicht, den erworbenen Status symbolträchtig an Familiengräbern zu untermauern. Die Zahl der Aufträge an Architekten für anspruchsvolle Grabmalbauten und an die naturalistisch exzellent ausgebildeten Bildhauer für Grabmalfiguren von hohem künstlerischen Wert explodiert geradezu in Deutschland. Nun, um 1900, holen die deutschen Großstädte auf in diesem Bereich, zu den europäischen Vorbildern, den italienischen Großstädten und natürlich zu Paris, der damaligen Welthauptstadt der Künste.

Die Bildhauerwerkstätten werden größer, angestellte Meister kommen hinzu, Gesellen und Lehrlinge können Entwürfe vorbereiten, der Künstler selbst hat nun mehr Zeit sich dem perfekten Ausdruck von Gesicht und Händen zu widmen.

Unternehmen, die vorher durch Metallwaren wie Besteck und Dekoration wuchsen, kaufen nun große Gießereien auf, die das Wachsausschmelzverfahren beherrschen oder Metallbeschichtungen galvanisch auftragen können, um große Bronzeengel für die Grabmale in ihren Katalogen anbieten zu können – wie die WMF aus Geislingen an der Steige in Baden-Württemberg sich um 1900 die Münchener Galvanoplastische Kunstanstalt einverleibt. Der große stehende Engel aus Bronze gleich nach dem Eingang linker Hand in Abteilung 6 (Karte 06E) kann uns hier als Exempel dienen. Im neueren Teil der Anlage wurde ein etwas kleinerer Engel auf dem Grabmal Eggers platziert (Karte 27D). Die WMF stellt diese Figuren ab 1902 her.

Im Steinbereich beliefert schon 30 Jahre zuvor der Hersteller von Haushaltskeramik Villeroy & Boch aus Merzig Friedhofsausstatter mit Kopien von großen Engeln. Der Steinguss kommt auf, als günstigere Alternative zur Steinmetzarbeit. Ein Klassiker aus dem Repertoire des saarländischen Unternehmens ist eine stehende junge Trauernde, die sich auf einer Säule aufstützt. Eine finden wir auf dem Halbrund der Abteilung 25 am Grabmal Aluku-Schröter (Karte 25C), an der Zwillingsschwester laufen wir auf dem Weg zwischen der 34 und der 38 vorbei, am Grabmal Pickert (Karte 34B), sie wurden wohl zwischen 1883 und 1890 gefertigt.

Jeder Industrialisierungsschritt innerhalb der Grabmalherstellung wird in dieser Zeit jedoch von Handwerkerschaft und Künstlern zunehmend kritisch beäugt. Immer noch glatter werdende, maschinell geschliffene, Granitquader von einheitlichen Typengrabmalen werden beklagt, desgleichen die Herstellung von Grabmalfiguren als Massenprodukt, anonym, ohne Künstlerbezug.

Bei wenigen Gräbern in Engesohde tauchen ab und an auch Figuren von Steinguss-Herstellern aus einem eigentlich fremden Genre auf, dem heimischen Gartenbereich. Die tragen dann Gravuren mit Namen wie „Italogarden" und man steht dort vor Bildnissen meist junger Frauen, mit attraktivem Körper, posierend ohne Trauer oder Melancholie im Gerend ohne Trauer oder Melancholie im Ge-

sicht, dem Ort und Anlass nicht zu einhundert Prozent entsprechend, aber scheinbar erschwinglich für Otto Normalverbraucher.

Bezogen auf die historischen Grabmalfiguren, die den Engesohder Stadtfriedhof schmücken, sind Katalogmodelle jedoch eher eine Seltenheit. Denn man lässt sich die Angelegenheit mit dem Familiennamen und dem repräsentativen Grab in den Jahren von etwa 1890 bis 1930 etwas kosten, nicht zuletzt weil man es kann.

Anstatt sich im Kunstmarkt oder bei öffentlichen Ausschreibungen aufwändig zu beteiligen, spezialisieren sich nun einige der Bildhauer auf die Nachfrage an Friedhofskunst, welche nicht zuletzt qualitativ vom neuen Industrieadel in den schnell wachsenden Städten enorm profitiert.

Phantasievoller Alleskönner

Bestes Beispiel ist der mit einer großen Reichweite und einer schier unglaublichen Anzahl an Bildhauerarbeiten im Grabmalsujet unübersehbare Hans Dammann. Er wird in Zusammenhang mit einem Unternehmen oder einer Organisation gebracht, die deutschlandweit Grabmale anbot und sich „Werkstätten für Friedhofskunst Plauen" nannte. Vielleicht erklärt dies neben seinem Können die große Nachfrage auf dem Markt. Von nicht weniger als 130 anspruchsvollen Grabdenkmalen, an denen Dammann beteiligt war, wird berichtet, darunter monumentale Grabbauten auf dem Kaiser-Wilhelm-Gedächtnis-Friedhof in Berlin-Charlottenburg und auf dem Friedhof Wilmersdorf. In Hamburg im Bereich des Ohlsdorfer Friedhofs stehen danach 15 seiner Arbeiten.

Bei ihm ist es schwer als Freund der figurativen Skulptur nicht ins Schwärmen zu kommen, möchte man über ihn schreiben. Einige seiner Entwürfe sind so gelungen, finden so zahlreich Bewunderung, dass sie auf verschiedenen Grabmalen an mehreren Orten auftauchen. Seine „Sitzende Trauernde mit Urne" (Abb. 18) übernimmt dabei nochmals eine Sonderstellung, sie ist in ihrer Anmut und Eleganz, bei einer gleichzeitig modernen und frischen Ausstrahlung, zu einer Ikone geworden. Ein Kniff von Dammann bei ihr ist seine Fähigkeit auf dreidimensionale Begebenheiten einzugehen, wenn er sie auf einer Stele sitzen lässt und ihr langes Kleid so um die Ecke formt, dass die Kante betont wird. Er lässt sie schulterfrei in die Ferne blicken, die Urne mit einem Arm umschlingend, mit der anderen Hand das Kinn stützend. Der Rest des Körpers ist verhüllt. An den unterschiedlichen Höhen der Knie erkennen wir, dass ihre Beine verschränkt sind unter dem Kleid, das nun nach unten einen großzügig langen weiten Bogen schlägt bis zur Kante der kubischen Stele. So bekommt der ganze Aufbau, obwohl die eigentliche Figur sitzt, einen vertikalen Charakter wie eine Stehende und ist prädestiniert für ein Grabmal, wo eine einzeln stehende Stele gefragt ist. An solchen Kniffs zeigt sich das trittsichere Bewegen Dammanns im Raum, im figürlichen wie architektonischen.

Bei gängigen Themen, insbesondere in der Grabmalplastik, unterscheidet er sich nicht selten dadurch von seinen ähnlich virtuosen Bildhauerkollegen, dass er für solche konzeptionellen Überraschungen gut ist – für angenehme und beeindruckende.

Bestes Beispiel ist das, was mit Ihnen passiert, werte Leserin, werter Leser, wenn Sie in Engesohde durch die Abteilung 9 schleichen und zunächst von viel Vegetation verdeckt einen Seitenweg entdecken, der zum Grabmal der Familie Berding führt.

Plötzlich sitzt sie vor Ihnen! Im Kniesitz. Eine junge Frau in Gestalt eines Engels (Abb. 19). Sofort fallen Ihnen zwei Sachen auf: ihre Flügel sind riesig, als ob sie wirklich einen Menschen tragen könnten, und ihr Kopf ist der einer modernen jungen Frau. Ihr Gesicht hat nichts von an griechische Ideale Angepasstem, sie sieht aus wie eine, sagen wir, junge Berlinerin und mit ihrem Pagenschnitt und einer modischen kleinen Kopfbedeckung kommt sie daher wie eine Besucherin eines der großen Berliner Cafés der 1920er Jahre.

Vielleicht saß sie damals im Romanischen Café, östlich der Kaiser-Wilhelm-Gedächtniskirche – die mit der heutigen Turmruine auf dem Breitscheidplatz in Charlottenburg. Das Café mit aufwändiger neoromanischer Innenarchitektur und legendär übersichtlichen Speisetellern, war sicher nicht das größte, aber was seine Besucher und Stammgäste angeht von großer kultureller Bedeutung.

Denn von 1915 an kamen die Kulturschaffenden vom Café des Westens am Kurfürstendamm, das ihre Kabarettisten Café Größenwahn getauft hatten, rüber ins Romanische Café gezogen und nahmen dort ihre „Reviere" ein, die für die etablierten, für die neuen und für die Kontakt suchenden Künstler.

Maler, Schauspieler, Regisseure, Journalisten, Schriftsteller, Kritiker, Schachspieler gaben sich dort die Klinke in die Hand. Lebensnah beschreibt der Journalist Pem in „Die Bleibe"

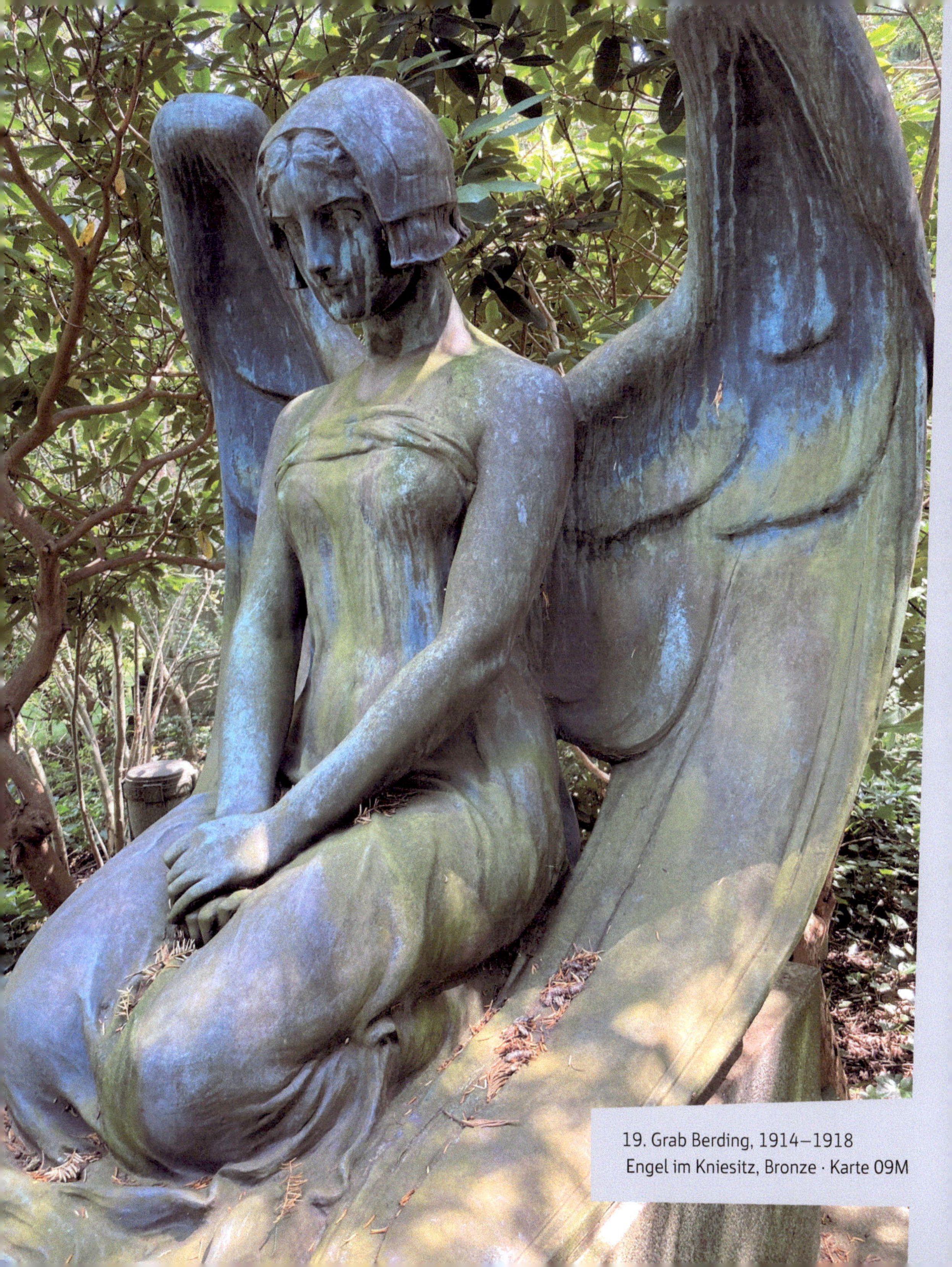

19. Grab Berding, 1914–1918
Engel im Kniesitz, Bronze · Karte 09M

1926 die Klientel des Romanischen Cafés[4]:
Die nimmermüde Drehtüre an der Kaiser-Wilhelm-Gedächtniskirche steht nie still und wirft immer wieder Gäste von der lärmenden Straße in das stille musiklose Café. Hier hocken sie an den kleinen, runden Marmortischen, lesen unzählige Zeitungen und diskutieren von La-ot-se übers moderne Theater bis zur neuesten Verkehrsverordnung, treten den weichlichen Literatenklatsch breit und kommen sich trotz Sorgen doch als etwas Besonderes vor. [...] Die vielen Namenlosen, aus denen hin und wieder ein guter Kopf eine Zukunft verspricht, sitzen hier; aber auch die Stars sind der Stätte ihres vorberühmtlichen Lebens treu geblieben. Und alles kennt sich, wenn auch manchmal nur vom Wegsehen.

Ja, auch Hans Dammann gehörte zu den Gästen, wie eine kleine Zeichnung (Abb. 21) aus dem Jahre 1926 von Emil Orlik (1870–1932), einem böhmischen Künstlerkollegen zeigt.[5] Drei Gestalten skizziert er darin und schreibt die Namen noch dabei. In angeregter Unterhaltung sieht man den Galeristen und Verleger Bruno Cassirer (1872–1941) neben dem berühmten, insbesondere für den deutschen Impressionismus stehenden, Maler Max Slevogt (1868–1932), der scheinbar etwas unterschreibt, ein Blatt in einer Mappe, beide klassisch als Café-Besucher mit Zigarette im Mundwinkel, und von der Seite einen Hans Dammann, wie er den Vorgang aufmerksam verfolgt.

Wegen der hohen Künstlerdichte galt es bei den Berlinern als angesagt, Orte wie das Café Größenwahn oder das Romanische Café zu besuchen oder sich auf ihren Terrassen zu treffen. Dort konnte man auch den Frauentyp sehen, den wir aus Filmen über die 1920er kennen. Die meist jungen, selbstbewussten Frauen, die den neuesten Chic zeigten, zelebrierten ein „Sehen und gesehen werden" bei gleichzeitigem Anspruch auf Emanzipation. So kommt uns Dammanns junge Frau in Gestalt eines Engels hier vor.

Dieser Kniff, einen weiblichen Engel in illusionärer, fantastischer Art darzustellen – mit der Überlegung: was passiert eigentlich mit ihren langen Schwingen, wenn sie sich nach der Landung hinkniet? – und zusätzlich ihr eine gegenwartsbezogene Gestalt zu geben, die naturalistisch genau umgesetzt hohe Attraktivität ausstrahlt, dieser Kniff ist großartig.

Er ist aber nicht ganz neu. Denn es gibt eine Referenzfigur, die sich auf einem italienischen Friedhof seit 1882 aufhält.

Hans Dammann zitiert hier in variierter Stellung das Werk eines großen Bildhauers, dessen Leben sich zu diesem Zeitpunkt gerade dem Ende zuneigt. Sein Name ist Giulio Monteverde (1837–1917) und er schuf den „Angelo di Monteverde", wie die Italiener ihn respektvoll nach seinem Schöpfer nennen. Er steht auf dem Grabmal der Familie Oneto auf dem Friedhof von Staglieno in Genua (Abb. 20).

Einen Engel dieser Art hatte man vorher noch nicht gesehen und er wurde zu einer Ikone der Sepulkralkultur weltweit.

Hier sehen wir das Spiel mit den großen Flügeln, die der Zeit entsprechend noch wesentlich detailgenauer gefertigt sind. Die Flügel spreizen sich nicht irgendwie nach hinten

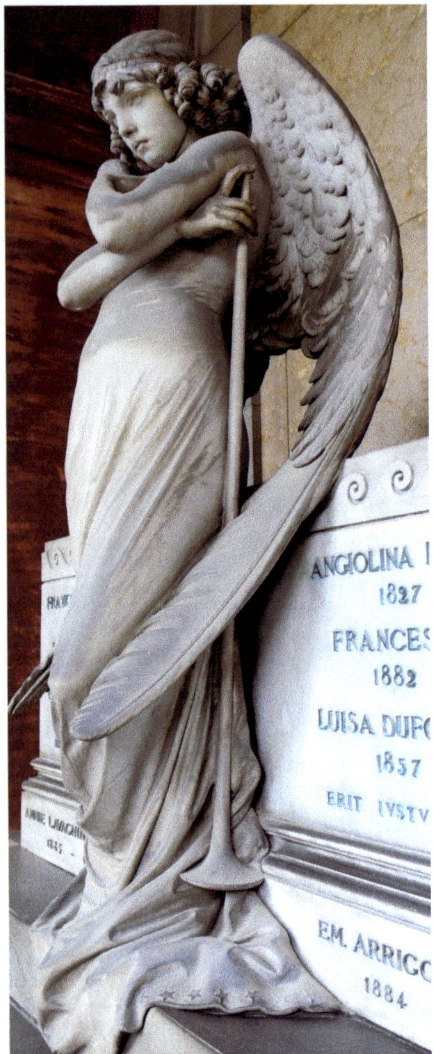

20. „Engel für das Grab Oneto", Genua, 1882
Giulio Monteverde (1837–1917)

Foto: Vassil

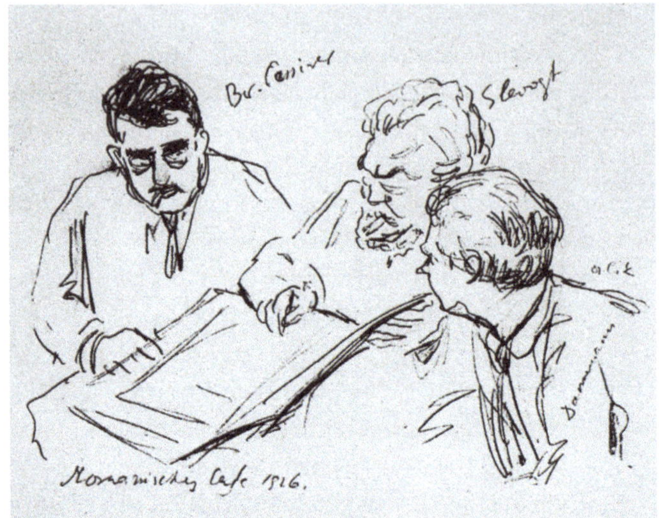

21. Hans Dammann gehörte zu den bekannten Gesichtern der Kunstszene Berlins der 1920er Jahre, wie es diese Zeichnung von Emil Orlik dokumentiert

Foto: Public Domain

oder oben, sondern spielen in der Gesamtstellung einen wichtigen Part, denn sie verdeutlichen durch das Durchbiegen das Anlehnen mit dem Unterkörper an den Stein und verstärken den Eindruck des Zurücklehnens des Oberkörpers.

Und für das Gesicht wählt Monteverde, wie Dammann 30 Jahre später, ein schönes sympathisches aus dem Volk, ohne griechische Idealannäherung, ein Portrait eines – nennen wir es, da Monteverde in Rom lebte – „Römischen Mädchens".

Das Mädchen blickt je nach Standpunkt des Betrachters zum einen ruhig, wie teilnahmslos, in die Weite, zum anderen jedoch durchdringend und ernst, wenn man ihr direkt in die Augen sieht. Unter den verschränkten Armen hält sie eine römische Tuba, in Gestalt einer langen und geraden Röhre mit eher kleinem Schalltrichter. So macht sie sich als Wächter des Grabes kenntlich oder gar als Engel des jüngsten Gerichts, der Apokalypse – keine Angst, noch hält sie den Finger auf das Mundstück, dass ja kein Windzug einen Ton verursacht.

Die Stellung strahlt einen gewissen Stolz, ein großes Selbstbewusstsein aus, während das Körperliche der in eine eng anliegende Toga gehüllten jungen Frau gewinnende Weiblichkeit versprüht. Meisterhaft naturalistisch gelingt es Monteverde im harten Stein Weichheit und Empfindsamkeit darzustellen. In den Details der Bewegung drückt sich soviel Anmut aus, dass der Eindruck erwächst, die Figur solle und könne Trost spenden an einem Ort der Trauer und Endlichkeit. Diese beim Betrachter ausgelösten Reaktionen regten viele Bildhauer seiner Zeit im Sujet der

Grabmalkunst zur Nachahmung an.

Nun kann man das Wissen Dammanns um den Engel von Monteverde natürlich anzweifeln. Dafür spricht jedoch, dass er selbst das Grabdenkmal des bekannten Sportsmannes General von Heyden-Linden auf dem Campo Santo in Mailand ausführte, mit der Figur eines knieenden Engels von 1910. Er muss sich umgesehen und umgehört haben in seinem Metier – und da kam er in Italien an Monteverde nicht vorbei.

Dammanns Engel mit den gebogenen Flügeln ist in Hannover östlich des Maschsees in der durch die hohe Zahl an hochwertigen Figuren besonders auffälligen Abteilung 9 des Engesohder Parkfriedhofs gelandet und wacht über die Urnen der Familie, die sich vor ihm und kreisförmig um die Grabstätte verteilen. In Bronze gegossen, die vermutlich grau angelegte Patina schimmert mittlerweile bläulich, durchzogen mit grünlichen Algenspuren, erscheint uns die Durchbildung nicht so detailversessen angelegt, wie es Dammann aber durchaus auch vermag, was er an anderer Stelle beweist. Daran erkennt man eine gewisse Modernität dieses Entwurfs.

Vergleichen wir Dammanns Trauernde in Engesohde miteinander, so stellen wir seine Modelltreue fest. Nicht gemeint ist jetzt die naturalistische Fähigkeit das Modell 1:1 in den Ton oder den Gips zu bekommen, sondern hier mal wörtlich: die Treue zum Modell. Das erleichtert uns Betrachtern und Kunstfreunden übrigens auch die Zuweisung und Einordnung der Plastiken vor Ort, sollte mal keine Gravur zu finden sein. Das ist bei Roland Engelhard notabene nicht anders. Und auch bei der nächsten Generation ist diese

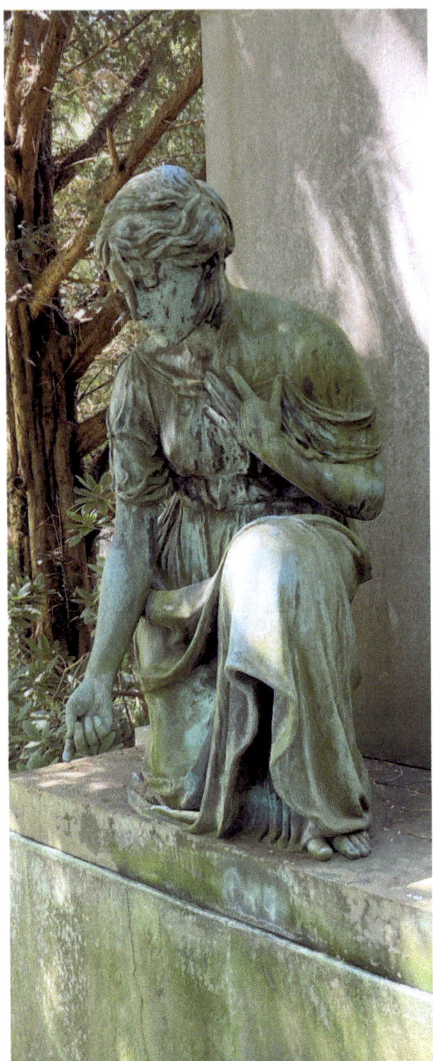

22. Grab Koenen Anhalt, in Stein 1906
Kniende, Bronze · Karte 05A

Modelltreue teilweise zu beobachten.

Zwei Frauen, ein Mann, damit kommt Hans Dammann aus, als Hauptvertreter auf diesem Areal. Diese drei Modelle sind stets wiederzuerkennen in den Einzelfiguren und Figurengruppen.

Haben Sie Lust des Bildhauers Modelle in ihren verschiedenen Rollen zu sehen?

Gut, dann lassen Sie uns mit Dammanns „junger Berlinerin", wie wir sie genannt haben, beginnen – die mit dem Pagenschnitt. Sie zeichnet sich aus durch eine ausgeprägte und runde Kinnpartie und hat eher volle Lippen mit einer ausgeprägten Oberlippe. Der Nasenrücken ist relativ hoch, was fast wieder etwas griechisch wirkt, die Augen sind groß. Auffällig ist zudem ein runder, etwas durchhängender Übergang vom Kinn zum Hals hin, der nicht zum optischen Nachteil gereicht, eher Weichheit und Jugendlichkeit in das Profil bringt. Mit diesem Detail sollten wir, ohne nun zu weit vorgreifen zu wollen, wenn alle Stricke reißen und keine überlieferten Informationen vorliegen, eine Figur Dammanns von einer Engelhards unterscheiden können. Sie stand wohl auch Modell für die meistkopierte Friedhofsplastik von Hans Dammann, zu sehen auf mehreren Friedhöfen in Berlin, Hamburg, Hannover und anderswo, die schon oben erwähnte „Sitzende Trauernde mit Urne" (Abb. 18 + 23). Hier in Engesohde ist sie in Abteilung 1 – eigentlich direkt am Eingang – platziert und doch zunächst unsichtbar. Der Besucher muss erst einem Rundweg folgen, um zu dieser Ikone zu gelangen, da sie von Bäumen und Hecken vor dem Durchgangsverkehr geschützt ist. Hans Dammann stellt die Skulptur in Stein mit dem Titel „Aux

Morts" auf der GBK 1904 aus.

Wir erkennen sie, das weibliche Modell, unschwer wieder auf Fotos von der lebensgroßen „Trauernden mit Lyra" für das Erbbegräbnis des Bankiers Ferdinand Warburg auf dem Kaiser-Wilhelm-Gedächtnis-Friedhof Berlin-Charlottenburg.

Ihr Gesicht trug auch eine weitere Trauernde, die vielleicht nur noch auf Fotos existiert. Auf dem Ohlsdorfer Friedhof in Hamburg wurde sie 2011 Opfer eines perfiden Diebstahls. Die mehrere hundert Kilo schwere Bronzeskulptur von der Grabstätte Garvens-Rackwitz mag einiges an Metallwert gebracht haben, schwer vorstellbar jedoch, dass sich das Kunstwerk, zumindest in Europa, verkaufen ließ.

Aber in diesem Zusammenhang lernen wir einen Teil der Familie unserer „jungen Berlinerin" kennen, denn die Grabeigentümerin in Hamburg gab an, dass die junge Frau, die Hans Dammann im Jahre 1909 für die Plastik Modell stand, die eigene Urgroßmutter war – wenn ein Familienmitglied das Grabmal besuchte, setzte es sich quasi neben die eigene Urahnin, so berichtet es der Autor der Zeitschrift für Trauerkultur „Ohlsdorf" Peter Schulze.[6] Schmerzlich auch, dass sich offenbar kein Zweitguss finden lässt oder ein altes Modell, nachdem man eine Replik anfertigen und so den ideellen Verlust der Familie kompensieren könnte. Auf zwei Berliner Friedhöfen taucht die Figur jedoch auf, wie es die Geschichtsforscherin Ute Pothmann auf ihrer Onlinepräsenz auch fotografisch festgehalten hat, am Grabmal der Familien Brehme Michel im nördlichen Stadtteil Gesundbrunnen in Bronze, sowie am Grabmal Goerlitz im südlichen Lichterfelde in Stein.[7]

Stellt sich nun natürlich die Frage: Ist sie dann überhaupt eine Berlinerin gewesen, wo doch die Verwandtschaft in Hamburg begraben liegt? Oder gar eine Hannoveranerin? Denn mit zehn Jahren kam der 1867 in der Stadt Proskau in Schlesien als Sohn des Professors für Tierheilkunde Karl Dammann geborene Hans nach Hannover. Er besuchte die Technische Hochschule Hannover, wechselte dann 1888 an die Königliche Akademie der Künste zu Berlin, um bei Wolff, Herter, Breuer und Janensch Bildhauerei zu studieren – da war er schon 21 Jahre alt. Vielleicht hatte er das Mädchen bereits in Hannover kennengelernt und sie als junger Künstler schon portraitiert. Neben seiner Verwandtschaft hat er immer wieder mit Hannover zu tun, so erhält er seinen ersten größeren Auftrag als selbständiger Bildhauer mit dem Nachtwächterbrunnen von 1896 für den Lindener Marktplatz.

Nun, jedenfalls muss sich unser Modell über Jahre in Berlin aufgehalten haben. Dort beginnt nämlich für Dammann die Beschäftigung mit Grabmalfiguren – genauer: mit einer Steinplastik, die den Namen „Der Schlaf" trägt, vorgestellt auf der GBK 1899.

Und diese Arbeit schuf er für das Grabmal Hirschwald, seiner Schwiegereltern. Hans Dammann war also zu diesem Zeitpunkt verheiratet, seit 1896, mit Frida, geborene Hirschwald. Das Paar hatte einen Sohn namens Fedor.[8] Und jetzt raten sie mal, welches Gesicht die Figur „Der Schlaf" hat!

Das Grabmal steht auf dem evangelischen Luisenfriedhof III im Berliner Ortsteil Westend, der als seit 1891 bestehender „Alleequartierfriedhof" bezeichnet wird.

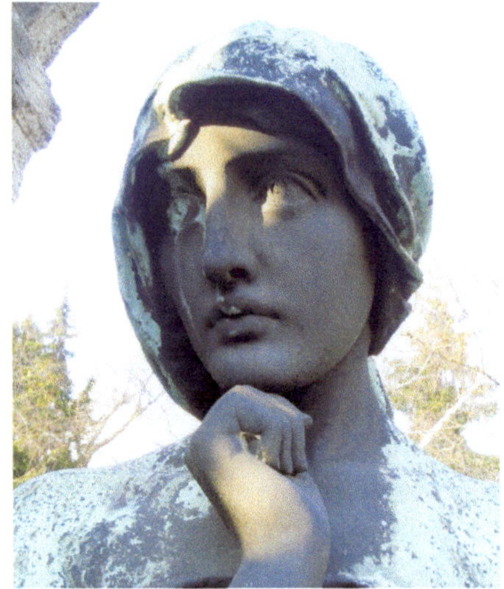

23. „Sitzende Trauernde mit Urne", 1904
Bronze in Berlin (Detail)

Foto: Mutter Erde

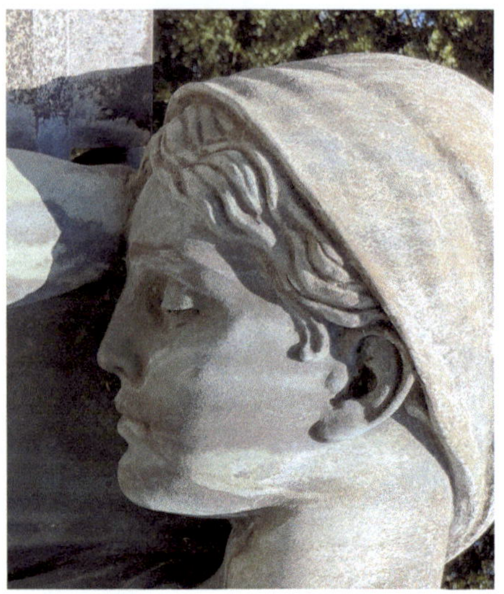

24. Grab Borris Alves Hensel, Datum unb.
(Detail, gedreht und horizontal gespiegelt)
Karte 34D

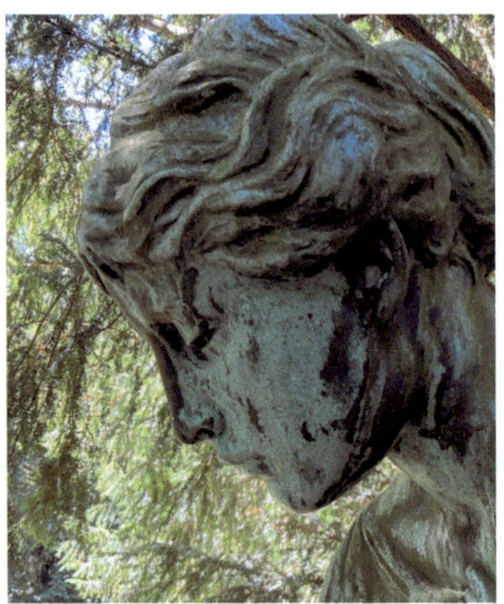

25. Grab Koenen Anhalt, 1906
(Detail) · Karte 05A

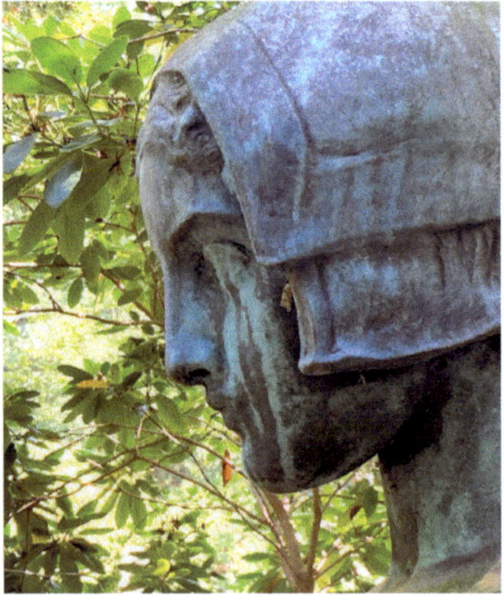

26. Grab Berding, 1914–1918
(Detail) · Karte 09M

Und der fortan gut nachgefragte Künstler hat sein Atelier in Berlin, so signiert Dammann seine Werke in zwei Zeilen mit „Hans Dammann" und darunter „Grunewald · Berlin". Wir folgern also, da das Modell das Atelier nun öfter besuchen muss, sollte sie in Berlin wohnen. Die einfachste Lösung wäre, das gesuchte Modell wäre identisch mit seiner Gattin, es handelte sich um Frida Martha Dammann, geborene Hirschwald (1878–1952). Ein Hochzeitsfoto des Paares würde da weiterhelfen.

In Engesohde in der Abteilung 5 treffen wir auf die junge Frau in Gestalt einer Knienden in Bronze mit Pariser Grün, wie Kunstgießer diese Patina nennen. Wiederum ein Werk mit mehreren Abgüssen und Standorten. In Stein gehauen, wie sie etwa auf dem Riensberger Friedhof in Bremen steht, wurde die Plastik in Katalogen mit 1906 datiert (Abb. 22 + 25). Weiter südlich in Abteilung 34 finden wir eine Kniende in hellgrauer Bronze (Abb. 24). Da sie den Kopf gesenkt hält, drehen und spiegeln wir das Profil auf dem Foto und – siehe da! – erhalten wieder denselben Umriss, der in diesem Grau irgendwie etwas Picasso-artiges hat. Diese leicht durchhängende Kinnpartie schafft augenscheinlich einen eleganten Übergang zum Hals und zum Ohr. Durch Dammanns runde und gespannte Ausformung von Wangen und Kinn bekommt das Profil etwas Grafisches, mit einfachen, ruhigen aber bestimmenden Pinselstrichen Erfassbares, wie wir es beispielsweise von Pablo Picasso (1881–1973) her kennen und es sich in unser individuelles wie kollektives Bildgedächtnis eingebrannt hat.

Parallel zu den Grabfiguren bietet sich für Dammann immer wieder die Chance auf öffentliche Auftragsarbeiten an, wie es Brunnenentwürfe oder Bauschmuck und Bauplastik an Fassaden, etwa die Genien „Morgen und Abend" am Neuen Rathaus in Hannover von 1906, zeigen. Genien sind personifizierte Schutzgeister aus der römischen Mythologie. Er fertigt Portraitbüsten wie die von Heinrich Mann. Und es gibt freie Arbeiten wie die Skulpturengruppe „Durst" mit einer nackten Sitzenden, zwei Panther tränkend.

Werke wie „Cleopatra" oder „Salome" zeugen davon, dass er neben seinem Naturalismus sehr wohl in der Lage war, die Formensprache des Jugendstils in seine Entwürfe aufzunehmen. Bei Cleopatras Kopfbüste konzentriert er sich auf die Linien des Gesichtes im Übergang zu ihrem ägyptischen Kopftuch mit einer Schlange gekrönt. Sie wirkt archaisch in sich ruhend, ikonenhaft und besitzt gleichzeitig durch das Linienspiel eine gewisse Leichtigkeit. Bei „Salome" stellt er dem eleganten schmalgliedrigen Körper einen technisierten Umgang mit dem Gewand zur Seite. Mit sich wiederholenden, getakteten Linien erzeugt er dabei eine dekorative, musterartige Struktur, die der ganzen Plastik eine strenge und doch elegante Gesamtarchitektur verleiht.

Bei letzterer, die er auf der GBK 1912 zeigt, erkennen wir nun ein anderes weibliches Modell (Abb. 29). Ihr Gesicht ist nicht mehr so rund, die Kieferpartie nicht mehr so breit, das Kinn spitzer, die Oberlippe trägt eine scharfe Kontur, wirkt „frecher". Sie ist das zweite weibliche Gesicht, das auf dem Engesohder Stadtfriedhof bei Dammanns Figuren auftaucht.

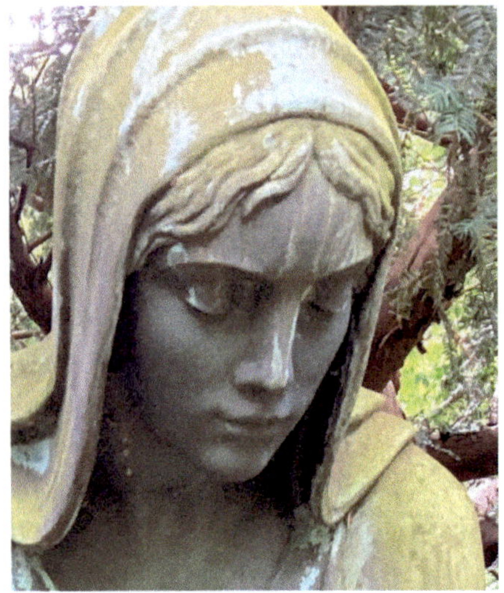

27. Grab Hantelmann, um 1910
Bronze (Detail) · Karte 06J

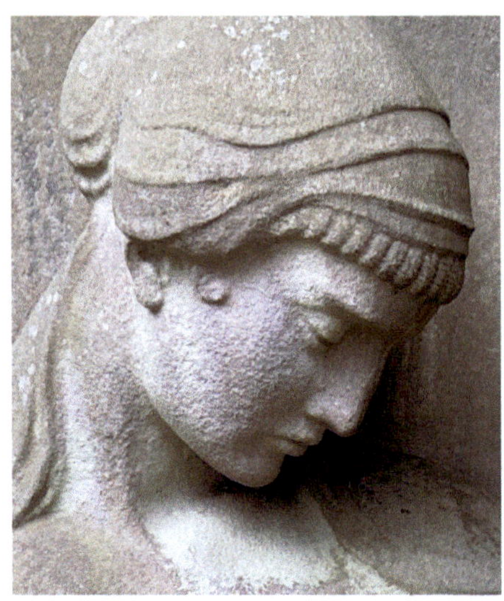

28. Grab Kayser, 1920–1926
(Detail) · Karte 15G

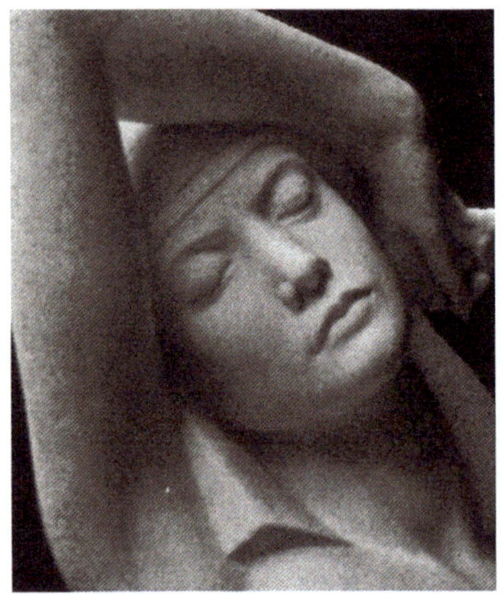

29. „Salome", vor 1912
(Detail) · Große Berliner Kunstausstellung
Foto: aus „Reclams Universum" 1912

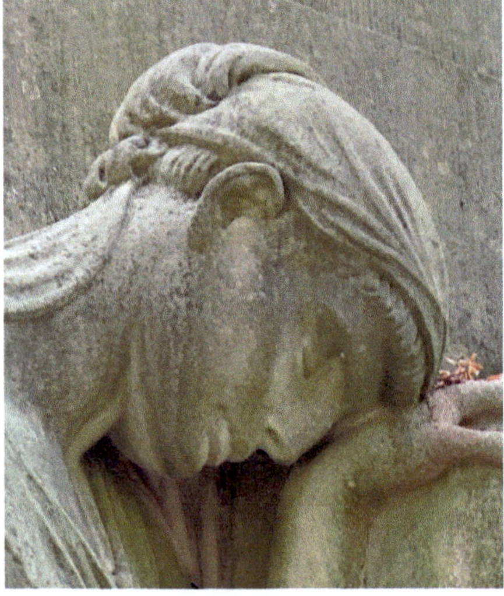

30. Grab Spiegelberg Chappuis,
1926–1929, (Detail) · Karte 15B

Wir sehen sie nach dem Eingang, wenn wir uns auf der linken Seite in die Abteilung 6 begeben, gleich zu Beginn rechter Hand in Gestalt der Knienden aus Bronze auf dem Grabmal Hantelmann (Abb. 27).

Bei gedrehtem Kopf ergibt sich wohl auch das Profil, welches wir bei der Liegenden aus Stein auf dem Grabmal Kayser vor uns haben (Abb. 28). Die Skulptur ist noch vor der Abteilung 15 aufgestellt, an repräsentativer Stelle. Auf der Kreuzung gegenüber ist eine bronzene Stehende von Roland Engelhard platziert. Beide Figuren schauen aneinander vorbei. Während Engelhards Stehende vom Grabmal Heinike Kehl die Abteilung 12 weit sichtbar markiert, deutet Dammanns Liegende auf jene Abteilung 15, in der ein weiteres Werk Dammanns mit diesem Gesichtsprofil auftaucht.

Ja, sie trägt sogar die identische Kopfbedeckung. Gemeint ist das Grabmal Spiegelberg Chappuis, wo das Modell Teil eines trauernden Pärchens ist (Abb. 30 + 31).

Da wären wir auch schon bei seinem männlichen Modell auf diesem Gelände angelangt. Denn den anderen Teil des Pärchens stellt ein junger, muskulöser Mann dar, den Dammann stets mit einer Welle am Ende des Haupthaares kenntlich macht.

Diese Welle am Hinterkopf tragen desweiteren seine beiden Liegenden, in Abteilung 12 am Grabmal Laves (Abb. 32) und in Abteilung 16 am Grabmal Lange (Abb. 33). Beide liegende junge Männer sind aus Stein, genauso wie das Halbrelief am Grabmal Ebhardt, das einen Knienden zeigt mit ähnlicher Physiognomie, Muskulatur und eben jener kleinen Abschlusswelle der Haare im Nackenbereich

(Abb. 34).

Bei den drei Einzelfiguren handelt es sich um Akte. Aktstudien sind unerlässlich in der Welt unserer naturalistisch arbeitenden Bildhauer. Damit sind sie im Studium ständig konfrontiert worden – denn kein erkennbarer Erfolg ohne das Sehen, Erkennen und Umsetzen detaillierter anatomischer Eigenschaften von Frauen und Männern in verschiedenen Stellungen, zunächst in Zeichnungen, darauf in der Modellphase in Ton oder Gips.

Diese Studien und das Erörtern von Details, sollten wir annehmen, könnten im Grabfigurensujet nun dazu dienen, an dem Gesamtentwurf Fehler zu vermeiden und die Bewegungen richtig erscheinen zu lassen, wobei die meist in eine Toga gehüllten Protagonisten Dinge vollziehen, die Trauernde eben so machen, beten, eine Rose ans Grab legen, eine Urne halten.

Dammann materialisiert aber nun am Grabmal Lange (Abb. 33) und am Grabmal Ebhardt (Abb. 34) reine Aktstudien eines Liegenden und eines Knienden im Stein. Das Thema: Muskeln und Anatomie in einer Stellung.

Dies gilt für einige wunderbare Grabskulpturen auf diesem Parkfriedhof, auch aus der Hand von Roland Engelhard. Dieser Generation wird es also ermöglicht, Aktfiguren zu platzieren, die fast ohne Körperbedeckung ihre Kraft und Sinnlichkeit entfalten können. Einem Echtermeier wäre es nie in den Sinn gekommen, eine Aktstudie wie am Grabmal Ebhardt auf einen Friedhof zu stellen. Ein Gundelach täte es höchstens partiell, mit Bezug zu einer Berufsgruppe, wie einem Bergmann, oder in Form eines Engels mit Flügeln und Tuba in der Hand, aber niemals nur so als

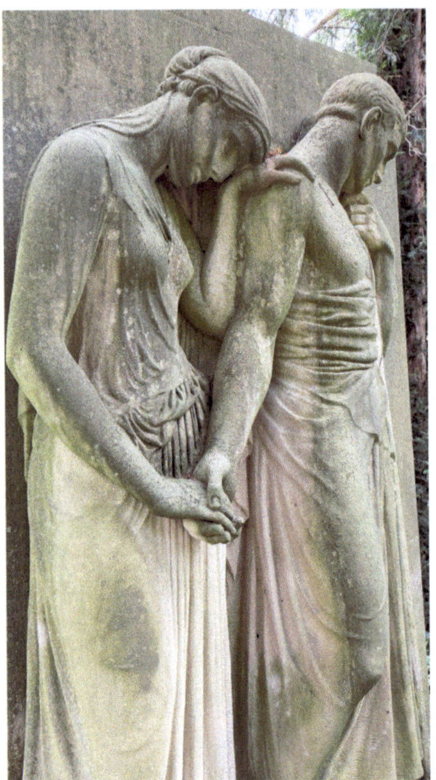

31. Grab Spiegelberg Chappuis,
1926–1929
Stehendes Paar, Stein · Karte 15B

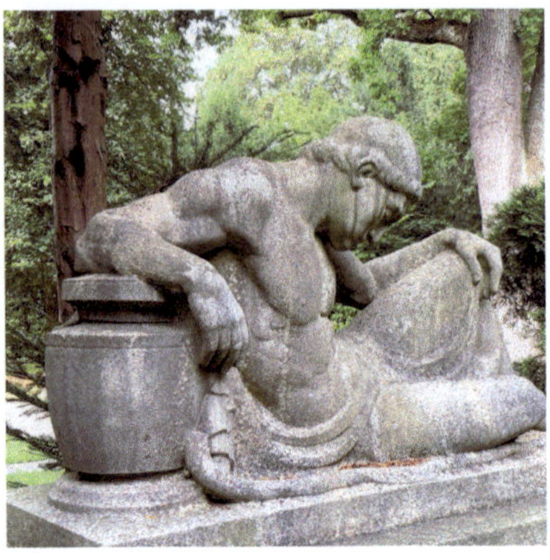

32. Grab Laves, 1927–1942
Liegender, Stein · Karte 12A

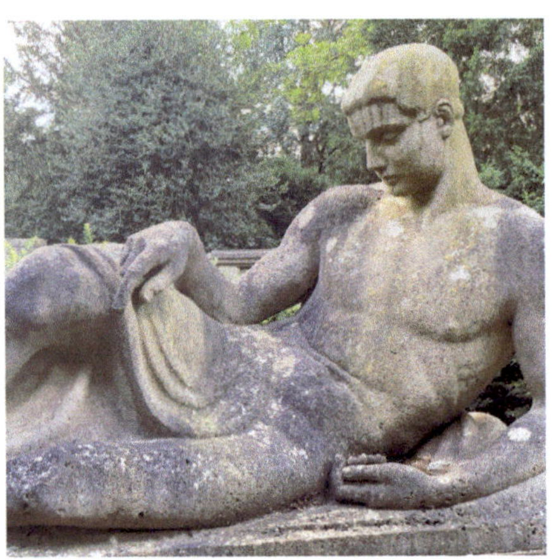

33. Grab Lange, 1923
Liegender, Stein · Karte 16D

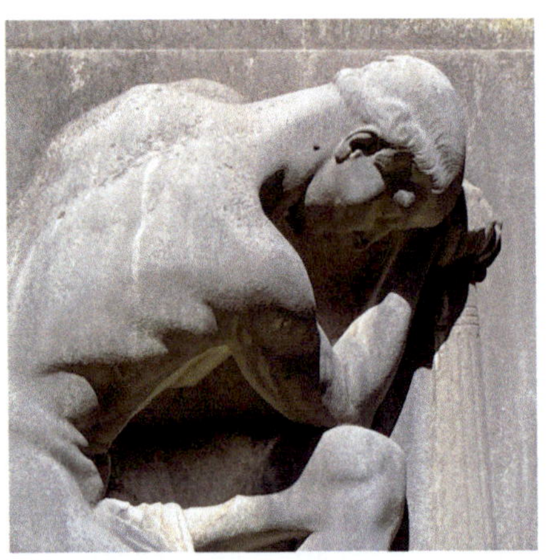

34. Grab Ebhardt, 1907–1919
Kniender, Halbrelief, Stein · Karte 16G

bloße Aktstudie.

Das, was man mit griechisch-römischem Bezug hier sieht, hat mit dem Erfolg und der Verbreitung eines Stils innerhalb des Historismus zu tun, dem Neoklassizismus, der zeitgleich mit dem Neobarock sowie dem Jugendstil in Erscheinung tritt, jedoch nicht mit Ende des Ersten Weltkriegs verschwindet, sondern die beiden noch weit überdauert.

Am Ersten Weltkrieg nahm Dammann mit 45 Jahren als Reserveoffizier teil, wurde nach wenigen Wochen verwundet und konnte nach Hause zurückkehren. Von da an wurde er mit einer Vielzahl von Kriegsdenkmalen und Soldatengrabmalen beauftragt.

Ein solches aus seiner Hand befindet sich auch in Engesohde und das erscheint uns im Vergleich zu vielen heroischen Darstellungen in diesem Genre gar nicht mal so unsympathisch (Abb. 37). Wir finden den sitzenden überlebensgroßen Soldaten aus Stein in der Abteilung 13 auf dem Grabmal Werner, er stützt den Kopf mit der Hand und blickt nachdenklich nach unten. Er trägt einen Helm mit Spitze, die Pickelhaube, also die Kopfbedeckung der deutschen Soldaten im Ersten Weltkrieg. Die betrauerten Söhne der Familie sind jung und früh im Krieg gestorben, zwischen 1914 und 1916.

An anderer Stelle in Berlin und Norddeutschland taucht der sitzende Soldat auch mit Wehrmachtshelm auf, das sind dann die Gräber der Generation Zweiter Weltkrieg.

Dammanns männliches Modell ist dasselbe, dieselbe Geste, andere Manteldetails, anderer Helm.

Bei einem im Ersten Weltkrieg gefallenen Betrauerten am Grabmal Bode von 1919 geht er eher auf den Beruf des Schmieds ein, war der Gefallene doch Sohn einer Fabrikantenfamilie. Den muskulösen Oberkörper frei, trägt die männliche Figur dicke Lederstiefel und die typische schwere, lederne, feuerfeste Schürze. Die Mimik wirkt eher martialisch und streng, die Mundwinkel weit nach unten gezogen, das Gesicht wirkt hier älter als bei den oben beschriebenen Akten. Er hat es, um den Eindruck von Entschlossenheit herauszukitzeln, entweder etwas verändert oder wir sehen hier ein weiteres männliches Modell.

Kommen wir nun zu einer anderen oft gesehenen Charakterfigur Dammanns, dem Pilger oder Mönch, in Kutte mit Kapuze, mit oder ohne Pilgerstab.

In der Abteilung 15 haben wir einen solchen kniend auf dem Engesohder Stadtfriedhof hier in Hannover (Abb. 35). Besucher anderer Friedhöfe in Berlin oder Hamburg kennen ihn auch. Mit etwas gutem Willen können wir ihn beim Vergleich der Köpfe und Gesichter, etwa bei der Partie mit den geschwungenen Augenbrauen, dem männlichen Modell der Aktstudien zuschreiben.

Bei dem sitzenden Mönch, der auf das Grabmal Dammanns eigenem im Jahre 1914 verstorbenen Vaters in Abteilung 6 blickt, sind ebenfalls Ähnlichkeiten vorhanden, man hielte ihn aber eher für dessen älteren Bruder (Abb. 36).

Hans Dammann gelingt es hier besonders gut, die Zeit anzuhalten, die Ewigkeit nachzuzeichnen. Keine verzweifelte Trauer drückt sich hier bei dem Mönch aus, eher das Abfinden mit der Tatsache der Vergänglichkeit. Da wären wir wieder bei der Melancholie der Volksseele von vor dem Ersten Weltkrieg an-

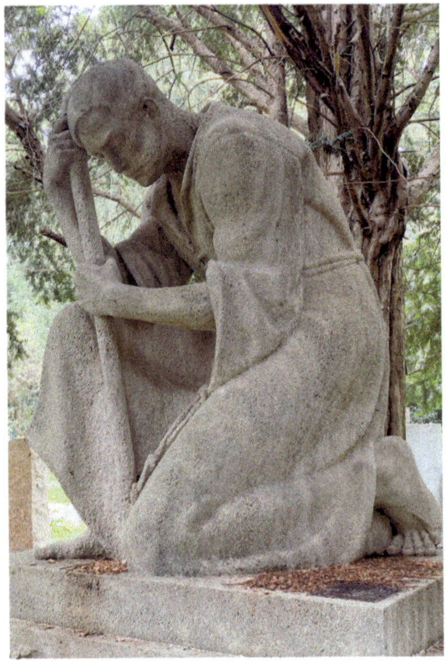

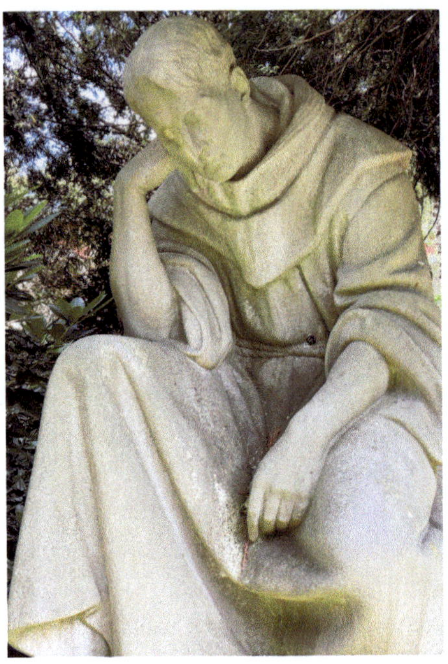

35. Grab John, 1922
Kniender Pilger, Stein · Karte 15F

36. Grab Dammann Poten Siegling, 1914
Sitzender Mönch, Stein · Karte 06G

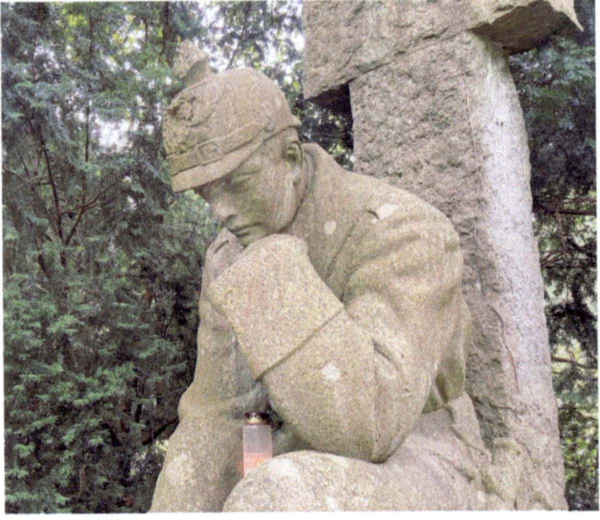

37. Grab Werner, 1914–1916
Sitzender Soldat, Stein · Karte 13E

gelangt. Ein dem Menschlichen und Ewigen Nachsinnen, ein Dahinträumen.

Eine Mutter-Kind-Gruppe hinterlässt der ehemalige Hannoveraner ebenfalls auf diesem Friedhof. In Abteilung 17 schimmert das steinerne Grabmal Kahle orange-gelblich in der Sonne, laut Verwaltung wurde es 1920 errichtet (Abb. 38). Die Mutter ist wohl eher Typ 2 der Modelle, diesesmal trägt sie eine Art Dirndl mit Schnüren im Brustteil. Die bürgerliche Kleidung hätten wir ihm nun gar nicht zugetraut nach all den gesehenen Togen und eher dünneren Stoffen. Sie hat mehr mit Carl Echtermeiers Verkündigungsszene in Abteilung 25 beim Grabmal Mencke gemein, in der die kniende Magd so ein geschnürtes Oberteil trägt. Dammann zeigt sich wieder einmal äußerst wandelbar auch in dieser Hinsicht.

Zudem zeigt er keine Schwächen bei Kinderportraits, den etwa fünfjährigen Jungen trifft er gut, er steht nackt da, gut genährt sieht er fast so aus wie ein etwas groß gewachsener Putto. Er lehnt sich zurück zu seiner Mutter, sie liebkost seinen Kopf, was er irgendwie genießt, beide fühlen sich wohl, drücken keine Traurigkeit aus. Das Ganze wirkt wie ein Alltagsbild aus dem Leben des Jungen. Das Entstehungsjahr 1920 des Grabmals ist stilistisch in der Gruppe nicht zu erkennen. Für Neobarock ist da zu wenig emotionale Aktion vorhanden und eine Neue Sachlichkeit lässt sich ebenfalls nicht herauslesen. Beides werden wir auch bei Roland Engelhards Mutter-Kind-Motiv nicht sehen (Abb. 39).

Solche von beiden – ohne eine bestimmte Stilrichtung zu bedienen – ausgeführte Arbeiten zeugen vielmehr von privatem Erleben und sind einfach nur naturalistisch wiedergegeben.

Dasselbe gilt auch für Hans Dammanns Portrait von zwei Kindern am Grabmal Altenburg in der Abteilung 16 aus dem Jahre 1918 oder für das bezaubernde sitzende Mädchen am Grabmal Heuer in der gleichen Abteilung und aus demselben Jahr, das sich trauernd die Hände vor das Gesicht hält.

Bei letzterer Figur (Abb. 39) zeigt er wieder seine Wandlungsfähigkeit. Er, der Meister der Akte, setzt hier eine junge Trauernde auf den Grabstein, die von Echtermeier hätte stammen können. Ein schmales Wesen, von einem langen Kleid vollkommen eingehüllt. Nur die Füße baumeln unten heraus und die sind schmal und elegant. Die Beine sind leicht verschränkt, nur leicht um die Mittelachse, denn die zum Gesicht erhobenen Arme und Hände sind streng symmetrisch. Dammann verleiht der kleinen jungen Person, in einem aufrechten Sitzen, in dieser Symmetrie, eine äußerst würdevolle Haltung, bei gleichzeitigem Verdecken des Gesichts durch die zarten Hände. Diese konzeptionellen Geniestreiche, gepaart mit einem starken charakterlichen und emotionalen Ausdruck in der gesamten Körperhaltung, sind es, die Dammanns Plastiken zu so sehenswerten Objekten machen.

Die Hochzeit von Dammanns Friedhofsskulptur klingt Ende der 1920er allmählich ab. Das mag körperliche Gründe gehabt haben, so hilft ihm Heinrich Rochlitz (um 1879–unb.), dessen Lebensdaten bislang leider nicht zu eruieren waren, bei der oben genannten Figur am Grabmal Borris Alves Hensel (Abb. 24) in der Abteilung 34, wo die Betrauerten zwischen 1935 und 1942 gestorben waren, was die Gravur bezeugt.

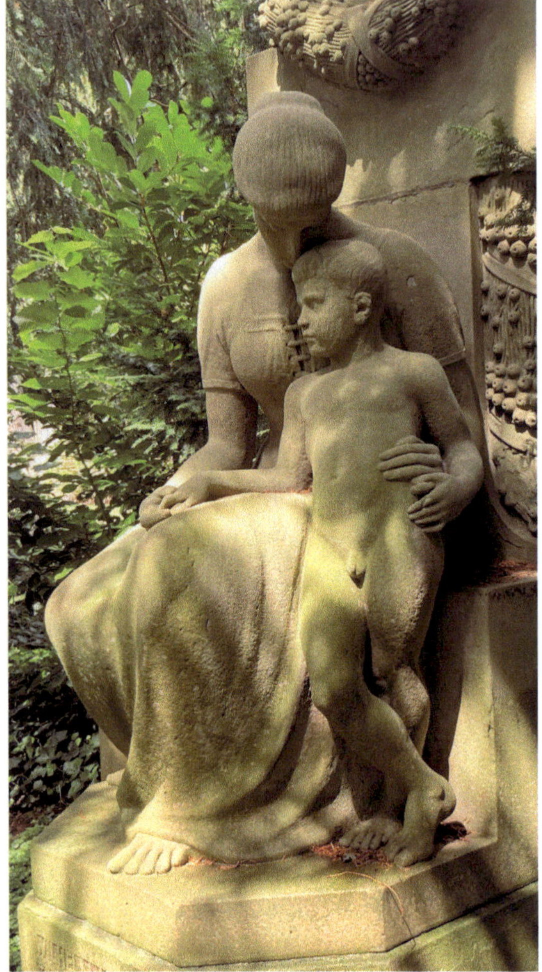

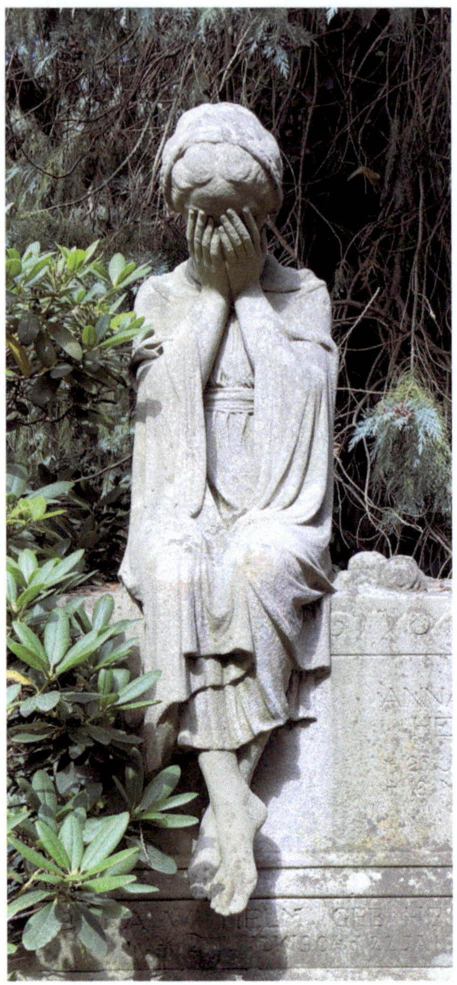

38. Grab Kahle, 1920
Sitzende Mutter mit Knaben, Stein · Karte 17D

39. Grab Heuer, 1918
Sitzendes Mädchen, Stein · Karte 16F

Es ist allerdings auch bekannt, dass sich in Bezug auf die Grabmale Anfang der 1930er eine Opposition gegen emotionale Motive bildet und sogar die Existenz von Vollplastiken infrage gestellt wird, dazu später noch mehr, Reliefs sollen mehr Ruhe und Ernsthaftigkeit auf die Friedhöfe bringen.

Deswegen ist anzunehmen, dass er sich gegen Ende künstlerisch mehr Privaterem zuwandte. Dass es eine seiner letzten Arbeiten war, ist nicht gesagt, jedenfalls wird im Haus der Kunst in München zur Großen Deutschen Kunstausstellung von 1942, seinem Todesjahr, ein hochpräziser Marmorakt einer jungen Frau mit griechisch-römischen Kopfschmuck als Halbfigur gezeigt. Über seine letzten Jahre wissen wir nicht viel, das ist aber bei den allermeisten älter gewordenen Künstlern so.

Hans Dammann, Jahrgang 1867, erlebte auch noch den Zweiten Weltkrieg, aber nur die erste Hälfte davon, nicht mehr das Ende, er starb einen Tag vor seinem 75. Geburtstag 1942 in Berlin.

Der Berliner war ein großer Bildhauer, dem Naturalismus verpflichtet, aber gleichzeitig phantasievoller Alleskönner in unterschiedlichen Stilrichtungen und Sujets.

Die Hannoveraner können ihn ebenfalls für sich reklamieren, denn, wie wir gelesen haben, verbrachte er seine Jugend in Hannover, vom zehnten bis zum 21. Lebensjahr.

Die Besucherin, der Besucher, dieses romantischen Stadtfriedhofs kann sich auf 20 Objekte des Ausnahmebildhauers freuen, davon zwei Portraitplaketten, eine aus Bronze, die andere aus Stein.

Es ist Sommer, große grüne Libellen jagen in gebührendem Abstand zu ihr, manchmal fliegen sie direkt auf sie zu, als ob sie ihr Revier abstecken wollten, um dann einen Meter vor ihr wieder abzudrehen. Spatzen gibt es viele, auch wenn Frida sie kaum zu Gesicht bekommt, ihr Zwitschern kommt aus den Hecken und Büschen. Ab und an blickt Sie hoch in die Baumwipfel, wo sich etwas Größeres durch stetiges Schwätzen bemerkbar macht. Was könnte das für einer sein? Jetzt hat sie ihn entdeckt, ein Eichelhäher. Ein schönes Tier.

Eine Holzbank lädt zum Ausruhen ein, zum Verweilen mit Blick auf eine schöne Figurengruppe, eine sitzende Mutter mit Knaben. Die Sterbedaten der Betrauerten deuten auf eine Entstehungszeit um 1920. Hatte Hans nicht auch mal eine Mutter-Kind-Plastik im Atelier stehen oder hatte er davon erzählt? Das wird ein anderer Künstler gewesen sein, denkt Frida, denn sie und ihr eigener Sohn waren zu der Zeit schon um einiges älter. Es sei denn, die Gruppe entstand etwa zehn Jahre früher, wäre ja durchaus möglich. Aber daran erinnern kann sie sich nicht mehr, ob sie mit Fedor dafür Modell gestanden hatte.

Die Figurengruppe ist aus einem marmorartigen Stein. Schon immer hatte sie das Material fasziniert, glatt ist es und fühlt sich doch weich an. Die Farbe des Lichts dieses Tages wirkt warm, gleichfalls haben im Stein enthaltene Eisenoxide, drei Jahrzehnte vom ultravioletten Teil des Sonnenlichts bestrahlt, schon zu einer leicht gelblichen Verfärbung geführt. Die Dame trägt wohl etwas Patina. Frida lächelt in sich hinein, erhebt sich behutsam und setzt ihren Rundgang fort.

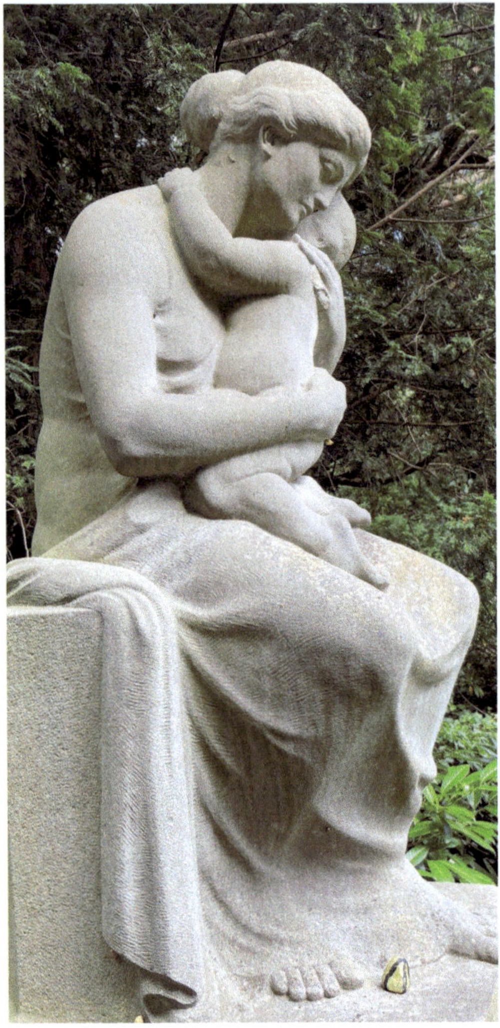

40. Grab Mauersberg, o.D.
Mutter–Kind, Stein · Karte 09C

Feinsinniger Idealist

Ein waschechter Hannoveraner ist nun der nächste Bildhauer dieser Generation, den wir untersuchen wollen, Roland Engelhard. Er ist nur geringfügig jünger als Hans Dammann, gerademal zehn Monate trennen die beiden. Ob die beiden befreundet waren, sich verstanden haben, gegenseitig geschätzt oder nur einen Konkurrenten in dem anderen gesehen haben, wissen wir nicht. Tatsache ist, dass ihre Skulpturen hier auf dem Engesohder Stadtfriedhof in den Abteilungen oft zusammenstehen, wie Höhepunkte gesetzt wirken. Entdeckt man eine geniale Figur von Engelhard, steht fünf Meter weiter eine raffinierte Gruppe von Dammann, wie in Abteilung 15 die Kniende am Grabmal Vollrath (Abb. 47), die, wenn sie ihren Blick aufrichten könnte, direkt zu oben beschriebenem Pärchen vom Grabmal Spiegelberg Chappuis (Abb. 31) blicken würde. Die beiden scheinen sich auf diesem Gelände einen Wettkampf zu liefern, in Anzahl und Qualität der Werke. Natürlich sind sie nicht die einzigen, Echtermeier, Gundelach, Herting, Waterbeck oder Ahlbrecht liefern auch regelmäßig ab, aber nicht in der Menge und nicht so konsequent auf die fast 40 Abteilungen verteilt, die diese Ruhestätte mit Skulpturenanteil zu bieten hat.

Vielleicht würde man heute mehr über Roland Engelhard wissen, hätte man mehr über ihn geschrieben, wenn er nicht einen so berühmten Vater gehabt hätte. Wir sprachen oben von Wilhelm Engelhard, in dessen Werkstatt er schon in jungen Jahren mitwirkt und eine Bildhauerausbildung erhält. Die schwierige Quellenlage gibt nicht einmal her, warum er unverheiratet blieb oder was mit ihm in zwei Weltkriegen geschah, die er überlebt hat.

Aus Vaters Atelier kennt er Karl Gundelach, der dort als Lehrling seine Laufbahn beginnt. Zwar geht dieser 1884 zum Studieren nach Berlin – da war Roland gerademal 16 – und bereist im Anschluss halb Europa, im Jahr 1900 kommt Gundelach jedoch wieder nach Hannover zurück. Er konnte auf jeden Fall ein Vorbild und vielleicht auch ein guter Ratgeber gewesen sein.

Roland Engelhard selbst studiert zunächst an der Berliner Kunstakademie unter Otto Lessing (1846–1912). Lessing muss man sich vorstellen als eingefleischten Künstler des Historismus, er ist 1846 in Düsseldorf geboren, also ein Jahr jünger als Echtermeier. In Berlin ist er hauptsächlich mit Denkmalen beauftragt. Ein Foto zeigt ihn im März 1912 stolz vor dem vier Meter hohen Modell seiner Lutherstatue in seinem Atelier sitzend. Er starb im November 1912, einen Monat nach der Enthüllung des Kolossalwerks an der Nordseite des Turms des neu erbauten Hamburger Michels.

Engelhard wird nicht so ins Monumentale gehen, obwohl zumindest zwei Grabmale größer angelegt sind, wobei eine Mutter-Kinder-Gruppe, die er überlebensgroß realisiert, das Grabmal Jänecke in Abteilung 12 (Abb. 41), das auffälligere ist. Die Figurengruppe aus weißem Marmor steht in einem tempelartigen Aufbau vor griechischen, dorischen Säulen mit Kannelierung (cannelure – französisch: Rinne, Furche, Rille) und Graten, die im Historismus gerne Anwendung finden.

Indem er an der Familiengrabstätte Narje in Abteilung 27 eine Sitzende auf einen mannshohen Sockel setzt, wirkt dieses Grabmal von weitem ebenfalls recht monumental.

Womöglich hat ihm der pathetische Stil Lessings und die überwiegend dem Historismus verpflichtete Lehrmeinung dieser Fraktion innerhalb der Berliner Akademie nicht ausgereicht. Zumindest geht er im Anschluss nach Wien an die Kunstgewerbeschule. In Wien kann man in Sachen Plastik eine Menge entdecken und es scheint, als hätte er das Wirken von Edmund Hellmer (1850–1935) mitbekommen, denn er behandelt bei manchen Steinfiguren die Oberfläche in einem Finish, das einen Weichzeichner-Effekt hat, eine Technik, die Hellmer vor allem zehn Jahre später in seiner Jugendstilphase gerne einsetzt.

Von 1893 an lebt und arbeitet Roland Engelhard wieder in Hannover. In dieser frühen Werkphase zählen Portraitbüsten, Bauplastik und Brunnenentwürfe zu seinen Auftragsarbeiten. Eine besondere Gabe zeigt er zudem bei Reliefbildnissen, die zweimal, 1896 und 1901, auf der GBK gezeigt werden.

Mit der Ausführung des Grabmals seines Vaters Wilhelm Engelhard (Abb. 44), der 1902 in Hannover verstarb, beginnt er 34-jährig sich der Sepulkralkunst zu widmen.

Eine Vielzahl von Grabmalen entsteht von da an von seiner Hand, in Berlin, in Hamburg, in Bremen, im norddeutschen Raum und nach Westen bis an den Rhein. Hier in seiner Hei-

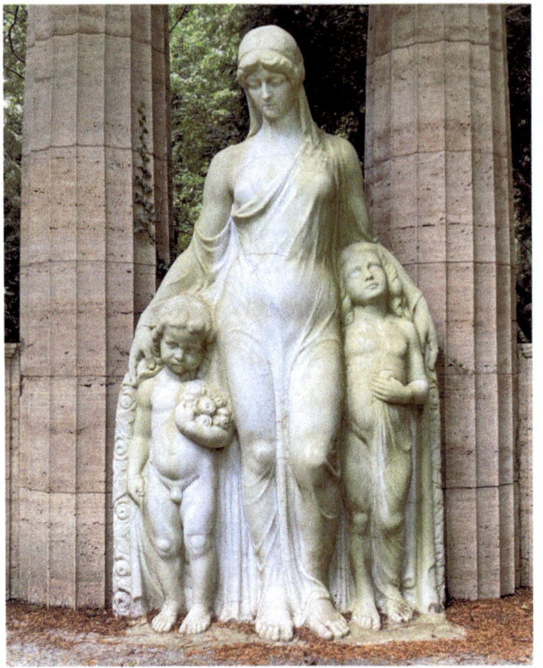

41. Grab Jänecke, nach 1912
Mutter-Kinder-Gruppe, Stein · Karte 12B

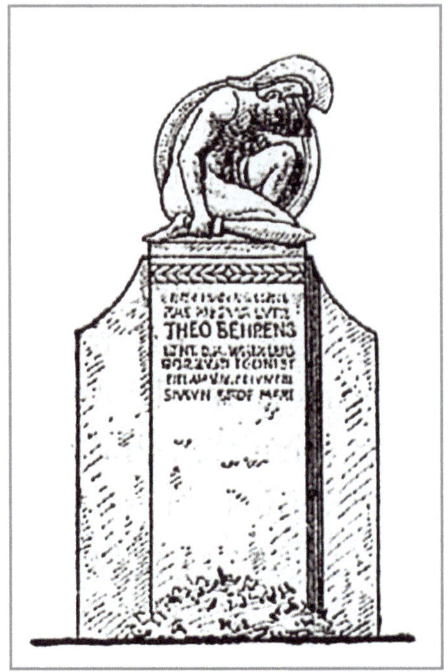

43. Grab Behrens, 1906
Kniender, Stein · nicht mehr vorort

Abbildung: aus „Zeitschrift für Bauwesen" 1918

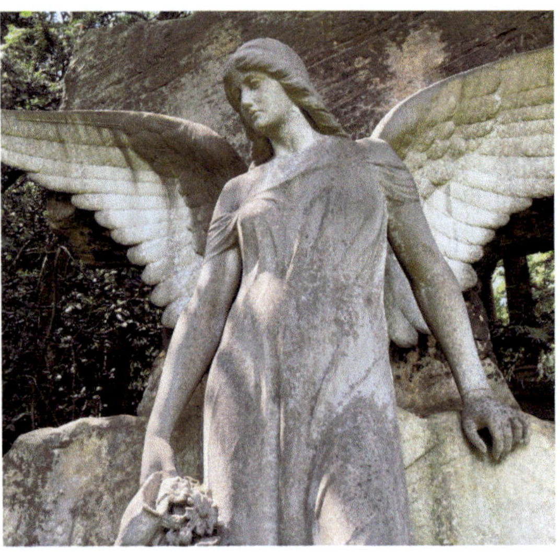

42. Grab Pleuss, 1904
Stehender Engel, Stein · Karte 10A

matstadt Hannover sind seine Skulpturen in erster Linie auf dem Engesohder Friedhof zu entdecken, in dieser Mischung aus aktivem Friedhof und Parkanlage, mit Gruften und historischer Ummauerung.

Ein Indiz dafür, dass er in Hannover um das Jahr 1908 nicht allein ist mit seiner Passion wertvolle Grabmale zu schaffen und große Kunst an diese Orte zu bringen, zeigt sich in der Gründung einer Künstlervereinigung mit dem Namen „Friedhofskunst", wo sich Roland Engelhard mit Bildhauerkollegen und Architekten zusammenschließt.

Die Kunst Engelhards zeichnet sich durch einen modern wirkenden Naturalismus aus, der irgendwo zwischen Jugendstil und Neoklassik liegt.

Einen großen Engel entwirft er, indem er seinem weiblichen Modell schöne naturalistisch ausgearbeitete Vogelschwingen hinten anheftet, was auch ganz gut funktioniert. Sieht aus wie eine elegante Hannoveranerin, verkauft sich aber deutschlandweit als begehrter Grabmalengel (Abb. 42). Hier in Engesohde steht er in Abteilung 10, jedoch außerhalb der gepflanzten Umfriedung, an der Kreuzung zu den Abteilungen 9, 6 und 5, am Grabmal Pleuss. Er stammt aus der frühen Phase seiner Friedhofskunst und ist mit 1904 datiert. Aber danach sind es weniger die Engelfiguren im biblischen Sinne, die ihn interessieren, vielmehr stellt er meist weibliche, trauernde und über das Grab gebeugte junge Frauen dar, ohne Flügel, den edlen und reinen Menschen durch ihre Anmut und ihre ausgestrahlte Harmonie symbolisierend.

Ein anderes Ideal bedient er, wenn er einen jungen griechischen Kämpfer, kniend, mit über das Grab gebeugtem Kopf, mit Helm, Schild und Schwert aus dem Stein haut. Die erste Variante stand wohl auf dem Engesohder Friedhof, wie es die Zeitschrift für Bauwesen von 1918 berichtet, scheint aber mittlerweile verschwunden zu sein (Abb. 43). Eine weitere findet sich heute in Hannover auf dem Stadtfriedhof Stöcken in der Abteilung A17. Der Autor des Berichts O. Jürgens ist ganz begeistert, nicht nur wegen der heldenhaften Geste, die der Gladiator zeigt, sondern auch wegen der architektonischen Struktur der Plastik:[9]

> *„Eine ganz ähnliche … [der vorher behandelten Achillesgestalt von Friedrich Tieck vom Dreifaltigkeitsfriedhof Berlin, 1847] … wohl bedachte Einpassung einer Kriegergestalt in das Gesamtwerk findet sich bei einem Grabmale auf dem Engesohder Friedhof bei Hannover, 1906 vom dortigen Bildhauer Roland Engelhard ausgeführt. Noch stärker als bei dem vorigen Beispiele ist hier auf geschlossene Umrißwirkung hingearbeitet. Der Unterbau ist wandartig verbreitert durch seitliche Flügelansätze, die sich in geschwungenem Anlaufe auf das bekrönende Bildwerk zusammenziehen, das in seiner flächigen Profilbehandlung einen streng architektonischen Abschluß des Unterbaues bildet."*

Hier zeigt sich natürlich die Behandlung des Themas aus den Augen einer Zeitschrift für Bauwesen, wenn er diese „Flügelansätze" des Grabsteins oder der Stele lobt. Vom Produktdesign aus gesehen führen diese seitliche Lisenen selbstverständlich zu mehr Stabilität, aber der Schreiber macht uns jetzt auf die

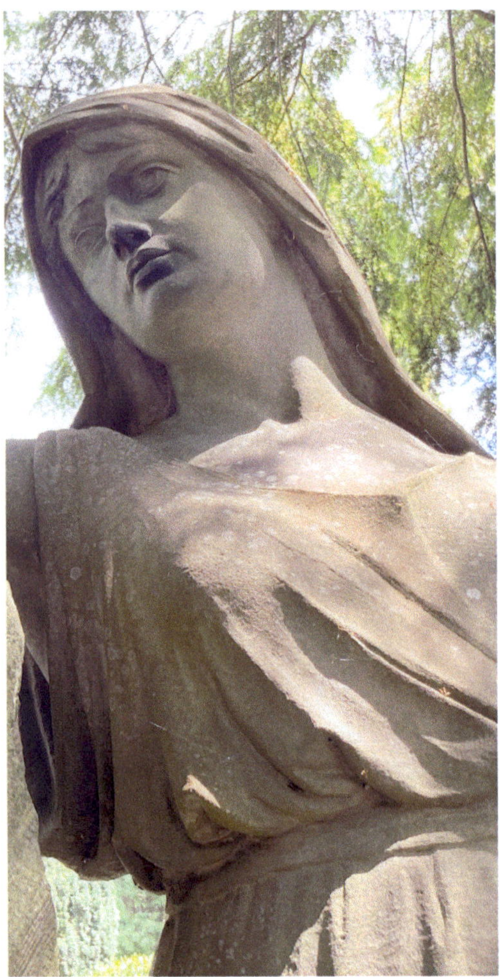

44. Roland Engelhards Initialgrabmalfigur
Grab Engelhard, 1902
Stehende, Stein, Portraitplakette, Bronze ·
Karte 09S

grafische Gesamtform aufmerksam:

> „Der sterbende Gladiator ist vor seinem
> großen Rundschilde hingesunken; seine
> zusammengekauerte Gestalt schmiegt
> sich, fast wie ein Flachbild wirkend, dem
> abrundendem Hintergrunde an. Es ist
> wohl eins der schönsten Grabmäler neues-
> ter Zeit, wahrhaft vorbildlich in bezug auf
> die Unterordnung des Bildwerks unter die
> Gesetze der an eine architektonische Auf-
> gabe gebundener Kunst."

Die Aufgabe, die Jürgens hier meint, ist die einer Ergänzung des Grabmals. Ein größeres
Grabmal mit repräsentativer Wirkung hat ein
architektonisches Konzept, den eigentlichen
Stein mit einer Inschrift, die örtliche Begren-
zung, eine oder mehrere Bodenplatten, eine
Umrandung, eher hoch als Blickschutz oder
eher niedrig als Umfriedung von Bepflanzun-
gen. Und die Skulptur komplettiert nun das
Ganze, sie soll die Grabstätte jedoch nicht
übertrumpfen, gar von ihr ablenken, sie soll
nicht allzu viel Eigenleben entwickeln. So
liest sich diese Auffassung anno 1918 und wir
werden davon im Jahre 1931 in verstärkter
Formulierung hören.
Um wieder auf die Ideale zurückzukommen,
sehen wir bei diesen zwei Motiven, dem weiblichen Engel und dem heldenhaften Krieger,
eine Weiterführung der Romantik mit ihren
Erzählungen vom edlen Ritter und der schönen tugendhaften Jungfrau, die es zu umwer-
ben und zu beschützen gilt.
Und so schließt Jürgens poetisch die Werkbe-
schreibung:

> „Der Ausdruck des Sterbens ist hier in der
> Haltung des Kriegers deutlicher ausge-

sprochen, dennoch künstlerisch veredelt. Ungebrochener Kampfeswille bis zum Letzten, noch in den Tod hinein. Schon zur Erde gesunken, läßt der Kämpfer das machtvolle Schwert nicht aus der umklammernden Hand."

Zu sehen ist die Plastik unter anderem auf dem Grabmal für den im Ersten Weltkrieg gefallenen Leutnant Julius Krause auf dem Hamburger Friedhof Ohlsdorf. Es wird auch von mehreren Kopien in Steinguss berichtet. Wir gehen aber mal davon aus, dass der Ursprungsgladiator, nach dem eigentlichen Entwurf aus Ton oder Gips, von Engelhard als befähigten Steinbildhauer zur Aufstellung in Engesohde in Stein gemeißelt wurde.

Schauen wir nun weniger auf das Schwert sondern vielmehr darauf, wie Roland Engelhard seine Protagonisten bekleidet. In beiden Fällen, bei den weiblichen wie männlichen Figuren, geht er mit den traditionell umhüllenden Gewändern oft recht sparsam um, sodass die jugendlichen Körper dem Ort der Endlichkeit eine Fülle an Lebenskraft entgegensetzen können.

In dem Kontext der so vor Augen geführten körperlichen Attraktivität, fällt uns natürlich wieder Giulio Monteverdes Engel für Oneto ein. Aber dazu ist in Summe aller hier ausfindig gemachten Figuren Engelhards festzustellen, dass das Sinnliche bei ihm wenig bis kaum durchdringt. Seine Figuren hinterlassen den Eindruck von hoher Eleganz, zeigen ungeachtet ihrer Anmut eine gewisse noble Distanz, desweiteren wirken Sie in ihren Arrangements oft recht modern, aber sie provozieren nicht, behalten trotz gelegentlich viel

dargestellter Haut stets ein gegebenes Maß an Pietät.

Haut gibt es vor allem dann zu sehen, wenn er wie Dammann quasi einen Akt auf das Postament stellt, aber selbstredend ist da immer ein Tuch, ein Element einer eng anliegenden Toga, welches die Figur moralisch vor der Beurteilung strenger Prüfer schützt. Vielleicht gibt es eine einzige Ausnahme, ein geringes Abweichen dieser Pietätsgrenze. Bei der wunderbaren Figur auf dem Grabmal Vollrath (Abb. 47) ertappen wir ihn mit einem inneren Schmunzeln dabei, wie er an den beiden Reglern, wo über dem einen „Sympathie" und dem anderen „Freizügigkeit" geschrieben steht, so gekonnt dreht, dass man ihm die nach unten hin großzügig verlängerte freie Rückenpartie gerne durchgehen lässt.

Übrigens erklärt sich die auf diesem Friedhof zelebrierte relative Ungezwungenheit in der Darstellung der figurativen Kunst mitunter damit, dass er konfessionslos angelegt wurde und in der Belegung für jeden Hannoveraner offen ist.

Wie sieht denn nun eine echte Engelhard-Figur aus? Was unterscheidet ihn von Echtermeier, Gundelach oder Dammann?

Dazu wollen wir bei ihm hier in Engesohde einsteigen mit dem Grabmal seines Vaters (Abb. 44), es liegt am Rande der Abteilung 9, an der Kreuzung zu der 8, 13 und 22. Auch Roland ließ sich dort in dieser Grabstätte nach seinem Tod 1951 beisetzen (Karte 09S).

Eine junge Frau stützt sich mit einem Arm auf einen felsartig wirkenden großen Stein, an dem eine bronzene Portraitplakette mit dem Bildnis von Wilhelm Engelhard angebracht ist. Sie trägt eine lange Toga mit Kapuze und

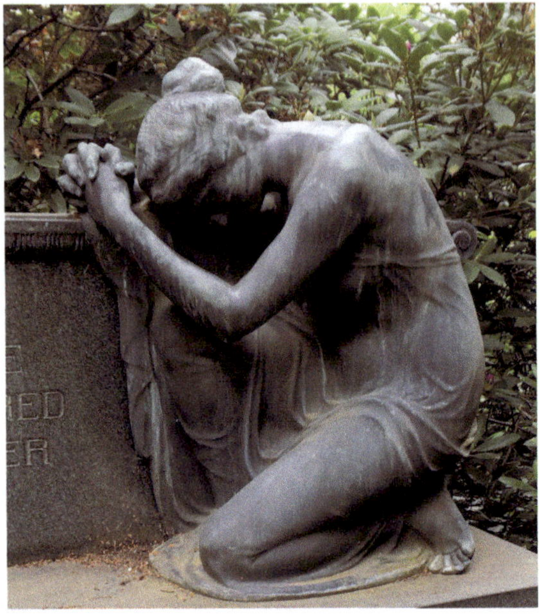

45. Grab Schreyer, 1939
Kniende, Bronze · Karte 05B

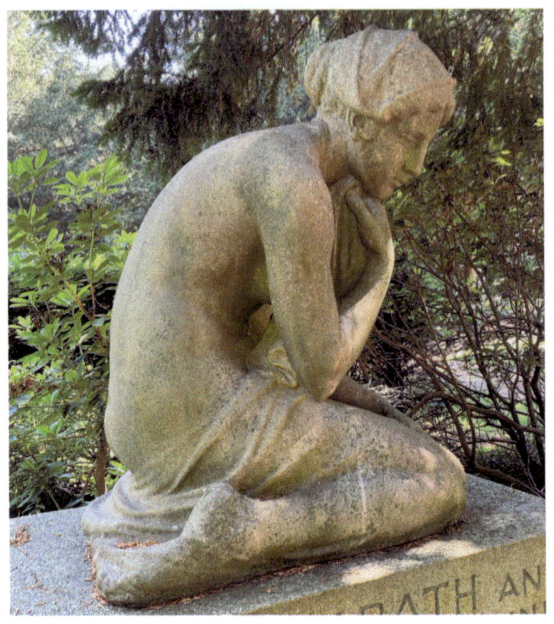

47. Grab Vollrath, 1919
Kniende, Stein · Karte 15A

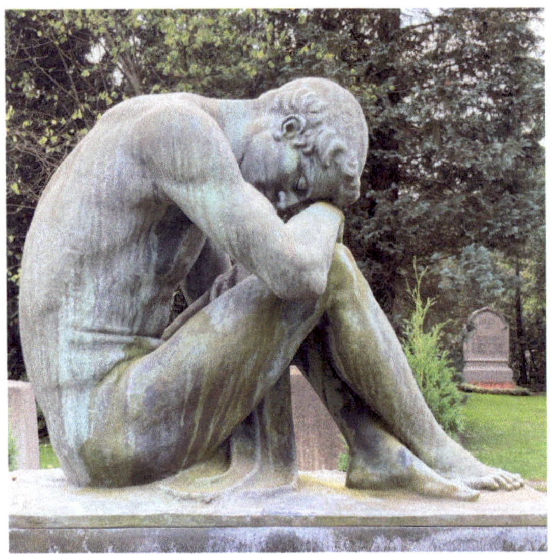

46. Grab Uhl, 1932
Sitzender, Bronze · Karte 34F

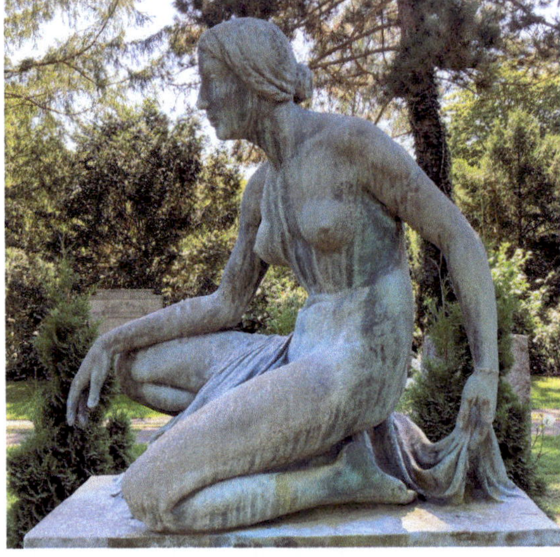

48. Grab Bartels, nach 1932 (Grabdatum 1944–1952)
Kniende, Bronze · Karte 34H

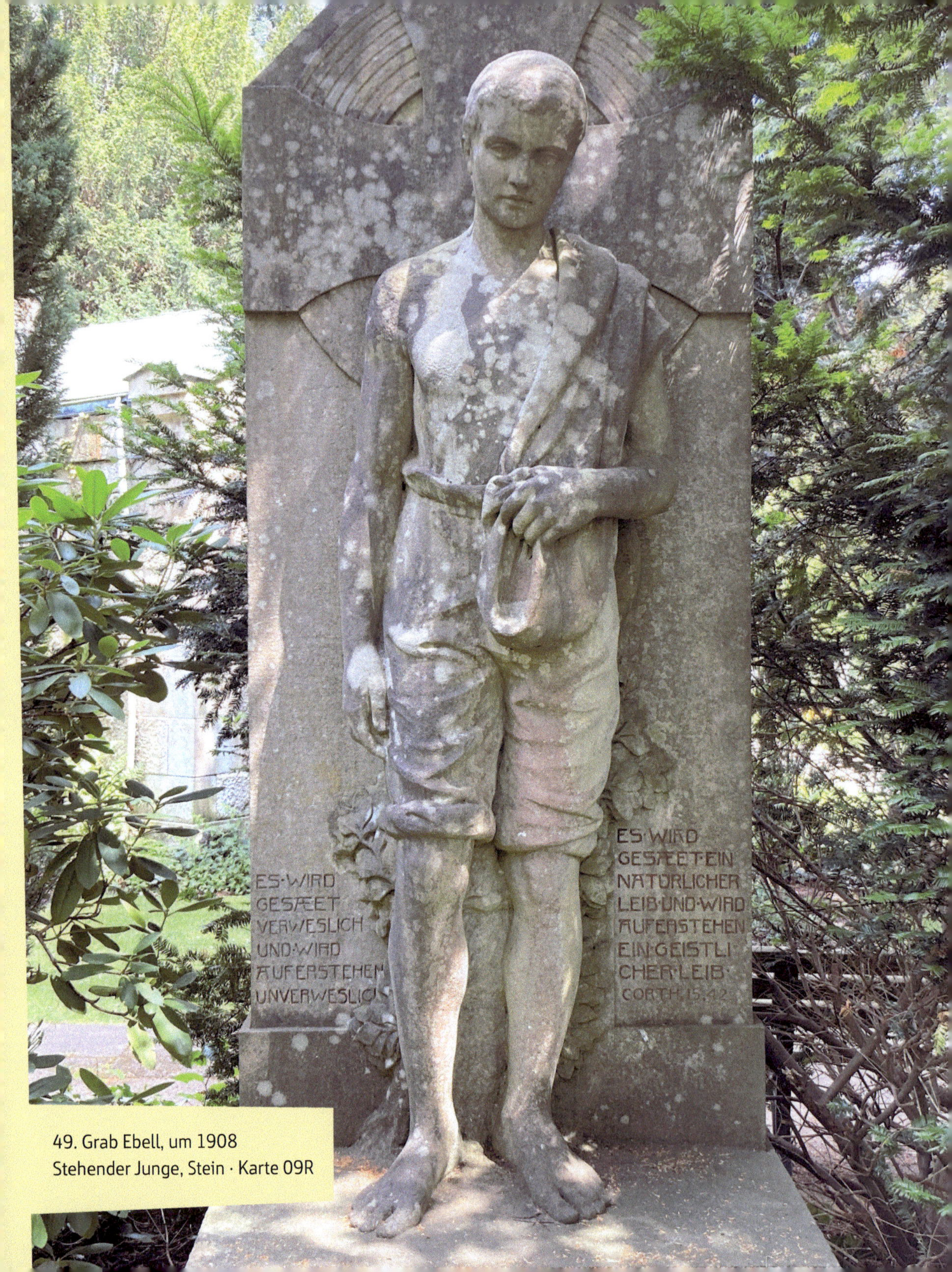

49. Grab Ebell, um 1908
Stehender Junge, Stein · Karte 09R

hält am anderen herunterhängenden Arm die Werkzeuge eines Bildhauers, Hammer und Meißel. So wird der Berufsstand des Vaters, ja der Familie, bereits unmissverständlich kenntlich gemacht.

Als ob er es wüsste, dass er noch viele Grabmalfiguren ausführen wird, bildet er hier unabhängig vom Modell die ersten zwei Markenzeichen aus. Zum einen ist es das Kleid, die Toga, die oberhalb des Bauches eine Art Gürtel hat, ein schmales, zwei Finger breites Band bindet hier den langen unteren Teil ab und markiert darüber den Brustteil. Durch das enge Abbinden der faltenreichen ärmellosen Toga entstehen Rüschchen, die beinahe so weit hervortreten wie die Brust selbst. Im Ausschnitt über der Brust gibt es eine Mittelfalte, die kann auch mal eine kleine Welle formen. Also, diese zwei Merkmale sollten wir uns an dieser Stelle schon einmal merken: schmales Band über dem Bauch und Welle in der Mitte des Ausschnitts.

Zur dargestellten jungen Frau, zu ihrem Gesicht, notieren wir: kein Kanon nach griechischem Ideal, das Gesicht ist insgesamt eher ein schmales, desweiteren zeigt es eine schmale hervortretende Mundpartie mit einer leicht überstehenden Oberlippe, beide Lippen sind sehr weiblich, recht voll, aber nicht breit angelegt, das Kinn tritt ebenfalls hervor und ist unten zum Hals hin flach.

Da haben wir nur bei dem Kinn schon einen deutlichen Unterschied zu den runden Übergängen zum Hals hin, die Dammann seinen weiblichen Figuren in Regelmäßigkeit gibt. Das kann ein Hinweis sein, wenn bei Figuren unbekannten Ursprungs die Frage „Engelhard oder Dammann?" auftaucht, denn technisch

schenken sich die beiden nicht viel, in der Präzision und in dem Talent, im Portrait den Charakter einer Person herauszuarbeiten, mit zu transportieren in das Werk.

Und der Akt natürlich, also das Wissen um die Anatomie der Frauen und Männer im Stehen, im Knien, im Sitzen, der interessiert Engelhard gleichermaßen wie Dammann und der Hannoveraner versucht augenscheinlich es dem Wahlberliner gleichzutun in der Virtuosität bei Haut und Muskeln und im Ideenreichtum bei den Posen.

Dass Engelhard die Menschenwesen atemberaubend naturalistisch in Stein verwandeln kann, zeigt er uns gleich nochmals, wenn wir vor seinem und seines Vaters Grab stehen, wir müssen nur nach links blicken. Direkt nebenan am Grabmal Ebell, das um 1908 entsteht, sehen wir einen etwa 16-jährigen Jungen stehen (Abb. 49). Er ist so hyperrealistisch in Stein umgesetzt, dass wir den Eindruck haben, stöße man ihn mit der Fingerspitze an, würde er anfangen mit den Augen zu zwinkern oder seinen Kopf zu uns drehen. Wenn wir seine Gesichtszüge, seinen Blick, seine ganze Körperhaltung verfolgen, haben wir das Gefühl, Engelhard lag es daran ihm den Charakter eines fast fertigen Mannes zu geben, der trotz seines gut aufgebauten Körpers noch etwas zerbrechlich wirkt, versehen mit einem melancholischen Blick. Dem 40-jährigen gestandenen Bildhauer ist es quasi gelungen, dem Jungen, der sich mit seiner Kluft und seinem Umhang als Bauersbursche und Sämann zeigt, Leben einzuhauchen.

Und das ist auch das Thema des Grabspruches aus dem Neuen Testament.

„Es wird gesäet verweslich und wird auf-

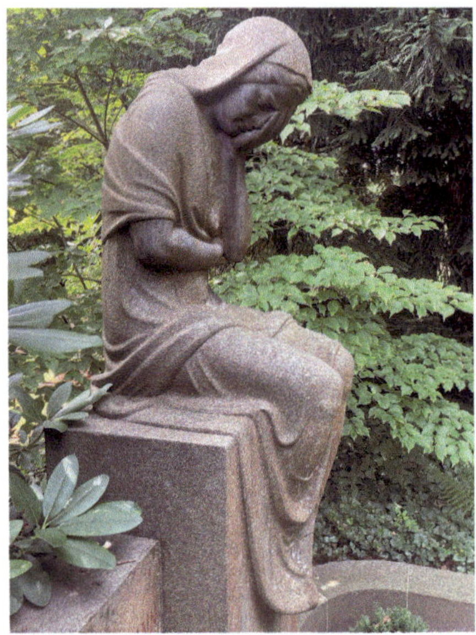

50. Grab Schwemann, 1934–1937
Sitzende, Stein · Karte 10H

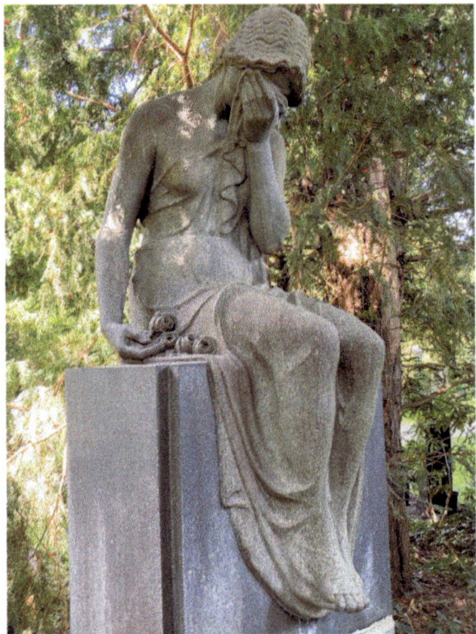

51. Grab Goedicke, um 1935 (Grab 1994)
Sitzende, Stein · Karte 01N

erstehen unverweslich. Es wird gesäet ein natürlicher Leib und wird auferstehen ein geistlicher Leib. (Kor 15,42)"

Eine Stelle aus dem Korintherbrief des Apostel Paulus, die in anderer Lesart so in der Bibel steht:

„So ist es auch mit der Auferstehung der Toten. Was gesät wird, ist verweslich, was auferweckt wird, unverweslich. Was gesät wird, ist schwach, was auferweckt wird, ist stark."

An dem ihn an Höhe überragenden Grabstein sehen wir im Relief ausgemeißelt eine halbhohe Pflanze unten am Boden, während oben hinter seinem Kopf ein stilisiertes Kreuz thront, was das Thema nochmals untermalt. Die Figur, wie die meisten Figuren Engelhards, steht frei auf dem Sockel, auf dem Postament, vor der vertikalen Platte, ist also nur minimal mit der umgebenden Architektur verwachsen. Der Charakter einer Einzelfigur ist gewollt und soll auch innerhalb der sie umgebenden Architektur erhalten bleiben. Wie oben bei Jürgens gelesen, der in der Zeitschrift für Bauwesen, Jahrgang 1918, von einer „architektonischen Aufgabe gebundener Kunst" sprach, stießen die Ausnahmekünstler der Freiplastik auf deutschen Friedhöfen später, ab den frühen 1930er Jahren, auf immer größer werdende Widerstände. Der Vorwurf wurde laut, etwa auch von Engelhards Künstlerkollegen Karl Ahlbrecht, die Figuren (wobei ihre Künstlernamen nicht genannt wurden) stünden in allen möglichen Stellungen frei umher, wirkten ohne Halt hilflos und hätten keinen Zusammenhang zu den architektonischen und gartenplanerischen Komponenten. Auch wenn dieses Argument bei Ihnen, liebe Leserin, lieber Leser, und besonders bei dem Verfasser dieses Buches Unverständnis auslöst, da es ja ein seltenes Erlebnis ist, diese qualitativ herausragenden Skulpturen im öffentlichen Raum zu finden und zu genießen, ging die Tendenz in der autorisierten Meinung hin zu einer deutlichen Vereinheitlichung aller Grabmale innerhalb einer Abteilung und somit – man muss schon sagen – in Richtung moralischer Unterwerfung und gepflegter Langeweile.

Das geschah weniger aus religiösen Gründen, sondern mehr durch das Aufkommen der nationalsozialistischen Grundidee, die das Individuum stets kleinzuhalten versuchte, um ein starkes Volk im Gleichschritt für die kommenden Aufgaben zu formen.

Ahlbrecht bezog sich in seinem Vortrag, gehalten auf der Tagung des Reichsausschusses für Friedhof und Denkmal in Hannover im Mai 1931, unter anderem auf Engesohde.[10]

> *„Die Aufstellung von Freiplastiken auf unseren Friedhöfen ist ein Problem, das auch noch einer restlosen Lösung harrt. Wieviel hier noch zu überwinden ist, zeigt nicht nur ein Blick auf die älteren Abteilungen. Hier und auch anderswo findet sich eine ganze Trauergemeinde meist weiblicher Figuren aus Marmor und Bronze, die in allen möglichen und unmöglichen Stellungen mit klagenden Gebärden den Schmerz der Hinterbliebenen zu verkörpern suchen. Aber völlig losgelöst von jeglicher architektonischer Bindung, führen diese Gestalten ein unglückliches Dasein zwischen Himmel und Erde. Je größer die Naturalistik der Darstellung, desto beliebter waren und sind auch heute noch diese „Grabfiguren" beim Publikum, und der Höhepunkt aller Kunst schien erreicht, wenn die Figuren – möglichst aus einem stark kontrastierenden Material gefertigt – den Eindruck erweckten, als seien sie an das fertige Denkmal herangetreten, um hier sozusagen in konservierter Trauer zu verharren. Diese Verfallserscheinungen zeigten sich schon im späten Barock, als die Figuren sich immer mehr von ihrer architektonischen Basis lösten ..."*

Eine Freiplastik ist aber nunmal frei. Und sie gibt einer Garten- und Parklandschaft bei all der Aufmerksamkeit, die sie auf sich zieht, ja auch etwas zurück, nämlich den Eindruck der Harmonie, weil der Mensch ein organisches Geschöpf der Natur ist wie seine Umgebung. Zur fehlenden Integration ins Postament und architektonischer Umgebung, die reklamiert wird, ist gerade bei Engelhard zu beobachten, dass er sich darum bemüht thematisch stets hoch sensibel und feinsinnig an die Gesamtkomposition des Grabmals heranzugehen, obwohl er eine freie Plastik daraufsetzt, was er bei dem jungen Sämann ja unzweideutig bewiesen hat.

Was Ahlbrecht natürlich auch meint und wo er unbedingt recht hat, ist die teilweise wilde Kombination von Materialien, die gerade wir hundert Jahre später daran erkennen, dass die haltbareren Materialien frisch in der Sonne glänzen, während die, die dem Zahn der Zeit weniger Widerstandskraft entgegenzusetzen haben, deutliche Patina aufweisen. Da wirkt dann eine Trauernde aus Marmor

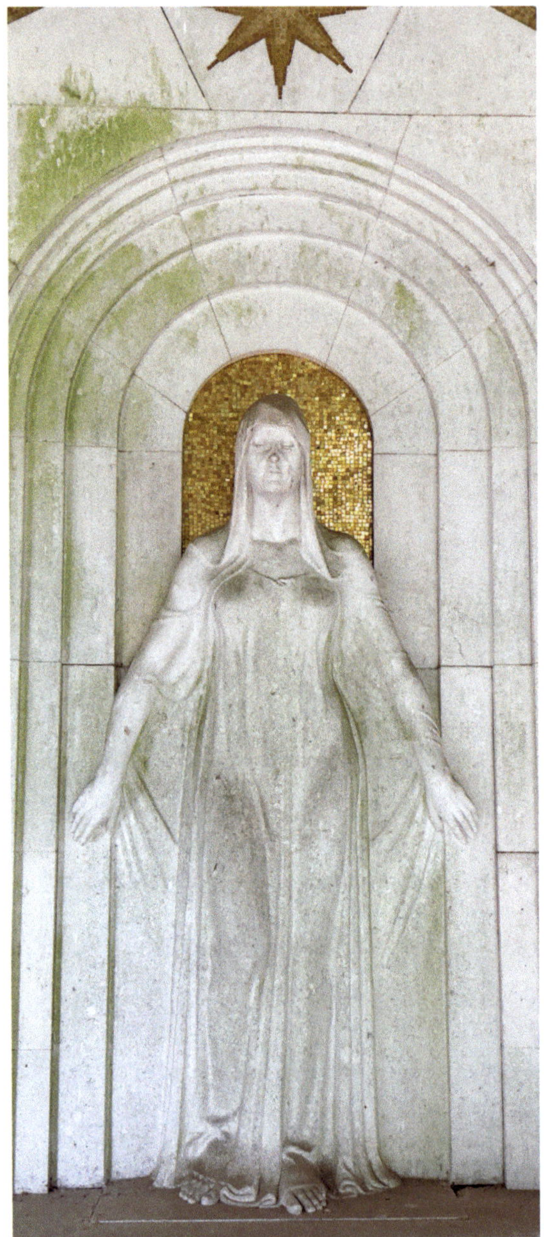

52. Grab Elbers, 1927
Stehende, Stein · Karte 01C

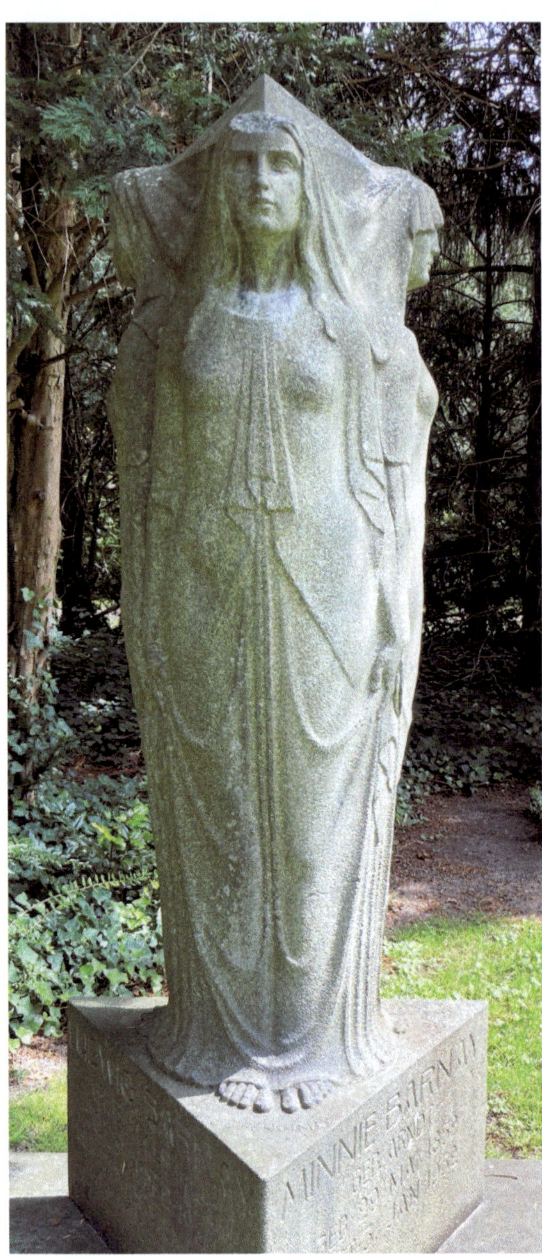

53. Grab Barnay, 1925
Drei Stehende, Stein · Karte 23B

heute wie ein Fremdkörper vor einem Grabkomplex etwa aus Sandstein, der vielleicht früher mal hell war, aber schnell die Farben seiner Umgebung angenomen hat.

Das kann schon mal passieren. Auf der anderen Seite haben wir hier auf dem Engesohder Friedhof zuhauf Skulpturen, die vermeintlich auch aus Einheitlichkeitsgründen aus weicheren und günstigeren Steinarten gehauen wurden und die große Zerfallserscheinungen aufweisen. Zuvorderst steht da der Muschelkalk, der so grobporig ist, dass allein das Wetter ihn nur Jahrzehnte überdauern lässt.

Teilweise hat das Morbide selbstredend auch einen Reiz, indem es die Vergänglichkeit nochmals transportiert, bestimmte Ecken eines Friedhofs mit solchen stark beschädigten Bildwerken haben dann auch etwas Romantisches. Auf der anderen Seite tut es bei gelungenen hochkarätigen Skulpturen schon etwas weh, mit anzusehen, wie sie da stehen mit abgefallenen Armen und ohne Nase.

Als ob Engelhard die anzustrebende Einheit des Materials aus Ahlbrechts „Gartenkunst"-Vortrag von 1931 beherzigen würde, schafft er ein Musterbeispiel an Integration im Material bei den Komponenten Grabstein, Figur, Plinthe beziehungsweise Postament, am etwa drei Jahre später entstandenen Grabmal Schwemann in Abteilung 10. Der harte granitartige Stein zieht sich durch den gesamten oberen Teil inklusive der Sitzenden, die mit einem langen bei den Faltungen gleichmäßig getakteten Gewand die kubische Stele teilweise mit überdeckt, große Teile überlagert, und so ihren Sitz, das Postament, ins Werk mit integriert (Abb. 50). Was wir in der Seitenansicht noch sehen, ist, dass er die Struktur

der Oberfläche an der Figur und dem Sockel auf eine spezielle Art einheitlich behandelt, indem er durch feine gleichbleibende Schläge eine künstliche Körnung erzeugt, die etwas von einer gewebeartigen Textur hat, während er die Hautpartien bei Armen, Händen und Gesicht poliert. Bei der Sitzenden am Grabmal Goedicke (Abb. 51) ändert er die Oberflächenbehandlung nochmals, lässt die Figur homogener. Der Sockel ist zwar nun durch die Andersfarbigkeit klar getrennt, dennoch bleibt die Integration vorhanden mit dem Kniff der an ihm haftenden Toga.

Gesamtkunstwerk Jugendstilgrabmal

Und nun wollen wir uns wie versprochen nochmals dem Jugendstil zuwenden. Denn zum einen gibt es auch aus Engelhards Atelier dazu etwas zu entdecken und zum anderen empfanden die Befürworter einer möglichst vollständigen Integration der Plastik in den Gesamtbau des Grabmals gerade den Jugendstil als durchaus gelungenen und vielversprechenden Wegweiser.

Zumal die Grundidee des Jugendstils oder des Art Nouveau, wie er in Frankreich heißt, von einem Gesamtkunstwerk ausgeht. In den Entwürfen wurden Details an den Skulpturen schon etwas zusammengefasster, mit leichter Abstraktion, behandelt um die typischen Dekorlinien herauszubilden, die sich dann in der umgebenden Architektur wiederfinden konnten. So entstand ein komplettes grafisches Bild der gesamten Anlage, oft mit abgerundeten Ecken und Kanten, wie wir den Jugendstil kennen, mit seinen floralen Linien, gerne mal überlängten Körpergliedmaßen, gerne mal einem leichten Weichzeichner-Effekt in der finalen Oberflächenbehandlung und einer, die römische Antiqua etwas ins Organische bringende, angeglichenen Typografie.

Wir sahen oben das wie aus dem Jugendstil-Ei gepellte Grabmal Bartels, geschaffen von Karl Gundelach (Abb. 7), das weit hinten im neuen Teil der Anlage am Weg, der an der südöstlichen Friedhofsmauer entlang führt, steht (Karte 40F).

Die Datierung muss hier laut Archiv um das Jahr 1902 gelegt werden. Jedenfalls rufen wir für uns alle nochmals den kunsthistorischen Zeitraum des Jugendstils, respektive des Art Nouveau, in Erinnerung: wir reden da von 1895 bis 1914. Warum ab 1895?

1895 gründete der Hamburger Kunsthändler Samuel Bing (innerhalb Deutschlands Siegfried Bing), einer der bedeutendsten Sammler asiatischer Kunstobjekte, in Paris eine Galerie, die er „Maison de l'Art Nouveau" nannte. Im Winter 1895/96 erregte eine Ausstellung, ein Salon, von Möbeln und Glaskunst in einem neuen Stil – unter anderem mit Werken des belgischen Allroundkünstlers Henry van de Velde – so großes Aufsehen, dass der „Salon de l'Art Nouveau" zum Namensgeber für die neue Bewegung wurde.

Der deutsche Ausdruck Jugendstil geht zurück auf die illustrierte Kulturzeitschrift „Jugend", die 1896 von den Schriftstellern Georg Hirth und Fritz von Ostini in München gegründet wurde. Sie diente als Medium für Künstler und Kunsthandwerker, die sich vom in ihren Augen ewig wiederholenden Historismus in der etablierten Kunst befreien und gleichzeitig der Industrialisierung im Alltagsleben naturbezogene Werke entgegensetzen

wollten, vor allem junge Literaten beteiligten sich in seelenvoller Art und Weise.

Und warum bis 1914? Weil der Erste Weltkrieg da begann. Die große Katastrophe von 1914 bis 1918, gefolgt von der Spanischen Grippe, die von 1918 bis 1920 wütet, hat eine Zäsur zur Folge. Die ungeahnte Heftigkeit und die fatalen Folgen des Ersten Weltkrieges, in den viele junge Künstler mit Euphorie gezogen waren, da ihnen der Begriff des Vaterlandes noch nicht verdorben war, brachten sie zu einem Umdenken, falls sie denn zurückkamen; eine Desillusionierung machte sich bemerkbar. Es war den Künstlern nicht mehr möglich, den träumerisch romantisierenden Jugendstil, der durch die Sezessionen genährt worden war, fortzusetzen.

Und wo wir gerade dabei sind, auch der Wilhelminismus, der über den reichlich ausschmückenden Neobarock in Deutschland in Erscheinung trat, war nach dem Abdanken des Kaisers endgültig vorbei.

Der Neoklassizismus überlebte und prägte, getragen von einer immer größer werdenden Welle der Begeisterung für den Sport, den Stil der 1920er und 1930er.

Aber getreu der Charles-Dickens-Formel „Never say never" sollte man das Ende des Jugendstils zeitlich nicht so resolut festnageln. Nicht jeder Künstler reagiert gleich und nicht jeder Kunde verändert dramatisch und adhoc seinen Geschmack und formuliert einen Auftragswunsch um. Und so entstehen noch in den 1920ern auch hier auf diesem Gelände Grabmalbauten, die einmal mehr einmal etwas weniger den Jugendstil repräsentieren. Wir sehen am Grabmal Elbers (Abb. 52) aus dem Jahre 1927 in den nördlichen Arkaden und am Grabmal Barnay (Abb. 53) von 1925 in Abteilung 23 Engelhards späte Interpretationen des Jugendstils.

Ludwig Barnay (Pseudonym für Ludwig Weiß) war ein bekannter Heldendarsteller und späterer Theaterleiter. Der Schauspieler ungarischer Herkunft starb 1924 in Hannover. Seine Frau Minnie starb nach der Inschrift 1932. Ob die Granitskulptur schon vor dem Grabmalauftrag existierte, was durchaus plausibel wäre, oder erst Jahre nach seinem Tod gefertigt wurde, wäre möglicherweise noch festzustellen. Darüber und zu der etwas kuriosen Entstehungsgeschichte des Grabmals lesen wir später noch mehr.

Jedenfalls stammt die Planung der Abteilung 23 aus der Zeit des Ersten Weltkriegs und danach, der Grundriss wurde im Jahre 1916 festgelegt[11]. Für die Belegung des Areals dürfte der Jugendstil somit eigentlich keine Rolle mehr spielen. Und trotzdem sehen wir in Engelhards Plastik, die von Vergangenheit, Gegenwart und Zukunft handelt, ein sehr reifes Kunstwerk, das auf alle Fälle Anleihen des Jugendstils zeigt, an uns herantretend in der Grundstimmung, im seelischen Charakter der Gesichter und in der ornamentalen und symmetrischen Gestaltung der Gewänder.

Achtung, was nun folgt, kann Ihnen nicht nur in einem Tablequiz helfen, sondern ist wichtiges Allgemeinwissen für Kunstfreunde und im Besonderen für Anhänger der figurativen Skulptur! Sepulkralkunst und Jugendstil haben nämlich eine ikonische Verknüpfung. Und es ist nicht nur so, dass mit diesem Werk der Jugendstil in die Grabmalkunst einzieht, vielmehr besteht eine umgekehrte Relation. Denn es gibt nicht wenige, die behaupten, der

Jugendstil selbst, hier in Gestalt des Art Nouveau, wie er eben in Frankreich genannt wird, gründe – in der Plastik wohlgemerkt – seine Existenz auf die damals revolutionäre Ausführung eines Grabmals auf dem Friedhof Père Lachaise in Paris, dem französischen Vorreiter der Parkfriedhöfe weltweit.

Es ist ein leeres Grab, ein Kenotaph, wie es altgriechisch heißt, ein Mahnmal zur Erinnerung eines oder mehrerer Verstorbenen. Das „Monument aux Morts" (Abb. 54) wurde von 1889 bis 1899 vom französischen Bildhauer Albert Bartholomé (1848–1928) geschaffen. Die Entstehungsgeschichte ist anrührend. Bartholomé war zunächst Maler und auch wenn er schon den 1870er Krieg als französischer Soldat erlebte, war doch das Jahr 1886 das so tragische wie entscheidende für sein Leben. In diesem Jahr verliert er seine junge Frau Périe und ihr Neugeborenes. Der um 14 Jahre ältere Maler und Bildhauer Edgar Degas (1834–1917), den wir alle von seinen Pastellen und Skulpturen von Ballett-Eleven her kennen, der ein enger Freund des Paares war, rät ihm nun, um seine Trauer und sein Leiden zu verarbeiten, das Grabdenkmal seiner Frau selbst zu errichten. So begann er mit bildhauerischen Arbeiten in Ton und Gips, und lernte später verschiedene Steinsorten und den Bronzeguss kennen. Schließlich blieb er bei der Bildhauerei und das mit durchdringendem Erfolg.

Wie Monteverdes Engel als Figur auf einem singulären Grabmal in Genua beeinflusst nun um die Jahrhundertwende Bartholomés Kenotaph mit seiner Pracht und Harmonie die Friedhofskunst weltweit. Gipsmodelle der Figurengruppen des Denkmals stehen heute in

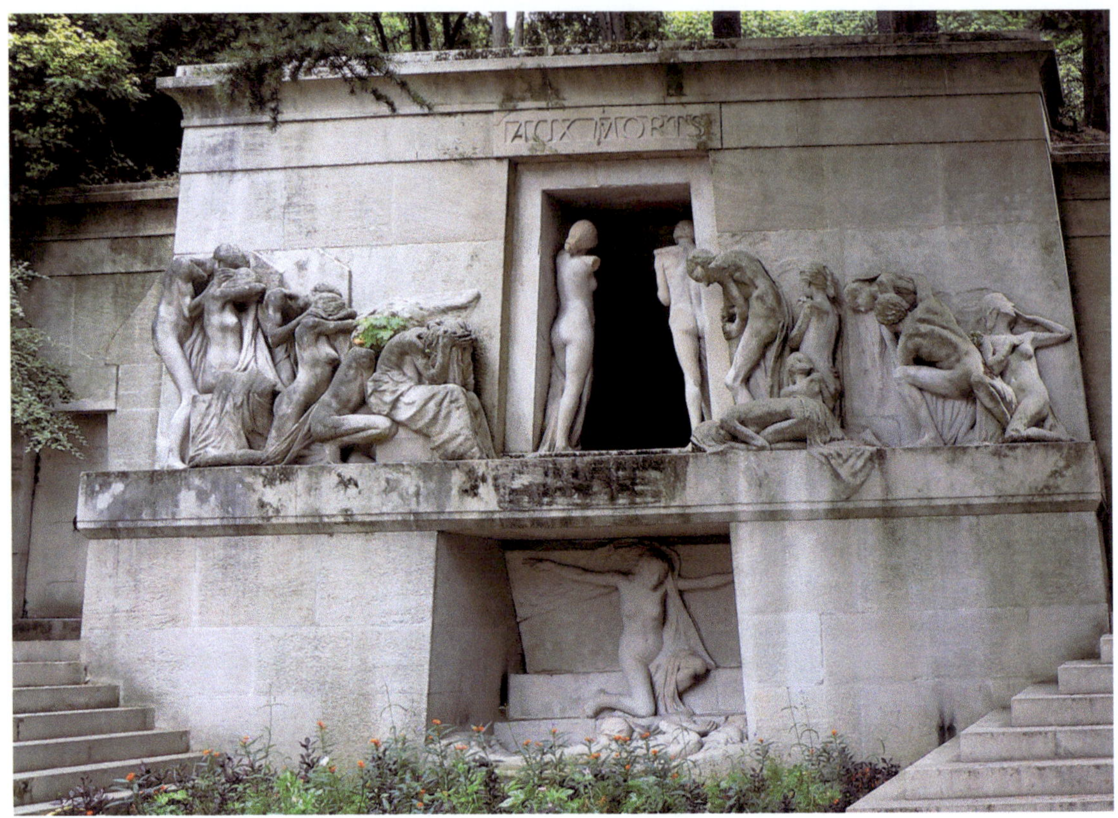

54. „Monument aux Morts", 1889–1899
Friedhof Père Lachaise, Paris
Albert Bartholomé (1848–1928)

Foto: EuroVizion from NYC

mehreren Museen der Welt. Zehn Jahre lang arbeitet er daran und inszeniert mit vier Figurengruppen den Tod, aber auch Hoffnung spendendes Licht im Dunkel der Sterblichkeit. Türen und Mauern verjüngen sich nach oben, was die Form einer ägyptischen Mastaba nachahmt, einer Grabanlage in Form eines Pyramidenstumpfs.

Die Anordnung der Figuren mit ihren jugendlichen schmalen Körpern, die fast ineinander übergehend sich in Trauer aneinander aufstützen, führt zu einer harmonischen Gesamtbewegung. Die dargestellten Frisuren sind hier zwar noch eher kurz oder mit geflochtenem Haar, aber die Kleidung in Gestalt von losen Tüchern bei den Trauernden formt schon ansatzweise die typischen dekorativen Linienelemente des Jugendstils aus. Während sich die Architektur modern zurückhält und ohne die sonst obligatorischen Säulen auskommt. So schafft Bartholomé ein Vorbild für spätere figurative Entwürfe innerhalb des Jugendstils.

Roland Engelhards Figur am Grabmal Elbers hier in Engesohde (Abb. 52) steht ebenfalls wie die Protagonisten am „Monument aux Morts" vor einem Eingang. Dieses singuläre Wandgrabmal aus Untersberger Marmor aus dem Jahre 1927 ist für Engelhard eher untypisch statisch und ruhig. Es zeichnet sich durch absolute Symmetrie aus und die Figur verschmilzt mit den architektonischen Hintergrundkomponenten zu einem Halbrelief, beinahe wie ein Wandbild besitzt es real kaum räumliche Tiefe, optisch dafür umso mehr. Die Figur selbst tritt gerade so weit hervor, dass wir sie nicht mehr als Halbrelief wahrnehmen. Hinter ihr ein perspektivisch angedeuteter schmaler Gang mit romanischen Rundbögen. Das Arrangement ist mit einer positiven Botschaft versehen, denn das Durchschreiten des Ganges verspricht am Ende keine Dunkelheit, vielmehr ist da ein Licht zu sehen, für das hier golden glänzende Mosaikplättchen sorgen.

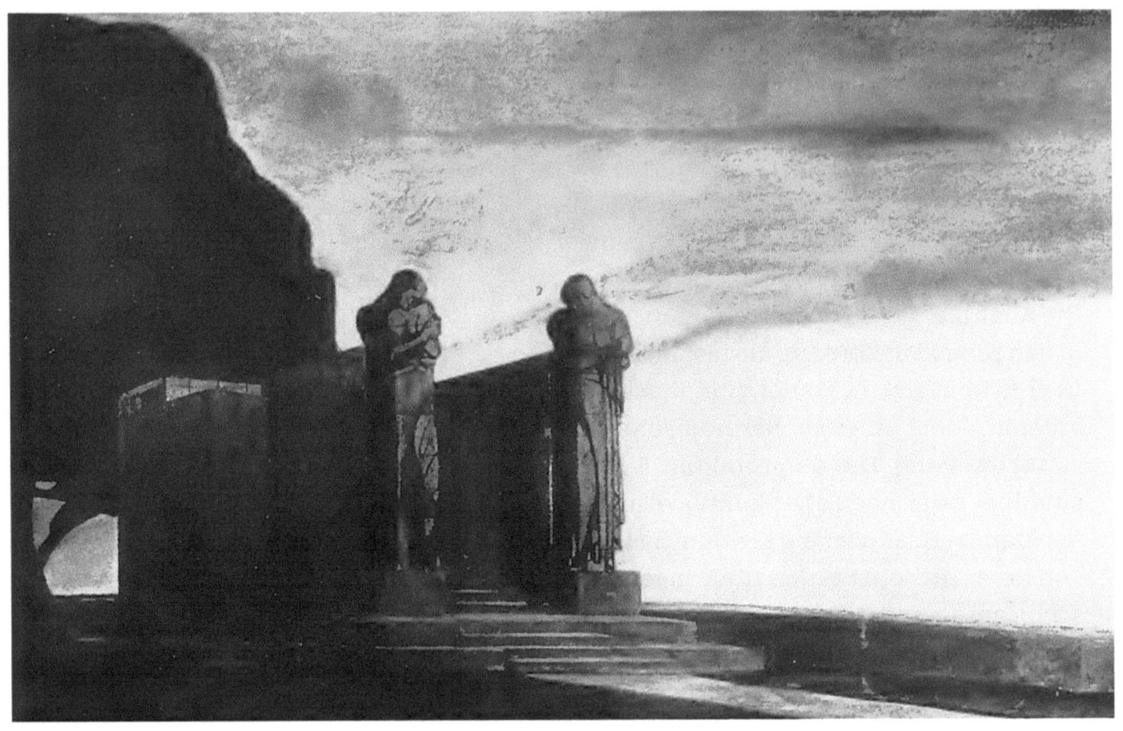

55. „Die Wächter der Toten",
Entwurfszeichnung zu einer monumentalen
Gruftanlage bei Berlin
Franz Metzner (1870–1919)

Foto: aus „Deutsche Kunst und Dekoration" 1904/05

Symbolismus in der Bauplastik

Bevor wir nun zu typischen Jugendstil-Grabmalen auf diesem Gelände aus dem Atelier von Georg Herting (1872–1951) kommen, lassen wir uns noch ein weiteres Kriterium der Stilepoche vor Augen führen: den Symbolismus.

Begrifflich bezeichnet er keine Epoche, er ist ein Stilmittel in verschiedenen Künsten. Als wesentlichen Vertreter einer solchen Herangehensweise können wir den Münchener Franz Stuck (1863–1928) anführen. Berühmt durch seine Zeichnungen und Gemälde von Männern und vor allem Frauen, die er in eine provokant laszive Atmosphäre setzt, zählt er mit dem 36 Jahre älteren Vorbild Arnold Böcklin (1827–1901) und dem sechs Jahre älteren Max Klinger (1857–1920) zu den bedeutendsten Vertretern des Symbolismus im deutschsprachigen Raum.

Als wesentlicher Repräsentant des Münchener Jugendstils sah sich Stuck dem Gesamtkunstwerk verpflichtet, entwarf auch Möbel und fertigte beeindruckende Plastiken.

Die bildhauerischen Werke sind ebenfalls von seinen mythologischen Themen bestimmt – am bekanntesten ist seine „Reitende Amazone", die als Motiv 1897 entstand, 1913/14 als monumentale Skulptur in Gips und nach seinem Tod in den 1930er Jahren in Bronze realisiert wurde. Zwei große Bronzen sind bekannt, eine steht vor den Säulen der Villa Stuck in München, eine steht im Park am Weidendamm in Eberswalde bei Berlin.

Dieses Einbringen von mythologischen Themen, Zeichen und Symbolen erweist sich nun als besonders geeignet für die Art von Baukunst, die neben dem Konstruktiven auch eine dekorative Aufgabe erfüllen soll. Und so lebt innerhalb des Jugendstils um die Jahrhundertwende der Symbolismus im Genre der Bauplastik so richtig auf. Der Symbolismus in der Skulptur vermag es monumentale Bauten noch größer erscheinen zu lassen. Er schafft eine extrem enge Bindung von der Plastik zur Architektur. Und sein Hexenmeister heißt Franz Metzner (1870–1919).

Wir sehen, schon seine finsteren, erhabenen Entwurfszeichnungen können eine Endzeitstimmung herbeizaubern, wie eine, die er „Die Wächter der Toten" nennt, zu einer monumentalen Gruftanlage bei Berlin (Abb. 55). Der in Wscherau bei Pilsen in Böhmen geborene Bildhauer formt seine Menschenwesen durchgängig von athletischer Natur, selbst einem rein geistigen Genie wie Mozart gibt er den Körper eines Zehnkämpfers, Metzner arbeitet sich bei seinen Figuren von Muskel zu Muskel, zu klein wirkende Köpfe machen die Körper noch eindrucksvoller in ihrer Stärke, wo große Bauelemente nur aus Köpfen bestehen, schauen diese grimmig und ernst drein, sie wirken wie Zitate aus alten Mythen und sagenhaften Phantasiewelten. In dieser Manier des Symbolismus in der Bauplastik machte er seinen Namen zum Markenzeichen vor allem bei solchen Großbauten, die mit Geschichte und Erinnerung zu tun haben. In Wien pflegte er Kontakte mit Künstlern und Architekten der Wiener Secession und wurde Mitglied der unter anderem von dem Architekten Josef Hoffmann gegründeten Wiener Werkstätte. Metzner war an der Ent-

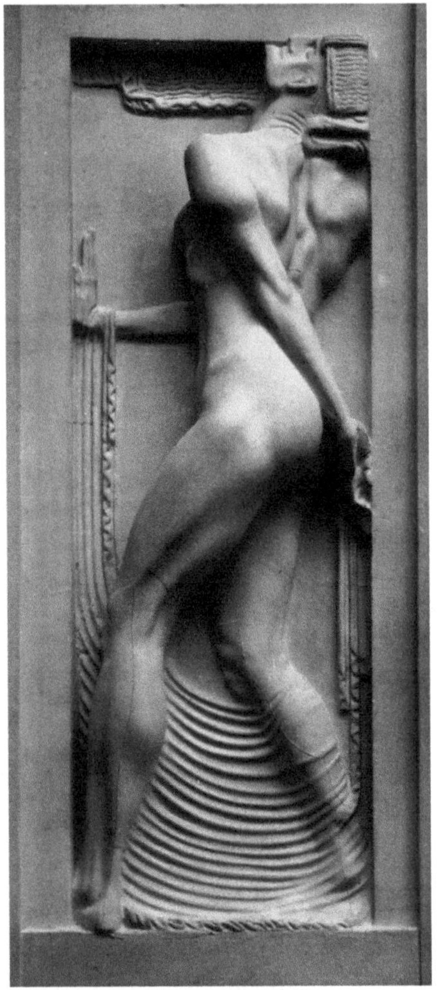

56. „Weinhaus Rheingold", Fassadenrelief,
vor 1907
Bellevuestraße, Berlin
Franz Metzner (1870–1919)

Foto: aus „Deutsche Kunst und Dekoration" 1907

stehung des Palais Stoclet in Brüssel beteiligt. Zeitgleich begann die fruchtbare Zusammenarbeit mit dem Architekten Bruno Schmitz, der für die laufenden Bildhauerarbeiten am Leipziger Völkerschlachtdenkmal einen adäquaten Nachfolger für den 1905 verstorbenen Christian Behrens benötigte.

Aus einem weiteren von Schmitz geleiteten Riesenprojekt, das Weinhaus Rheingold in Berlin, ein Großrestaurant des Aschinger-Konzerns, in dem bis zu 4.000 Gäste gleichzeitig bewirtet werden konnten, entstammen acht Hochrelieftafeln mit allegorischen Darstellungen (Abb. 56). Sie verliehen dem Neubau in ihrer mythischen Symbolik und mit schmückenden Elementen, die vorklassisch oder ägyptisch wirken, historisches Flair.

Der Schriftsteller und Architektur-Autor Hans Schliepmann (1855–1929) betonte 1913 im Sonderheft der Berliner Architekturwelt[12] zum 55. Geburtstag von Bruno Schmitz die Bedeutung der Rheingoldfassade, an der zum ersten Mal ein „neues Schmuckmotiv, die rein dekorative Verwendung menschlicher Formen" vor das Publikum getreten sei und prägte dafür den Begriff „Muskelornament". Das Gewölbe der Kellerräume schien sich auf riesige mythische Köpfe zu stützen. Ähnliche Köpfe schuf Metzner für die Krypta des Völkerschlachtdenkmals in Leipzig.

Von seinem Stil weicht Metzner auch nicht beim Grabmal der Familie Max Krause ab, es steht auf dem Friedhof IV der Jerusalems- und Neuen Kirche in Berlin-Kreuzberg, das ebenfalls Schmitz entwarf und an dem wieder die Stützfigurenmotive des Fassadenreliefs vom Weinhaus Rheingold auftauchen. Mit dem Begriff „Muskelornament" können wir nun auch gut bei Georg Herting arbeiten. Die Reliefs an beiden Seiten des in Tempelform errichteten und innen mit Mosaiken äußerst aufwändig gestalteten Grabmals Ebeling (Abb. 57) in Abteilung 6 zeigen dieses Verfahren sehr gut, dieses kugelige sich von Muskel zu Muskel Arbeitende als bauplastisch gestalterisches Element.

Faible für Monumentales

Herting ist einer der aktivsten Bildhauer auf diesem Gelände. Quantitativ nimmt er an Skulpturen nach Engelhard und Dammann Platz drei ein. Aber obwohl er nur vier Jahre jünger ist, verfolgt er einen ganz anderen Weg. Vielleicht auch aus der Erkenntnis, dass es schwierig sein würde im Naturalismus und der Eleganz der Ausführung an Roland Engelhard, Hans Dammann oder Karl Gundelach vorbeizuziehen, entwickelt er lieber seinen eigenen, für ihn typischen Stil.

Und wie sagten schon die alten Römer, beziehungsweise ihr Philosoph und meistgelesener Schriftsteller Seneca: Nullum magnum ingenium sine mixtura dementiae fuit – Es hat kein großes Talent ohne Beimischung von Verrücktheit gegeben. Hertings Stil wird bewundernswerte, imposante und gelegentlich auch sehr merkwürdige Ergebnisse hervorbringen.

Aus dem Selbstvertrauen erster vollendeter Aufträge entsteht bei Herting ein Interesse am Wagnis in Hannover noch nie gesehene Grabmalprojekte zu realisieren. Als Vorbilder dienen die Jugendstilmeister Europas und mehr noch die großen Symbolisten. Hier in Engesohde ist er vor allem für die großen Grabdenkmale zuständig.

Wenn es dann über die vier Meter Höhe hinausgeht, wird gerne mit Steinquadern gearbeitet, wie beim Grabmal Peretz (Abb. 60) in Abteilung 16. Bei diesem Projekt mit dem Architekten Karl Ross (1867–1944) formen die beiden aus fast schwarzem Tuffstein eine Metamorphose aus Gebäude und Skulptur, bei der unser Bildhauer eigentlich nur noch den Korpus des aufrechtstehenden Riesenengels mit gesenktem Kopf herausschlagen muss, die Flügel ergeben sich schon aus der nach oben zweifach gerundeten Stützwand.

Wie bei den riesigen Pendents solcher archetypischen Steinblockbauten, werden die Fugen zwischen den aufgemörtelten Quadern nicht verputzt oder farbig kaschiert. Diese Fugen verstärken eher noch die Monumentalität, da sie deutlich machen, dass die Skulptur aus zahlreichen Blöcken aufgebaut ist, die eh schon, jeder für sich, so groß sind, dass man sie mit Muskelkraft allein nicht aufstapeln könnte. Diesen Eindruck des von alten Hochkulturen Geschaffenen, von Babyloniern oder Ägyptern, geben auch die riesigen mythischen Figuren des bei Metzner erwähnten Völkerschlachtdenkmals in Leipzig wieder.

Etwas kleinere Blöcke aus grobem Sandstein, aber ebenfalls unverputzt, zeigt als jüngeres Beispiel das 15 Meter lange steinerne Baby, dass bei Jiuquan in der Wüste Gobi liegt. Die 2016 entstandene Skulptur, die auch als Landmarke dient, stammt vom chinesischen Bildhauer Dong Shubing, Professor in Beijing, er nannte sie „Son of the earth".

Während Herting am ähnlich hohen Grabmal Spiegelberg in Abteilung 13 (Abb. 58 + 59), das zehn Jahre nach dem Peretz-Werk realisiert wurde, augenscheinlich die Möglichkeit hatte

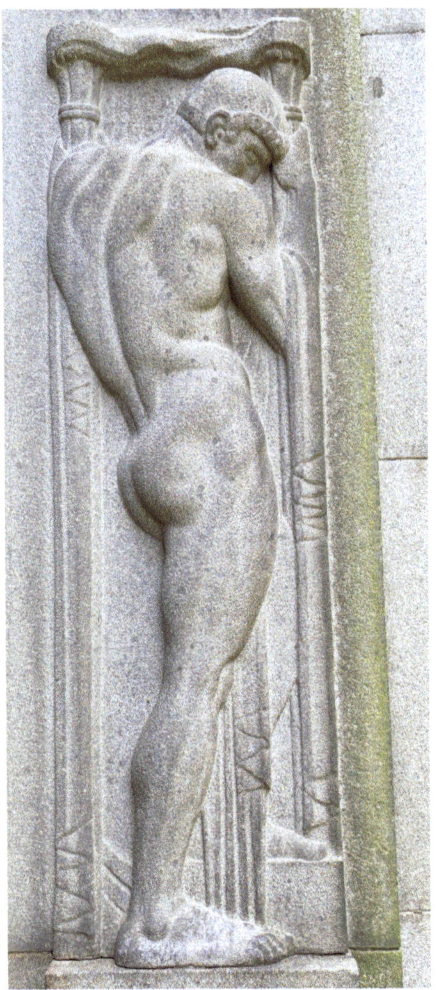

57. Grab Ebeling, 1910
Reliefs, Stein · Karte 06M

aus monolithischen riesenhaften Steinblöcken die flankierenden Engel zu treiben. Auch hier dienen die Flügel wieder als konstruktive Stützelemente.

An einem weiteren monumentalen Grabmal ist Herting (höchstwahrscheinlich) beteiligt, Es findet sich unschwer am Rande der zentralen Rasenfläche der Abteilung 9 und wird vom Architekten Ferdinand Eichwede 1908 für seine Familie entworfen, der selbst ein Jahr später, früh mit nur 30 Jahren, stirbt und dort seine letzte Ruhe findet. Eine Beteiligung Hertings am Gesamtentwurf und an der Ausführung der Skulptur wirkt stilistisch nachvollziehbar und ergibt sich wohl auch aus der Zusammenarbeit am oben genannten Mausoleum Ebeling von 1907. Aus den Quellen, in denen kein Bildhauer erwähnt wird, geht 1910 als Fertigstellungsjahr für Eichwedes Grabanlage hervor, die sich im gesamten Aufbau mit auffällig großzügig abgerundeten Kanten als Jugendstilbauwerk kennzeichnet. Im Zentrum sitzt ein überlebensgroßer Jesus aus Stein, den wir von der lockeren, symbolistischen und mythischen Art her künstlerisch Georg Herting zuschreiben können. Soviel fürs Erste zum Monumentalen, für das er augenscheinlich ein Faible hatte.

Aber lassen Sie uns nun seine ganze Geschichte hören, seinen Werdegang. Wo kam er her? Wer waren Lehrer und Förderer? Das Licht der Welt erblickt Georg Herting 1872 in der Deisterstraße 73 in Linden, der Industriestadt, die erst 1920 zu Hannovers heutigem westlichen Stadtteil wird. Deisterstraße? War da nicht was? Sicherlich, denn 400 Meter weiter von Hertings Geburtshaus, ganz leicht bergab zur Ihme hin, wurde 16 Jahre zuvor

Karl Gundelach geboren, in der Deisterstraße Nr. 19, Häuser mit Primzahlen – 73 und 19 – sind scheinbar prädestiniert für das Erscheinen großer Bildhauer.

Herting studiert von 1889 bis 1891 Architektur an der Technischen Hochschule in Hannover und gleichzeitig Bildhauerei an der Kunstgewerbeschule in Hannover, wo er Schüler von Karl Gundelach ist. Danach zieht es Herting jedoch nicht nach Berlin, wie es sich Gundelach mit seinem Studium bei Schaper ausgesucht hatte, er wählt die südliche Variante, aber nicht wie Engelhard nach Wien, sondern nach München.

Er schafft es in die Akademieklasse, die von Rümann geleitet wird, der gleichfalls in Hannover geboren wurde. Zu dieser Zeit ist Wilhelm von Rümann (1850–1906) nach oder neben Adolf von Hildebrand (1847–1921) der zweite wichtige Bildhauer für die bayerische Metropole, die von Historikern als Kunsthauptstadt Deutschlands in der zweiten Hälfte des 19. Jahrhunderts betitelt wird.

Dem Namen Hildebrand sind wir in diesem Buch schon begegnet. Auf ihn hielt man gerade in München besonders viel und er galt als Prominenter der Isarstadt. Er wurde zwar 1847 im hessischen Mardorf geboren, hatte seinen Hauptwohnsitz lange in Florenz, bezog jedoch 1898 eine selbst entworfene Villa im Münchener Stadtteil Bogenhausen, in der sich regelmäßig die Hautevolée traf, unterrichtete an der Akademie Steinbildhauerei und schuf für München unter anderem den imposanten Wittelsbacherbrunnen.

Auch Hertings Lehrer Rümann schuf zahlreiche Denkmale in Süd- und Mitteldeutschland, vor allem aber für München. Er lehrte

fast 20 Jahre lang an der Akademie der bildenden Künste als 37-Jähriger bis zu seinem Tod mit 56 Jahren und prägte so eine ganze Bildhauergeneration mit.

Kommilitonen Hertings könnten der oben erwähnte Henryk Glicenstein, der Holzbildhauer Heinz Weddig, der schweizer Bildhauer und Maler Johann Bossard oder die beiden berühmten Bildhauer Bernhard Bleeker und Hermann Hahn, die später dort selbst unterrichten, gewesen sein, denn sie studieren alle ebenfalls zu dieser Zeit an der Akademie.

1896 zieht Georg Herting wieder nach Linden. Er arbeitet nun als freischaffender Bildhauer. Als Abgänger der renommierten Münchener Akademie und als ehemaliger Schüler von Karl Gundelach kommt er bald in den Kreis der ausführenden Künstler bei größeren Projekten. So wurde im Jahr vor seiner Rückkehr, 1895, ein Wettbewerb für einen neuen Museumsbau ausgeschrieben. Die Provinz Hannover benötigte ab 1893 ein größeres Provinzialmuseum.

Grund war scheinbar in erster Linie ein Zurückerlangen der Kunst- und Kulturgüter der Welfenkönige, die im Zuge der Annexion Hannovers durch Preußen 1866 verloren gegangen waren. Außerdem sollte die Cumberland-Galerie mit ihren Kunstwerken, vor allem Gemälden, integriert werden. Und nicht zuletzt gab es auch in Hannover von den aus den deutschen Kolonien ab den 1880ern zurückkehrenden Naturwissenschaftlern genug Sensationelles zu zeigen. Also sollte ein neuer großer Museumsbau her mit genügend Ausstellungsraum für drei Sammlungen, eine historische, eine naturhistorische und eine für die Kunst.

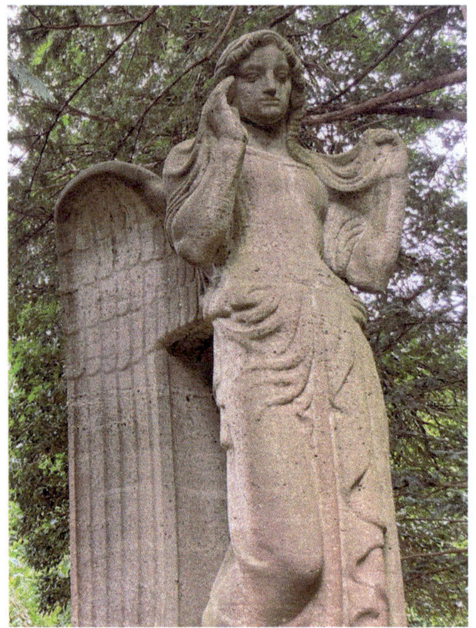

58. Grab Spiegelberg (Detail)

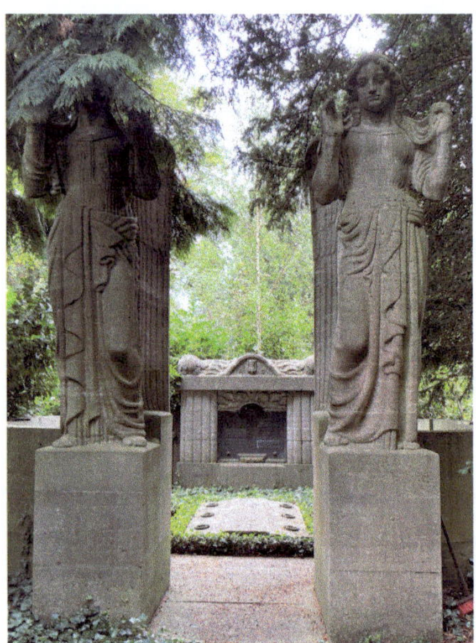

59. Grab Spiegelberg, 1913–1918
Zwei monumentale stehende Engel,
Stein · Karte 13A

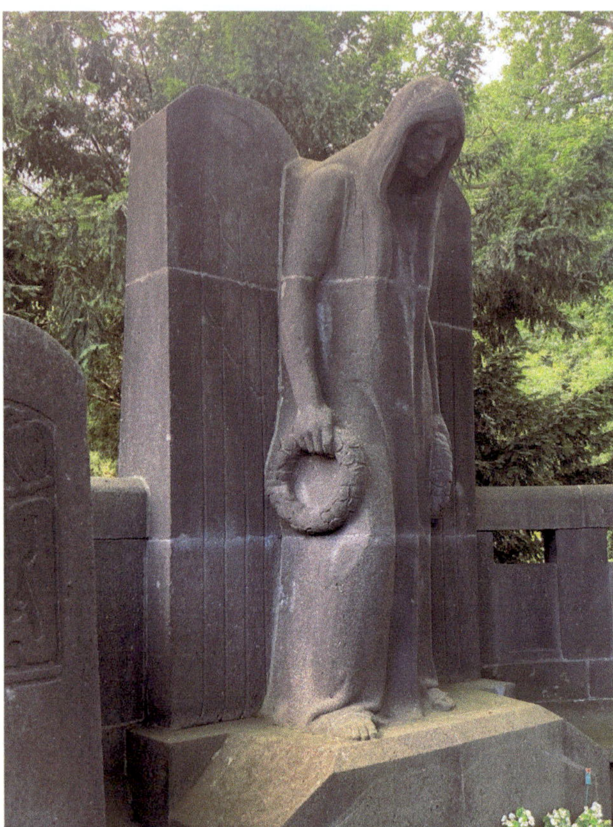

60. Grab Peretz, 1903
Monumentaler stehender Engel,
Stein · Karte 16J

Epochal gesehen könnten wir nun mit einem Jugendstilbau rechnen, aber die Bewegung kämpfte noch um Anerkennung bei den Honoratioren Norddeutschlands. Wie für den etablierten Historismus ab 1850 typisch gewann ein Entwurf im Stil der Neorenaissance, denn die Funktion des Gebäudes bestimmte den Baustil: Kirchen sah man in der Gotik oder Romanik, Adelspalais und Theater im Barock, Fabrikhallen im englischen Tudorstil mit unverputzten Backsteinfassaden und solche Gebäude, die eine Stadtkultur repräsentieren sollten, Banken, Bürgerhäuser und eben Museen, im Stil der Renaissance mit ihren Säulen, Lisenen und Kuppeln. Wenn diese Stile vermischt wurden, nennt man dies heute Eklektizismus, aber das ist wieder ein anderes Thema.

Nebenbei sei an dieser Stelle die Anmerkung erlaubt, dass es aus heutiger Sicht überhaupt keinen Grund geben sollte diese „Neostile" ins Lächerliche zu ziehen, gerade weil sie unsere deutschen Großstädte, jeder auf seine Art, bereichert haben und die unzerbombten oder wiederhergerichteten Stadtteile zu Orten machen, wo gerne gelebt wird und das Auge noch etwas findet, was den Geist anregt. Hat uns denn die Moderne städtebaulich ernsthaft weitergeholfen, restlos glücklich gemacht, mit ihrer baulichen Quintessenz des Verzichts auf jegliches Dekor? Zuweilen erscheint sie geradezu abweisend mit ihren glatten Fassaden gegenüber den Menschen, die mit gesenktem Kopf durch die Häuserschluchten eilen, weil sie mit ihrer Umgebung nicht mehr interagieren können.

Das Bauvorhaben Provinzialmuseum bis zur Einweihung 1902 führt schließlich der Architekt Hubert Stier aus, der auch die Hauptbahnhöfe in Hannover und Bremen entwarf. Gemeinsam mit Karl Gundelach und Friedrich Küsthardt darf Georg Herting die Fassade am Haupteingang gestalten. Teil davon sind allegorische Frauenfiguren beim Betrachten eines Totenschädels und beim Vermessen der Erde, sie beschreiben die Wissenschaft.

Die Jugendstilphase

Auf der ebenfalls von ihm stammenden ersten Relieftafel am rechten Flügel des Gebäudes (Abb. 62) entdecken wir eine kunsthistorisch köstliche Anekdote. Wir sehen eine rückseitig dargestellte hübsche junge Frau, die womöglich tanzt, mit einem Kranz in der Hand und einem sie flüchtig bedeckenden in der Luft wirbelnden Schleier, die von zwei Männern beobachtet wird, die sich durch ihre Insignien, Papier und Feder beim einen, ein Schmelztiegel beim anderen, als Grafiker und Bildhauer kenntlich machen, wie Albrecht Dürer und sein Bildgießer Peter Vischer der Ältere, die berühmten Künstler der deutschen Renaissance. Die beiden älteren Männer blicken also der Tanzenden hinterher, die in ihrer Erscheinung den für den Jugendstil so symptomatischen Frauenzeichnungen des tschechischen Malers und Illustrators Alfons Mucha (1860–1939) gleichkommt.

Dem Betrachter vor dem Gebäude steht es nun frei, da sich die Künstler von der weiblichen Eleganz derart in den Bann ziehen lassen, das Relief für eine leicht selbstironische Darstellung der Kunst im Allgemeinen zu halten oder für einen ironischen Seitenhieb auf die dem Historismus verpflichtete Verwirklichung des Gebäudes, nämlich als Neorenais-

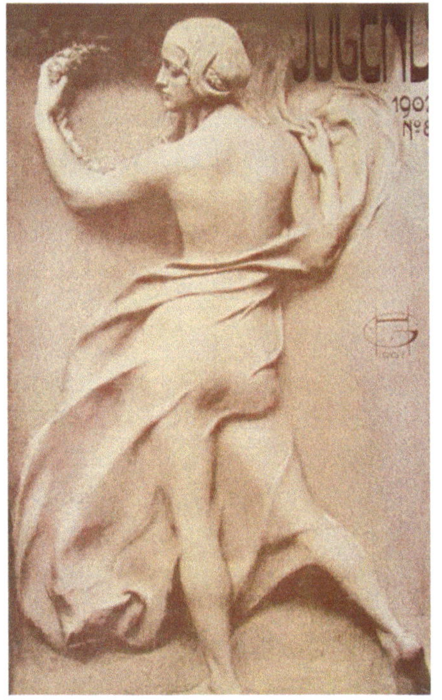

61. Die „Jugend" titelt mit Hertings
Entwurf der Tanzenden von 1901

Foto: aus „Jugend" Ausgabe 8 von 1902

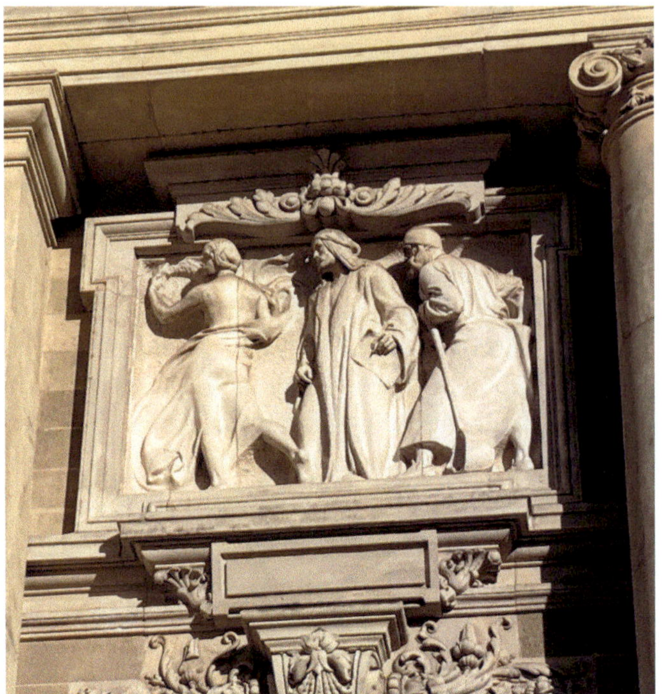

62. Halbrelieftafel an der Fassade des
Landesmuseums Hannover, 1902

sancebauwerk, in epochaler Überlappung mit dem damals zeitgemäßen, neuen Jugendstil. Dass Herting den Duktus der Bewegung getroffen hat, zeigt die Verwendung einer Aufnahme seines Entwurfs aus Ton oder farbig gefasstem Gips von 1901 , der „Nike" genannt wird. Das Motiv schafft es tatsächlich auf die Titelseite der „Jugend" in der achten Wochenausgabe von 1902 (Abb. 61). Spätestens jetzt mausert sich Georg Herting zum deutschlandweit bekannten Jugendstilkünstler.

Oben am Eingang über den Rundbogenfenstern des Treppenhauses hat er eine rätselhafte Sphinx zwischen zwei Figurengruppen platziert, die das Weibliche und Männliche, Leben und Tod, Frieden und Krieg beschreiben. Die Gruppen und die Sphinx entpuppen sich ebenfalls als in den zentralen Giebel der Fassade quasi hineingemogelte Jugendstilmotive. Das „Monument aux Morts" von Albert Bartholomé lässt auch hier grüßen.

Wir sehen aber, dass Herting, in dieser Werkphase, zunächst noch sehr sensibel arbeitet, mit viel Gefühl und detailreich. Blicken wir auf das Grabmal Wrede (Abb. 64), das er nach den Landesmuseum-Reliefs inklusive Grundriss plant und um 1907 beginnt umzusetzen, sehen wir noch überhaupt keinen Ansatz von Symbolismus oder dem beschriebenen Muskelornament.

Auch am Grabmal Grobe in Abteilung 28 sehen wir die Figur einer stehenden Trauernden, welcher er ein naturalistisch umgesetztes Gesicht gibt (Abb. 63). Die Figur taucht an mehreren Friedhöfen auf, das Ursprungsmodell mag er um das Jahr 1912 geformt haben, was eine alte Fotografie nahelegt. Später werden die Köpfe leichte Stilisierungen und Ver-

einfachungen bekommen, davon sind wir noch weit entfernt.

Im August 1905 heiratet er seine Martha. Sie hieß Köhler bis zu diesem Zeitpunkt und ist nach der standesamtlichen Urkunde …

> *„Tochter der verstorbenen Eheleute: Fabrikant Johann Georg Leopold Egestorff und Mathilde Charlotte Ernestine, geborene Wichtendahl, später wieder verheiratete gewesene Köhler, wohnhaft zuletzt: ersterer in Sanct Petersburg, letzterer in Hannover. Adoptivtochter des verstorbenen Königlichen Baurat und Professor Karl Heinrich Ludwig Köhler, zuletzt wohnhaft in Hannover."*[13]

Bezüglich Marthas leiblichen Vaters geben die Angaben zwar ein Rätsel auf, denn der Lindener Industrielle Georg Egestorff, aus dessen Nachlass die Aktiengesellschaft Hanomag entsteht, starb im Mai 1868 und Martha soll laut Standesamt

> *„geboren am fünfzehnten Juni des Jahres tausendachthundert siebzig und zwei zu Linden bei Hannover",*

also wie Herting 1872 zur Welt gekommen sein. Wir können sie aber einfachheitshalber als Tochter der Witwe Egestorff sehen. Jedenfalls wird Martha mit ihrer Schwester Irmgard von Heinrich Köhler (1830–1903) adoptiert, der Architekt, Hochschullehrer und von 1898 bis 1901 Rektor der Technischen Hochschule Hannover war. Köhler, von dem einige große Villen in Hannover stammen, war architektonisch ein ausgesprochener Vertreter der Neorenaissance im Gegensatz zur Hannoverschen Schule. Die wiederum

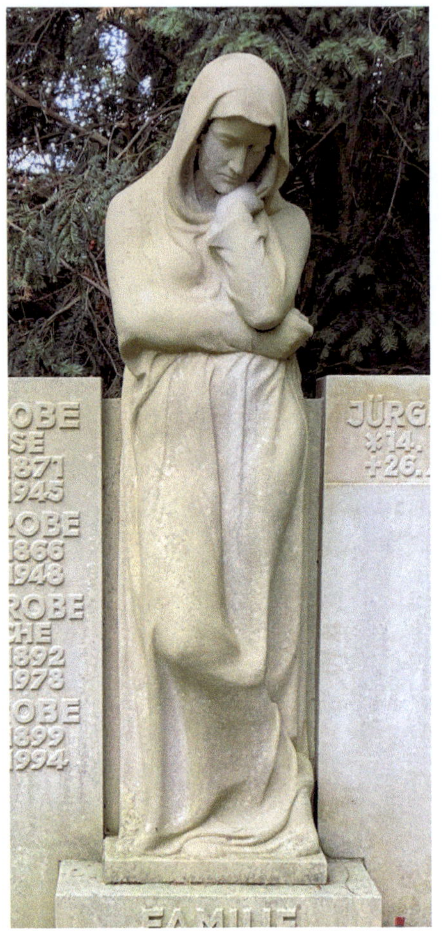

63. Grab Grobe, 1912
Stehende, Stein · Karte 28A

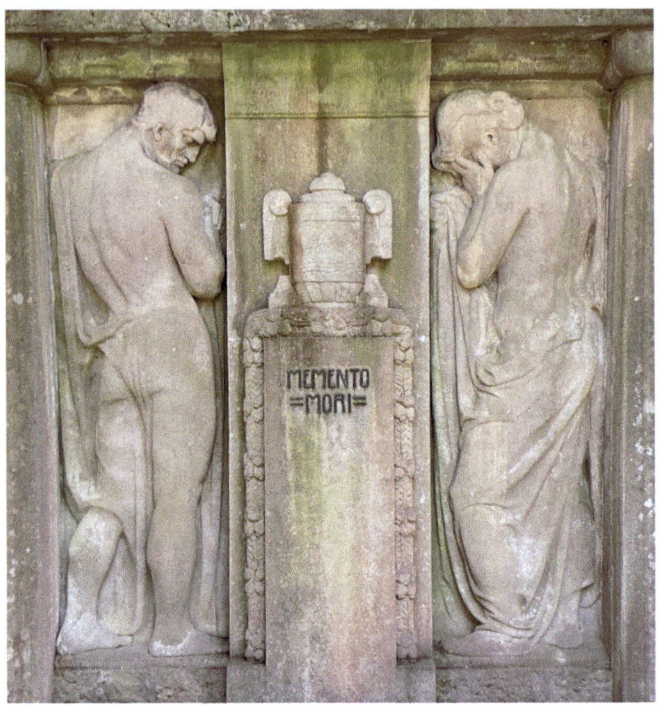

64. Grab Wrede, 1907
Stehendes Paar, Halbrelief, Stein · Karte 01J

pflegte einen neogotischen Stil mit unverputzten, mittelalterlich wirkenden Backsteinbauten, wie ihn der für Hannovers Stadtbild vielleicht prägendste Architekt Conrad Wilhelm Hase (1818–1902) propagierte. Zeitweise entstanden von Hase und seinen Schülern eine solche Menge an Gebäuden in Backsteingotik, dass scherzhaft von einer „Hasik" gesprochen wurde.

Die Verbindung mit Martha können wir bei den Namen Georg Egestorff und Heinrich Köhler auf jeden Fall als Türöffner für Georg Herting verbuchen. Das Landesmuseum wird zwar von Köhlers Professorenkollegen Hubert Stier geplant, wie oben erwähnt, aber eben auch im Stile der Neorenaissance.

Für die Familie Egestorff, beziehungsweise deren Erben entsteht 1935 ein Denkmal in Linden von seiner Hand.

1941 wird, ebenfalls in Linden, an dem Eingangsportal der Hanomag-Werke, die während des Zweiten Weltkriegs als Rüstungsschmiede dienten, ein wuchtiges Denkmal eines Stahlarbeiters aus seinem Atelier aufgestellt.

Aber lange zuvor konnte er weitere Familien des um die Jahrhundertwende wachsenden Industrieadels als Auftraggeber hier auf dem Stadtfriedhof Engesohde gewinnen, insbesondere solche, die es mit dem Jugendstil hatten oder im Späteren wuchtige Männerdarstellungen an diesem Ort für passend hielten. 1906 tritt er in den Hannoverschen Künstlerverein ein. Später erhält er einen Lehrauftrag als Dozent für Ornament- und Figuren-Modellieren an der TH Braunschweig, wo er 1911 zum Professor ernannt wird.

Der „Sämann des Duve-Brunnens", der heute am Leibnizufer steht, ist eigentlich ein älteres Projekt, das mit dem ersten Spendenaufruf schon 1903 beginnt. Logischerweise ist Hertings Entwurf, der den Wettbewerb gewinnt, wesentlich früher entstanden als der Guss der Figur von 1914, der, während des Zweiten Weltkriegs schon demontiert, wie durch ein Wunder dem kriegsbedingt angeordneten Einschmelzen entkommen sollte. Heute steht der, mitten im Ersten Weltkrieg 1916 auf dem Neustädter Markt mit einer bescheidenen Feier eingeweihte, Duve-Brunnen am Leibnizufer, umgeben von je zwei vielbefahrenen Spuren des Altstadtrings.

Das leider stark beschädigte „Trip-Denkmal" im Maschpark resultiert aus einer Zeit um 1910.

In diese Phase fällt auch die Entstehung der „Brezelmänner" am Bahlsen-Verwaltungsgebäude in Hannover, das entlang der Podbielskistraße liegt. Die Figurengruppe erhielt 2013 große mediale Aufmerksamkeit, als der darin hängend angebrachte „Goldene Leibnizkeks" überraschend von „Krümelmonster" gemopst wurde. Nach einem Bekennerschreiben des frechen Diebes mit Spendenforderungen und einer Erwiderung mit dem Angebot einer Spendenaktion nach Bahlsen-Art im Sinne der Marketingstrategie hing der Goldkeks später am Bronzestandbild des Niedersachsen-Pferdes vor der Leibniz-Universität.

Bei dem Bahlsen-Projekt arbeitet er nochmal sehr detailreich naturalistisch die Figuren aus. Diese Phase endet nun. Der Wandel der Zeit wird auf dem Engesohder Friedhof durch die in den frühen 1920er errichteten Grabmale sichtbar. Und so kommen wir nun zu den oben erwähnten Merkwürdigkeiten in-

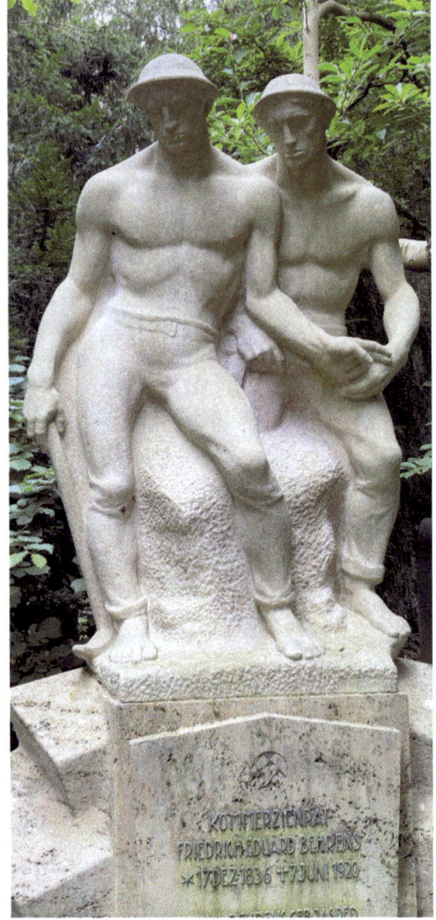

65. Grab Behrens, 1920
Stehendes Bergmannduo, Stein · Karte 06L

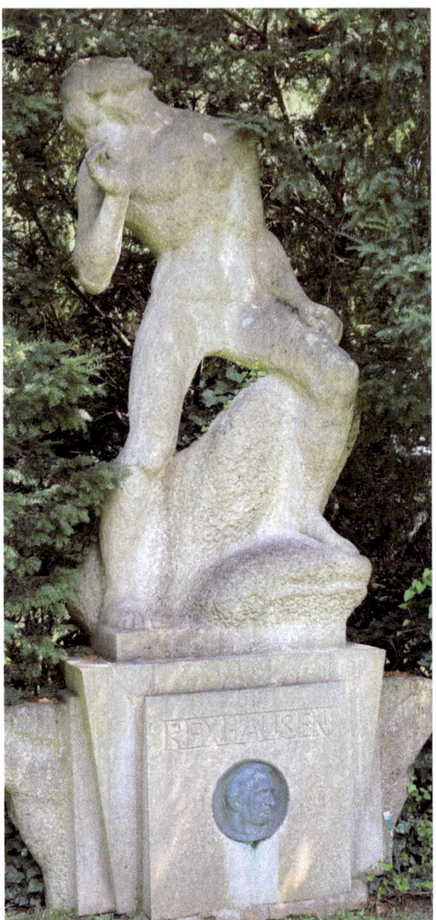

66. Grab Rexhausen, 1923
Stehender, Stein · Karte 32A

nerhalb seines Stils in der zweiten Hälfte seines Schaffens.

Die Kraft des Ausdrucks

Starten wir mit dem Grabmal für Friedrich Eduard Behrens und Ehefrau Anna (Abb. 65) von 1920. Er stattet es mit zwei männlichen, athletischen Figuren aus. Zwei Bergmänner schauen da vom Podest herunter, erschrocken innehaltend, als ob sie gerade einen verunglückten Kumpel im Stollen entdeckt hätten, mit Helm, freiem Oberkörper und Hose, in realistischer Manier aus Stein gehauen.

Aus dem Nachlass des verstorbenen Braunkohleindustriellen gründete sich übrigens die Fritz-Behrens-Stiftung. Sie fördert bis heute Kunst, Denkmalschutz, Wissenschaft und Wohltätigkeit. Gerade in Sachen Skulptur verdankt ihr Hannover zahlreiche Aufstellungen im öffentlichen Raum sowie Dauerleihgaben in Museen.

Das Thema des Arbeiters ist für Herting ein oft behandeltes Sujet, etwa bei Plastiken an der Fassade der Commerzbank in der Theaterstraße von 1922. Die in Kalksandstein gehauenen sehr männlichen Symbolfiguren für unterschiedliche handwerkliche Berufe sind dort dem porösen Material geschuldet von einer eher groberen, lockeren Machart.

Bei seinen männlichen Figuren fallen anatomisch die sehr breiten Schultern auf und die etwas seltsam abgewinkelten Beine – jede hat mindestens ein Bein ein wenig gebeugt, als ob die Dargestellten leicht in die Knie gingen, was wir ebenfalls bei den Bergmännern in Abteilung 6, beim Stehenden am Grabmal Theidel aus dem Jahre 1929 in der 14, eine seiner späten Arbeiten auf diesem Gelände, und

dem nach oben Blickenden am Grabmal Rexhausen in Abteilung 32 (Abb. 66) aus dem Jahre 1923 feststellen. Das auf einen Gegenstand aufgestützte Bein macht er gewissermaßen zu einem Markenzeichen seiner Männerfiguren.

Das heißt, er macht aus dem Stehen eine Bewegung. Also das Gegenteil von Geradestehen im militärischen Sinne, das Gegenteil einer ruhigen, trauerfeierlichen Geste und das Gegenteil von archaischer, aufrechter und symmetrischer Skulptur tritt uns hier vor das Auge. Die Vielseitigkeit an Bewegung bei diesen seinen männlichen Stehenden gipfelt in der Figur auf dem monumentalen Grabmal Flemming von 1920 (Abb. 67). Dort steht ein nachdenklicher, ein wenig wie Rodins „Denker" den Kopf auf die Faust und den Ellenbogen auf das Knie aufstützender, riesenhafter, nackter Jüngling aus Bronze in Pariser Grün. Da er nun das angewinkelte Knie braucht, gibt ihm Herting an dieser Seite einen abgesägten Baumstumpf zum Fußaufstützen. Da er aber noch stehen soll, verläuft das andere Bein, leicht gebeugt nach unten hin schräg nach innen, um von der extrem ausgestellten Hüfte bis zum Fuß in die Mitte der Plinthe zu kommen.

Das ist schon verrückt … diese Stellung! Oder wahnsinnig … magnum ingenium cum mixtura dementiae? Liebe Leserin, lieber Leser, sind Sie wie der Verfasser dieses Buches nicht stets auf der Suche nach Außergewöhnlichem? Hier in der durch viel Baumbewuchs äußerst schattigen Abteilung 29 im neueren Teil des Engehsohder Friedhofs können wir dergleichen finden. Die Grabstätte ist wirklich nicht klein, ihr nach oben offener Tempel mit großen Säulen dominiert die ganze Abteilung. Das Eintreten verwehrt eine funktional wie handwerklich raffinierte, aus schweren quadratischen Eisenstangen geschmiedete Schranke. Der Schließmechanismus basiert auf dem Gleichgewicht zweier horizontal aufliegender massiver Metallstangen, die so ausbalanciert sind, dass ein leichtes, von einem Kind machbares, Anheben die Pforte öffnet. Und wie oft wir die riesige vier Meter hohe Plastik – mit Podest sind es wohl fünf – auch umschreiten, schaffen wir es nicht, die Stellung des nur mit einem Tuch an entscheidender Stelle bedeckten Jünglings zufriedenstellend zu begreifen. Was auch immer uns dabei durch den Kopf geht, die Skulptur ist außergewöhnlich und sehenswert. Danke, Georg Herting, für dieses Wagnis. Nur als Akt gesehen kann diese komplizierte unnatürliche Bewegung schon als Experiment gewertet werden. Die Akzeptanz des Entwurfs als Freiplastik innerhalb eines monumentalen Grabmals mag erst recht verwundern, ist aber letzten Endes Privatsache.

An einer kleineren männlichen Figur am Grabmal Pape in Abteilung 38 sehen wir ein weiteres künstlerisches Wagnis Hertings (Abb. 69). Als er den Block aus Muschelkalk für den Knienden behaut, muss ihm aufgefallen sein, dass dieser eine unzureichende Konsistenz aufweist, mit anderen Worten: er ist teils löchrig wie ein Schweizer Käse. Doch der Künstler macht weiter, er vollendet die Plastik, auch wenn, gerade nach oben hin zum Kopf der Figur, große Poren bishin zu Materiallücken die Oberfläche gefährden.

Das wird wahrscheinlich im Jahr 1928 gewesen sein. Heute, etwa 100 Jahre später, durch die Kraft des Wassers weiter bearbeitet, weist die Plastik ein deutlich beschädigtes, ein zerfurchtes Gesicht auf. Aber je länger wir vor dem Grabmal stehen, desto weniger stört uns dieser morbide Eindruck. Vielmehr wird das Fragmentarische an diesem Werk unverhofft zu einem Stilmittel, welches das zum Scheitern verurteilte Ringen mit der Unendlichkeit wunderbar beschreibt.

Mit zwei weiblichen Grabfiguren aus dieser späten Zeit wollen wir die Geschichte seiner Rolle in Engesohde abrunden. Eine wunderbare schlafende Liegende, bei der sich schon zwei winzige Engel oder Putti daran machen, sie davonzutragen (Abb. 70). Der eine säuselt sie sogar noch mit seinem Lautespiel ein, dass sie nicht erwacht. Sie schläft im neueren Teil der Anlage – von der zentralen großen Kreuzung mit dem Brunnen in der Mitte ausgehend, treffen wir sie, wenn wir in die Abteilung 38 eintreten, gleich rechter Hand.

Wie auf einer Chaiselongue – auf den einen Arm gestützt – auf dem Rücken, aber auch etwas seitwärts liegend, hat sie den Kopf zur Seite gelegt. Herting bildet die Skulptur aus Untersberger Marmor in einem gemäßigten Naturalismus heraus. Aber der Kopf liegt so sehr in der Waagerechten, dass es humoristisch übertrieben wirkt, wie in einer Karikatur. Da scheint wieder ein Hauch Symbolismus durchzudringen. Die Verspieltheit mit den eifrig rackernden kleinen Engeln, hat er sich nicht nehmen lassen. Die barockhaften Details könnten natürlich auch dem Kundenwunsch entsprungen sein.

Zu dieser bezaubernden und vermutlich vorletzten seiner Arbeiten in Engesohde aus dem Jahre 1929 finden wir weiter hinten im Buch

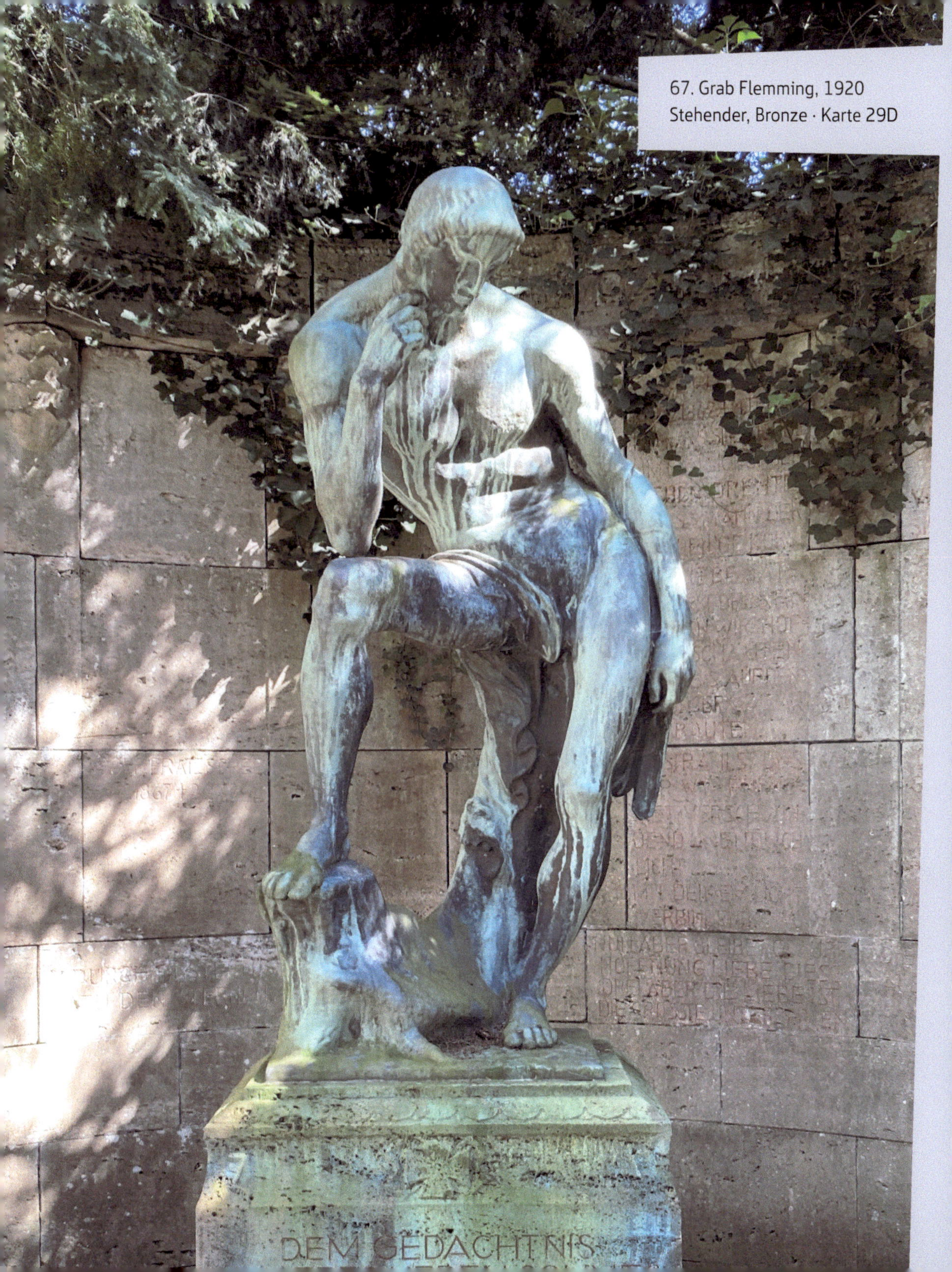

67. Grab Flemming, 1920
Stehender, Bronze · Karte 29D

unter *Miniaturwelten* im Kapitel 4 „Engesohder Geschichten" noch sehr schöne Tonmodelle für das Grabmal, die er damals Angehörigen der Familie Imhoff gezeigt hat.

Und die melancholisch dreinschauende Sitzende in Abteilung 20 wollen wir uns nun bewusst zum Abschluss seines Œuvres ansehen (Abb. 68).

Ganz von der Ferne aus scheint wieder alles relativ naturalistisch gehalten, aber nun am Kopf plötzlich diese deutliche Vereinfachung zur Kapuze hin. Das Gesicht ist deutlich breit, auf Fernwirkung angelegt. Kleid und Haut gehen ineinander über, Vereinfachungen, die eine Abstraktionsstufe beinhalten.

Das können wir bei einigen der figurativen Klassiker der 1870er Jahrgänge beobachten, wie etwa bei Georg Kolbe (1877–1947), dass sie etwa von 1910 bis 1923 mehr bereit sind zu abstrahieren, zur Stärkung der Gesamtform Details verschleifen oder weglassen. Sie experimentieren. Was sie in den 1930ern wieder sein lassen, nicht zuletzt aufgrund der politischen Umstände.

Die deutschen Bildhauer schauen in den ersten beiden Jahrzehnten des 20. Jahrhunderts verstärkt nach Frankreich: was macht der hochgelobte Auguste Rodin (1840–1917), der zuletzt seine expressive Phase hat, die Oberfläche aufbricht, was schreibt man wieder über Aristide Maillol (1861–1944), der andere Wegbereiter der Moderne, der von Anfang an über eine recht deutlich zusammenfassende Vereinfachung daherkommt, die Oberfläche glatt und geschlossen hält. Dies sind die alten Erneuerer, doch schon werden zwei Künstler der 1880er Jahrgänge formal auffällig. Wilhelm Lehmbruck (1881–1919) schafft 1911

seine berühmte „Kniende" mit den überlängten Gliedmaßen, seine Karriere kommt durch den Pariser Herbstsalon in Fahrt. Sie und drei weitere Figuren gehen von da an auf Tour zu Ausstellungen nach Berlin, Köln, München und 1913 nach New York zur Armory Show. Sein berühmtestes Werk „Der Gestürzte" aus den Jahren 1915/16 wurde eine Symbolfigur für das Trauma in Europa, für die Verzweiflung über den Krieg zweier Nachbarländer, die er beide liebte. Gleichzeitig war die Skulptur Ausdruck einer gescheiterten persönlichen Existenz und seiner Depression. Sie ist expressiv, formal auf lange detailarme überlängte Gliedmaßen reduziert, das vermeintlich Ästhetische eines männlichen Körpers entfällt, wird unwichtig, umso intensiver wirkt auf uns die Stellung des Kniens auf allen vieren, auch der Kopf stützt sich am Boden auf.

Wenige Jahre zuvor hatte der Meidericher noch insbesondere bei seinen weiblichen Akten naturalistischer gearbeitet. Als ob er sein Frauenideal stilisiert, beschreibt er bei der überlebensgroßen „Knienden" eine naturalistisch belassene weibliche Anatomie des Rumpfes, gibt ihr grazile Arme und Hände, um dann durch Überlängung der Halspartie sowie einem kleinen schmalen Kopf eine spirituelle Geschichte zu erzählen. Kritiker leiteten Bezüge zu mittelalterlichen Mariengestalten ab.

Während Archipenko den weiblichen Körper schon mit einer energischen Konsequenz in geometrische Grundformen zerlegt, beziehungsweise daraus zusammensetzt – ohne allerdings den formalen Bezug zur menschlichen Gestalt völlig zu verlieren. Alexander

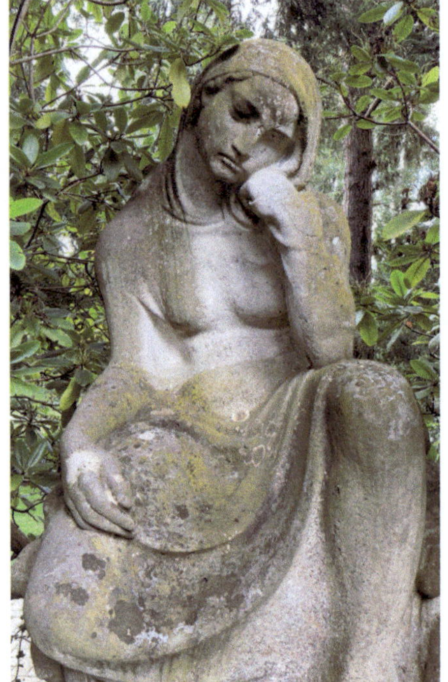

68. Grab Meyer, 1923
Sitzende, Stein · Karte 20A

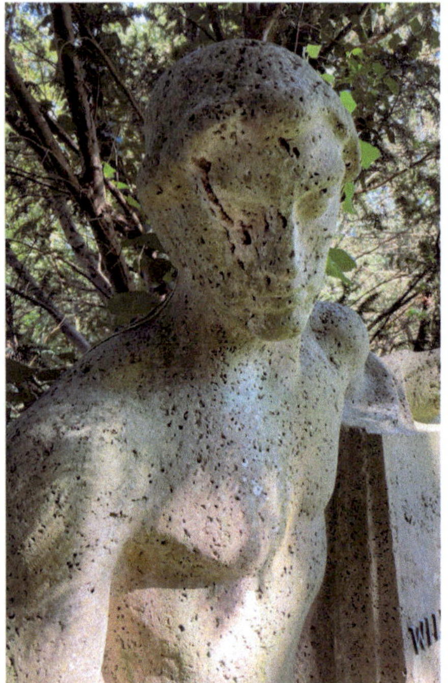

69. Grab Pape, 1928
Kniender, Stein · Karte 38D

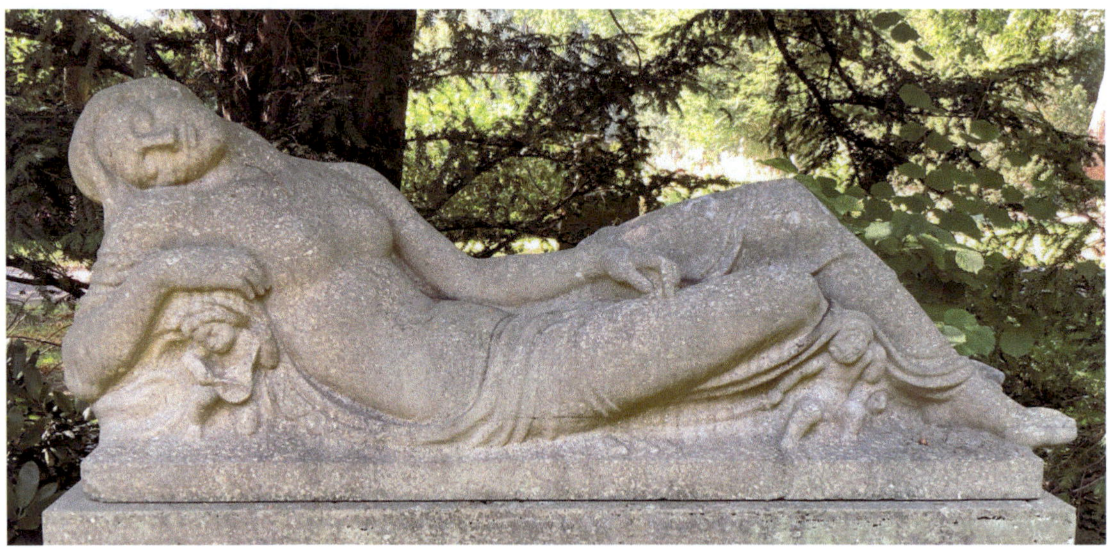

70. Grab Imhoff, 1929
Liegende, Stein · Karte 38F

Archipenko (1887–1964) konfrontiert die Bildhauerschaft mit einem weiteren neuen Ansatz, er bringt den Kubismus in die Plastik. Trotz aller Abstrahierung arbeitet Archipenko figurativ, er kümmert sich bei aller Intension neue Wege zu gehen um die menschliche Physis. Er negiert den Körper nicht wie etwa der späte Barlach mit seinen Gewandfiguren. Archipenko ist genauso fasziniert und verliebt in die menschlichen Formen, meist der weiblichen, wie ein Albert Bartholomé zwei Generationen vor ihm, und zeigt das offen. Mit dem ureigenen Instinkt aller figurativen Bildhauer beobachtet und analysiert er die Grundformen, geometrische Grundkörper und Übergänge, die Auslöser dafür sind, dass wir innehalten und vom Entdeckten einen positiven Input erhalten.

Und er bleibt in dieser Zeit der Multistile vom Publikum nicht ausschließlich belächelt, vielmehr verbreitet sich seine „Glorification of Beauty" von 1925 als Art-déco-Objekt in Form einer kleineren Bronzekopie, da die futuristische Skulptur trotz der Abstraktion eine hohe Eleganz ausstrahlt.

Zu den jungen Wilden unter den Bildhauern gehört auch Milly Steger (1881–1948), die bei Statuen am Hagener Stadttheater für einen Eklat sorgt, der durch die Presse geht. Die vier Musen sind für die Kritiker auf zu archaische Weise gestaltet – mit unverhüllten Körpern und wohl zu prallen Busen. 1918 bewies die Künstlerin jedoch bei ihrer Skulptur „Tanzende", dass formal auf das Wesentliche reduzierte Plastiken von hoher Eleganz sein können. Die Gesichter der beiden Tänzerinnen sind ägyptisierend stilisiert, Oberflächenlinien wie die der Taille sind auf eine gerade Linie zusammengefasst, die einzelnen Volumina der Muskulatur der Beine sind geglättet und gehen fließend ineinander über, gleichwohl das Arrangement in der Fernsicht anatomisch korrekt und harmonisch wirkt.

Von solchen stilistischen Neuerungen und einer Erweiterung des Kunstbegriffs wurden unsere Künstler hier auf diesem Gelände keinesfalls überrascht oder überrollt. Doch diese formalen Experimente zu beobachten und sie in das eigene Programm aufzunehmen, sind zweierlei Dinge. Gleichwohl bleibt immer etwas hängen, wenn von außen revolutionäre Eindrücke auf den sensiblen Künstlergeist zukommen.

Bildhauer wie Herting, die der 1870er Generation, nehmen an der Diskussion und Fortentwicklung der figurativen Plastik durchaus teil und wenn formale Änderungen von der Kundschaft augenscheinlich gerne mitgetragen werden, wie bei der Sitzenden am Grabmal Meyer von 1923, werden moderner wirkende Entwürfe realisiert.

Doch wie die bezaubernde Liegende mit dem in die Horizontale gedrehten Kopf am Grabmal Imhoff (Abb. 70) zeigt, arbeitet er zu den 1930ern hin wieder naturalistischer.

Die gehörige Portion Symbolismus, die er in seiner Kunst transportiert, zieht sich eigentlich durch alle Werke, darauf kann sich die Kundschaft und die Kunstgeschichte verlassen.

Die Beschäftigung mit Georg Herting bringt einen sympathischen, phantasievollen Bildhauer zutage, der uns mit der Kraft des Ausdrucks regelrecht überraschen kann.

KAPITEL 2

Die Nachfolger

Rosensträucher sind schön. Bei Rosensträuchern muss Frida immer daran denken, wie sie und ihre Schwester Lotte mitten in einer ernsten und feierlichen Vernissage einer Klimt-Ausstellung in Berlin, oder war es Potsdam, so lachen mussten, dass sie von dem erzürnten Max Liebermann höchstpersönlich hinaus auf die Gartenterrasse gezerrt wurden. Auf dem Bild von Gustav Klimt waren drei kleine Rosensträucher unter einem riesigen Blätterwerk von Bäumen, das eigentlich nur aus Punkten bestand. Sie waren jung und hatten so etwas noch nie gesehen, der Sekt tat sein Übriges. Das ist lange her, lange vor dem ersten Krieg, überlegt Frida.

Nun sieht sie sich das Malheur an. Wo kann das passiert sein, als sie gerade einen fast zugewucherten Durchgang nutzte, um auf die Toilette am Werkhof zu gelangen? Sie setzt sich auf eine Treppenstufe der Südlichen Arkaden und untersucht ihre Strümpfe genau. Frida hat sie erst gestern in einem schicken Geschäft in der ungeahnt belebten Innenstadt namens Nylon-Vitrine gekauft. Sorgfältig tupft sie ein wenig Nagellack auf jedes Ende der Laufmasche.

Jetzt fällt es ihr wieder ein. Am frühen Vormittag blieb sie in Abteilung 12 kurzzeitig an einem Rosenstrauch hängen, am Grabmal von August. Je mehr sie versucht, sich an ihn zu erinnern, desto mehr kommt es ihr in den Sinn, dass August, der ihr vom Alter her eigentlich am nächsten kam, stets mehr um die Aufmerksamkeit seiner Kollegen Hans oder Roland gerungen hatte. Sie selbst war ihm scheinbar bedeutungslos. Nun war er offensichtlich auch schon drei Jahre tot.

Die Nachfolger

Sie sind die Nachfolger der Großen Fünf. Und wir werden sie wie die Altvorderen chronologisch nach Geburtsjahr verfahrend behandeln. Sie sind wie Georg Herting, der jüngste der Großen Fünf, Bildhauer der 1870er Generation. Es sind vier Namen, zwei davon arbeiten stringent naturalistisch, die anderen zwei beginnen zunächst naturalistisch, kommen anschließend jedoch zu einem neuen, experimentellen, expressiveren Stil, gleichwohl sich der Abstraktionsgrad in Grenzen hält.

Erste Arbeiten der Nachfolger auf diesem Gelände finden sich noch aus einer Zeit, als die Großen Fünf noch sehr aktiv sind. Später jedoch, vor allem in den 1930ern, lösen sie ihre berühmten Vorgänger ab, die sich aus mehrerlei Gründen zurückziehen.

Das Phantom von Engesohde

Ach ja, Bernhard Hoetger (1874–1949), einer der großen deutschen Bildhauer, der heute gemeinsam mit Ernst Barlach und Georg Kolbe zu den Mitbegründern der Moderne im ersten Jahrzehnt des 20. Jahrhunderts zählt, er wäre der fünfte Nachfolger auf diesem Terrain gewesen, allerdings mit nur einer einzigen Arbeit.

Nach Steinmetzlehre und seinem Studium an der Kunstakademie Düsseldorf hatte es ihn in die damalige Kunsthauptstadt der Welt gezogen: Von 1900 bis 1907 hält er sich in Paris auf. Selbst mittellos, zeichnet und modelliert er zunächst die reale Welt auf den Straßen, die armen Leute und später schwer arbeitende Männer, wobei der formale Ausdruck, deutlich von einem späten Auguste Rodin (1840–1917) beeinflusst, skizzenhaft und expressiv wirkt.

Mit diesen expressiven Kleinplastiken seiner muskulösen Arbeiter hat er erste Erfolge bei Ausstellungen. 1905 erhält er dann mit dem „Elberfelder Torso", benannt nach seinem späteren Aufstellungsort, quasi von Rodin den Ritterschlag, welcher den Torso zum Meisterwerk erklärt.

In Hannover kennen wir ihn von dem riesigen Waldersee-Denkmal am Rande der Eilenriede und von seinen Arbeiten in Verbundenheit mit Hermann Bahlsen. Vier Portraits in Stein der Söhne des Keksfabrikanten stehen im Landesmuseum sowie ein Brunnenentwurf mit den Knaben. Die vorsorglich vor nationalsozialistischer Vernichtung versteckte Statue der ägyptischen Göttin TET wurde im Jahre 2018 – nach mehr als 80 Jahren – aufgefunden und an ihren alten Platz am Bahlsen-Stammhaus in Hannover zurückgebracht.

Nun könnten wir uns freuen, über einen echten Hoetger in Engesohde berichten zu können. Aber die auf einer Platte rücklings liegende Figur gereicht ihm nicht zur Ehre.

Ausgerechnet beim Grab seines einstigen Förderers Ludwig Roselius (1874-1943), der Konsul und Fabrikant war, Gründer der Kaffeemarke HAG mit dem ersten entkoffeinierten Kaffee, der in Bremen mit Hoetgers Plänen die Böttcherstraße anlegen ließ, mit dem Haus Atlantis und weiteren expressionistischen Backsteinbauten, wie dem heutigen Paula Modersohn-Becker Museum, welches

Sammlungen von der berühmten Malerin nebst Plastiken von Hoetger beherbergt – ausgerechnet bei seinem Grabmal in Abteilung 37 liefert er eine für seine herausragende Meisterschaft so beklagenswerte Qualität ab, dass man sich ernsthaft fragen muss, ob er wirklich der Urheber ist.

Den Entwurf für das Familiengrabmal fertigt Hoetger nachweislich an. Und zwar schon 15 Jahre vor Roselius Tod, für seine Ehefrau Anna, die ebenfalls 1874 zur Welt kam, jedoch schon 1926 verstarb und im Sommer jenes Jahres dort beerdigt wurde.

Auf der Entwurfszeichnung mit einer Draufsicht der Liegenden unter der Seitenansicht als Schnitt lesen wir „Bremen Dez. 1928". Sie wurde im Februar 1929 genehmigt. Wenn er nun in Worpswede sofort mit der Steinarbeit begönne, würde das Denkmal immerhin drei Jahre nach Annas Ableben an das Grab kommen, es herrschte also keine Eile in dieser Hinsicht.

Auch wenn er einerseits – wie dokumentiert – Anfang 1929 um die Genehmigung bittet, dass bei Tauwetter das Fundament betoniert werden darf, finden sich andererseits keinerlei Hinweise auf die Realisierung und Aufstellung des steinernen Denkmals. Die von der Kommission angeforderte Schriftzeichnung und eine zweite technische Zeichnung liefert ein Steinmetzunternehmen namens Schlothauer aus Mihla. Der vielbeschäftigte Künstler delegiert diese Aufgaben.

Wenn Hoetger nun, aus welchen Gründen auch immer, nicht selbst zügig mit der Plastik beginnen kann, gerät das Projekt in eine Phase großer Hindernisse, wir denken an die Weltwirtschaftskrise und an das Kulturdiktat

im sogenannten Dritten Reich ab 1933, was er aber nicht erahnen konnte.

Auch wenn der Künstler ein virtuoser naturalistischer Steinbildhauer ist, widmet er sich in den 1920ern äußerst expressiven und reduzierten Formen. So wird Hoetger ein prominentes Opfer der Nazi-Aktion „Entartete Kunst" ab 1937, seine Werke werden aus Museen entfernt. Die so diffamierten Künstler erhalten oft Arbeitsverbot. Er ist quasi eine Persona non grata im nationalsozialistischen Staat und die damalige Stadtverwaltung in Hannover kann man getrost als linientreu bezeichnen, auch im Gartenbau- und Friedhofsamt, was sich bei Vorträgen unschwer herauslesen lässt.

1943, im besagten Todesjahr von Roselius, floh er aus Berlin über das Riesengebirge und Oberbayern in die Schweiz, wo er 1949 in Unterseen starb.[14]

Kommen wir nochmals zur stilistischen Ausführung. In der umrisshaften Darstellung des Entwurfs lässt sich ein reduzierter expressionistischer Gestaltungsansatz erkennen. Unter ihren Füßen erhält die Liegefigur einen Absatz, wie ein Sockel einer stehenden Stifterfigur an einer Kirchenwand, der jedoch stilisiert eine auffällige Tropfenform erhält. Wie die ganze Plastik nach der Skizze eher fließend, symbolhaft einen liegenden Körper darstellt, ohne Füße, ohne körperliche Details oder Attribute wie christliche Symbole oder Mohnkapseln, Rosenbouquet oder ähnliches. Die gemeißelte Liegefigur, die wir heute auf der Familiengrabstätte vorfinden, wirkt viel zu flach, sie besitzt überhaupt keine Tiefe, keinen richtigen Brustkorb, hat ein Rosenbouquet auf dem Bauch, und so etwas wie

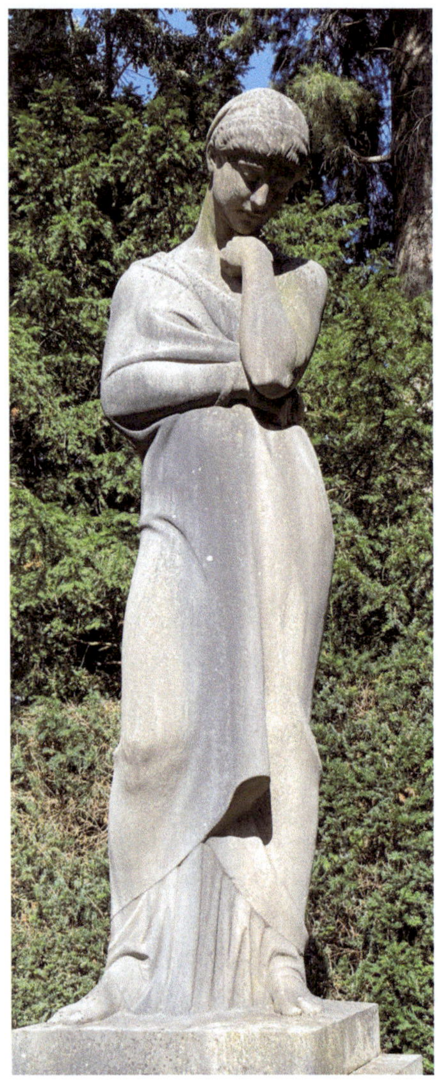

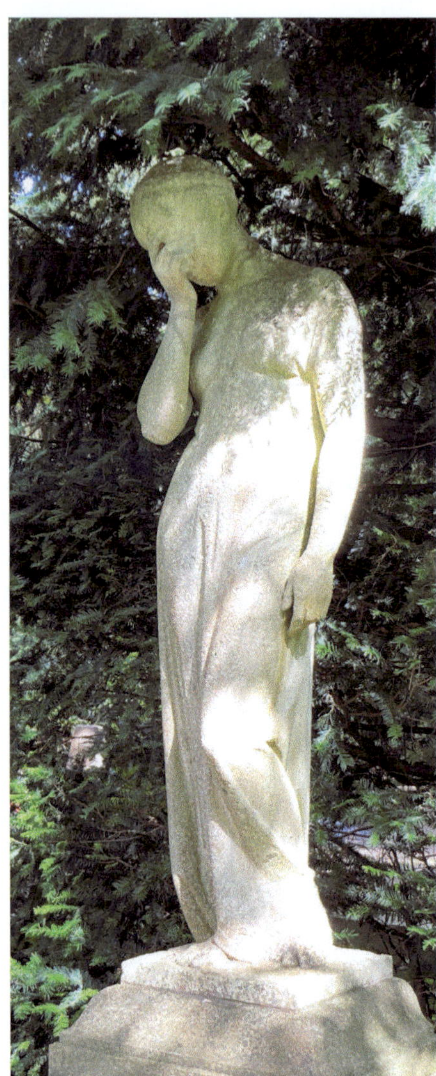

71. Grab Platz Gassner, 1926–1933
Stehende, Stein · Karte 38B

72. Grab Miehe Garvens, 1921
Stehende, Stein · Karte 12G

Schuhe überragen nun den tropfenförmigen Absatz, der wesentlich kleiner geworden ist. Es erscheint bei allem Respekt unverständlich, warum sich dieser Könner mit so einer Arbeit zufrieden geben sollte, die weder seinem expressiven Charakter folgt, noch naturalistisch einem liegenden Menschen gerecht wird.

Vor diesem Hintergrund hält es der Verfasser für äußerst wahrscheinlich, dass Bernhard Hoetger, der nachweislich den Entwurf der Liegenden angefertigt hat, die Realisierung abgeben musste – aus Zeitnot oder aus politischen Gründen – an das Steinmetzunternehmen Schlothauer, an einen nicht genannten Kollegen oder Schüler.

Seine Urheberschaft wäre somit ein Trugbild, denn der Bildhauer zeigt sich erst im dreidimensionalen Werk. Hoetger also: das Phantom von Engesohde? Es sieht leider so aus. Freuen wir uns nun umso mehr auf die geglückten Arbeiten der anderen vier auf diesem Gelände.

Etwas verlaufen

Zwei leicht überlebensgroße trauernde Frauengestalten überraschen durch ihre unglaubliche Eleganz in der Stellung. Es scheint, als hätten sie sich verlaufen, vom Laufsteg oder aus dem Schaufenster eines Modehauses. Verlaufen in zwei Abteilungen dieses Geländes, wo sie mit der Umgebung gut harmonieren und positiv überraschen.

Auch ihr Schöpfer hat sich etwas verlaufen, aber mehr politisch: instrumentalisiert als ausführender Künstler heftigster Agitation eines völkisch-rechtsnationalen Organs in der Zeit der NS-Diktatur, welches noch Jahrzehnte zuvor einfach nur eine Satirezeitschrift war.

Es handelt sich um Oskar Garvens, 1874 in Hannover geboren, im selben Jahr wie Hoetger. Welche Stationen seine Ausbildung zum Bildhauer in Hannover beinhalten, ob er bei einem unserer genannten Schwergewichte in die Werkstatt geht, geben die Quellen nicht her. Mit 21 Jahren studiert er an der Akademie in München. Mit der Matrikelnummer 01582 lässt er sich dort am 28. Oktober 1896 im Fach Bildhauerei einschreiben, vier Jahre nach Georg Herting. Die beiden geben sich quasi die Klinke in die Hand. Theoretisch könnte Garvens also Hertings Atelierplatz übernommen haben, der 1896 wieder nach Linden zieht.

Eins seiner ersten bekannten Werke, um 1900 entstanden, vielleicht seine Abschlussarbeit, ist ein sehr hübscher Alabasterakt von halber Körpergröße einer Sitzenden, die den Kopf in die Hände legt, während sie sich kauernd über ihre Knie nach vorne beugt und ihr langes welliges Haar nach unten fällt. Warum die Plastik auf artnet den französischen Namen „Le Repentir" trägt, je ne sais pas, übersetzt heißt es „Buße".

Am Bildschirm taucht noch eine reitende Don-Quixote-Figur auf, ohne Jahresangabe, eine Kleinplastik im Sinne des Art déco.

Vom Studium wieder in Hannover angelangt wird Garvens am Bau des Neuen Rathauses, das von 1901 bis 1913 entsteht, für Reliefs im Inneren und eine historische Figur im Außenbereich engagiert.

1911 heiratet er seine Margarete. Sie ziehen nach Berlin, dort bekommen sie 1912 einen Jungen und zwei Jahre später ein Mädchen.

Dazu entsteht bildhauerisch aus Stein eine sehr schöne, naturalistisch detailliert ausgeführte Gruppe „Meine Frau und mein Junge", die 1914 auf der GBK ausgestellt wird.

Wieder als Art-déco-Objekt erscheint in Online-Auktionen ein Stahlarbeiter aus dieser Zeit – mit Zange und hochgeschobenem Visier, eine patinierte Bronze auf Marmorplinthe, 45 Zentimeter hoch.

Dann müsste irgendwann die Arbeit für das Grabmal Miehe Garven in Abteilung 12 begonnen haben. Die Stelle für das Grabmal wurde laut Friedhofsverwaltung 1918 von Carl Miehe erworben, einem Hannoverschen Großhändler, der 1919 verstarb. Des Bildhauers Vater, der Kaufmann Franz Garvens, verstarb 1921, was mit dem Jahr der Aufstellung der Trauerfigur übereinstimmt (Abb. 72). Womöglich handelt es sich folglich auch um das Grabmal seines Vaters.

Kommen wir zur zweiten Plastik. Sie muss später entstanden sein. Die beiden zuerst Betrauerten am Grabmal der Familien Platz und Gassner starben 1926 und 1933. Die Stehende dort in Abteilung 38 (Abb. 71) wirkt weniger emotional, eher neutral vom Sockel herab das Grab beobachtend. Das passt wiederum zu der Tendenz, die allgemein in der Kunst Ende der 1920er, Anfang der 1930er, zu beobachten ist – das Beherrschte, keine Gefühle mehr zeigen, die Dinge nüchtern betrachten, kurz: die sogenannte Neue Sachlichkeit. Beide Figuren sehen übrigens dem Bildnis seiner Frau von 1914 nicht unähnlich.

Was er wirklich „drauf hat", ist eine anmutige Weiblichkeit mit wenigen markanten Körperlinien herauszukitzeln. Davon hätten wir hier gerne noch mehr gesehen.

Diese Gabe, die richtigen klaren Linien zu setzen, zeigt sich auch in seinen Zeichnungen und eben auch Karikaturen. Wenn in seinen Karikaturen weibliche Gestalten zu sehen sind, trifft er sie egal in welcher Stellung mit wenigen Strichen so sicher in der Silhouette, dass man meint, er hätte schon Tausende Modezeichnungen verkauft.

Leider und unglücklicherweise setzt er diese Gabe in seiner Karriere als Zeichner für die Satirezeitschrift Kladderadatsch für wenig erfreulichen Inhalt ein.

Seine Karikaturen, die oft Titelblätter sind, handeln zumeist von der Verteufelung europäischer Politik und vom Erzfeind Frankreich, was nicht verwundert und irgendwie noch entschuldbar wäre – ist dies doch gesellschaftliche Grundtendenz nach dem verlorenen Ersten Weltkrieg. Einmal kämmt sich in seiner Zeichnung eine auf einer Insel sitzende Blondine viele kleine schwarze Gestalten aus dem langen Haar, die ins Meer fallen und bei näherem Hinsehen wie afrikanische Krieger aussehen. Die Karikatur zielt wahrscheinlich auf Frankreichs senegalesische Besatzungstruppen im Rheinland ab. Natürlich ist sie neben dem Politikum auch Ausdruck von Rassismus.

Von 1923 ist eine Zeichnung, in der noch vor den „Münchener Bierkellerhelden" gewarnt wird, unter anderem mit einem karikierten Adolf Hitler darauf. Doch zehn Jahre später zeigt er den inzwischen zum Führer Aufgestiegenen als entschlossenen Bildhauer, wie er eine Anhäufung vieler kleiner Tonmännchen zerschlägt und einen großen athletischen Mann daraus formt. Wen auch immer die kleinen Männchen persiflieren sollten,

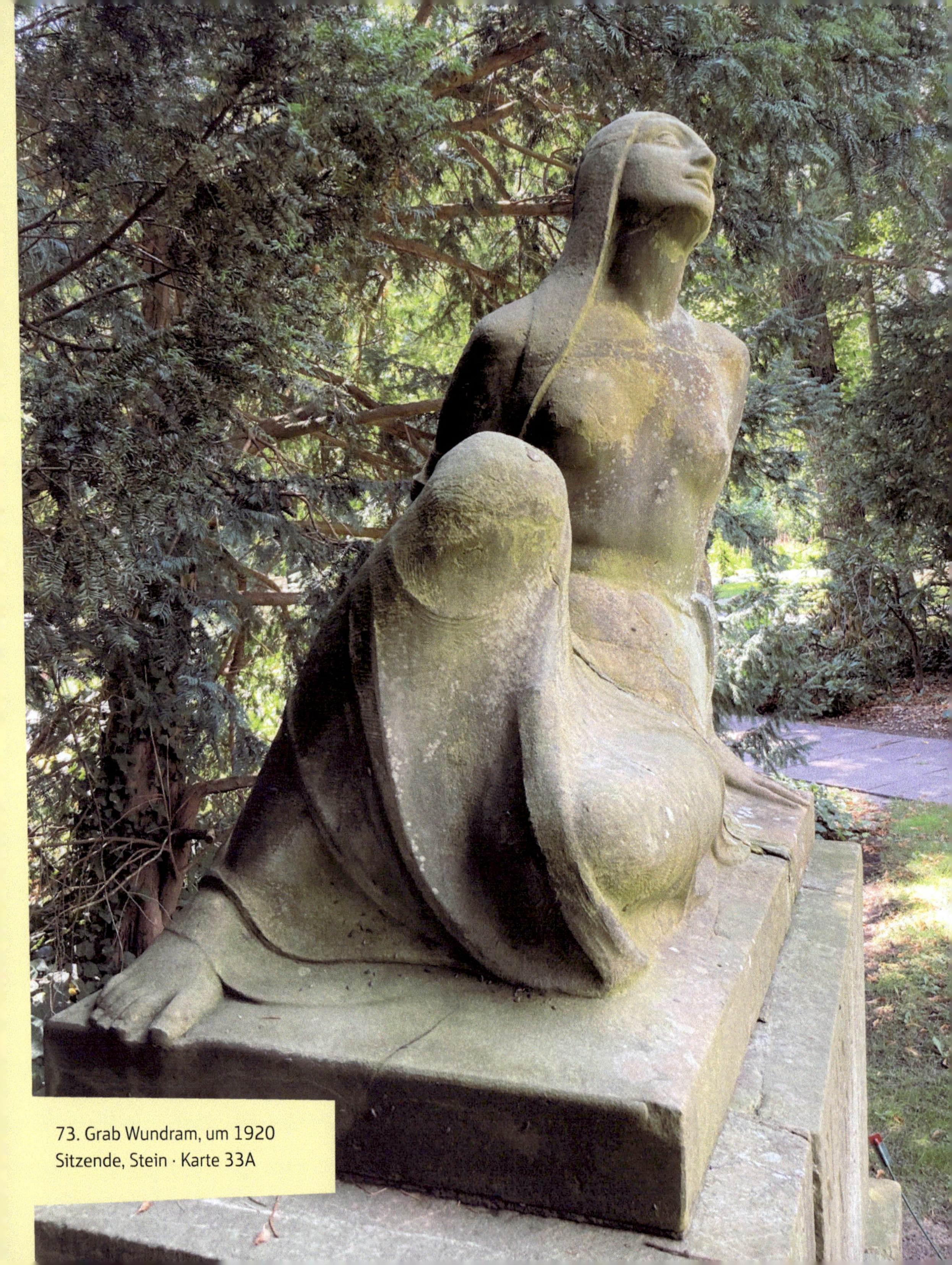

73. Grab Wundram, um 1920
Sitzende, Stein · Karte 33A

den Schöpfer des großen arischen Manns-
bilds lässt der Zeichner als wahren Bildhauer
dastehen.

Das vom Berliner Humoristen David Kalisch
1848 gegründete Satireblatt war ursprünglich
bis zum Ersten Weltkrieg von der politischen
Ausrichtung zwar nicht links, aber doch in
der Mitte angesiedelt, national-liberal und
unterstützte die Politik Bismarcks. Doch als
das Magazin 1923 verkauft wird, ändert sich
der Kurs in Richtung Nationalsozialismus, die
Inhalte werden antisemitisch und fremden-
feindlich.

So kommt es, dass ein so talentierter Bildhauer und Zeichner gut 75 Jahre nach seinem
Tod in erster Linie mit dieser dunklen Seite
deutscher Geschichte und Kulturgeschichte
in Verbindung gebracht wird. Was auch für so
viele große Maler und andere Künstler zu-
trifft, die politisch oder im Umgang mit ihren
Mitmenschen Wertvorstellungen der Nationalsozialisten übernahmen.

Tun wir uns einen Gefallen und betrachten
seine beiden Engesohder Figuren dennoch
unverkrampft, seien wir froh, dass wir sie
dort stehen haben und lassen wir ihre großen
eleganten Linien auf uns wirken.

Oskar Garvens starb 1951 in Berlin.

Vereinfachte Form

In einem Artikel zur Kunstszene Hannovers
in der Zeitschrift „Kunst für Alle" Ausgabe 25
von 1909/1910 schreibt Emil Werner Baule, ein
deutschlandweit bekannter Architekt, Illustrator und Pionier der Werbegrafik, wohlwol-
lend über die Bildhauer Gundelach und Herting. Zwischendurch benennt er in aller Kürze
einen jüngeren, den er mit diesen zwei Sät-

zen kennzeichnet[15]:

> „Waterbeck´s noch unausgeglichenes Ta-
> lent treibt es mehr zum Bewegten, Drama-
> tischen. Aber das, was er bisher leistete,
> läßt hoffen, daß der däftige Westfale das
> erreicht, was er selbst sich als erstrebens-
> wertes Ziel setzte: die vereinfachte große
> Form und die vollendete Rhythmik der Be-
> wegung."

Vor dem genannten „Westfalen" – August Waterbeck wurde 1875 in Amelsbüren bei Müns-
ter geboren – kommt Baule mit einem leicht
despektierlichen Ausdruck um die Ecke. Was
meint er da mit „däftig"? Macht er einen
Spaß? Eine deftige westfälische Mahlzeit ist
für uns eine kräftige und sättigende. Doch
charakterlich sieht es da nicht so eindeutig
aus. Meint man doch damit im negativen
Sinne einen derben, rustikalen, unfeinen
Menschen, im Extremfall einen unanständi-
gen, der Anstößiges von sich gibt, sozusagen
nicht salonfähigen.

Letzteres verstünde sich ja dann auch als ein
Urteil über fehlende künstlerische Qualität,
wenn er nicht in den Salon passt. Positiv
könnte man interpretieren, dass er kernig
und kraftvoll arbeitet und herzhaft direkt die
Sache trifft, ohne viel Umschweife.

Was mag er von ihm gesehen haben? Als Abbildung wird in der Zeitschrift ein nacktes
Liebespaar gezeigt (Abb. 74), eine Gruppe, die
Waterbeck sehr detailversessen anlegt. Eine
frühe Arbeit, die auf sein naturalistisches Studium verweist.

Mit 18 beginnt er in einer Werkstatt für kirch-
liche Kunst in Wiedenbrück eine Lehre als
Holzschnitzer. Dann schafft er es an der Wie-

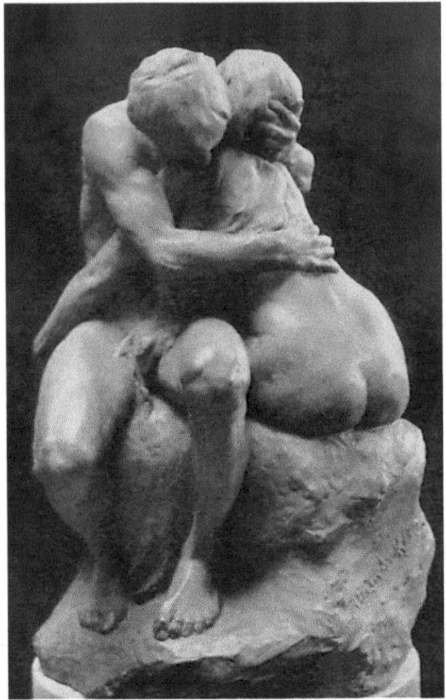

74. Liebe, um 1900
Sitzendes Paar, Ton

Foto: aus „Kunst für Alle", Ausgabe 25 von
1909/1910

ner Akademie in die Klasse von Edmund von Hellmer zu kommen. Im Gegensatz zu Roland Engelhard, der in Wien bis 1893 studiert, kommt August Waterbeck während seiner Studienzeit von 1897 bis 1902 der Jugendstilphase des großen Wiener Bildhauers deutlich näher. Und wir wollen kurz einmal nachholen, über diesen Künstler zu sprechen.

An Hellmers Denkmal des Walzer-Königs Johann Strauß, welches 1906 ausgeschrieben, durch den Ersten Weltkrieg verzögert erst 1921 aufgestellt wurde, lässt sich die Ausprägung von Jugendstil in der Bildhauerei erkennen, wie sie in der Malerei und Grafik typisch ist. Zahlreiche männliche und weibliche Figuren, die im Hochrelief ineinander übergehen, beschreiben einen paradiesischen Zustand, die grazilen Körper, die langen Haare der jungen Frauen und die seidenartigen transparenten Gewänder bilden wieder diese Gesamtbewegung, hier um die goldene Figur des Walzer-Königs herum. Die Vergoldung der Bronzestatue von Strauß wurde 1935 entfernt und 1991 wieder angebracht.

Bei diesen Marmorfiguren wendet Hellmer eine schon kurz angesprochene Technik an, deren Wirkung einem Weichzeichner in der Fotobearbeitung gleich kommt. Indem er Haare, Gesicht, Haut und Gewand im Finish der Oberflächentextur angleicht, wirkt die Plastik in sich homogener und es entsteht ein leicht schemenhafter, träumerischer Eindruck. Wir werden später dazu noch ein gutes Beispiel eines anderen Künstlers auf diesem Gelände sehen.

Wer sich jetzt auf Waterbecks Jugendstilarbeiten freut, dem muss gesagt werden, dass es im Anschluss an das Studium, in seiner frühen Phase davon wenig zu sehen gibt. Am ehesten noch das erwähnte Liebespärchen, in Ton gefertigt.

Das Pärchen würde man wohl, wäre es von Camille Claudel (1864–1943) in Frankreich geschaffen worden, dem Impressionismus zuordnen. Bei uns in Deutschland ist das in der Bildhauerei von der Einordnung her schwieriger. Allzu viele Gefühle packen wir ab 1890 in den Jugendstil, dazu ist er da, und für Werke davor kann man ungestraft noch die Romantik bemühen.

In dieser Zeit also, die sich für Waterbeck ab 1903 freischaffend in Hannover gestaltet, entstehen meist historisierende Plastiken, wie eine Wasserträgerin von halber Körpergröße. Und Tiere „kann" er gut, im naturalistischen Sinne gesprochen. Da sehen wir auf Auktionen, in Bronze gegossen, ganz geduldig modellierte Hunde, wie einen stehenden Weimaraner von 1913.

Im selben Jahr jedoch ergibt sich endlich ein öffentlicher Auftrag für den gut ausgebildeten Bildhauer, der langsam auf die 40 zugeht: eine Bauplastik für das Neue Rathaus, ein Halbrelief zur Geschichte der Stadt, zum Einzug des Königs Ernst August von 1837.

Waterbeck lässt den Fries aussehen, als wäre er von damals, als hätte sich in den 80 Jahren, die dazwischen liegen, in der Kunst nichts getan, die Augen wahrscheinlich stur auf das Honorar gerichtet.

Doch wenige Jahre danach muss es geschehen sein, dass sich bei Waterbeck die von Baule oben beschriebene „vereinfachte große Form" mehr und mehr durchsetzt. Nehmen wir uns ein Beispiel an dem Fallenden am Grabmal Schütze in Abteilung 16 (Abb. 77).

Nicht im Sinne eines Soldatengrabmals des Ersten Weltkriegs mit Uniform und Gewehr in der Hand, sondern in einer stilisierten Toga, stürzt er wie von einer Kugel in die Brust getroffen nach hinten. Der Kopf scheint schon einmal eine Ausbesserung erfahren zu haben, die ihn leider sehr flach erscheinen lässt. Den Körper bildet Waterbeck in einem reduzierten Naturalismus aus. Einen deutlichen Abstraktionsgrad erhält die Plastik jedoch, wenn er nun das den Fallenden teilbedeckende Gewand mit der Haut und der Plinthe verschleift. Sich verselbständigende Linien bilden nun die Falten des Tuches, sie schaffen eine deutliche Verbindung von Figur und Postament.

Noch stärker ausgeprägt, unterstützt von einer stilisierten Kopfbedeckung, treten diese bewegten, getakteten Linien an der Sitzenden am Grabmal Wundram hervor (Abb. 73). Sie charakterisieren die Skulptur so stark in der Fernwirkung, dass der Eindruck einer naturalistischen Plastik nun deutlich abgeschwächt wird. Ein Kipppunkt ist beinahe erreicht. Nur das Gesicht, wenn man sich ihr nähert, ist mit einer gut beschriebenen Mundpartie angelegt. Der Rest des Körpers zeigt sich noch formgerecht, jedoch etwas ins Schemenhafte übergehend, Hände und Füße sind etwas überlängt.

Bei der Recherche zu einem liegenden jungen athletischen Mann in Abteilung 12 am Grabmal Laves (Abb. 32), der oben Hans Dammann zugeschrieben wurde, was im Werkvergleich mit Grabmal Lange (Abb. 33) sowie Grabmal Ebhardt (Abb. 34) in Abteilung 16 geschah, stieß der Verfasser auf eine Briefkorrespondenz zwischen Waterbeck und der Städti-

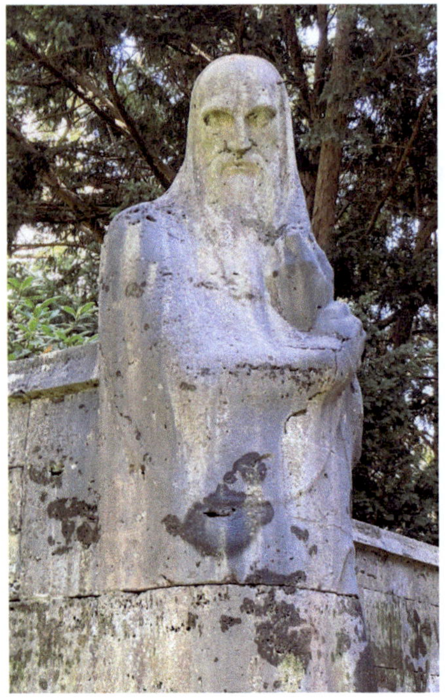

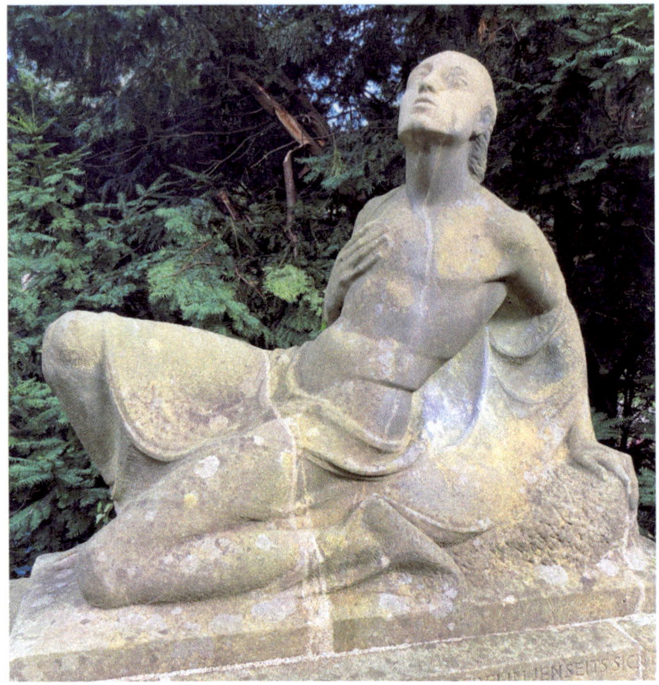

75. Grab Hansen Kaiser, 1923
Flankierende Halbfigur, Stein · Karte 33B

77. Grab Schütze, 1917
Fallender, Stein · Karte 16A

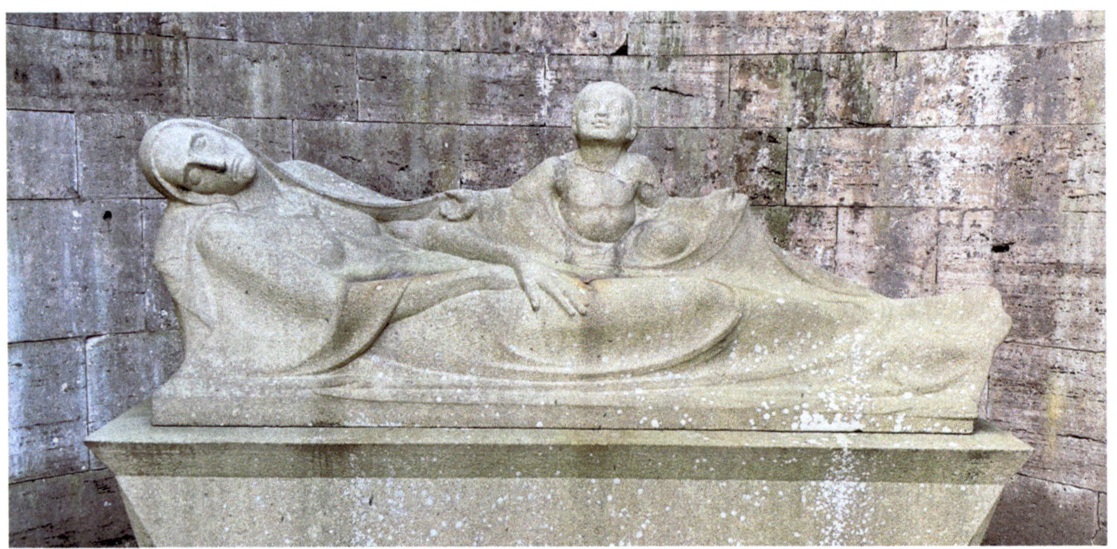

76. Grab Hansen Kaiser, 1923
Liegende, Kind, Stein · Karte 33B

schen Gartendirektion. Darin beantragt der Bildhauer für den Apotheker Laves eine Vergrößerung des Erbbegräbnisses. Doch bezüglich der eingereichten Zeichnungen gibt es nur zwei kleine profane Bleistiftskizzen von einer rechteckigen Verbindung zweier Grabstellen, keinen Grabmalentwurf und schon gar keinen Grabfigurenentwurf, der genehmigt werden sollte. Dies geschieht im Mai 1914. Waterbeck – auch wenn er hier aktiv für den Apotheker wird – hinterlässt keine Spur der Realisierung des Grabmals Laves. Musste er in den Ersten Weltkrieg ziehen? Hat der Apotheker seinen Entwurf abgelehnt? Wir wissen es nicht, den Rest der Geschichte der gestalterischen Entstehung verraten die Quellen nicht. Jedenfalls kennen wir nun mit dem Grabmal Schütze (Abb. 77) den Stil von August Waterbeck zu jener Zeit und der unterscheidet sich enorm vom epischen Naturalismus eines Hans Dammann.

Wir waren bei den noch stärker getakteten Linien an der Trauernden am Grabmal Wundram, gleich am Eingang der Abteilung 33 (Abb. 73). Direkt daneben sehen wir, dass es Waterbeck auch ermöglicht wurde, große bis monumentale Grabmale zu entwerfen, das Grabmal Hansen Kaiser hier in der 33 ist eins davon, in Abteilung 38 steht mit dem Grabmal Sältzer ein zweites.

Wir marschieren also von der eben beschriebenen Einzelfigur der Sitzenden nur 20 Meter weiter in die Abteilung 33 hinein und drehen uns um. Dann sehen wir schon die monumentalen Ausmaße der Grabanlage der zwei Familien Hansen und Kaiser. Zunächst stehen wir vor zwei flankierenden Halbfiguren am Eingang, nicht so groß wie die Figuren bei

Hertings Monumentalwerken, aber im Ausdruck durchaus auch von mythischem Charakter (Abb. 75).

Dann im Zentrum vor einer drei Meter hohen halbkreisförmigen Mauer ruht eine Skulptur mit einer Liegenden und einem Kind auf einem Sarkophag-ähnlichen Gebilde (Abb. 76). 1923 entstanden, zeigt diese Plastik noch mehr die Systematik der hervortretenden Linien, gebildet aus Tüchern und der umhüllenden Kleidung. Sie werden in ihrer Wirkung fast gewichtiger als die Körper. So langsam beschleicht uns eine Parallele zu Barlachs Gewandfiguren. Für Ernst Barlach (1870–1938), der symptomatisch für den frühen Expressionismus in der deutschen Plastik steht, war es ebenfalls kein Problem sich von seinem naturalistischen Talent zu lösen und formalen Ausdruck und Bewegung in die Gewänder zu verlagern – aus religiösen Gründen und angetrieben von einem sozialen Realismus.

In dieser Plastik stellt Waterbeck, der gelernte Kirchenkunst-Schnitzer, auch einen sehr intensiven religiösen Bezug her. Die Figur des Kindes bei dieser Gruppe hat nichts Kindliches, sie erscheint eher wie ein Christuskind, das sich seiner Rolle sehr bewusst ist, das zuversichtlich die Arme zum Gebet gen Himmel reckt, um eine Auferstehung vorzubereiten. Dieses Grabmal entsteht also 1923, Waterbeck befindet sich in seiner zweiten Phase, die, wie wir sehen, von einer Abstraktion geprägt ist, die eindeutig vorhanden aber nicht übermächtig erscheint. Sie nimmt die Gesamtform nicht auseinander, sie macht Halt vor Gesicht und anatomischen Grundsätzen des menschlichen Körpers. Da Kunst im öffentlichen Raum ja immer in einem Kontext steht,

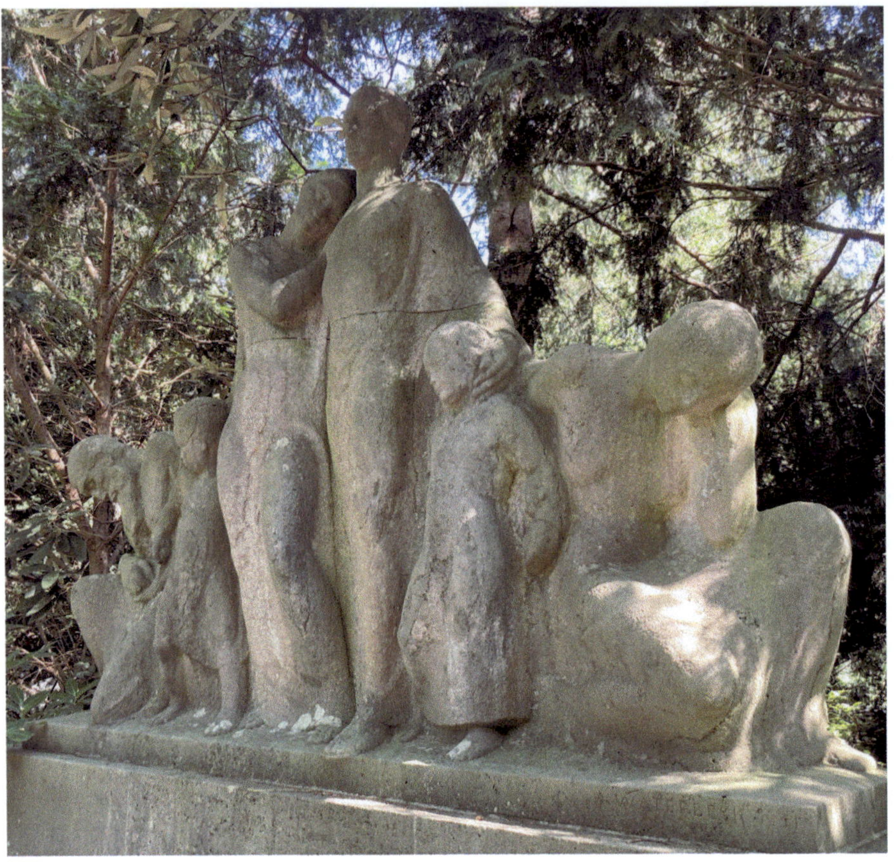

78. Grab Sältzer, 1931
Familiengruppe, Stein · Karte 38J

dem Zeitgeist Rechnung trägt, fragen wir mal: wie hielten es die Hannoveraner denn mit der Abstraktion zu dieser Zeit?

Sieben Jahre zuvor, im Juni 1916 hatte sich die Kestner-Gesellschaft gegründet – mit dem Ziel, die gerade in Hannover selten zu sehende moderne Kunst zu fördern. 1917 unterstützte sie dann die Bildung der Hannoverschen Sezession, die sich von der etablierten Kulturpolitik der Stadt befreien wollte.[16]

In der Sezession fanden sich auch die Bildhauer und Professoren Ludwig Vierthaler (1875–1967) und unser Georg Herting wieder. Übrigens hat sich Vierthaler, der Spezialist für Bauschmuck in Hannover, auf dem Engesohder Gelände nicht in Form von Plastiken verewigt, nach allen Recherchen bislang, er bekam allerdings Anfang 2025 als Ehrung eine Replik eines seiner steinernen Puttos auf das eigene Grabmal in Abteilung 12 gesetzt.

Neben dem in erster Linie in der Malerei relevanten Spätimpressionismus wurde nun auch der Expressionismus in der Gruppe akzeptiert. August Waterbeck wird zwar unter den Mitgliedern nicht erwähnt, doch während oder kurz vor ihrer Auflösung gab es wohl noch eine Sonderausstellung unter dem Namen der Hannoverschen Sezession.

Neben Werken des Malers August Heitmüller (1873–1935) wurden vom 30. April bis 28. Mai 1933 Plastiken von August Waterbeck gezeigt. Diese Hannoversche Sezession war wie die großen Vorbilder in München, Wien und Berlin nach wenigen Jahren in der Kulturpolitik etabliert und grenzte sich ihrerseits wieder von einer noch forscheren Avantgarde ab. Als der heute wohl bekannteste Hannoversche Künstler Kurt Schwitters (1887–1948) 1927 die

Gruppe „die abstrakten hannover" gründete und so den Konstruktivisten und Kubisten Heimat und Bühne gab, wurden diese weder im bürgerlichen Umfeld noch in der Sezession willkommen geheißen.

Vielleicht war die Zeit dafür nicht etwa zu früh, sondern eher zu spät. Es setzt vorher, nämlich ab 1923, in Deutschland eine Ablehnung gegenüber der Avantgarde ein, die sich in Paris, in der damaligen Kunsthauptstadt der Welt, aufhält und dort die Abstraktion vorantreibt und salonfähig macht.

Was war passiert? Der Erste Weltkrieg war zwar schon fünf Jahre zuvor beendet, jedoch kam es 1923 wegen ausbleibender Reparationszahlungen gegenüber den Siegermächten zu einer Besetzung des Ruhrgebiets durch französische und belgische Truppen. Das erzeugte eine Missgunst gegenüber allem, was aus Frankreich kam. Die Regierung versuchte die fehlenden Einnahmen durch den blockierten Kohle- und Stahlsektor, um handlungsfähig zu bleiben, auszugleichen, indem sie die Gelddruckmaschinen anschmiss und immer mehr Geld in Umlauf brachte. Es kam zur Inflation, die Menschen in Deutschland konnten sich kaum noch die Lebensmittel leisten, die sie benötigten. Die Weimarer Republik kämpfte ums Überleben. Rechte und monarchistische Kräfte formierten sich zum Widerstand. Die nationalsozialistische Bewegung erhielt großen Zulauf. In das Jahr 1923 fällt auch der misslungene Hitlerputsch von München.

Die Geschehnisse dieses Jahres 1923 erklären auch bei unserem Thema hier auf diesem Gelände zwei Umstände: zum einen sind stilistisch die formalen Experimente hin zu einer

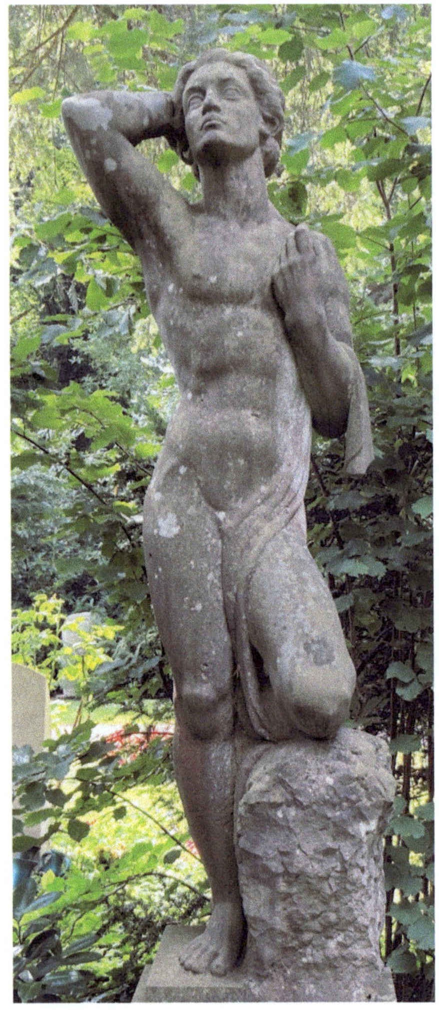

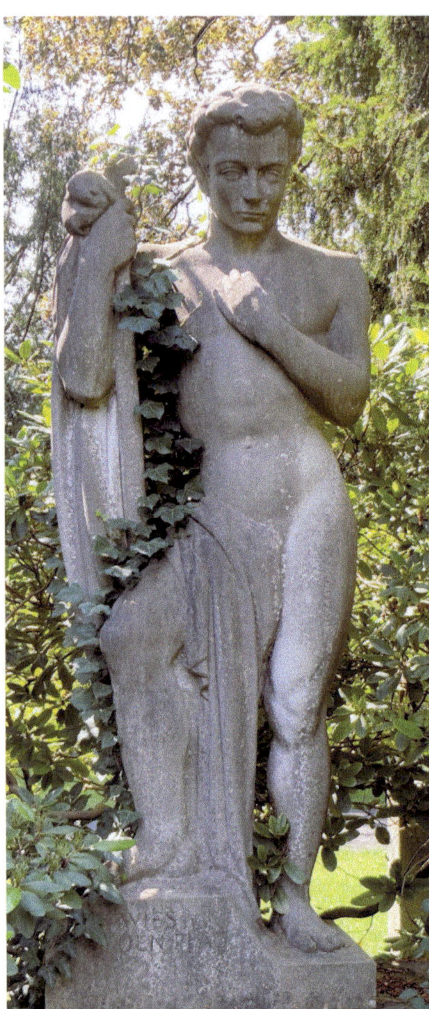

79. Grab Waterbeck, um 1940
Stehender, Stein · Karte 12D

80. Grab Titgemeyer, um 1940
Stehender, Stein · Karte 32B

abstrahierenden Gestaltung fürs Erste beendet, zum anderen ermattet die finanzielle Bereitschaft allzu große bis monumentale Grabmale zu planen und auszuführen.

Auch Waterbecks stilistische abstrahierende zweite Phase ist zu diesem Zeitpunkt beendet und es wird nun in der letzten Phase wieder naturalistischer gearbeitet.

Erst 1931 wird Waterbeck mit dem Grabmal Sältzer (Abb. 78) wieder ein größeres schaffen. Es handelt sich um eine Familiengruppe, alt und jung formen ein Ganzes. Das Material, der weiche Sandstein, macht es nach über 90 Jahren schwer, die einzelnen Figuren zu charakterisieren. Sie scheinen sich aus einem großen Block herauszuschälen, in der Mitte der mit ausgestellter Brust heldenhaft aufrecht stehende Ehemann mit der sich an ihn schmiegenden Gattin, nach außen folgen zwei Kinder, Oma und Opa flankieren die Gruppe sitzend. Die auffälligen Linien an den Gewändern hat sich Waterbeck scheinbar gründlich abgewöhnt, davon ist gar nichts mehr zu sehen. Weiteres zur Ausprägung der Details lässt sich schwer beurteilen, da der Stein insgesamt regelrecht verschliffen wirkt, wobei nicht klar ist, ob er so verwittert ist oder es bei einer Restaurierung geschah. Das Ganze wirkt aber recht homogen, innerhalb des unteren Meters fast wie ein Halbrelief. Auf Bauchhöhe bei Mutter und Vater erkennen wir einen Sägeschnitt. Er könnte auf die Strategie der Steinmetzarbeit hinweisen bei der Entstehung der Plastik oder auf das Zersägen für einen Transport in Kisten als Rettungsaktion vor den verheerenden Bombardements vor allem ab 1943 auf Hannover.

Während der Diktatur arrangiert sich Waterbeck mit der neuen Zeit und ihrer Gesellschaftsordnung. 1939 führt er etwa das martialische Kriegerdenkmal am Galgenberg in Hildesheim aus.

Wollen wir die Zeit und ihre Künstler verstehen, sollten wir uns nochmal vor Augen führen, dass sich in Deutschland nach Hitlers Machtergreifung 1933, dem Ende der Weimarer Republik, ein Kulturdiktat etablierte, welches gegen Kriegsende mit zunehmender Härte durchgesetzt wurde.

Vor allem die 1870er Jahrgänge, wie Waterbeck, waren 1933 schon etwa 60 Jahre alt, hatten zwar den Lebenszenit schon überschritten, doch falls sie es im Kaiserreich oder darauf in der Weimarer Republik zu berühmten Bildhauern gebracht hatten, wurden sie von den neuen politischen Machthabern genau beobachtet und auf ihre Gesinnung hin überprüft. Gerade bei Auftragsangeboten seitens der Naziführung mussten sie sich nun gut überlegen, ob sie diese annahmen oder ablehnten, ging es doch um den Broterwerb bei einem strikt reglementierten Kunstmarkt und um den verbleibenden Einfluss an den Lehranstalten. In diesem Lichte können wir auch die erfolgreichsten Bildhauer der Weimarer Republik Fritz Klimsch (1870–1960) und Georg Kolbe (1877–1947) sehen. Bei vielen deutschen Bildhauern wurde dann aufs Gesamtwerk bezogen ausgesiebt: welche Werke müssen aus den Museen verschwinden, welche können bleiben? Viele Künstler, die den Experimenten am Beginn des 20. Jahrhunderts bis in die 1930er treu geblieben waren und Expressionismus, Abstraktion und Kubismus weiterentwickelt hatten, wurden gleich in die Kategorie „Entartete Kunst" eingeordnet, bekamen Arbeitsverbot und waren oft gezwungen ihre Heimat und dadurch ihr berufliches und soziales Umfeld zu verlassen. Unser Urteil sollte generell nicht zu schnell erfolgen über die Bildhauer, die während dieser Zeit offizielle Aufträge annahmen und Arbeit erhielten, hing doch auch Wohl und Wehe ihrer Familien, Studierenden, Bediensteten oder jüdischer Verwandter und Freunde am Verhalten des Künstlers.

Auch wenn sie mit der Parteiprominenz zusammen fotografiert wurden, heißt das nicht automatisch, dass sie ideologisch gleich gesinnt waren. Von Richard Scheibe (1879–1964) etwa, dessen Karriere im sogenannten Dritten Reich überhaupt nicht zu Schaden kam, ist bekannt, dass er von Grund auf unpolitisch war, selbst nach dem Zusammenbruch durfte er in seinem Atelier an der Berliner Akademie bleiben und erhielt von den Russen Aufträge für Denkmale.

Anderen kritischer Denkenden war eine Emigration aus verschiedenen Gründen nicht möglich und mancher zog sich in eine innere Isolation zurück.

Zwei Jahre nach dem Krieg stirbt August Waterbeck in Hannover, sein Grab finden wir in Abteilung 12 (Abb. 79). Ein Jüngling soll es also für sein Gedenken sein. Neoklassizistisch steht er da, die Muskeln durchdekliniert, kein bloßer Akt, sondern auch versehen – gerade bei der Mimik – mit einer Portion Selbstgefälligkeit. Ob man daraus den Zeitgeist der frühen 1940er lesen mag, sei jedem Betrachter selbst überlassen.

Jedenfalls kommt Waterbeck ebenfalls als Schöpfer des Stehenden in Abteilung 32 in Betracht (Abb. 80). Übereinstimmungen in der Technik, im Konzept mit dem Tuch am Körper und vor allem in den Details am Modell, wie Gesicht, lockige Haare, Brust, Bauch – sie sprechen eine deutliche Sprache. Einzig die Beine wirken an der zweiten Figur etwas kürzer. Mit einer Datierung um 1940 machen wir hier keinen großen Fehler.

Diese künstlerisch unzweideutig nachgewiesene Urheberschaft Waterbecks ist deswegen wichtig, da die Plastik auf einen neuen Sockel aus Schlesischem Marmor gesetzt wurde, laut Quellen von einem Steinmetz Krause, der 1958 dieses Grabmal errichtete, elf Jahre nach dem Tod Waterbecks. Dieses Verfahren „alte Skulptur auf neues Grabmal" finden wir in den neuen südlichen Abteilungen oft. Für den Kunstforschenden geben die Inschriften mit den Sterbedaten hier wenig Aufschluss, im Gegenteil, sie können verwirren, hielte man etwa den Burschen für Kunst der 1950er-Jahre. Das wäre fatal.

Mit diesen Grabmalen Waterbeck und Titgemeyer sehen wir die dritte Phase innerhalb seines Werkes, die wieder eine naturalistische ist.

Er ist ein wirklich guter Bildhauer gewesen und ein Kind seiner Zeit mit der klassischen Ausbildung, den Experimenten innerhalb der Abstraktion der frühen Zwanziger und der Rückkehr ins Naturalistische, in Teilen auch mit diesem obligatorischen Zug zum Heldenhaften im Dritten Reich. Viermal werden Plastiken von ihm auf den Großen Deutschen Kunstausstellungen in München gezeigt.

Gesinnungsneutral in einem detailgetreuen Naturalismus entstehen in Hannover in den 1930ern Portraits von zwei Ärzten und Klinikleitern. Außerdem widmet er sich wiederholt sehr konzentriert der Tierplastik, für die Eilenriede, Hannovers beliebten Stadtwald, entstehen Mitte der 1930er zwei große Skulpturen aus Bronze, ein Wisent und ein Hirsch.

Der Meditative

Über einen weiteren jungen Akteur auf diesem Friedhof gibt es wenig Belastbares zu berichten. Seine wenigen Arbeiten hier auf diesem Gelände können wir umschreiten und beurteilen, doch geben sie ein, wenn auch nicht gänzlich falsches, doch irreführendes Bild seines Lebenswerks ab. Gemeint sei hier die Fähigkeit in verschiedenen Dimensionen zu arbeiten, die ein gestandener Bildhauer mitbringen muss, denn sie sind obligatorisch in den Prozessen vom Entwurf zur fertigen Figur. Erst klein, dann groß.

So wollen wir uns Clemens Werminghausen nähern, der 1877 in einem westfälischen Ort namens Heddinghausen das Licht der Welt erblickt. Die Gemeinde gehört heute zu Marsberg und liegt nah an der hessischen Grenze, ungefähr zwischen Paderborn und Kassel. Knappgehaltene Steckbriefe von Auktionshäusern verraten uns noch, dass er an der Wiener Akademie studiert und später in Hannover eine Werkstatt hat.

Doch das, was wir an Werken auf diesen Plattformen sichten, unterscheidet sich beträchtlich von dem, was in Engesohde von ihm zu sehen ist. Es sind kleinere Arbeiten von 20 bis 60 Zentimeter Höhe. Und die Statuetten sind Paradebeispiele für den Art déco. Sie sind fein gearbeitet und stehen als Kleinplastiken dem Kunstmarkt zur Verfügung, brauchen also keine Realisierung in größerer Dimension.

Eine kleine Bronze mit dem Titel „Mann der einen Stein bewegt" ist sehr klassisch naturalistisch mit großer Detailgenauigkeit durchdekliniert, etwa bei den männlichen Muskelgruppen. Zu ersteigern gibt es desweiteren eine „Amazone mit Schwert und Fackel auf steigendem Pferd" von 1914, wobei das Thema typisch für diese Artefakte ist, die dann im Herrenzimmer auf dem Schreibtisch stehen sollen.

Auch recht Biederes in einer, sagen wir, gewollten Kindlichkeit ist zu finden, wie ein kleines Mädchen als Holzfigur mit der Bezeichnung „Gratulantin" von 1917 oder das glasierte Keramik-Relief „Zwei Kinder mit Schmetterling".

Teils sind die Kleinplastiken aber auch zusammengefasster und großzügig geglättet, wie man es in Deutschland in den frühen 1920ern etwa von Georg Kolbe (1877–1947) oder von Joseph Enseling (1886–1956) her kennt, der Maillol zum Vorbild hat. Für diese stilistische Variante steht bei Werminghausen ein weiblicher Akt aus Holz in eleganter, reduzierter Form.

Und dann gibt es noch die für den Art déco ebenfalls symptomatischen Verbindungen von Skulptur und Produkt. Werminghausen liefert dazu eine weibliche jugendstilartige Figur als Lampe aus Bronze von 1920, eine Tänzerin mit ausgebreiteten Armen als Kerzenleuchter aus Messing sowie Figuren an einem Silbertablett für das Buffet.

Kleinplastiken sind um die vorige Jahrhundertwende beim bürgerlichen Publikum zur Aufwertung des Interieurs gut nachgefragt. So spezialisieren sich manche Bildhauer darauf und beliefern den Kunstmarkt.

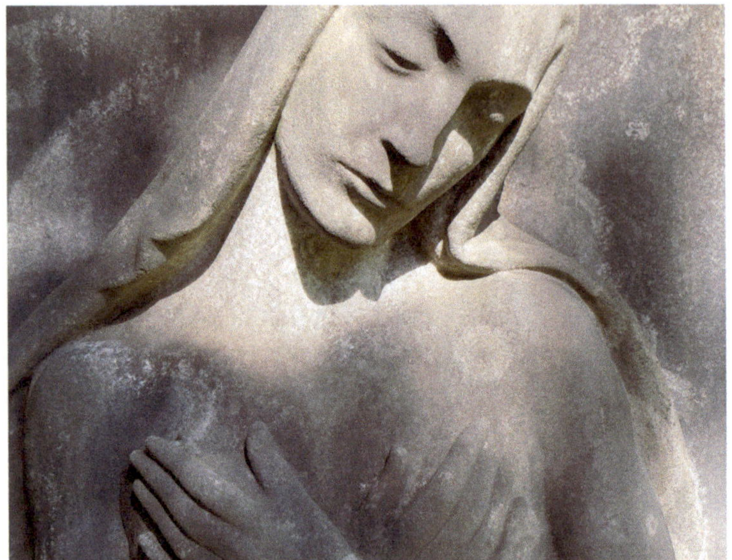

81. Grab Weber, o.D.
Kniende, Halbrelief, Stein · Karte 38C

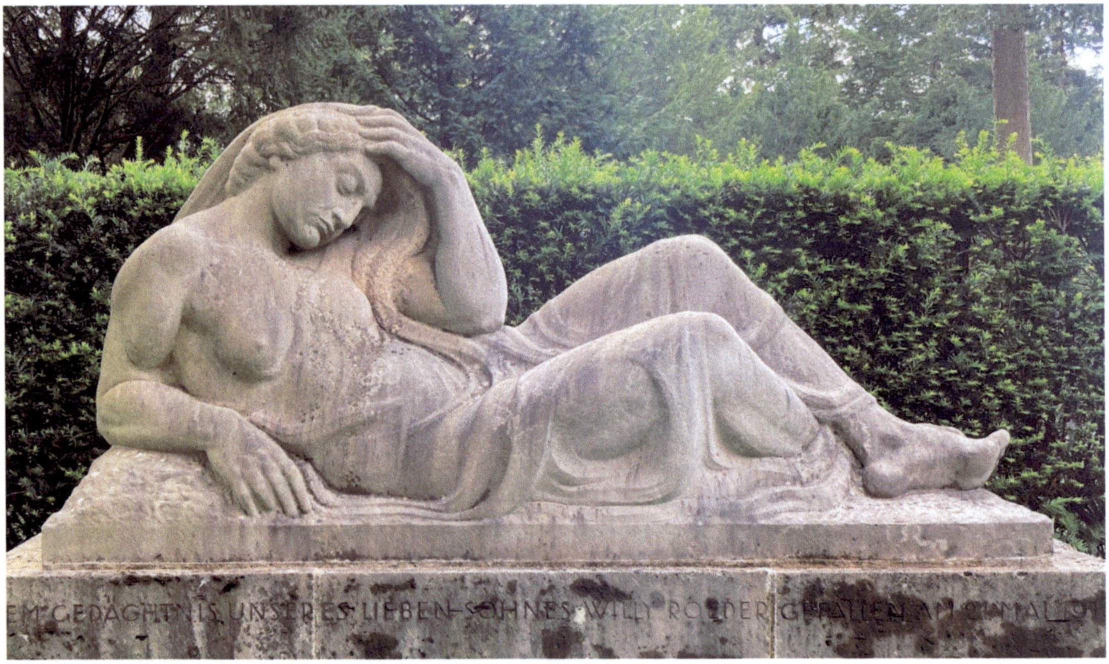

82. Grab Roeder, 1921–1924
Liegende, Stein · Karte 33F

Der Art déco erklärt sich nicht aus einem speziellen, für ihn unverkennbaren Stilmerkmal, sondern zeigt sich in der Einheit von formaler Eleganz, wertigen Materialien, mutiger Farbigkeit und sinnlichem Thema. Es sind dekorative Elemente und Objekte, nach dem französischen Motto „le superflu, chose très nécessaire" (das Überflüssige, eine sehr notwendige Sache). Für die handwerklich oder industriell gefertigten Blickfänger spielt die Epoche eine untergeordnete Rolle, sie können dem Jugendstil entsprungen sein, müssen aber nicht. Barocke, klassizistische oder moderne Werke berühmter Bildhauer finden in kleinen Repliken Einlass in die Produktpalette des Art déco. Da kann sich auch mal Canovas von Amor geküsste Psyche von 1793 als kleine Bronzereplik auf einer Standuhr aus Marmor und Onyx wiederfinden, genauso wie die erwähnte futuristische Skulptur „Glorification of Beauty" Archipenkos von 1925 als 45 cm hohe Bronze auf einem Marmorsockel. Eleganz, Sinnlichkeit, edle Materialien in kontrastreichen Farben, darauf kommt es an – und am besten mit einem Bezug zu dem Zeitraum vom Fin de Siècle bis etwa 1930, als die Weltwirtschaftskrise die Nachfrage schließlich verebben lässt.

Wie wir oben schon festgestellt haben, sind die 1930er auch für die Sepulkralkunst und unsere Bildhauer auf dem Engesohder Stadtfriedhof eine schwierige Zeit. Die fetten Jahre, wie man so sagt, scheinen auch hier in Anbetracht der äußeren Umstände beendet. Clemens Werminghausen kommt jedoch schon wesentlich früher mit dem Sujet in Berührung, noch in der Hochzeit der Grabmalplastik. Aus dem Jahre 1914 ist die Stehende

aus Stein am Grabmal Lindemann in Abteilung 9 (Abb. 83). Werminghausens Trauernde sind in ihrer Körperlichkeit kompakter, wir sehen keine filigranen Tänzerinnen wie in der beschriebenen Kleinplastik. Wenn wir uns die Liegende in Abteilung 33 am Grabmal Roeder (Abb. 82) dazunehmen, wirken sie eher androgyn, er arbeitet sich wie bei einem Mann von Muskel zu Muskel durch den Stein, auch der Kopf ist eher groß, schmaler Mund, hervortretendes Kinn, kurze kräftige Gliedmaßen, starke Hände, eine fast männliche Brust. Nicht unsympathisch, aber eben nicht ausgesprochen weiblich, wie die meisten seiner Kollegen diese Trauerfiguren anlegen.

Ein wenig fühlt man sich an Michelangelos muskulöse Frauen erinnert, wie etwa als Protagonistinnen auf dem Deckengemälde der Sixtinischen Kapelle.

Apropos Kirche. Da drängt sich ein Thema auf, das wir bisher noch wenig angeschnitten haben. Waren unsere Bildhauer eigentlich gläubig, gläubige Christen? Bei August Waterbecks Christuskind, das mit erhobenen Armen gen Himmel blickt (Abb. 76), haben wir schon den Eindruck, dass der Bildhauer ein religiöser Mensch sein muss. Man kann nicht monatelang mit Verve an diesem Thema arbeiten, wenn es einem selbst nicht ernst erscheint. Einen inneren Bezug, so können wir annehmen, haben die meisten von ihnen zum Christentum, denken wir etwa an Carl Echtermeier mit seiner Verheißungsszene am Grabmal Mencke (Abb. 1). Bei der Recherche zu Werminghausen taucht im Übrigen ein steinernes Wegesbild mit einer biblischen Szene auf, er kann womöglich öfter mit kirchlicher Kundschaft rechnen.

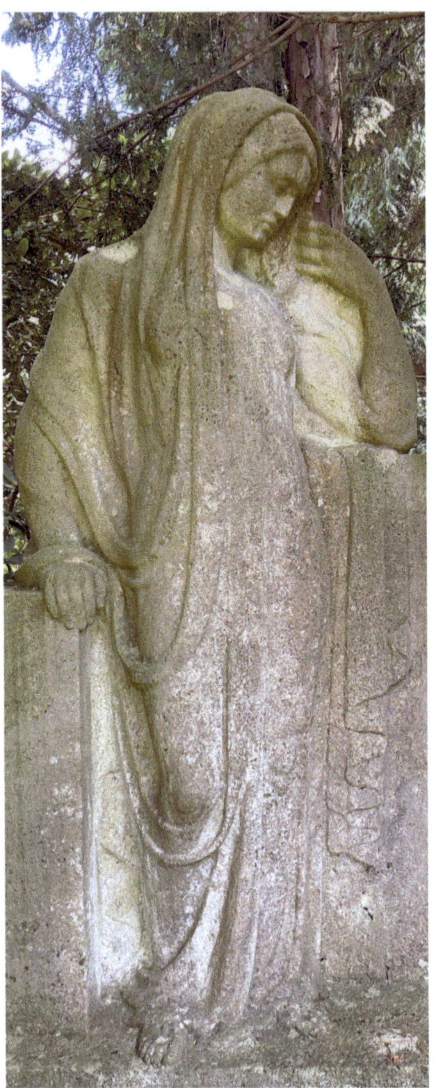

83. Grab Lindemann, 1914
Stehende, Stein · Karte 09K

Hier auf dem Engesohder Areal treffen wir noch auf eine späte Arbeit in Abteilung 38, wobei sich Werminghausen bei dem Halbrelief einer Knienden am Grabmal Weber (Abb. 81) in Sachen Meditation, respektive religiöser Andacht, richtig ins Zeug legt. Das Steinbild wirkt grafisch wie ein Heiligenbild. Der Westfale kommt hier daher wie ein später Barlach, der nach seiner Russlandreise die innere Einkehr zum Hauptthema macht. Letztlich manifestiert sich eine spirituelle Herangehensweise nicht unbedingt und ausschließlich an kirchlichen und biblischen Thesen und Symbolen, auch und gerade die Natur mit dem Kreislauf des Lebens, der Materie, ist einigen unserer Künstler Motiv genug. Treffend der Grabsteinspruch hierzu am Grabmal Weber:

„Zum Licht emporblühen / zu Staub zerfallen / ist das grosse Gesetz der Natur"

Schön, wie er die weibliche Gestalt bei der Plastik die Arme verschränken und die Hände auf den Busen legen lässt, so haben wir sie deutlich: Mutter Natur. Clemens Werminghausen selbst stirbt 1963 in Hamburg.

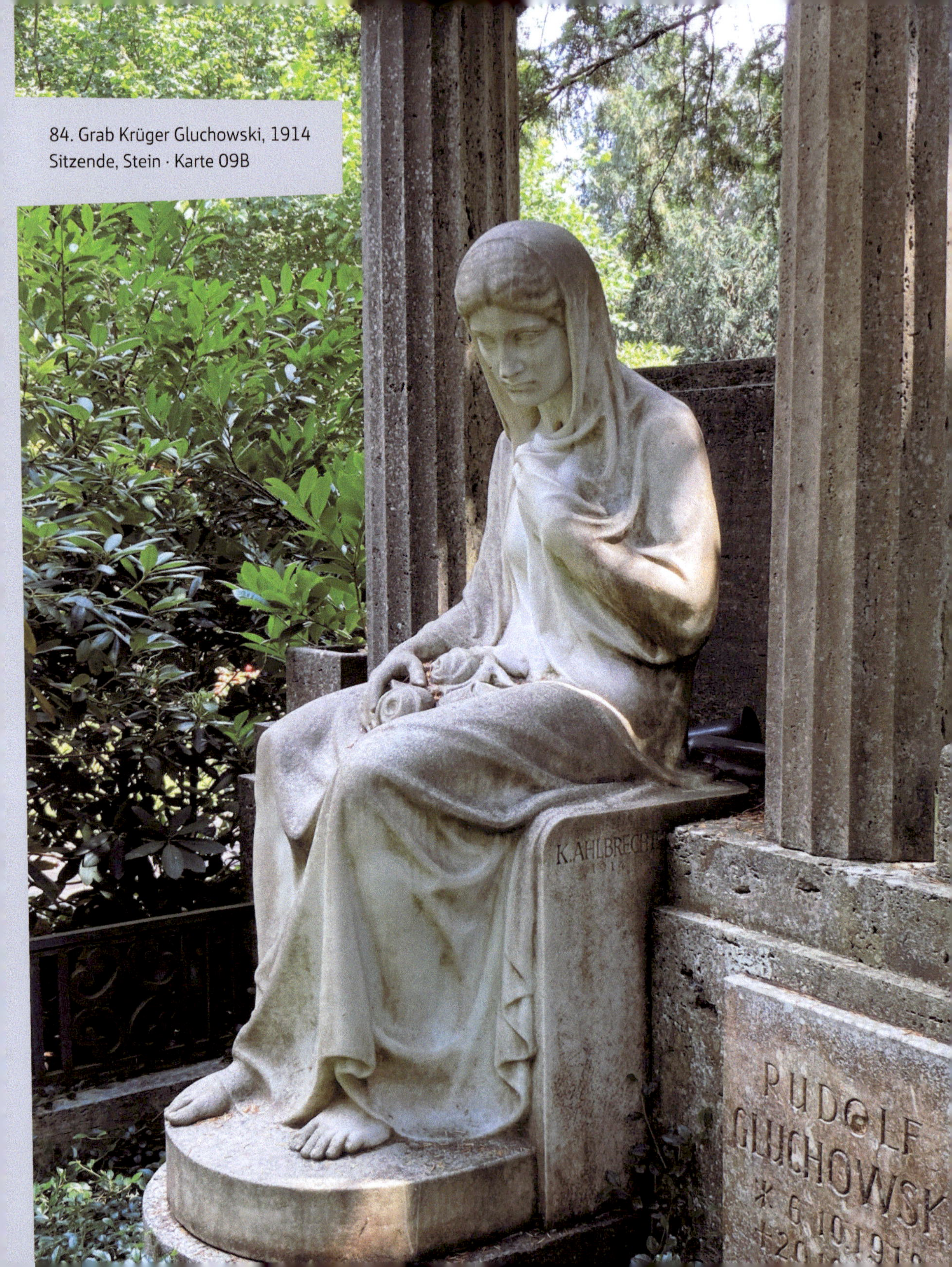

84. Grab Krüger Gluchowski, 1914
Sitzende, Stein · Karte 09B

Vergessener Klassiker

Wenden wir uns nun einem Thema zu, das mit Planung und Kontrolle von Friedhofskultur zutun hat. Kehren wir dazu örtlich gesehen wieder zurück zur steinernen Familiengruppe am Grabmal Sältzer, die Waterbeck 1931 schuf.

Sie bildet den südlichen Abschluss einer über ein langes rechtwinkliges Wasserbassin reichenden Sichtachse in Abteilung 38. Die Planung bei der Belegung der Anlage spiegelt den neuen Zeitgeist, der ab 1931 in die Friedhöfe einzieht, wider.

Sie beinhaltet nun hauptsächlich die Verwendung einer neuen Form des Grabsteins. Diese Formempfehlung der frühen 1930er soll die Grabmale wieder einheitlicher und bescheidener werden lassen, jedoch ohne auf handwerkliche und künstlerische Prägung zu verzichten. Das Relief soll nun die Lösung sein. Ein Typengrabstein wird empfohlen, auf dem handwerklich gekonnte Flachreliefs bis Halbreliefs erscheinen. In den neueren Abteilungen wie in der 38 beteiligen sich auch unsere Paradekünstler Engelhard und Herting daran. Ein Bildhauer, der diese Vorgehensweise propagiert, ist der schon genannte Karl Ahlbrecht. Wir kennen ihn von seinem Vortrag, gehalten auf der Tagung des Reichsausschusses für Friedhof und Denkmal in Hannover im Mai 1931, der in der Zeitschrift „Gartenkunst" erschien.

Er spricht natürlich auch im Sinne seiner Kollegen, wenn er auf das Handwerkliche pocht und maschinengefertigte Grabmale möglichst von den anspruchsvollen Friedhofsanlagen ferngehalten sehen möchte. In einem weiteren Bericht zwei Jahre später wettert er gegen die Poliermaschine:[17]

> *„Die moderne Grabmalindustrie und im besonderen die Granitschleifereien sind wie unser ganzes wirtschaftliches Leben auf die rationelle Maschinentechnik eingestellt. Die Ratio der Maschine widerstrebt im Grunde genommen aber einer künstlerischen Formgestaltung, wie sie beim Grabmal gefordert werden muss; wenn anders wir auf eine solche nicht von vornherein verzichten wollen. Hinzu kommt die durch die Poliermaschine erzeugte Zwangsvorstellung, daß der Granit sowohl als auch der Diabas nur im geschliffenen und polierten Zustand seinen höheren Materialwert und damit seine allen übrigen Gesteinen überlegene Schönheit beweisen könne."*

In der Folge stehen bei seinem Beitrag in dieser Zeitschrift textbegleitend am Rand Abbildungen von Grabsteinen, die zwar eine recht statische Gesamtform als aufgestelltes Rechteck besitzen, aber bei denen die komplette Hauptseite mit der Inschrift ein künstlerisches Gesamtbild ergibt, ohne geschliffene Flächen, durchgängig handwerklich behauen und von Schrift und Zeichensymbolik durchzogen gestaltet. Es sind …

> *„Musterentwürfe für individuelle Gestaltung von Typengrabmalen nach Vorschriften des Stadtfriedhofsamtes Hannover, bearbeitet von Bildhauer Karl Ahlbrecht, Hannover*
> *(Gesamthöhe der Steine jeweils 1,60 m)"*

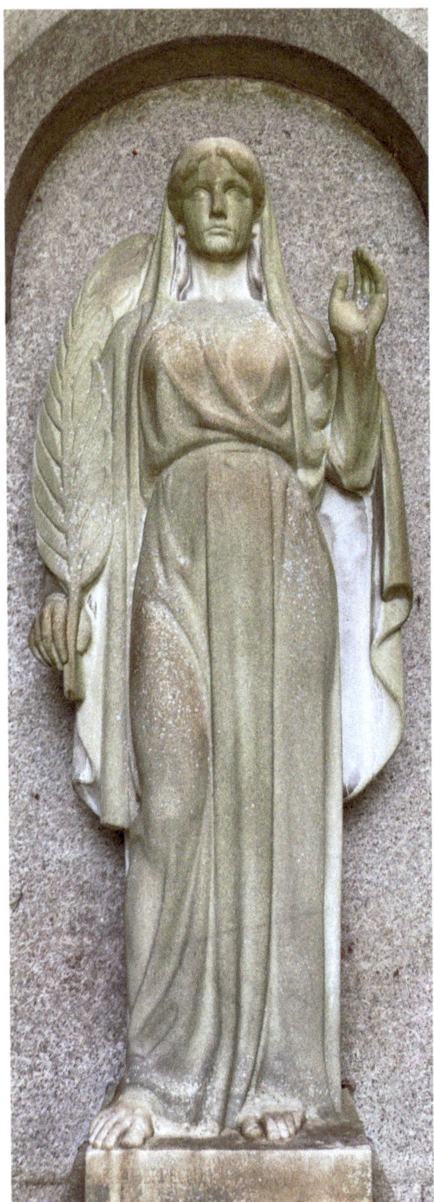

85. Grab Grünewald, 1915
Stehende, Stein · Karte 09A

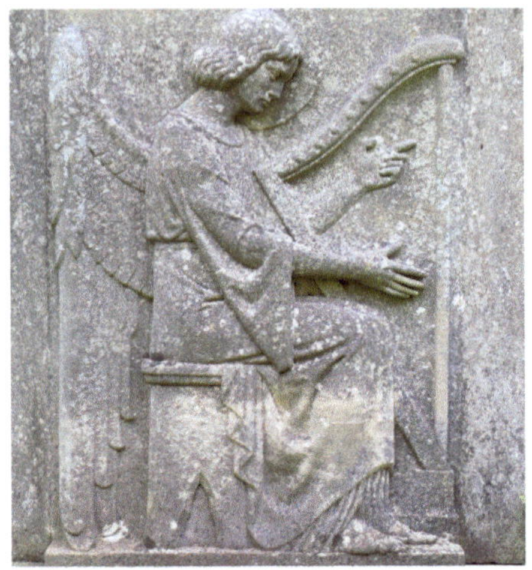

86. Grab Gronau, 1923
Sitzender Engel mit Harfe, Stein ·
Karte 15E

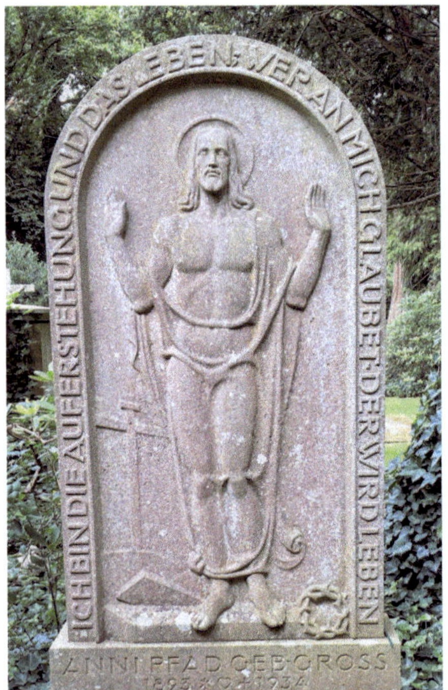

87. Grab Pfad, 1936
Stehender Jesus im Relief, Stein ·
Karte 15D

Da ist von Plastiken gar keine Rede mehr. Auch auf seinen Musterentwürfen verwendet er keine menschlichen Darstellungen, etwa als Flachrelief, nur Symbolhaftes wie Kreuze, Kelche, Kerzen oder Pflanzenartiges. Zehn Jahre zuvor entstanden, gibt uns Ahlbrecht einen Vorgeschmack auf die relativ nüchterne Gestaltung von Typengrabmalen, hier noch mit einem Giebeldach auf dem sonst humorlosen rechteckigen Stein und mit einem Relief eines musizierenden Engels, das aus dem Mittelalter stammen könnte (Abb. 86).

Dass sich der Bildhauer nun 1933 intensiv mit dieser Art der Grabsteingestaltung befasst, zeugt von keinen guten Zeiten für ihn und allgemein für die Künstler und Steinmetze. Es kommt uns fast so vor, als hätte die Gilde ihn aus purer Not vorgeschoben, um in der „Gartenkunst" die Handwerkskunst zu verteidigen. Das Typengrabmal von der günstigeren blanken Sorte ohne bildhauerisches Dazutun gefiel aber augenscheinlich auch den städtischen Verantwortlichen nicht sonderlich und so ermöglichten sie es Ahlbrecht einen anspruchvollen Typ zu erarbeiten, der als Ausweg aus der Poliermaschinen-Misere herhalten konnte.

Aus dem Jahre 1936 sehen wir am Grabmal Pfad in Abteilung 15 (Abb. 87) zwar auch eine zurückhaltende Typengrabmalform, aber nun in einer christlicheren Reliefvariante mit Heilandmotiv auf einem Stein mit einem harmonischeren Rundbogenabschluss.

Dabei stoßen wir in Engesohde auf beeindruckende Arbeiten bei großen Figuren aus Ahlbrechts Hand.

Seine Arbeiten, die wir auf diesem Gelände recht oft antreffen, verdeutlichen nochmal sehr anschaulich das Kommen und Gehen der Engesohder Plastik. Es sind maximal vier bis fünf Jahrzehnte der zur Entstehungszeit dieses Buches 160-jährigen Geschichte des Friedhofs, in denen diese anspruchsvollen Skulpturen entstehen. Mit Jahreszahlen um 1890 sind die ersten datiert und bis vor den Zweiten Weltkrieg reichen die letzten. Mitte der 1930er scheint die große Zeit der figurativen Klassiker in der Sepulkralkunst vorbei zu sein, und das nicht nur in Hannover. Die letzten Freiplastiken, die um 1930 entstehen, zeugen dann nochmals von der Akzeptanz körperlich sportlicher Akte.

Einen solchen liefert Karl Ahlbrecht in Abteilung 16 ab (Abb. 88). Am Grabmal Weitz von 1929 sehen wir einen liegenden austrainierten jungen Mann, den er, obgleich in weichem Sandstein umgesetzt, bemerkenswert naturalistisch und detailreich durchbildet.

Aus inzwischen dunkelgrauem Muschelkalk gehauen, von Flechten und Moosen erobert, lächelt uns eine ganz entspannte junge Dame auf einer Rasenfläche in Abteilung 17 an (Abb. 89). Die Stellung ist wirklich sehr überzeugend komponiert, sie hat nichts Angestrengtes, locker liegt die eine Hand über der Urne, locker stützt die andere den Kopf, die Beine tarieren das Sitzen auf dem Boden aus. Kopfhaltung und Mimik drücken gepflegte Langeweile aus, sie sitzt augenscheinlich schon eine Ewigkeit neben der Urne, hat nicht vor etwas daran zu ändern und fühlt sich dabei sichtlich wohl.

Wirklich gut gemacht das Ganze im Jahre 1912 von Ahlbrecht. Auch als Besucher ist man von diesem Ausdruck einer Gleichgültigkeit gegenüber der Tatsache des Endlichen

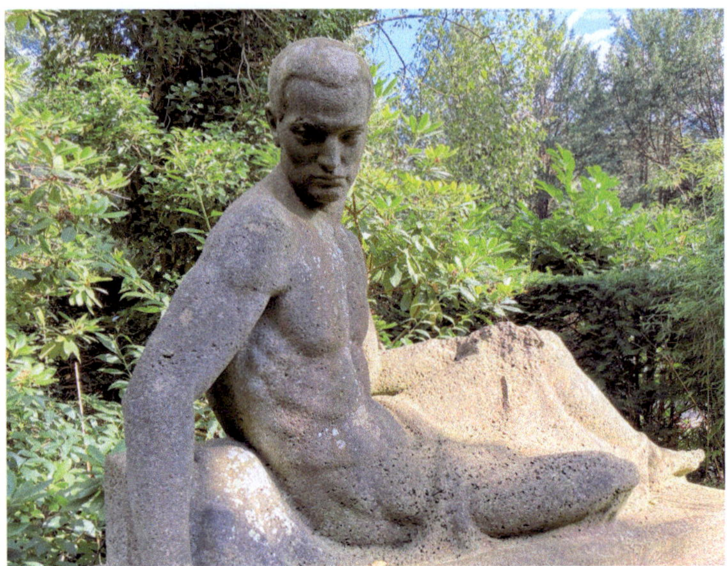

88. Grab Weitz, 1929
Liegender, Stein · Karte 16C

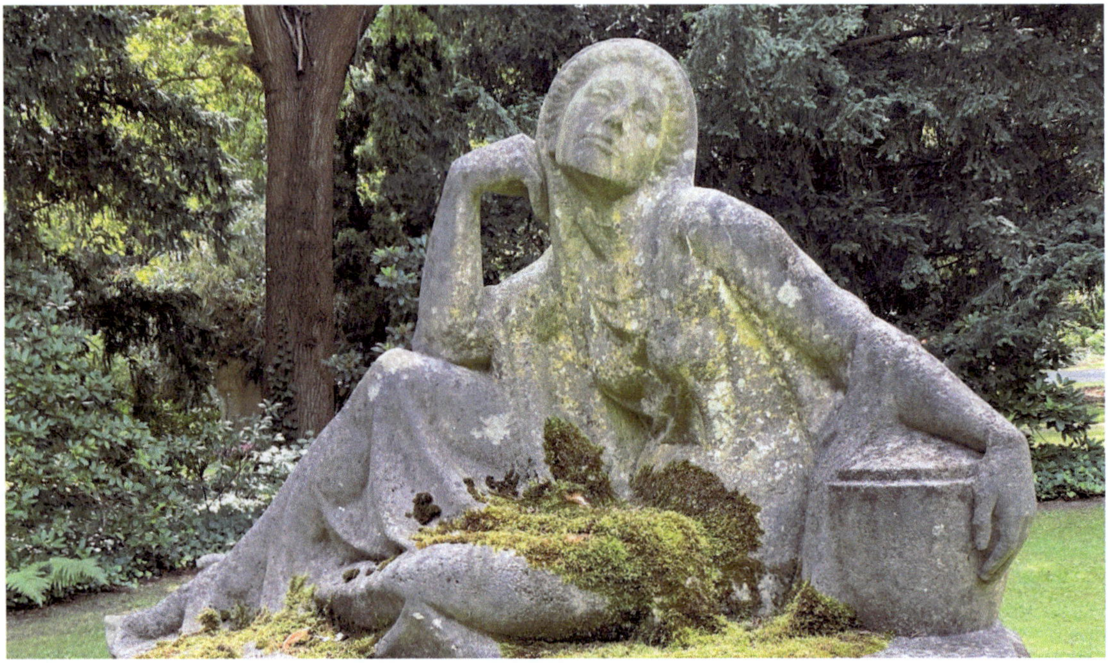

89. Grab Becker, 1912
Sitzende, Stein · Karte 17B

an diesem Ort überrascht, wo man doch zuvor teilweise soviel Trauer und Schmerz im Ausdruck einiger Figuren erlebt hat.

„Na wie geht´s? Du auch hier?" hört man sie freundlich fragen. Was für ein Unterschied auch in der Weichheit der Bewegung zu dem Relief des sitzenden Engels mit Harfe von 1923. Nicht zu glauben, dass die beiden Werke von demselben Künstler stammen sollen.

Endgültig drängt sich uns der Verdacht auf, dass es sich bei Ahlbrecht um ein Chamäleon seiner Zunft handelt, wenn wir an die Sitzende am Grabmal Krüger Gluchowski in Abteilung 9 herantreten (Abb. 84). Da nämlich geht er wie die alten Meister daran Gesicht und Hände seines Modells ganz präzise und detailreich ins Material zu übertragen. Er zitiert mit den Linien der Falten die berühmten Vorbilder, wie es geht einen transparenten Stoff darzustellen. Das ist schon Gundelach gemäß wie er da den Marmor behandelt. Ahlbrecht selbst meißelt noch auf dem Sitz der Trauernden das Entstehungsjahr dazu: 1914. Sein weibliches Modell sehen wir in der Abteilung 9 noch einmal in Gestalt einer, mit einer Hand grüßenden, Stehenden mit Palmwedel am Grabmal Grünewald (Abb. 85). Wie wir bei den vorigen Klassikern ja ausführlich erörtert haben, zeichnet das die naturalistisch gut arbeitenden Bildhauer aus, wenn wir ein Modell in den jeweils verschiedenen Figuren wiedererkennen.

Wie kann sich also so ein Plastiker 17 Jahre später für demgegenüber geradezu einschläfernde Relief-Typengrabmale erwärmen? Ein Rätsel.

Ein Rätsel ist auch seine heutige Bekanntheit außerhalb dieses Friedhofs. Sie tendiert nämlich gegen Null. Wir ersparen uns an dieser Stelle einen Erklärungsversuch, der sich an den Geschehnissen im und nach dem Zweiten Weltkrieg entlanghangeln müsste, und gedulden uns bis verlässliche Quellen etwas über die Vita dieses talentierten Bildhauers berichten.

KAPITEL 3

Die Suche nach dem Schöpfer

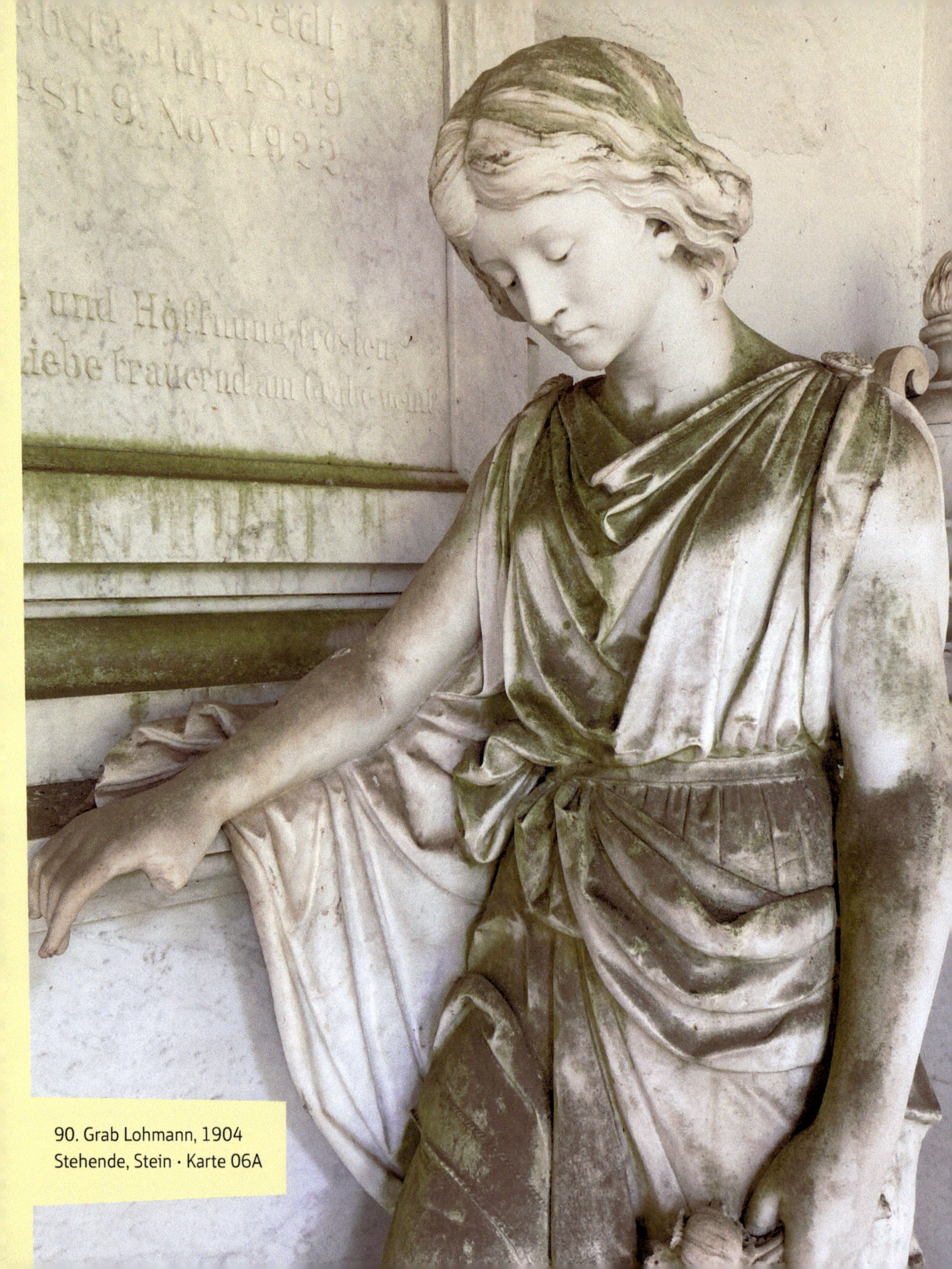

90. Grab Lohmann, 1904
Stehende, Stein · Karte 06A

Die Suche nach dem Schöpfer

Ja, die Suche nach dem Schöpfer, sie beschäftigt den Forschenden in der figurativen Plastik des Öfteren. Nicht die Suche nach Gott ist hier gemeint, obwohl diese bei einem Sujet, das sich auf Friedhöfen abspielt, immer ein wenig im Hintergrund präsent ist. Nein, das Thema ist vielmehr die Uneinigkeit über die Urheberschaft einer Skulptur.
Im vorliegenden Fall, ist sogar ein Name vorhanden, in Gestalt einer Gravur, aber hilft sie ernsthaft weiter?

Der Fall Wegener

„A. Wegener" lautet die Signatur. Sie ist eindeutig und klar zu lesen, als Gravur auf einer weißen marmorartigen Steinwand neben der Trauernden am Grabmal Lohmann, das in den südlichen Arkaden steht, die auf unseren Karten im hinteren Teil des Buches in der Nummerierung zur Abteilung 6 gezählt werden.
Liebe Leserin, lieber Leser, bis hierhin konnten wir die meist vertretenen Künstler auf diesem Gelände benennen und die ihnen eindeutig zugewiesenen Werke zeigen und diskutieren.
Nun kümmern wir uns um auffällige Figuren, die wir hier in Engesohde antreffen, bei denen die Urheberschaft unbekannt ist. Ihre Herkunft gilt es im Folgenden aufzuklären oder zumindest einzukreisen.

Deswegen werden wir nun, zu unserer besseren Orientierung, diese Fälle ihren Familiengrabstätten zuordnen, mit allem gebotenen Respekt den Verstorbenen gegenüber und voller Hochachtung vor dem erbrachten Engagement der Familien bei der Förderung der Künstlerinnen und Künstler und ihrer Werke.

» » » » **LOHMANN – ARKADEN SÜD** « « « «

Eine Jahreszahl ergibt sich – wie übrigens nicht immer, da manch alte Grabfigur gelegentlich auf einem jüngeren Grabmal eine neue Heimat findet – hier jedoch sehr schlüssig aus dem Sterbedatum des Betrauerten.
„Hier ruht in Gott
der Königl. Landrentmeister a.D.
August Lohmann
Geb. 1. Januar 1826
Gest. 11. April 1904"

Ein hoher Finanzbeamter des Hannoverschen Königshauses lässt also diese aufwändige Familiengruft errichten. Und die Marmorfigur dürfte demnach ein Originalwerk eines Bildhauers sein, also von A. Wegener, und kein wesentlich günstigerer Abguss aus einem Steingussverfahren.
Schauen wir uns die Trauernde einmal genau an (Abb. 90). Erstmal: kein griechischer Idealkanon, eher ein Gesicht von Madonnen aus Renaissance, Barock bis Rokoko, es hat also letztlich etwas Südliches, etwas Süddeutsches an sich, in Verbindung mit dem katholischen Marienglauben. Auffällig dabei: die dreiviertel geschlossenen Augenlider. Wir haben eine madonnenartige lange schmale Nase, doch am prägnantesten ist die Mund-

partie: die Mundwinkel zu den Wangen bilden deutliche Grübchen, die Lippen formen einen spitzen Mund, die Oberlippe überragt die Unterlippe und ist sehr markant in ihrer hervortretenden winkligen Form. Das merken wir uns.

Das Kinn ist klein, leicht hervortretend und nicht besonders rund, eher schmal denn breit, es setzt sich von den volleren Wangen deutlicher ab. Es gibt keinen fließenden Übergang vom Kinn zur Wange wie beispielsweise bei Dammanns weiblichen Modellen.

Dann fällt uns etwas auf, was viele andere Plastiken nicht aufweisen, eine Trennung von Kopf und Frisur. Der Übergang von der Stirn zum Haar ist deutlich markiert, manche Kanten sind sogar hinterschneidend ausgeschabt. So wirkt das Haar wie aufgesetzt.

Und ab hier wird es gefährlich. Wäre es aufgesetzt, käme man auf den Verdacht einer manufakturellen Produktion. Denn im Steingussbereich wie auch bei den Galvanoplastiken etabliert sich nach 1900 eine Praxis, wonach der Künstler des ursprünglichen Werks den Entwurf mit allen Reproduktionsrechten an einen Hersteller verkauft und dieser in der Folge je nach Kundenwunsch Partien verändert oder Attribute ergänzt – hier ein anderes Kleid, da mit Mohnkapseln in der Hand, mit Engelsflügeln, an ein Kreuz gelehnt oder eben mit anderen Haaren, lang und offen oder zum reich geschmückten Dutt hochgesteckt.

Stammte – nehmen wir nur einmal an – die Trauernde aus einem Katalog für Trauerfiguren, so würde das für den Urheber des Grabmals A. Wegener bedeuten, dass er einen Steinmetzbetrieb unterhält, mit seinen Leuten die von ihm angefertigten architektonischen Steinelemente installiert, mit einer angelieferten Marmorgussskulptur drapiert und für eventuelle Neukunden seinen Namen gut leserlich am Rande des Ensembles eingraviert.

Auch wenn der Landrentmeister über genügende finanzielle Ressourcen für eine Originalmarmorfigur, aus dem Stein geschlagen, verfügt hat, bleibt dies zunächst eine Möglichkeit.

Neben der äußerst detaillierten Arbeitsweise fällt vor allem der künstlerische Ausdruck auf, der von einer seelenvollen Durchführung zeugt. Der naturalistisch versierte Bildhauer sollte eine akademische Ausbildung genossen haben. Wir müssen also nur noch die Suchmaschinen mit „A. Wegener Bildhauer" füttern und Vorname nebst Lebensdaten werden sich uns erschließen, denn wer solche Begabung in der figurativen Plastik beweist, den wird die Welt oder zumindest Hannover nicht vergessen haben.

Wir kriegen aber keinen Treffer in Verbindung mit dem Beruf des Bildhauers. Zumindest nicht mit einem Vornamen, der mit A beginnt.

Und Alfred Lothar Wegener (1880–1930) war eben kein Bildhauer, sondern ein deutscher Meteorologe, Polarforscher und Geowissenschaftler, der mit seiner Theorie der Kontinentalverschiebung das heutige Modell der Plattentektonik mit anschob. Alfred Wegener starb bei einer Grönlandexpedition, ein Rettungsteam fand ihn tot auf, unter seinen aufgestellten Skiern in Pelze und Decken eingenäht, 189 km von der Westküste entfernt. So berichtet es 1931 die Geographische Gesellschaft in Wien. Der Fünfzigjährige sei jedoch allem Anschein nach nicht erfroren, sondern einem Herzschlag erlegen.[18]

Wir benötigen hier aber einen Bildhauer und zwar einen guten, einen richtig guten, vom Kaliber Karl Gundelach oder Hans Dammann, und auch einen, der etwa in die Lebensspanne der beiden passt. Denn bescheinigen wir eine solch reife Arbeit und im Besonderen in diesem Metier einem Bildhauer, sollte er sie nicht am Anfang seiner Laufbahn bewerkstelligt haben, eher auch nicht am Ende seines Lebenswerks. Er braucht eine gewisse Reife, um sich mit den sepulkralen Ritualen beschäftigt zu haben, und noch genug Energie, um geduldig und ausdauernd den Entwurf in den Stein zu bringen. Nehmen wir also einen mittleren Wert an, im Zenit des Schaffens stehend, taxieren wir ihn auf 35 Jahre und älter. Die Figur entstand um 1904, so ergibt sich ein Geburtsjahr um 1869 und früher.

Haben wir Vergleichbares in der Trefferliste? Wir haben. Zwei Namen, aber ohne A Punkt. Aussichtsreich aufgrund der Herkunft wäre Hans Ernst Waegener (1854–1920), ein Mann, der an der Berliner Akademie im Meisteratelier von Reinhold Begas studiert. Das würde diese neobarocke Tendenz der Trauerfigur und die Präzision in der Durchführung sehr gut erklären.

Und er hat einen klaren Bezug zu Hannover, wurde er doch in Gehrden, einer Gemeinde südwestlich von Hannover, geboren. In Hannover arbeitet er zunächst in einem nicht genannten Bildhaueratelier. Danach besucht er eine Kunstschule in Karlsruhe, wo er bei Carl Steinhäuser lernt.[19]

Der wiederum aus Bremen stammende Professor wird bei einer Marmorstatue namens „Mädchen an einer Muschel horchend" von 1845 durch die Verwendung eines ähnlich aufgebauten Gesichts auffällig, vor allem in der Mundpartie, wenn auch die Augenpartie eindeutig klassizistischer geformt ist.

Hat also Ernst Waegener – der Hans im Namen bleibt meist ungenannt – dieses Gesicht schon in seiner Lehrzeit verinnerlicht?

Er wohnt zwar von 1890 bis zu seinem Tod 1920 in Berlin, erhält aber auch Aufträge in Hannover, eine nicht dokumentierte Statue der sogenannten Hannovera für das Alte Rathaus sowie Büsten von Luther und Bismarck für das Neue Rathaus. Die Möglichkeit eines Auftrags für ein Grabmal einer Honoration in Hannover um 1900 liegt nicht so fern.

Und wie steht es um die Frauenfiguren? Eigentlich ist er mehr für Denkmale bedeutender Männer zuständig, ein Goethe-Denkmal für Straßburg, ein Martin-Luther-Denkmal für Berlin. Aber doch finden sich etwa online auf artnet kleine Statuetten, eine Frau mit Katze auf dem Rücken und eine Sandalenbinderin. Letztere, ein etwa 30 Zentimeter großer Akt, im Genre des Art déco angelegt, zeigt in der Tat ein ähnliches Gesicht wie unsere Trauernde, aber eben sehr kleinformatig.

Wie steht es also um ihn in Sachen Urheberschaft? Mittelprächtig würden wir meinen. Der Bezug zu Hannover ist wahrlich groß, Geburtsdatum, Ausbildung und Entstehungszeit, das ist alles nicht unpassend. Bleibt aber, was in diesem Falle ein wesentlicher Faktor ist, haben wir doch mit der Gravur quasi ein Autogramm vorliegen, immer noch die Kernfrage: warum schreibt er nicht E. Waegener hin?

Es steht da aber A. Wegener. Selbst wenn ein Schwabe die Gravur auf Zuruf angefertigt haben sollte, der dialekthalber Wegener mit „Wägener" ausspräche, bliebe immer noch das A Punkt ein Rätsel. War nicht so ernst gemeint.

Schauen wir uns den zweiten Treffer an. Ein Bildhauer namens Wegener, diesmal ohne A im Nachnamen, leider auch ohne A im Vornamen. Und er ist kein Hannoveraner, auch kein Preuße, nicht mal ein deutscher Muttersprachler. Carl Theodor Wegener (1862–1935) wird in der dänischen Hauptstadt Kopenhagen geboren. Er stirbt auch dort, siedelt also nicht nach Deutschland um, so lesen wir im dänischen ScoutWiki.[20]

Als dänischer Armeeoffizier, Bildhauer und Maler wird er beschrieben, er schafft es bis zum Oberstleutnant und war „nach dem deutschen Konflikt 1914–1916 Chefaufklärer im dänischen Pfadfinderchor". Kein Wunder also, dass eine seiner Statuetten den Titel „A Scout" trägt. Auf Auktionsplattformen tauchen einige Kleinplastiken auf. Auffällig ist ein „Rauchender Junge mit Affen" mit der Signatur Wegener 94. Es gibt „Two Royal Guards" und einen stehenden Piloten, einen Ritter auf einem Pferd, einen Fechter und einen Seemann. Diese Bronzegüsse, die seine Militärwelt repräsentieren, werden scheinbar zumeist in Amerika gehandelt.

Aus Alabaster zeigt sich eine adelige Dame mit einem Hund samt einer wie unter dem Mikroskop ausgearbeiteten Garderobe und reichem Haarschmuck. Dann endlich fällt unser Auge auf etwas Brauchbares in unserer Mission: eine Büste aus Alabaster auf einer Plinthe aus schwarzem Marmor. Und das Ge-

sicht der jungen Frau – nun raten Sie mal! – genau, verblüffende Ähnlichkeit. Das Haar mit dem Mittelscheitel, die wichtige Mundpartie, die vollen Wangen, das etwas abgesetzte Kinn, es passt einfach. Schade, dass uns aus bildrechtlichen Gründen eine Darstellung zum Vergleich nicht möglich ist.

Also Carl Theodor Wegener, geboren 1862 in Kopenhagen, passt. Fehlt nun noch der direkte Bezug zu Hannover.

War er ein Studienkollege einer unserer Großen Fünf? Wie kommt er, beziehungsweise seine Trauerfigur auf einen Stadtfriedhof in Hannover?

Und auch bei ihm trotz gleichem Nachnamen fehlt die Erklärung für A Punkt in unserer Gravur. Er hätte doch wohl ein C. Wegener hinterlassen müssen.

Da der Däne bei dem rauchenden Jungen mit dem Affen nur mit seinem Nachnamen Wegener signiert, stellt sich die Frage: muss das A Punkt denn zwangsläufig einen Vornamen abkürzen oder kann es für etwas anderes stehen? Wir kennen ja das F Punkt, welches gelegentlich an plastischen Kunstwerken zu finden ist, meist klein geschrieben – f. oder fec. – steht es für das lateinische fecit, zu deutsch: hat es gemacht.

Ein weiterer Buchstabe könnte keinen Vornamen abkürzen: ein L Punkt. Hierzu wechseln wir kurz zu einem anderen Fall. Es kommt in Betracht bei der Inschrift, die ein Herr oder eine Frau Kramer am Grabmal Lange, am südlichsten Punkt des mit Figuren belegten Areals, am Rande der Abteilung 39, hinterlassen hat. Die unmittelbare Recherche zu möglichen Künstlern liefert zunächst einen Ludwig von Kramer (1840–1908), einen seines Zeichens in Augsburg geborenen und in München verstorbenen Maler, Illustrator und Restaurator, von dem jedoch keine plastischen figurativen Arbeiten dokumentiert sind; sowie mit anderem Vornamen einen waschechten Bildhauer, der sogar aus der Umgebung von Hannover, nämlich aus Braunschweig stammt und mehr als 20 Jahre jünger ist, was wohl auch besser zu den Umständen der Grabstätte passt, ein gewisser Arnold Kramer (1863–1918).

Die Wahrscheinlichkeit, dass er der Schöpfer der leicht überlebensgroßen Sitzenden aus Stein ist, steigert sich ins Höchstwahrscheinliche mit der Kenntnis, dass der Sohn eines Wolfenbütteler Lederfabrikanten im Jahre 1888, nach den Stationen Gymnasium, Technische Hochschule Braunschweig und Kunstakademie Dresden, zum Mitarbeiter von Carl Echtermeier wird, eines Bildhauers unserer Großen Fünf, bei einem Denkmal für die Stadt Braunschweig. Er gründete zwar danach in Dresden ein eigenes Atelier, kehrt jedoch 1913 wieder nach Braunschweig zurück, wo er zwei Jahre danach Professor wird und 1918 stirbt.

Das besagte Grabmal Lange hat nun eine Besonderheit, die es mit etlichen Familiengrabstätten in Engesohde teilt, es besitzt neben der Grabfigur aus Stein eine zusätzlich angebrachte bronzene Portraitplakette, die das Konterfei des Verstorbenen abbildet. Nun hat diese Plakette nicht irgendwer geschaffen, sondern wieder einer unserer Großen Fünf, nämlich Karl Gundelach. Also wäre es als Urheber der Steinarbeit sinnvoll, seinen Namen am Stein auf eine Art zu hinterlassen, welche die Leute nicht denken lässt, alles hätte der

berühmte Gundelach geschaffen, aber auch so, dass man nicht auf die Idee kommt, die Portraitplakette, die drei Meter über dem Boden hängt, stamme natürlich vom Bildhauer der Steinfigur.

Was käme infrage? Da die Kunst international ist und in unserem europäischen Raum aus der Klassik stammt, setze man doch einfach ein altgriechisches Litho oder ein römisches Lapis für Stein vor den eigenen Namen. Dann stünde da abgekürzt L. Kramer.

Das wäre eine Erklärung für ein L Punkt vor dem Namen. Und nun zurück zu unserem Fall Wegener: was könnte mit A Punkt gemeint sein, was könnte sich lateinisch oder altgriechisch mit A Punkt abkürzen?

Alles (von)? Latein: Omnia, Altgriechisch Pánta. Das Kunstwerk? Latein: Opus, Altgriechisch: Wergon. Entwurf, Gestalt(ung)? Latein: Descriptio, Altgriechisch: Idéa.

Oder steht das A Punkt für das deutsche Alles? Oder für Atelier? Atelier Wegener – so richtig kommen wir hier nicht weiter.

» » » SPRINKMANN – ABTEILUNG 29 « « «

Ohnehin wäre bezüglich unseres dänischen Wegeners zur Sicherheit über seine Kompetenz eine zweite weibliche Vollplastik von Körpergröße als Referenz hilfreich gewesen. Gibt es denn auf dem Engesohder Stadtfriedhof eine zweite mit der Gravur Wegener? Ja, die gibt es, doch diese Gravur war zunächst unleserlich, da der dort verwendete weiche Sandstein des Postaments schon etwas verwittert war.

Es handelt sich um das Grabmal Sprinkmann in Abteilung 29, eine etwa lebensgroße Sit-

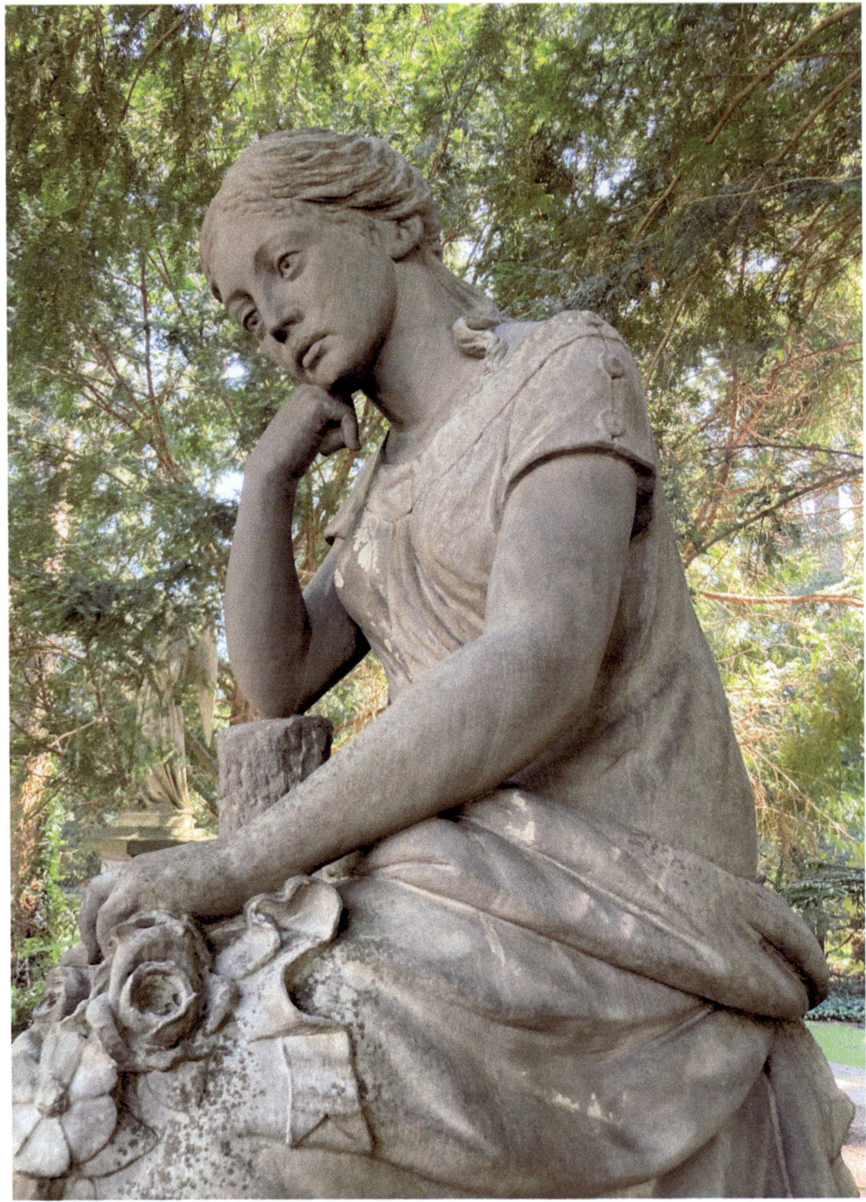

91. Grab Sprinkmann, 1901
Sitzende, Stein · Karte 29A

zende aus Stein, laut Friedhofsarchiv installiert im Jahre 1901 von einem Steinmetz aus Hannover-Stöcken mit dem Namen H. Werner. Dass hier also ein Steinmetz Werner genannt wird, schließt die Annahme aus, beim Namen Wegener handele es sich um einen Steinmetzbetrieb, der eine Skulptur nur angeliefert bekommt.

In einem ersten Schritt kann die verwitterte Gravur eindeutig Wegener zugewiesen werden, im Vergleich mit der im Marmor hinterlassenen vom Grabmal Lohmann in den südlichen Arkaden (Abb. 92–95). Folgen wir der bildlichen Transformation von unten nach oben, wird selbst das A Punkt in Abbildung 92 – wenn auch sehr unscheinbar – erkennbar.

Wenden wir uns nun der sitzenden Dame zu (Abb. 91). Ihr Gesicht ist so genau gearbeitet, dass wir von einem Portrait ausgehen können. Wie ein Echtermeier-Portrait wirkt sie in einem nachgedunkelten Kalksandstein, kein Muschelkalk, nicht so grob, vielleicht ein Travertin, der bräunlicher und geringfügig weicher als Marmor ist.

Und sie sieht völlig anders aus als die stehende Trauernde in den Arkaden. Zweifellos ein anderes Modell stand Wegener hier zur Verfügung, drei Jahre vor der Marmorarbeit. Ihr Mund ist sehr individuell, kein vornehmer zurückhaltender Madonnenmund. Mit offenen Augen starrt sie geradeaus nach vorne oder ins Leere. Sie trägt viel Kleid, wenn man das mal so ausdrücken will, ihre Körperlichkeit spielt keine Rolle oder eine sehr untergeordnete. „Wie zu Echtermeiers Zeiten" sind wir geneigt zu folgen, er agiert also nicht wie die „Fraktion Gundelach-Dammann-Engel-

hard", die vom Akt ausgeht und den ganzen Menschen darstellen will. Es läuft bei diesen Wegener-Figuren mehr auf die Körpermerkmale hinaus, die wir bei Echtermeier feststellten, schönes Gesicht, schöne Hände, vielleicht noch Arme in einer aussagekräftigen Gestik, das reicht.

Gut, zwei Figuren von Wegener auf diesem Gelände sind identifiziert, fürs Erste, zwei absolut verschieden wirkende, einzig der Grad des naturalistischen Herausarbeitens scheint identisch, gleich präzise und gleich detailliert mit viel schmuckhaftem Beiwerk. Das zweite Gesicht ist sehr individuell, das erste scheint in Verbindung mit unserem nächsten Thema und den nächsten Fällen bei der Suche nach dem Schöpfer etwas massentauglicher.

Übrigens gab es bei der Recherche nach geeigneten Künstlern mit Namen Wegener einige Treffer, aber vor allem Maler, die um 1900 aktiv waren, kein weiterer Bildhauer von der Qualität und im Rahmen der gesetzten Lebensdaten war darunter.

Eine Sensation wäre es gewesen, wenn aus Lili Elbe (1882–1931), der dänischen Malerin und Transgender-Pionierin, in diesem Zusammenhang etwas geworden wäre. Als intergeschlechtlich veranlagtes Kind wächst sie offiziell als junger Mann namens Einar Mogens Andreas Wegener auf. An der Kunstakademie lernt sie die spätere Ehefrau Gerda Gottlieb kennen, Elbe spezialisiert sich auf Landschafts- und Architekturmalerei, Gottlieb auf Illustration und Modegrafik. In Paris können die beiden dann ab 1912 den inneren Bestimmungen folgen, Gerda ihrer lesbischen Orientierung und Lili ihrer weiblichen Identität. Ihr Leben mit der späteren Umwand-

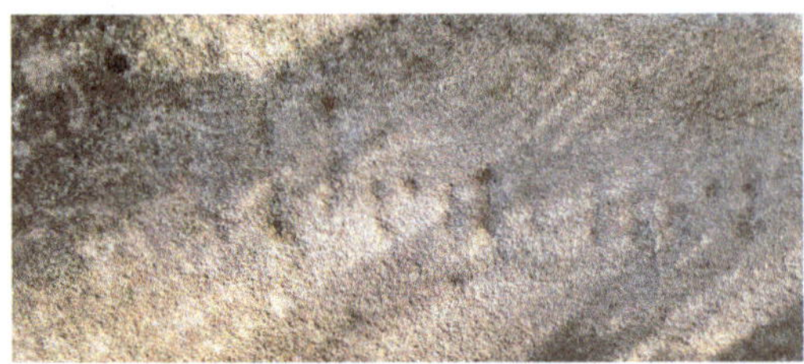

92. Transformation von Gravur 29A zu 6A zu 0%

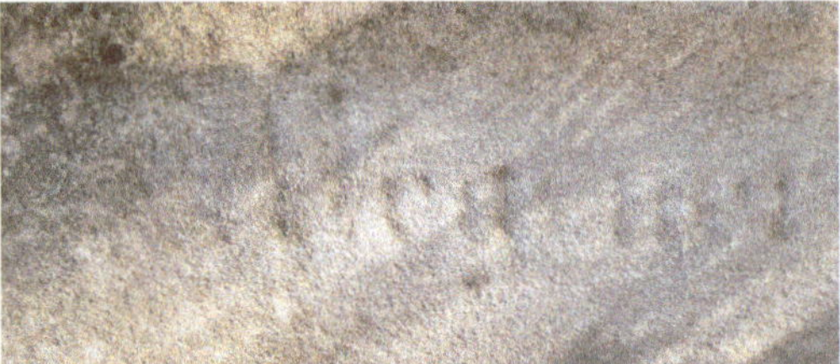

93. … zu 33%

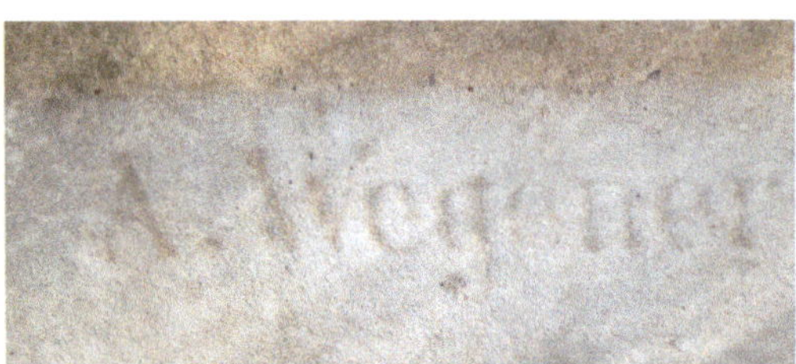

94. … zu 66%

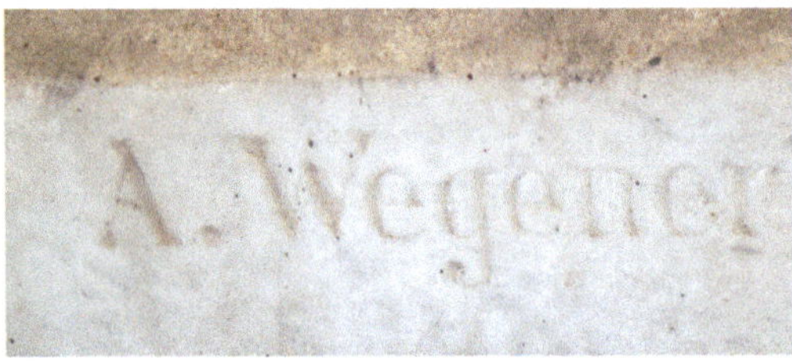

95. … und zu 100%

lung wurde durch mehrere Bücher und 2015 durch den Film „The Danish Girl" beschrieben.

Künstlerisch zeichnet sie sich durch akribisch umgesetzte naturalistische Studien von architektonischen und skulpturalen Szenerien aus, sie hatte dazu ein gutes Auge. Es fanden sich jedoch keine bildhauerisch dreidimensionalen Objekte in den veröffentlichten Werken und, wie oben beschrieben, sollte unser Wegener um 1901 bis 1904 schon wesentlich älter gewesen sein als 20 Jahre.

Mit Andreas hätten wir sogar einen A Punkt gehabt. Zugegeben ein kleiner Ausflug ins Hypothetische, aber die Auseinandersetzung mit den 1920er-Jahre-Bildern von Elbe und Gottlieb haben nicht geschadet, im Gegenteil, es war ein Vergnügen.

Stellen wir also nun die Identität des Künstlers A. Wegener als (noch) nicht eindeutig gelöst zurück und widmen uns nochmals dem Gesicht der Stehenden am Grabmal Lohmann (Abb. 99). Wir haben es madonnenhaft genannt – mit der spitzen Mundpartie, den Grübchen zu den Wangen hin und den dreiviertel geschlossenen Augen.

Betrachten wir hierzu eine Nebeneinanderstellung (Abb. 96–99) mit drei weiteren Gesichtern von Trauerfiguren hier in Engesohde. Von einer der drei Figuren haben wir den Namen des Bildhauers. Bei den anderen zwei ist die Urheberschaft nicht dokumentiert, weder durch eine Gravur, noch über eine Namensnennung in Schriftstücken.

Serielles versus Unikat

Alle vier Frauen ähneln sich nicht nur in den Bestandteilen des Gesichts, sie tragen auch dieselbe Mimik. Bei Plastiken dieser Machart stoßen wir nun auf ein zeittypisches Phänomen, mit dem wir uns auseinandersetzen wollen. Es gilt im Folgenden seriell gefertigte Produkte von künstlerischen Unikaten zu unterscheiden.

Zur Wertigkeit ist anzumerken, dass es nicht ratsam ist, Produkte aus dem Genre der Katalogware innerhalb der Grabmalskulptur grundsätzlich als Ramsch abzuqualifizieren. Erstens ist die Stückzahl der produzierten Endprodukte nicht besonders hoch, so werden auch Liebhaber mit gut gefülltem Portemonnaie angesprochen, zweitens werden die ursprünglichen Fassungen meist von talentierten, gut ausgebildeten und naturalistisch präzise arbeitenden Bildhauern geschaffen. Wir wollen nicht übersehen, dass unter der teils reichhaltigen Kleidung der anatomische Aufbau absolut stimmig sein muss. Die Entwürfe und Modelle aus Ton und Gips sind also zunächst wertvolle Unikate.

Die Künstler verkaufen die plastischen Werke nun nicht in Form einer Realisierung in Stein oder Bronze an einen Kunden für sein individuelles Grabmal, sondern das Entwurfsmodell in Ton oder Gips an einen Hersteller. Zum Zeitpunkt des Verkaufs an den Produzenten gibt der Künstler vertraglich alle Rechte ab, etwa in Fragen der Veränderung und Vervielfältigung des Kunstwerks.

Der Hersteller kann danach, wie schon erwähnt, eine Trauerfigur für seine Steinguss- oder Galvanoplastikproduktion gemäß seines Kataloges und nach Kundenwunsch beliebig anpassen.

Und nun ist zu konstatieren, dass unser erstes madonnenhaftes Wegener-Gesicht aus den Arkaden am Grabmal Lohmann (Abb. 99) frappierende Ähnlichkeit besitzt mit den drei daneben vorgestellten Trauernden. Was heißt das jetzt für die Herkunft des Entwurfs und für die Produktionsweise der Figuren?

Suchen wir also Merkmale, die auf eine Zusammenstellung verschiedener Komponenten hindeuten.

» » » » » RUDORFF – ABTEILUNG 6 « « « « « «

Während alle vier mit dem madonnenhaften Gesicht ausgestattet sind, wird jeweils eine andere Kopfbedeckung gewählt. Die voluminösen Haare der Dame am Grabmal Rudorff Foeth sehen sehr eigenständig aus (Abb. 96). Es gäbe für unsere eingangs vorgestellten Bildhauer keinen Grund die Frisur zur Stirn hin so stark im Marmor zu unterschneiden. Wozu diese Rille, die nur Staub und Kleinstlebewesen auffängt? Sie würden die Form geschlossen halten, sodass der Kopf insgesamt eine einheitliche Struktur beibehält und rundum gleichbehandelt wirkt. Sind die Haare also aufgesetzt?

Die stehende Marmorfigur am Grabmal Rudorff wird laut eines Briefwechsels vom 4. Februar 1912 zwischen der städtischen Friedhofsleitung und der Kommission zur Feststellung der geforderten künstlerischen Qualität eines Erbbegräbnisses, worin der für die Errichtung des Grabmals beauftragte Bild-

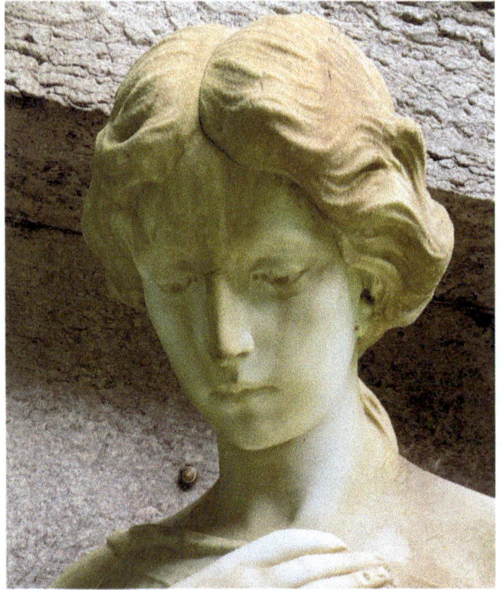

96. Grab Rudorff Foeth, 1911
Stehende, Stein · Karte 06N

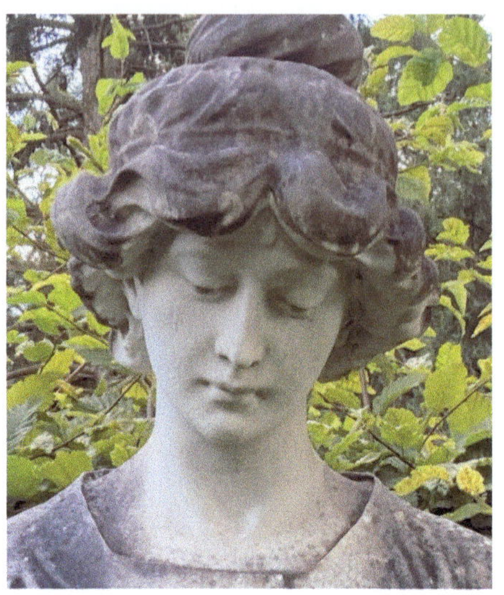

98. Grab Jacobi Cordes, o.D.
Stehende, Stein · Karte 32C

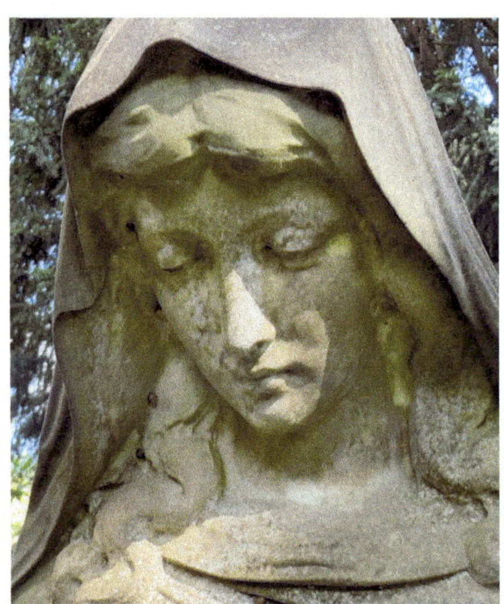

97. Grab Staude, 1910
Stehende, Stein · Karte 09J

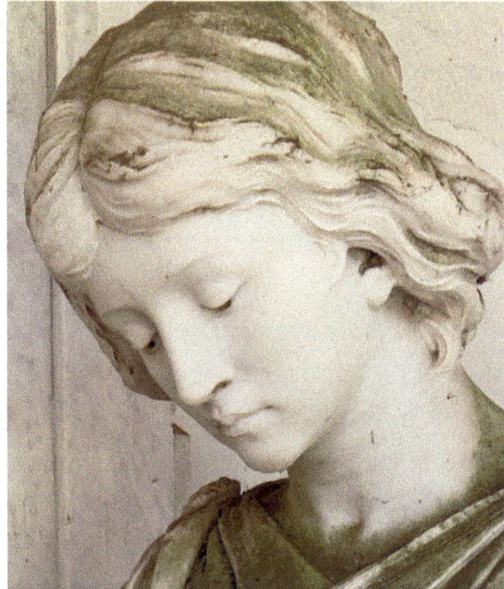

99. Grab Lohmann, 1904
Stehende, Stein · Karte 06A

hauer und Steinmetz H. Mensing zitiert wird, einem Künstler aus München zugeschrieben, der entweder als Josef Hauser oder Josef Hanser – je nach Auslegung der Handschrift – benannt wird. Die Handschrift des Briefwechsels scheint mit schneller Feder geschrieben und verwendet hauptsächlich altdeutsche Buchstaben, noch kein Sütterlin, das zu dieser Zeit gerade für den Einsatz in den Schulen entwickelt wird. Bei den Namen, die für die Behörde von Relevanz sind, verwendet der Schreiber jedoch lateinische Buchstaben, bei Rudorff, H. Mensing und dem Nachnamen des Künstlers aus München. Der Vorname Josef steht davor wiederum auf altdeutsch geschrieben.

Laut Suchmaschine der Akademie in München wird ein Student namens Josef Hanser 1902 im Fach Zeichnen immatrikuliert. Immerhin ein zarter Hinweis – das Fach Bildhauerei hätte etwas schwerer gewogen. Zu weiteren Erkenntnissen führten die Nachforschungen zu seinem Namen bisher nicht. Der Künstler wäre bei der Realisierung der Marmorfigur also etwa zwischen 30 und 40 Jahre alt, das würde schon passen.

Die Wirkung der Figur am Rudorffschen Grabmal ist zweifelsohne phänomenal (Abb. 101). Nicht nur insgesamt sondern jedes Detail an ihr wirkt hyperrealistisch, lediglich der monochrome Marmor verleiht ihr etwas Skulpturales. Betrachten wir den Trauerkranz, den sie in der Hand hält, stellen wir fest, dass auch die feinsten Blattadern und die dünnen Stengel, an denen jeweils so etwas wie eine Lorbeere hängt, extrem präzise herausgearbeitet sind.

Vergleichen wir hierzu die kniende Trauernde

von Roland Engelhard am Grabmal Rohde (Abb. 100). Sie hält einen Kranz, der mehr symbolhaft aus lauter Blüten besteht. Selbst wenn diese Blüten Blätter einer bestimmten Gattung von Pflanzen sein sollten, würde bei einer Abformung, sagen wir mit Silikon, der Kranz nicht so regelmäßig und rund wie ein Reifen aussehen. Auch wenn Engelhard seine Figur auf seine Art sehr naturalistisch formt, gibt er ihr dieses Attribut in die Hand, das in einer vergleichsweisen Unschärfe nur ausdrücken soll: hier wird getrauert.

Beim Kopf im Übergang von der Stirn zu dem streng nach hinten gebundenen Haar, wendet er den Hellmerschen Weichzeichner-Effekt an, soll heißen, er verschleift am Marmor im Finish diese Stellen des Übergangs. Dergleichen erkennen wir an den Übergängen von der schulterfreien Toga zur Haut.

Welch ein Unterschied auch bei diesen Stellen bei der Hanser-Plastik. Staccatoartig gesetzte Details, mit tiefen Hinterschneidungen, wohin man blickt.

Zur Rudorffschen Grabmalfigur kann resümiert werden, dass sich einige Fragen auftun. Sicher ist es einem Bildhauer alter Prägung, von höchstem naturalistischen Talent und exzellenter Ausbildung, möglich diese Skulptur so als Ganzes zu schaffen. Rechne man jedoch seine dazu aufgebrachten Wochen und Monate in qualifizierte Lohnkosten um, würde die Grabfigur wohl soviel wie eine kleine Friedhofskapelle kosten. Er braucht also jemanden an seiner Seite im Atelier, einen Gesellen, der sich zumindest um den Kranz kümmert, ihn sorgfältig, Blatt für Blatt herauskratzt. Oder ist es nicht geschickter, man forme einen echten Naturkranz mit si-

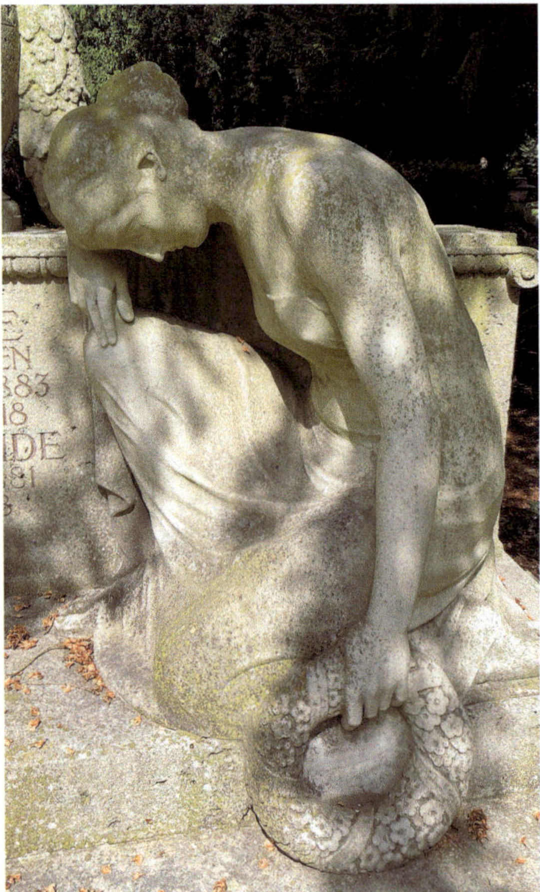

100. Grab Grab Rohde, 1918
Kniende, Stein · Karte 16K
Roland Engelhard (1868–1951)

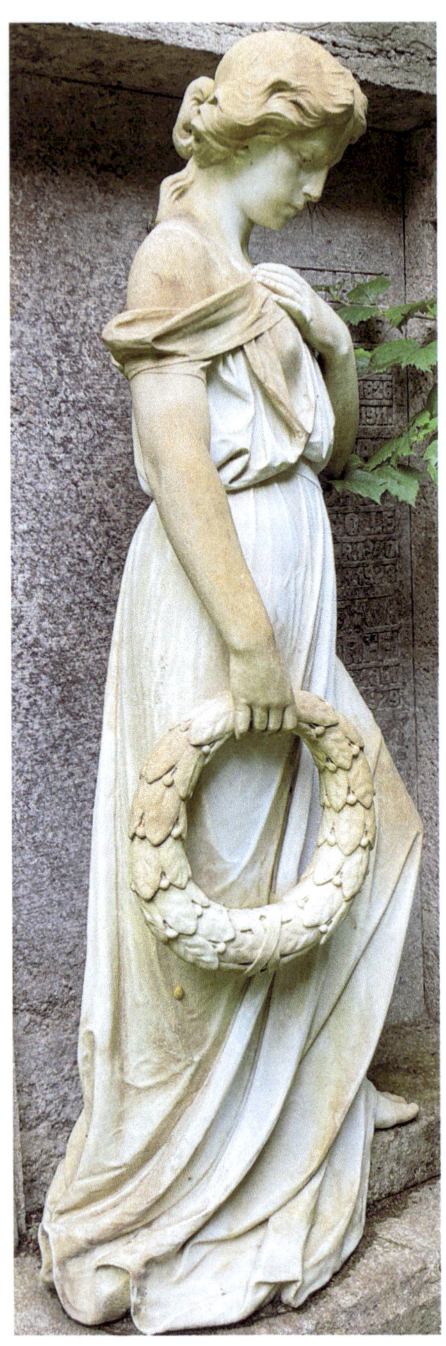

101. Grab Rudorff Foeth, 1912
Stehende, Stein · Karte 06N

likonähnlicher Masse ab, baue eine Gipsform drumherum und gieße mit Marmormehl einen, nein, besser gleich fünf künstliche Steinkränze?

Und wenn der Kunde plötzlich Mohnkapseln haben will, bekommt die Trauernde ein solches Gebinde anstatt des Kranzes in die Hand geklebt. Bei den Haaren könnte man ähnlich flexibel vorgehen. Da ein Abguss vom Original bei Haaren wenig Sinn macht, wird die Frisur in Ton oder Gips nachempfunden, mal länger, mal kürzer, mit Hut, und so weiter, dann abgeformt, in Marmormehl gegossen und aufgeklebt. Ein Verspachteln an den Grenzlinien der aufgesetzten Frisur auf einem gemeißelten Kopf würde womöglich im Außenbereich wetter- und temperaturbedingt nicht lange halten, also wird darauf verzichtet und so bleiben feine Lücken sichtbar, allerdings nur, wenn man nahe an die Figur herantritt.

Gesicht, Arme und Hände sowie das Finish an der faltenreichen Toga sind augenscheinlich wieder Chefsache und könnten im Falle Rudorff durchaus klassisch aus einem Marmorblock gehauen sein.

» » » » » JACOBI – ABTEILUNG 32 « « « « «

Das Hut-ähnliche Gebilde, das die Trauernde am Grabmal Jacobi Cordes auf dem Kopf trägt, würden unsere vorgestellten Engesohder Bildhauer einem Schaufensterpuppenmacher überlassen (Abb. 98). Wer soviel Geduld und Augenmerk auf das realistische Abbild eines Gesichts verwendet, der würde nicht zulassen, dass der Betrachter durch so einen Monsterhut – oder ist es eine Frisur? – davon abgelenkt wird.

Da sich die Gesichter der Trauernden an den Grabmalen Jacobi und Rudorff wie Zwillinge gleichen, ist von einem Austausch der Haartracht im Sinne einer Variante auszugehen. Eine weitere Verbindung der Hanser-Herkunft stellt ein modischer, dreieckiger Aufnäher dar, der am Bauchteil der Toga unterhalb des Gürtels sichtbar ist. Beide Mal baugleich, beziehungsweise im selben Schnittmuster.

Die Variante Jacobi beinhaltet aber nun ein über die Schulter ragendes kurzärmliges Oberteil. Benötigt werden außerdem zwei neue Arme und Hände, denn die Dame hält die Hände nun vor dem Bauch verschränkt. Ein Strauß oder Kranz entfällt. Summa summarum sieht die sympathische Trauernde bei Jacobi in Abteilung 32, in ihrer wirklich auffallend großen Ähnlichkeit zur Rudorff-Figur in Abteilung 6, nach einer Arbeit aus dem Atelier des Müncheners aus.

Von Josef Hanser oder von dem Grabmalfigurenhersteller, für den er arbeitet, müssten demnach noch weitere Varianten auf anderen Friedhöfen zu erwarten sein.

» » » » » STAUDE – ABTEILUNG 9 « « « « «

Stellt sich noch die Frage, ob wir mit der vierten Figur in diesem Vergleich, die in Abteilung 9 steht, eine dritte Hanser-Plastik hier in Engesohde identifizieren können. Etwas sensibler wurde hier am Grabmal Staude mit der Kopfbedeckung der Trauernden umgegangen (Abb. 97). Diesesmal trägt sie eine Kapuze, darunter in etwa die Rudorffschen Haare inklusive Mittelscheitel. Der Hals ist nun nicht frei. Um eine solche tiefe Hinterschneidung unter der Kapuze zu vermeiden, sehen wir, quasi als Füllung, sich auf beiden Seiten des Halses wellendes und verkringelndes, langes Haar. Hm … ist das ein Zeichen für ein Steingussverfahren? Nicht unbedingt, denn warum sollte man sie nicht gemeißelt mit solchen Haaren ausstatten?

Aber es ist zumindest anzumerken, dass unsere fähigen Bildhauer der figurativen Plastik den Hals für ihre eleganten Geschöpfe zwingend benötigen. Die Haarpracht auf beiden Seiten des Halses wäre für Dammann und Engelhard zu viel Drumherum. Dafür würden sie nie ihre klare Form opfern. Abgesehen davon, dass die stilistische Gesamtaussage des durch üppige Kleidung fast komplett bedeckten Körpers wohl mehr Echtermeiers Generation entspricht.

Aber das sollte hier, verzeihen Sie das Wortspiel, kein echter Echtermeier sein, denn auch wenn der Wahl-Braunschweiger zumeist mit langen wallenden Gewändern arbeitet, auch in der Kombination lange Haare und Kapuze, ist ihm ein ausformulierter Hals an einer Frau ungeheuer wichtig, für die Gesamtwirkung des Kopfes und die Eleganz seiner weiblichen Gestalten.

Gemein mit der Jacobi-Figur hat die Staude-Figur einige Merkmale neben dem Gesicht: die Art der Sandalen, die Ärmel am Kleid oder die Art der Knöpfe an den Ärmeln. Wie die beiden von Hanser geschaffenen Trauernden trägt die Staude-Figur eine elegante, aber etwas zurückhaltende Bekleidung.

Wegener zieht seinen zwei nachgewiesenen Trauernden wertigere Kleider, respektive Togen, an, die mit ihren Accessoires etwas teurer aussehen. Die beiden sind außerdem aus den Jahren 1901 und 1904. Es besteht jedoch

bei Wegeners Figur in den Arkaden eine große Ähnlichkeit zur Staude-Trauernden in der Machart am Bauchteil des Kleides.

Hanser führt die Rudorff-Figur 1912 aus und die Staude-Figur wird mit 1910 datiert. Das liegt etwas näher beieinander.

Letzten Endes sollten wir im Fall Staude zu dem Ergebnis kommen, dass eine mehr oder weniger serielle Produktion möglich ist. Die Indizienlage für eine Urheberschaft Hansers ist hier ebenfalls groß, aber nicht so überzeugend wie noch bei der Jacobi-Figur und nicht wesentlich kräftiger als die für eine Urheberschaft Wegeners. Es bleiben weitere Erkenntnisse abzuwarten.

» » » » MADSACK – ABTEILUNG 28 « « « «

Wir hatten zum Thema „Serielles versus Unikat" oben beim Kapitel „Hochzeit der Grabmalkultur" schon ein symptomatisches Objekt für eine Serienfertigung vorgestellt: die sich auf eine Säule aufstützende junge Trauernde von Villeroy & Boch Merzig. Von diesem und weiteren Steinfigurenherstellern werden in Katalogen auch Engel angeboten.

Engel kommen nie aus der Mode und um 1900 wurden einige mittelgroße von ihnen, so etwa einen Meter hoch, in variabler Serie mit unterschiedlichen Accessoires, sitzend oder fliegend, beziehungsweise landend, für die Erbgrabstätten gefertigt.

Wie in Schriften über die 2002 vollzogene Renovierung eines fliegenden Engels aus Stein auf dem Grabmal Madsack in Abteilung 28 zu lesen ist, stellte die Hannoversche Firma Peter Leichsenring bei der Bestandsaufnahme fest, dass das Innere der Arme aus Beton gefertigt wurde. Diese Maßnahme des Herstellers um 1900, der nicht namentlich genannt wird, war wohl aus Stabilitätsgründen notwendig, da der Arm frei nach vorne ausgestellt ist, um so etwas wie eine Auferstehung anzudeuten.

Diese Engel können sehr alt sein, wesentlich älter als unsere rein menschlichen trauernden Grabmalfiguren. Ein Exemplar in Abteilung 34, am Wegesrand gelegen, auf dem Grabmal Müller von 1966 platziert, gibt nach der Inschrift das Jahr 1880 an. Ein Alexander Schmidt signiert an der Plinthe dieses Engels in der Gravur, ein Künstler, dessen Geburtsjahr wir demnach in die 1840er, vielleicht sogar in die 1830er legen können, er wäre also etwas älter als Echtermeier.

Diese Künstler wie Schmidt wurden in Reproduktionen nicht verschwiegen, auch wenn dieser Engel auf weiteren Friedhöfen auftaucht, bleibt es ein anerkannter Schmidt-Entwurf aus dem Jahre 1880.

So kann die Urheberschaft bei seriell gefertigten Grabfiguren bekannt sein und bei als Unikat geformten Trauernden unbekannt.

» » » » » LORENZ – ABTEILUNG 39 « « « « « «

Vergleichbar mit einem Gesicht nach griechischem Kanon, welches wir ganz zu Anfang am Grabmal Wessel Von Nerée (Abb. 2) in Abteilung 25 fanden, als wir den Vergleich zu einem Echtermeier-Gesicht behandelten, ist das Konterfei der Stehenden, die ein Kreuz hält (Abb. 103), in der in den 1930ern gestalteten Abteilung 39, ganz unten auf dem Friedhofsplan. Gerade mit solch hyperklassischen Gesichtern ausgestattete Figuren entbehren natürlich jeglichen individuellen Charakters.

Ganz im Gegenteil, sie wirken absolut neutral und können so in einem breiten Kontext eingesetzt werden: ein Paradebeispiel einer seriellen Produktion und auch des Steingussverfahrens. Einen Künstlernamen werden wir dazu nicht finden, im besten Falle eine Nummer in dem Originalkatalog der Herstellerfirma aus dieser Zeit.

» » » » » » MEST – ABTEILUNG 37 « « « « « «

Daneben (Abb. 102) meinen wir eine aktuelle Gartenplastik eines italienischen Steingussunternehmens vor uns zu haben. Kaum zu glauben, dass diese Signorina aus weißem Marmor von Beginn an, nämlich seit dem Jahr 1914 an diesem Grabmal am Wegesrand der Abteilung 37 steht, was ein Archiv-Foto belegt. Der Arm ist noch ganz und sie stützt sich auf dieselben Grabsteinstelen aus Diabas in einer eher dunkel gehaltenen tempelartigen Umgebung. Mit der etwas unnatürlichen Brust, die sich dem Besucher offenbart, der verspielten Art der Toga und den langen gewellten offenen Haaren zeichnet sich diese Figur zwar nicht unbedingt als Grabmalfigur aus, kann aber durchaus aus einem Marmorblock gemeißelt worden sein.

Auf dem Foto von 1914 steht die Figur sogar früher an ihrem Platz als die Urne, auf die sie sich heute stützt. Die Witwe betrauert laut Inschrift auf der linken Stele ihre elfjährig verstorbene Tochter und auf der Stele, auf die sich die junge Frau mit der Hand aufstützt, ihren Mann:

„Hier ruht in Gott mein lieber unvergesslicher Mann, meiner Kinder treusorgender Vater August Mest, geboren ...“

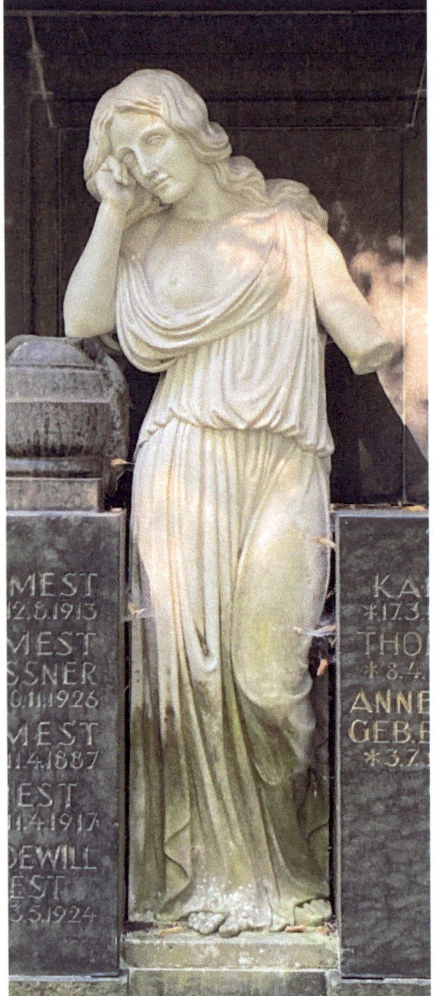

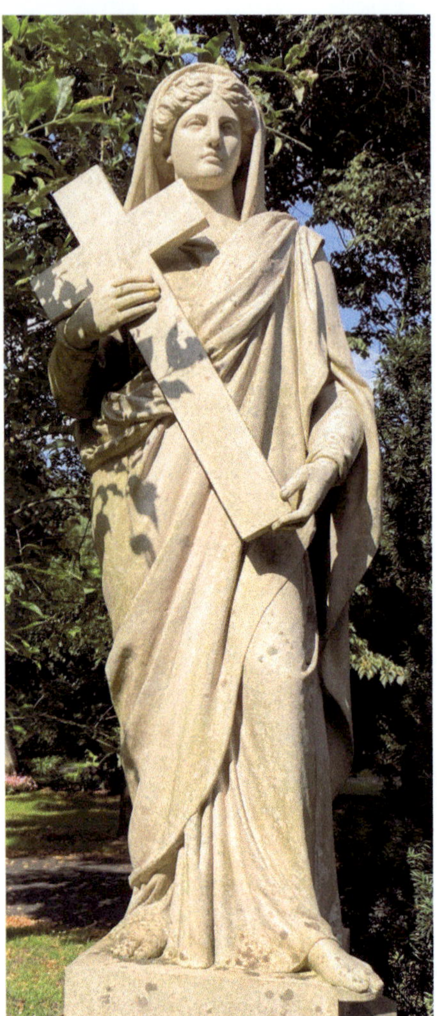

102. Nach Art serieller Gartenplastik:
Grab Mest Krüger, 1914
Stehende, Stein · Karte 37B

103. Katalogware nach klassischem Vorbild:
Grab Lorenz, 1933
Stehende, Stein · Karte 39C

Dieser Spruch musste im Laufe der Jahrzehnte den Sterbeinschriften weiterer Familienmitglieder vermutlich aus Platzgründen weichen. Aber weshalb das Zitat an dieser Stelle? Nun, augenscheinlich war das Verhältnis des Paares recht innig und die Auswahl der Grabmalfigur geschah bestimmt sehr liebevoll. Ob ihr Mann gerade diese Figur liebte, ob sie einst im Garten des Paares stand, ob sie an einen Italienurlaub erinnerte, wir werden es nie erfahren. Jedenfalls hat die Witwe Berta, die um ihren 64-jährigen Mann August trauerte und ihn um 13 Jahre überlebte, unser vollstes Verständnis und uneingeschränkte Sympathie, auch mit der Auswahl dieser Art von Steinfigur.

In Anbetracht der Tatsache, dass es die berüchtigte Kommission zur Feststellung des künstlerischen Werts von Erbbegräbnissen gab, sind wir jedoch leicht erstaunt über die Akzeptanz dieser Statuenart. Im Jahr 1914 scheinen sich die Ressentiments gegenüber allzu süßlichen und gefälligen Freiplastiken noch in Grenzen gehalten haben. Oder aber die gesamte, edel anmutende Grabanlage mit Säulen und Giebeldach in der Form eines griechischen Tempels in grau-braunem Diabas hat die Herren so beeindruckt, dass die Wahl der Marmorfigur nicht mehr so ins Gewicht fiel. Durch den kontrastreichen Materialunterschied fällt die Figur natürlich auf mit ihrem Look, der eben stark an Beispiele serieller Haus- und Gartenplastik im Marmorguss erinnert, die Oberfläche kann jedoch wie angesprochen durchaus fein vom Hieb gefertigt worden sein.

Frida war in die falsche Richtung gelaufen, eigentlich wollte sie nun von der 15 allmählich Richtung Ausgang. Apropos, sie hatte die Notiz wiedergefunden, ihr Zug: 16:30 Uhr, Gleis 1.

Nicht dass ihre Konzentration nachlassen würde, sie war vielmehr in Gedanken, hatte an Hans gedacht, der vor acht Jahren verstarb, und sich gefragt, wo ihr Mann eigentlich in Relation zu den anderen stand, vom Alter her. Sie selbst war ja immer die Jüngste, wenn man sich begegnete. Bei dem alten Carl mit C ist sie sich nicht mal sicher, ob sie ihn überhaupt gesehen hat, eigentlich war der doch nie in Hannover, oder? Karl mit K und Ina waren vielleicht um die 40, als sie die beiden zum ersten mal traf. Roland und Hans müssen ungefähr gleich alt gewesen sein … Da plötzlich steht sie vor ihr. Sie erkennt es sofort, sie steht vor sich selbst. Ein kniender Engel aus einer graublau schimmernden Bronze. Waren die Flügel wirklich so groß, die ihr Hans verliehen hatte? Das war eine schöne Zeit in Berlin damals, irgendwann vor dem ersten Krieg.

Als Frida später eine Lücke in der Hecke nutzt, um aus der Abteilung 9 zu kommen und sich neu zu orientieren, trifft sie auf alte Bekannte, zwei steinerne Grabmalfiguren, die ihr Hans bei ihrem letzten gemeinsamen Besuch des Areals vor dem zweiten Krieg gezeigt hatte. Sie erinnert sich, der Junge aus Stein war von Roland, und nähert sich der unglaublich lebensnahen Plastik. Frida blickt auf die Trauernde am Grabmal seines Vaters direkt nebenan. Sie mochte Rolands höfliche Art immer sehr, ob er wohl noch lebt? Zur Großen Deutschen Kunstausstellung hat er uns doch mal in Grunewald besucht, wann war das noch?

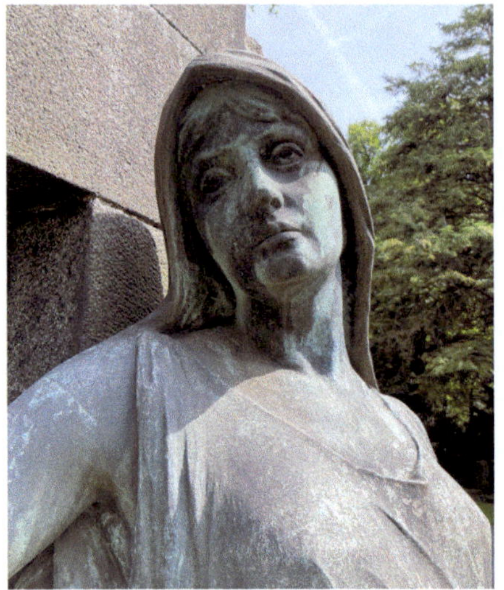

104. Grab Heinike Kehl, 1903
Stehende (Detail), Bronze · Karte 12E

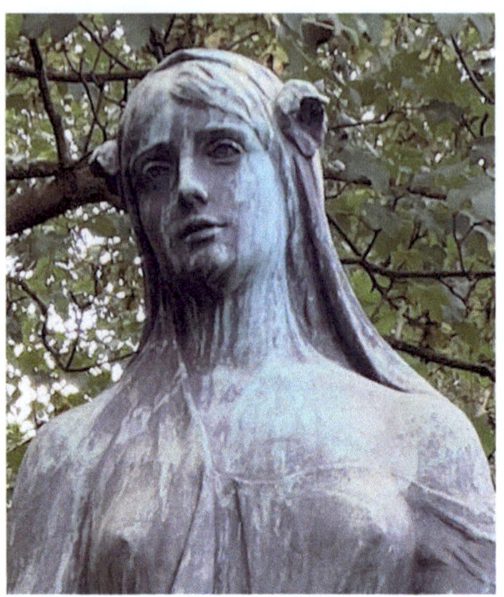

106. Grab Kuhlemann, 1929 (Guss)
Stehende (Detail), Bronze · Karte 27B

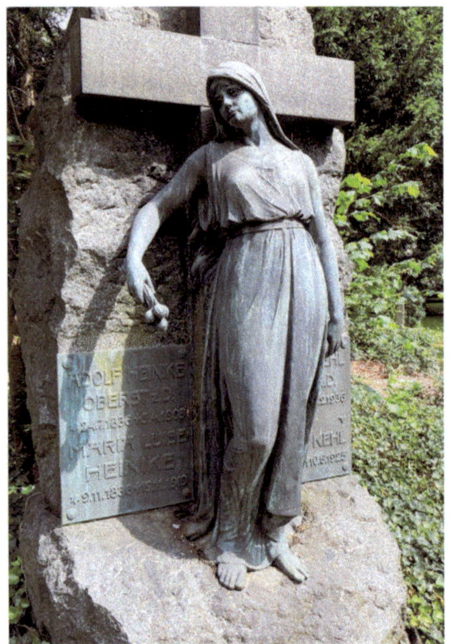

105. Grab Heinike Kehl, 1903
Stehende, Bronze · Karte 12E

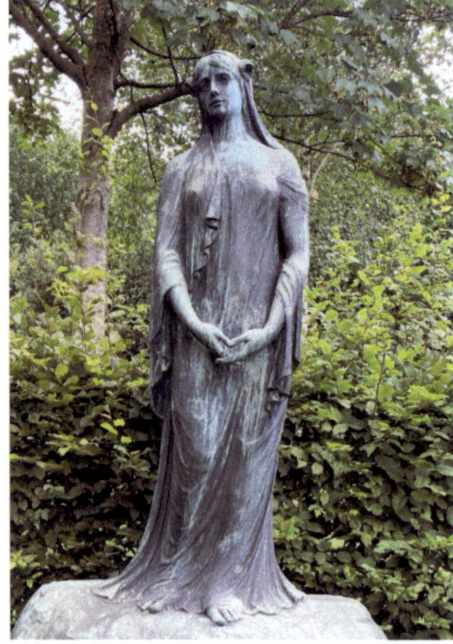

107. Grab Kuhlemann, 1929 (Guss)
Stehende, Bronze · Karte 27B

Künstlerische Kriterien

Eine weitere Unbekannte – also eigentlich eine Bekannte unbekannter Herkunft – führt mittlerweile ein Dasein als Identifikationsfigur eines Urnengrabfeldes. Es handelt sich dabei um eine nachhaltige Vorgehensweise innerhalb des Stadtfriedhofs Engesohde, hier vollzogen in der Abteilung 27, die es zum einen möglich macht, historische Grabmale zu erhalten, und zum andern den Besuchern der Betrauerten etwas Angenehmes bietet, nämlich einen stilvollen und entspannten Aufenthalt in einem romantischen, wertigen und kulturellen Kontext, gebildet durch das hohe figurative Kunstwerk, das wie eine Landmarke schon von weitem sichtbar die Grabstätte dominiert und charakterisiert, aber auch durch das wie ein fürstlicher Lustgarten angelegte umgebende Areal.

» » » » **KUHLEMANN – ABTEILUNG 27** « « « «

Es handelt sich um die Stehende am Grabmal Kuhlemann (Abb. 106 + 107). Die Verwaltung beschreibt auf einer Informationstafel die Historie wie folgt:

> *„Das Grabmal, dem diese Anlage zugeordnet ist, wurde im Jahr 1929 von der Familie Max Kuhlemann ursprünglich in den nördlichen Arkaden am Friedhofseingang errichtet. 1956 wurde es aufgrund von Baumaßnahmen an der Verwaltung in die Abt. 27 verlegt. Die Familie unterhielt die Grabstätte bis zum Jahr 1997. Danach*

ging das Grabmal in das Eigentum der Landeshauptstadt Hannover über und wird seitdem als kunsthistorisches Denkmal erhalten.“

Am Boden vor der Skulptur werden für die Inschriften der Neuankömmlinge quadratische matt geschliffene Natursteinplatten von 50 Zentimetern Kantenlänge in quadratischer Anordnung um einen kreisrunden Sitzstein platziert. Sie teilen sich quasi, wenn man es so sehen will, die bronzene Trauerfigur, die gar nicht so traurig dreinschaut … und aus welcher Werkstatt stammt? Liebe Kunstfreundin, lieber Kunstfreund, Sie haben den Bildhauer sicher schon erkannt, wir haben ihn, eigentlich mehr seine Werke und seine Markenzeichen, schon ausführlich untersucht. Es ist einer der Großen Fünf, der mit dem Grabmal seines Vaters (Abb. 44) im Jahre 1902 am Rande der Abteilung 9 hier in Engesohde seine Laufbahn als Sepulkralkünstler beginnt.

Eins seiner Markenzeichen ist die kleine Schlaufe, die Falte der Toga im Ausschnittbereich. Wir finden sie und den zwei Finger breiten Gürtel, der über dem Bauch den Brustteil der Toga markiert, am Grabmal seines Vaters wie am Grabmal Heinike Kehl von 1903 am Rande der Abteilung 12 (Abb. 104 + 105). Dasselbe Gesicht, denselben Busen, ja diesselbe Kapuze, die nur etwas weiter nach hinten gezogen ist, sehen wir nun am Grabmal Kuhlemann.

Klar, wir reden von Roland Engelhard.

Wir können davon ausgehen, dass er den Entwurf wesentlich früher, womöglich 25 Jahre früher, vollendet als das 1929 errichtete Grab-

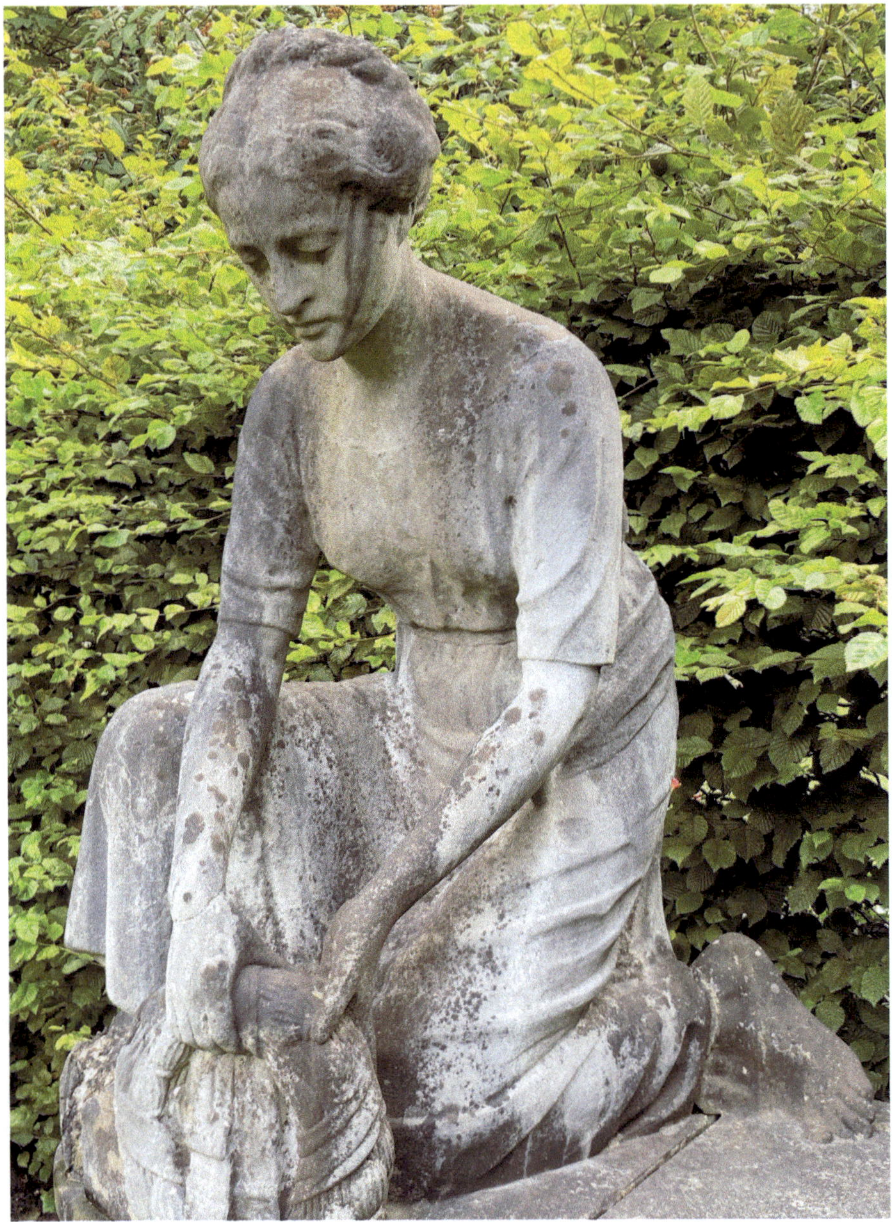

108. Grab Jobst, 1920
Kniende, Stein · Karte 27A

mal in den nördlichen Arkaden. Der Guss erfolgte dem Stempel des Sockels nach in Düsseldorf bei Kracht & Wiehe, wobei nicht klar ist, ob der riesenhafte Bronzesockel 1929 schon unter der Figur stand – würde dieser unter den Arkaden überhaupt Sinn machen? Vergleichen wir nochmals die Bilder: an der Kuhlemann-Figur sehen wir nun eine Variation des Themas seiner stehenden Trauernden. Wie es eindeutiger nicht sein kann, sind gerade das etwas kühl wirkende Gesicht, die Kopfform, das so wichtige Kinn und der Übergang vom Unterkiefer zum Hals bei beiden Figuren identisch. Die Behandlung der Toga, als ein eng anliegendes, den Körper beschreibendes, nicht verdeckendes Element. Die glatten langen Haare, die eine Kopfform nicht wesentlich verändern oder davon ablenken. Das sind Merkmale von Engelhard-Figuren.

Seine Urheberschaft können wir also vom – in der historischen Überlieferung ihm sicher zugeschriebenen – Grabmal Engelhard, über die Grabfigur Heinicke-Kehl, hin zur Kuhlemann-Figur stilistisch, künstlerisch, schlüssig festmachen.

» » » » JOBST – ABTEILUNG 27 « « « « «

In unmittelbarer Nachbarschaft wurde in der für die Gesamtanlage des Friedhofs jüngeren Geschichte der Abteilung 27 eine weitere, etwas kleinere Figur in einer von schulterhohen Buchenhecken gebildeten Nische platziert. 1920 bekam ein Steinmetz namens H. Rommel die Freigabe für den Entwurf in „Marmor blaugrau, Postament geschliffen". Die für das Grabmal Jobst eingereichte Blaupause zeigt allerdings zur eigentlichen Figur nur einen

Umriss, der Inhalt ist schraffiert. Der Umriss entspricht der Plastik genau, als ob ein Foto nachgezeichnet wurde. Die Figur gab es also schon, vielleicht in einer Ausstellung künstlerischer Grabmale eines Steinmetzunternehmens, vielleicht wurde sie auch beim Besuch eines Ateliers eines Künstlers gesichtet. Das gesamte Grabmal misst 1,80 Meter in der Höhe, wobei das Postament inklusive einer Plinthe etwa die Hälfte ausmacht. Trotzdem ist die Trauernde etwa lebensgroß, sie kniet (Abb. 108).

In der Horizontalen wurde die Plinthe in drei Teile gesägt, an einem Teil verblieb auch ein Fuß der Dame. Dies spricht für einen Transport. Da dies bei der Erstaufstellung oder bei einem Umzug zwischen den Abteilungen bei der Größe nicht nötig gewesen wäre, spricht die Zerteilung entweder für eine längere Reise in einer Kiste oder – was wahrscheinlicher ist – für eine Unterbringung in einem Hannoverschen Keller zum Schutz vor den verheerenden Bombardements auf die Stadt zwischen 1942 und 1944.

Sie ist wirklich hübsch und wir hätten sie wohl alle retten wollen, erst recht wären wir die Besitzer des Erbbegräbnisses gewesen.

Ach ja, wir müssen noch den Schöpfer finden, der steht nämlich nicht in den Quellen und Steinmetz Rommel erwähnt die Figur mit keinem Wort. Einen Rommel als Bildhauer gibt es auch, vielmehr gab es ihn, er starb 2014. Gerhard Rommel, ein Bildhauer, der zunächst in der ehemaligen DDR zu Anerkennung kam, wurde allerdings erst 14 Jahre nach der Erstellung unseres Grabmals Jobst geboren.

Schauen wir uns also die Plastik wieder genauer an. Finden wir Bekanntes, können wir

Stil und Machart einem unserer bekannten Bildhauer auf diesem Gelände zuordnen? Kann uns das Modell wieder weiterhelfen? Als Allererstes fällt der Hellmersche Weichzeichner wieder auf. Das Gesicht wurde mit den Haaren, der Hals- und Brustteil mit dem Kleid verbunden. Eine sensible Glättung im Finish erzeugt diesen weichen Eindruck. Nachdem Edmund Hellmer (1850–1935), den wir im Kapitel über Waterbeck schon charakterisiert haben, vor 1900 hochgenaue Denkmale im Stil des Neobarocks schuf, kommt er im Zuge der Wiener Sezession – er war sogar 1897 Gründungsmitglied – und des aufkommenden Jugendstils zu dieser Technik und hält sie nicht in Gestalt von privaten Projekten im Geheimen, sondern wendet sie an prominenter Stelle an.

Bei seiner Marmorfigur der „Kastalia" von 1910, in der Antike die Hüterin der Quelle der Weisheit in Delphi, am Kastaliabrunnen im Arkadenhof der Universität Wien platziert, wendet Hellmer die Technik an sowie am Denkmal für die Kaiserin Elisabeth von Österreich, der legendären Sissi von 1901 auf dem Salzburger Südtirolerplatz. Der Weichzeichner schadet dem naturalistischen Eindruck nicht, so wirkt die Plastik eher homogener, wie schon oben angesprochen, und es entsteht ein leicht schemenhafter sowie ein träumerischer Eindruck.

Die Kniende am Grabmal Jobst (Abb. 108), die wir hier vor uns haben, besitzt diese Technik und qualifiziert sich so eindeutig zum Meisterwerk, einem Objekt von künstlerischer Höhe. Wir können diesen Look bei seriellen Steingussplastiken suchen, wir werden ihn nicht finden.

Desweiteren sehen wir hier eine zeitlich lokalisierbare stilistische Weiterentwicklung der noch naturalistischen figurativen Plastik. Es ist die Zeit, in der sich einige Bildhauer über das Weglassen allzu vieler Details und über Vereinfachung eine neue Klarheit versprechen und gerade Kleidung reduzieren, um Menschen und Gefühle besser über das Körperliche beschreiben zu können. Es sind die Jahrgänge der 1860er, die sich in dieser Phase der Kunstgeschichte über den Jugendstil und den Neoklassizismus am meisten hervortun. Sie beschreiten so einen Weg in die Moderne. Der Mensch ohne bourgeoise Standesallüren steht im Mittelpunkt, der sich im ganzen Körper ausdrückt, mal in komplexer Bewegung und Mimik, mal in ruhiger symmetrischer Stellung. Dies geschieht bei den 1860ern in der Regel in naturalistischer Manier, während die 1870er danach – wie schon beschrieben – schon für erste Experimente, die ins Abstrakte gehen, zuständig sind.

Welcher unserer Bildhauer könnte also diese hübsche Trauernde am Grabmal Jobst um das Jahr 1920 aus blaugrauem Marmor geschaffen haben? Gehen wir doch einfach mal unsere Großen Fünf durch!

Ad 1: Carl Echtermeier ist 1920 schon 10 Jahre tot und seine Kleidungsauswüchse sehen wir hier überhaupt nicht.

Ad 2: Karl Gundelach (1856–1920) könnte sie theoretisch in seinen letzten 10 Lebensjahren geschaffen haben, aber da fehlt uns ein auch nur annähernd ähnlich angelegter Entwurf. Er pflegt einen romantischen poetischen Stil, verzichtet gerne auf allzu viel Gewänder, zeigt Haut, aber selbst bei seinen dem Jugendstil zuzurechnenden Werken formuliert er die Gesichter stets scharf detailliert aus. Zudem sind seine weiblichen Modelle bei der Jobst-Trauernden nicht wiederzuerkennen.

Ad 3: Hans Dammann wäre zeitlich natürlich möglich. Aber über das Wissen, das wir uns über seine Modelle angeeignet haben, beschleicht uns eine sehr große Skepsis an seiner Urheberschaft. Zudem haben wir den Weichzeichner bei ihm noch nicht gesehen.

Ad 4: Im Gegensatz zu Roland Engelhard. Der zeigt ihn schon 1918 bei der Knienden am Grabmal Rohde (Abb. 100).

Ad 5: Bei Georg Herting (1872–1951), der Jugendstil „kann", fehlt der Weichzeichner und irgendein vergleichbares Objekt.

Bei den Großen Fünf ist es also Engelhard, der sich ins Blickfeld drängt.

Bei den Nachfolgern sollten wir aber zumindest einen Namen noch klären, denn August Waterbeck (1875–1947) studiert von 1897 bis 1902 bei Edmund von Hellmer in Wien. Vielleicht ist er ja der Mann. Aber wie wir sein dürftig überliefertes Lebenswerk oben behandelt haben, gibt es keine noch so geringe Übereinstimmung mit dieser Art von Trauerfigur. Das oben gezeigte Grabmal Wundram (Abb. 73) ist mit 1920 datiert und: was für ein Unterschied in der Machart. Sie ist Ausdruck dieser Experimentierfreude der 1870er-Jahrgänge. Waterbeck entfernt sich in dieser Zeit vom Naturalismus in Richtung Abstraktion und Expressionismus.

Und natürlich, es ist ein Engelhard-Gesicht. Sein Haus-und-Hof-Modell tritt hier wieder mal an uns heran, dieses Mal mit dem Weichzeichner-Effekt.

Roland Engelhard lernt, nach seinem Studium an der Berliner Akademie bis zu seiner Rückkehr nach Hannover im Jahre 1893, an der Kunstgewerbeschule in Wien. Dort trifft er auf Werke des Wiener Vorzeigebildhauers Hellmer allein schon, wenn er sich in der Stadt umblickt. Vielleicht hat er ihn persönlich gesehen, womöglich über seinen Vater. Er kann seine späteren Arbeiten im Jugendstil auf Ausstellungen in Deutschland gesehen haben oder etwa durch spätere Besuche der Donaustadt.

Gehen wir nun zur Untermauerung der These von Engelhards Urheberschaft wieder nach der Methode „Modell" vor.

Wir legen die Profile der beiden weiblichen Figuren in Abteilung 27 – das der Trauernden am Grabmal Kuhlemann (Abb. 107) und das der Trauernden am Grabmal Jobst (Abb. 108) – möglichst genau, in Größe und Kopfhaltung angepasst, aufeinander.

Nun starten wir eine Transformation, indem wir das Profil im Vordergrund in 20%-Schritten langsam einblenden (Abb. 109–114).

Selbst von Bronze- zu Steinfigur ergibt sich tatsächlich ein befriedigendes und letzten Endes aufschlussreiches Ergebnis: gerade die so wichtige Kinnpartie wirkt einheitlich, auch Mund und Wangen der beiden Stehenden haben denselben Ausdruck.

So ist nicht allzu viel Trauer in Engelhards Gesichtern, es sind eher neutrale Portraits seines Hauptmodells.

Roland Engelhard hat nach allen künstlerischen Kriterien auch diese Figur geschaffen. Den Stress mit der Friedhofsverwaltung in Sachen Genehmigungen von Freiplastiken überließ er also am Jobst-Grabmal dem Steinmetz Rommel.

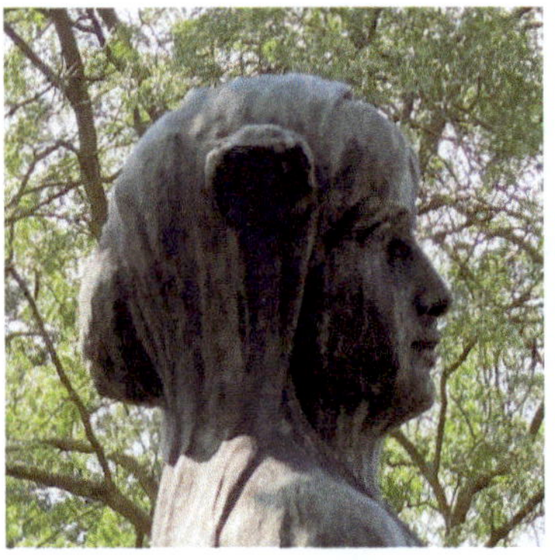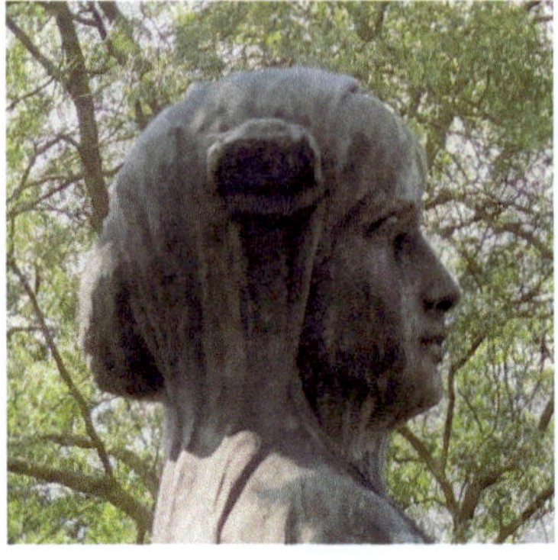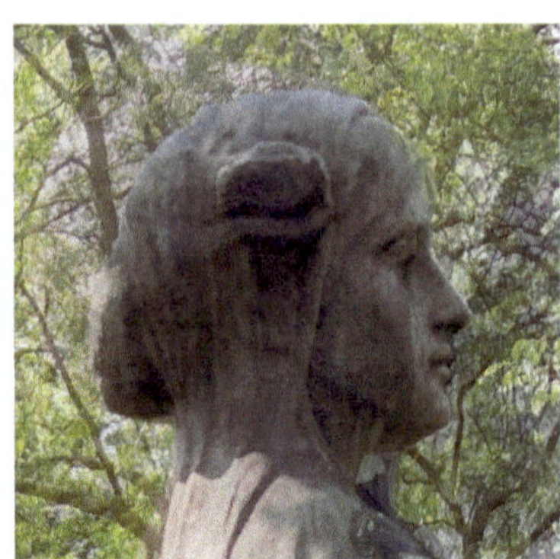

109.–111. Transformation von Profil 27B zu 27A in 0%, 20%, 40% …

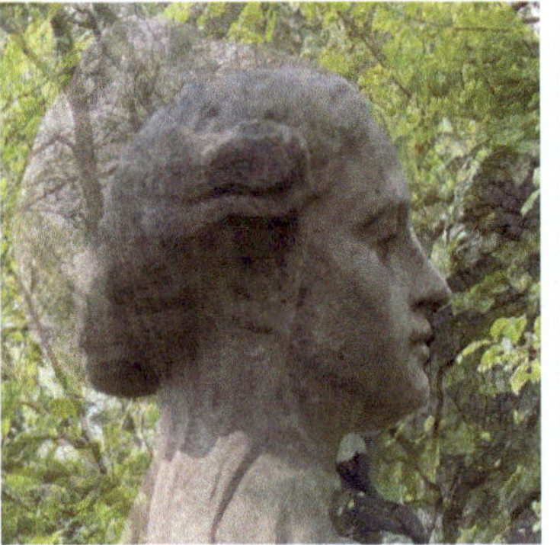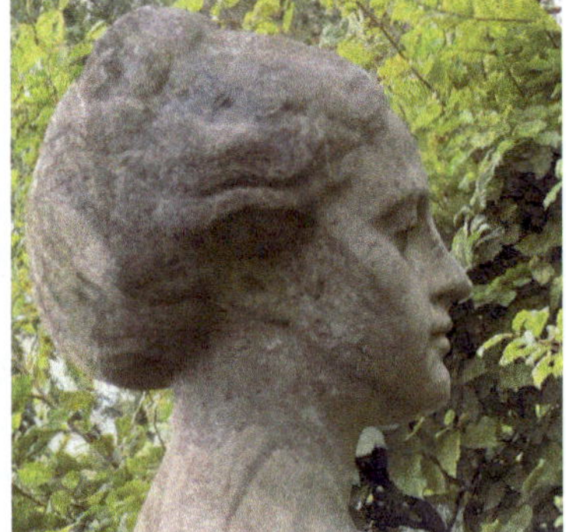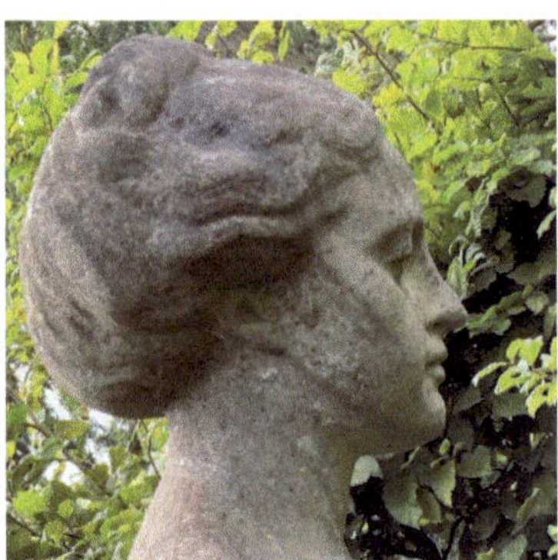

112.–114. … 60%, 80% und 100%

» » » » SPRINKMANN – ABTEILUNG 6 « « « «

Engelhards Haus-und-Hof-Modell hat noch eine Schwester oder eine recht ähnlich aussehende Kollegin. Sie tritt in Erscheinung, ohne Weichzeichner-Effekt, bei zwei Werken von Karl Ahlbrecht. Zwar ist die Nase bei Ahlbrechts Modell anders, etwas länger und kantiger. Und trotzdem ist es angeraten, um keinen Fehler zu begehen, eine Stehende, die von weitem nach Engelhard aussieht, nochmal von nahem mit einer der wenigen Ahlbrecht-Figuren zu vergleichen.

Und so kommt es tatsächlich bei einer Figur unbekannter Herkunft in Abteilung 6 am Grabmal Sprinkmann Krumbiegel (Abb. 116) zu einer Bonifizierung auf dem Ahlbrecht-Konto bei den Arbeiten hier in Engesohde. Das hängt mit einer Gegenüberstellung der Stehenden mit der Sitzenden am Grabmal Krüger Gluchowski in Abteilung 9 zusammen (Abb. 115), an dem Ahlbrecht seine Gravur hinterlässt. Die völlig identische Behandlung der Haare in Verbindung mit der Kapuze ist einfach zu verdächtig. Bei dem Gesicht der Dame muss man wirklich genau hinsehen im Vergleich zu Engelhards Gesichtern. Die Unterlippe macht einen kleinen Unterschied, sodass Ahlbrechts Dame etwas trotziger dreinschaut, während bei Engelhard beinahe geschmunzelt wird, eine positivere Gesamtstimmung vorherrscht.

Auch die gleiche Behandlung der Rosen, die sie bei Krüger Gluchowski sowie Sprinkmann Krumbiegel in den Händen hält, spricht eine deutliche Sprache für eine Urheberschaft Ahlbrechts und gleichzeitig für eine Verwandtschaft mit einigen weiblichen Trauernden von Engelhards Hand.

Vielleicht stammt das weibliche Modell ja aus Engelhards Atelier. Ließe man ein Modell von zwei unterschiedlichen Bildhauern portraitieren, würde wohl auch immer ein spürbarer Interpretationsspielraum sichtbar werden. Ja, wenn wir über Ahlbrecht nur etwas mehr wüssten, aber so müssen wir uns jede Relation zu seinen Kollegen erarbeiten. Die Ähnlichkeit im Modellvergleich, die Ausführung der Rosen und überhaupt das Thema der Rosen tragenden Trauernden spricht für eine Verbindung zu Engelhards Atelier. Ahlbrecht dürfte etwa zehn Jahre jünger als Engelhard gewesen sein. Durchaus möglich, dass er in diesem Zeitraum von 1913 bis 1915, in dem drei Engelhard ähnliche Gesichter – inklusive der Grünewald-Figur (Abb. 88) in Abteilung 9 – bei ihm auftauchen, Teil des gut laufenden Engelhard-Betriebs ist, in Form einer Ausbildung, Anstellung oder freien Mitarbeit. Da die Unbekannte von 1913 die jüngste Figur von den Dreien ist und Ahlbrecht nicht unterschreibt, also keine Gravur hinterlässt – im Gegensatz zu den beiden danach aus den Jahren 1914 und 1915 –, ist es möglich, dass er sich die Behandlung des Rosenbouquets und anderes damals noch zeigen lässt. Vielleicht legt Engelhard selbst noch bei entscheidenden Stellen Hand an, da es sich ja um einen Auftrag handelt, der zufriedenstellend und zeitnah geliefert werden muss.

Aber Engelhard selbst hinterlässt hier auch keine Gravur. Wie es beiläufig bemerkt gelegentlich dann geschieht, wenn es, an Qualität von Entwurf und Ausführung sichtbar, zu keinem außerordentlich herausragenden Werk

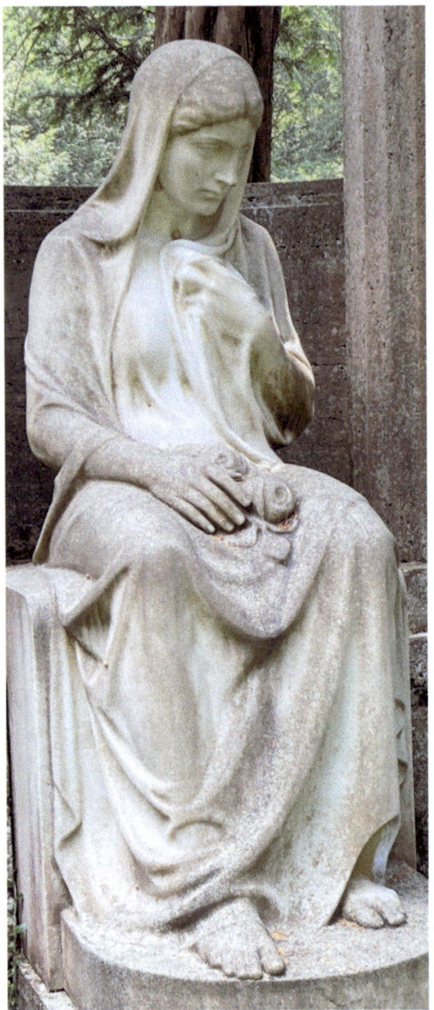

115. Grab Krüger Gluchowski, 1914
Sitzende, Stein · Karte 09B

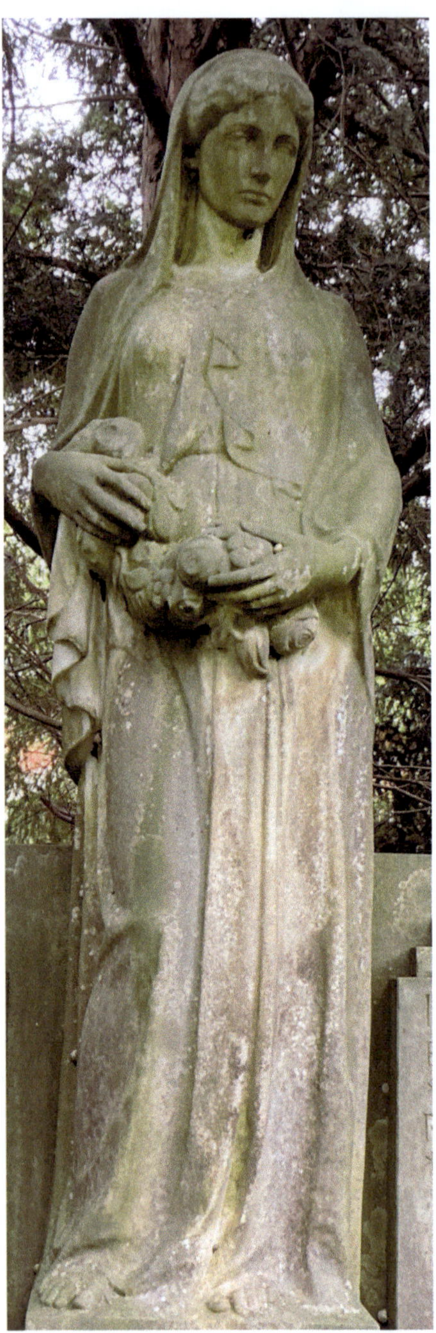

116. Grab Sprinkmann Krumbiegel, 1913
Stehende, Stein · Karte 06F

kommt. Was hier jetzt nicht der Fall ist. Aber in solchen Fällen sieht man dann in den Quellen oft nur einen Stempel mit der Aufschrift: „Friedhofskunst · Künstler Vereinigung", ohne „Roland Engelhard", oder mit einer anderen Unterschrift darunter.

Sein eigener Stempel „Roland Engelhard · Künstlervereinigung für Friedhofskunst" weist auch auf diese Gruppe hin.

Übrigens lautet die Adresse des Ateliers Engelhards auf seinem Stempel Friedrichstraße 18. Wer nun diese Adresse in einer Karten-App eingibt, landet in Wettbergen. Das liegt zwar in der Nähe des Ricklinger Friedhofs, was für Steinmetzarbeiten nicht so ganz falsch sein kann, doch bei genauerem hinsehen handelt es sich bei der Straße um eine neuere Bebauung von Ende des 20. Jahrhunderts. Nein, das Kapitel auf Wikipedia mit dem Thema „Liste abgegangener Bauwerke in Hannover" klärt uns auf:

> „1829: Das Russische Dampfbad an der damaligen Friedrichstraße, später Friedrichswall. 1867 zum Hallenbad ausgebaut (erstes Hallenbad Hannovers), nach dem Bau des Goseriedebad ohne Funktion und in den 30er Jahren abgerissen"

Die 1930er sind hier logischerweise mit dem Abriss gemeint. Und ebenfalls auf Wikipedia heißt es, Engelhard habe sein Atelier in der stillgelegten Badehalle gehabt. Das Gelände mit der Adresse Friedrichwall 18 liegt unmittelbar östlich neben dem Neuen Rathaus in der Innenstadt und darauf steht heute der riesige gläserne Bau der Norddeutschen Landesbank. Auf Engelhards Stempel taucht danach, auf einem Brief von 1939, eine neue

Adresse, nämlich Heidornstraße 1b auf, die in der Südstadt ungefähr an der Ecke Sallstraße/Geibelstraße liegt.

Der Ort des anderen erwähnten damaligen Hallenbads ist Hannoverschen Kunstfreunden natürlich bekannt. Das 1905 eröffnete und 1982 stillgelegte Goseriedebad beherbergt seit 1997 die Ausstellungsräume der Kestnergesellschaft.

Nochmal zurück zu Karl Ahlbrecht. Dass er ein Mitglied der „Friedhofskunst" war, ist zunächst eine bloße Vermutung. Auch wenn er um das Jahr 1913 mit der Engelhardschen Werkstatt irgendwie verbandelt gewesen wäre, geht er danach mit Sicherheit seinen eigenen Weg, denn er signiert danach mit seinem Namen und ist, wie wir auch an seinen anderen Werken vor 1930 gesehen haben, ein richtig Guter seines Fachs.

Und die Dame mit Rosen auf dem Grabmal Sprinkmann Krumbiegel in Abteilung 6 können wir ihm, Karl Ahlbrecht, nach künstlerischen Kriterien zuschreiben.

Ihr Gefühl sagt ihr, dass sie intuitiv einen Rundgang macht. Nachdem sie vom Eingang aus durch die Abteilungen nördlich des Hauptweges schritt, will sie nach der biologischen Pause die südlichen besuchen. Sie spürt, aus Mangel an Zeit sollte sie sich besser der Ruhestätte ihres Schwiegervaters annähern, zur Grabpflege. Schade, wo sich doch das Gelände nach Süden hin erkennbar weit öffnet und es womöglich neu eingerichtete Abteilungen zu entdecken gäbe, die sie nie gesehen hat.

Neben zwei streitenden Elstern stört sie noch etwas bei ihren melancholischen Gedanken über die Vergangenheit und das ist ihr Magen, zum wiederholten Mal. Frida, wir bekommen allmählich Hunger. Eigentlich wollte sie auf einem Friedhof nicht essen, es wäre jedoch in der Handtasche ein in Taschentücher eingewickeltes belegtes Brötchen greifbar, rechtzeitig requiriert vor dem Abräumen des Frühstücksbuffets der Pension. Ein sitzender Bergmann aus Stein, vor dem sie steht, der unglaublich detailgetreu gefertigt wurde, wie Frida findet, sieht ebenfalls so aus, als ob er Pause macht und gleich seine Brotzeit auspackt. Das war Karl. Da steht sein Name auf der Gravur.

Zwischen 1906 und 1917 entstand das Grabmal wohl, nach den Verstorbenen zu urteilen. 1906, da war sie 28 Jahre jung. Hans hatte ihr mal erzählt, dass Karls Jugendstildenkmal, das dieser kurz nach der Jahrhundertwende begonnen hatte, ihn ermutigt hätte, es zu wagen, bei seiner Sepulkralkunst noch körperbewusster zu arbeiten. Seine Frau war auch sehr nett. Sie erinnert sich: Karl und Ida waren immer gut gelaunt, wenn wir sie zusammen trafen.

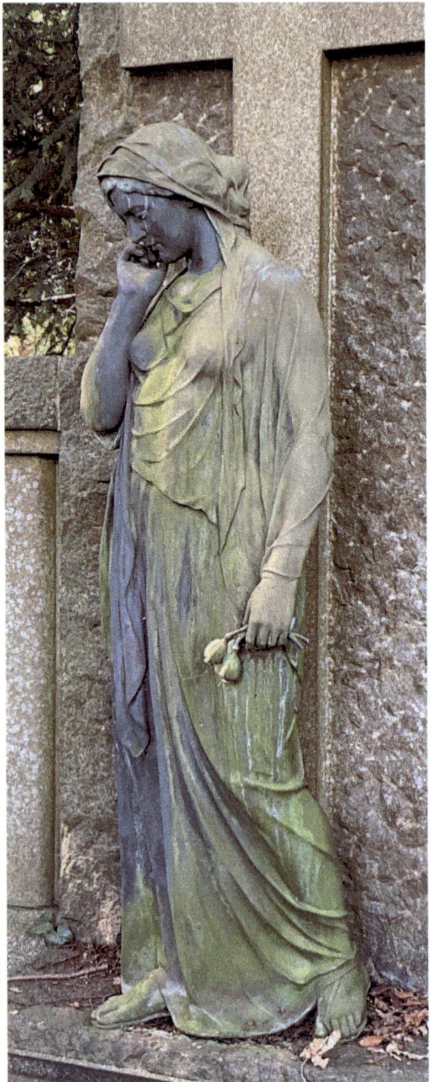

117. Grab Peine, 1907
Stehende, Bronze · Karte 01Q

Sie hat nicht die Statur einer Zwanzigjährigen, sondern die einer Mutter Mitte 30 und sie betrauert ihren verstorbenen fünfjährigen Sohn Georg, der im Januar des Jahres 1907 stirbt (Abb. 117). Sie trauert auch über den Tod ihres Mädchens Elisabeth, die mit 13 Jahren vier Jahre später stirbt, aber die Grabstätte entsteht nachweislich im Jahre 1907. Die Steinmetzarbeiten führt das Unternehmen Heinrich Mensing aus, aber wer kommt für die Bronzeplastik infrage?

Die Grabstätte trägt den Namen ihres Mannes und des Vaters der Kinder, Dr. Georg Peine, Jahrgang 1858. Sie, die Gattin, trägt den schönen Vornamen Alwine, sie ist eine geborene Malzfeldt. Wir haben hier in Engesohde eine Familiengrabstätte namens Malzfeldt, diese liegt weiter südlich auf dem Plan am Wegesrand der Abteilung 37. Sie wird vier Jahre später 1911 errichtet und die Familie lässt dort Karl Gundelach (1856–1920) einen Stehenden aus Stein aufstellen.

Da es sich beim Peine-Grabmal auch um Angehörige der Familie Malzfeldt handelt, was läge näher, als es mit demselben Bildhauer zu probieren. Wir versuchen es also am Peine-Grabmal mit Gundelach.

Hat er auch Bronzen seiner Werke gießen lassen? Ja, hat er. Im selben Jahr 1907 wird als Beispiel sein Rudolf-von-Bennigsen-Denkmal aus Bronze am Maschpark aufgestellt. Hier in

Engesohde am Rande der Abteilung 1 befindet sich ein Halbrelief einer Stehenden von seiner Hand aus Bronze, allerdings ohne Datierung (Abb. 121).

Und wie ist es mit Frauendarstellungen mittleren Alters?

Das ist ein Kriterium, auf das wir uns bei der Analyse besonders stürzen sollten. Wir sollten ein großes Augenmerk auf vergleichbare Modelle auf diesem Gelände richten. Da hat ein Künstler bewusst eine Frau mittleren Alters, vielleicht eine Mutter, auf sympathische Weise dargestellt, nicht im schwangeren Zustand, sondern einfach mit einem korpulenteren Gesamtaufbau als die filigraneren sonstigen weiblichen Protagonisten. Solche Figur im doppelten Sinne würde in Engesohde auffallen. Und ja, es gibt eine zweite mit diesen Körpereigenschaften, nicht leicht zu finden, denn sie steht eigentlich mehr im Verborgenen.

Am Grabmal oder Denkmal der Schlüterschen in Abteilung 25 sitzt ein steinerner Engel von Gundelach, von weitem sichtbar und im Buch schon beschrieben. Doch im Innern des kleinen tempelartigen Gebäudes befindet sich noch eine Stehende aus Stein. Wer außer Karl Gundelach sollte sie für das zwischen 1896 und 1905 errichtete Denkmal geschaffen haben? Auch die Niederschriften berichten am Objekt von keinem anderen Namen.

Und wenn wir nun das Gesicht dieser steinernen Madame (Abb. 118) mit dem der Peine-Bronze (Abb. 120) vergleichen, – was sagen sie, liebe Kunstfreundin, lieber Kunstfreund? – stellen wir eine große Ähnlichkeit fest. Gerade die Mundpartie scheint absolut identisch. Wir wollen uns immer im Hinterkopf

behalten, dass diese Künstler vom Kaliber Gundelach oder Dammann geborene Portraitisten waren. Sie konnten den Naturalismus auf die Spitze treiben, aber viel wichtiger noch, sie konnten den Charakter einer Person, die Stimmung, ja sogar was sie denkt, im Dreidimensionalen darstellen.

Die Nase der Schlüterschen Madame ist, wie wir sehen, leider beschädigt, vermutlich ist die Statue bei einem Bombardement Anfang der 1940er umgekippt oder ein Verrückter hat ihr die Nasenspitze mit einem Schwert abgeschlagen. Lachen sie nicht, die am Boden Kniende direkt am Nachbargrabmal Mencke, von Carl Echtermeier geschaffen, hat am Hals einen Schnitt, eine Verwundung, die nur von einem schwertähnlichen Gegenstand rühren kann. Ein sitzender Jesus am Grabmal Meyenburg Papenhoff in Abteilung 12 hat einen Spalt im Kopf, der so entstanden sein könnte und einer Stehenden mit Engelhard-Aufbau am Grabmal Reuss in Abteilung 10 fehlt sogar das Haupt. Wir sollten da neben dem Kriegsgeschehen ein Vandalentum von vornherein nicht ausschließen.

Aber zurück zum Gesicht der Schlüter-Figur. Auch in der Augenpartie und bei der Behandlung der Haare stellen sich große Ähnlichkeiten zur Peine-Figur ein.

Kommen wir auf das Alter der Figur zu sprechen. Gerade bei Entstehungszeit und stilistischem Eindruck der Gesamtfigur am Peine-Grabmal können wir die zur Urheberschaft infrage kommenden Bildhauer einkreisen. Echtermeier fällt da schon raus, diese hauteng anliegende Toga, die fast schon so wirkt, als stünde die Dame im Regen, ist nicht sein Stil, nicht seine Zeit.

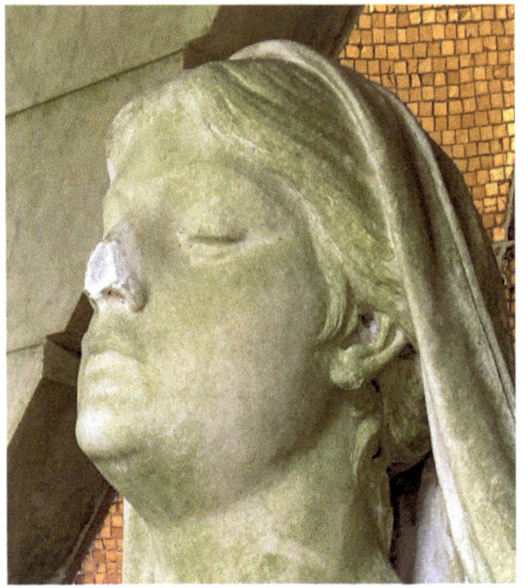

118. Grab Schlütersche, 1896–1905 (Detail)
Stehende und Sitzender Engel, Stein ·
Karte 25H

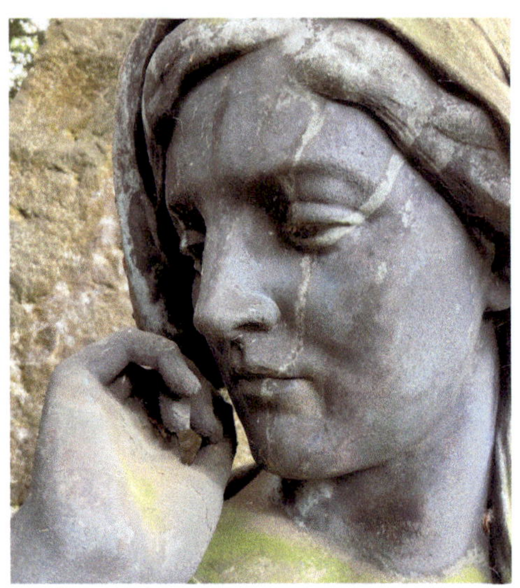

120. Grab Peine, 1907 (Detail)
Stehende, Bronze · Karte 01Q

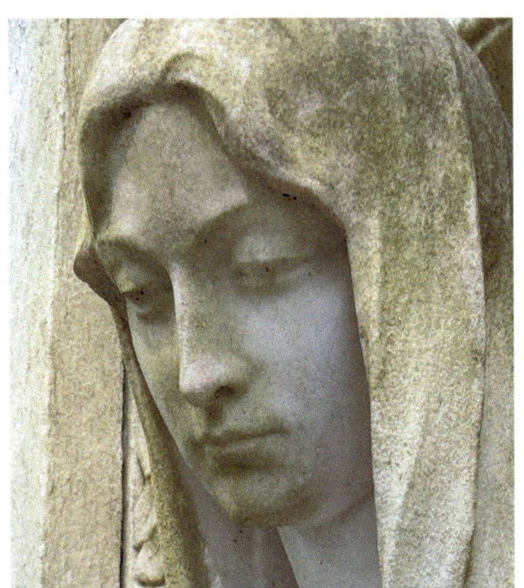

119. Grab Bartels, 1902 (Detail)
Stehende, Stein · Karte 40E

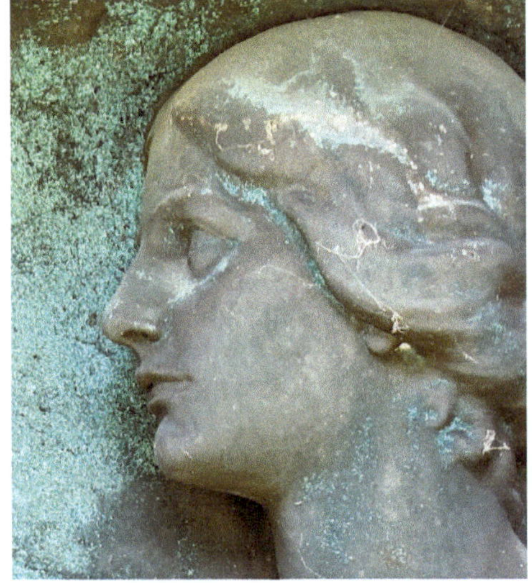

121. Grab D42-101 namenlos, o.D.
(Detail gespiegelt)
Stehende Halbrelief, Bronze · Karte 01H

Es bleiben Hans Dammann sowie Roland Engelhard, die 1907 schon recht fleißig sind auf diesem Areal. Sie sind die beiden, die das Thema der eng anliegenden Toga auf die Spitze treiben, immer weniger Stoff verwenden werden bis hin zum reinen Akt. Doch bei beiden gibt es nicht eine vergleichbare Figur, bei der solch korpulenter Körper mit einer vergleichbaren Bauchpartie dargestellt ist.

Und auch nach einem gründlichen Check ihrer Gesichter, ihrer weiblichen Modelle, kommen die beiden letztlich nicht infrage.

Wenn die Schlütersche Figur am Ende der Gesamtbauzeit in den Tempel gestellt wurde, also ab 1905, der Entwurf für den Bronzeguss am Peine-Grabmal etwa um dieselbe Zeit entstanden ist, dann blieben vier bis fünf Jahre Abstand zum Entwurf des Jugendstilgrabmals Bartels (Abb. 119), wo die Protagonistin körperlich um einiges jünger erscheint. Eine Mutterschaft des Modells könnte schon eine Erklärung für die späteren Veränderungen sein.

Summa summarum können wir mit ruhigem Gewissen die Peine-Figur Karl Gundelach zuschreiben, nach einer künstlerischen Analyse und der festgestellten frappierenden Übereinstimmung des Gesichts zur Schlüter-Figur. Übrigens bemüht sich der Autor in solchen Fällen stets auch um eine mögliche Urheberschaft eines Bildhauers anderer Stadtfriedhöfe. Die Werke vergleichbarer Künstler werden in einer etwas überschaubaren Anzahl durchaus publiziert, etwa aus Hamburg, wo der Ohlsdorfer Friedhof viele Fans der figurativen Skulptur hat. Was seine Künstler wie Hugo Lederer (1871–1940) oder etwa Arthur Bock (1875–1957) dort geschaffen haben, ist vergleichbar mit den Werken unserer Großen Fünf in Engesohde. Im Sujet der Sepulkralkunst ist gerade auch ein Blick nach Berlin, mit einigen romantischen Stadtfriedhöfen, immer angebracht. Dort agierten in denselben Zeiträumen ausdrucksstarke naturalistische Könner wie etwa Heinrich Pohlmann (1839–1917) oder Wilhelm Wandschneider (1866–1942).

Auch sie haben ihre speziellen Gesichter, ihre Modelle, ihre Art und Weise die Trauernden in Kleidung zu hüllen.

Es scheint sich jedoch so zu verhalten, dass – grob ausgedrückt – jede Bildhauergemeinschaft einer Stadt ihr Revier ganz gut abstecken kann, ganz gut verteidigen kann gegenüber Konkurrenz von auswärts. Gemeint sind die mit Unikaten beauftragten Künstler, die Katalogware an Grabmalfiguren im Steinguss oder als Galvanoplastikreplik hier mal ausgenommen.

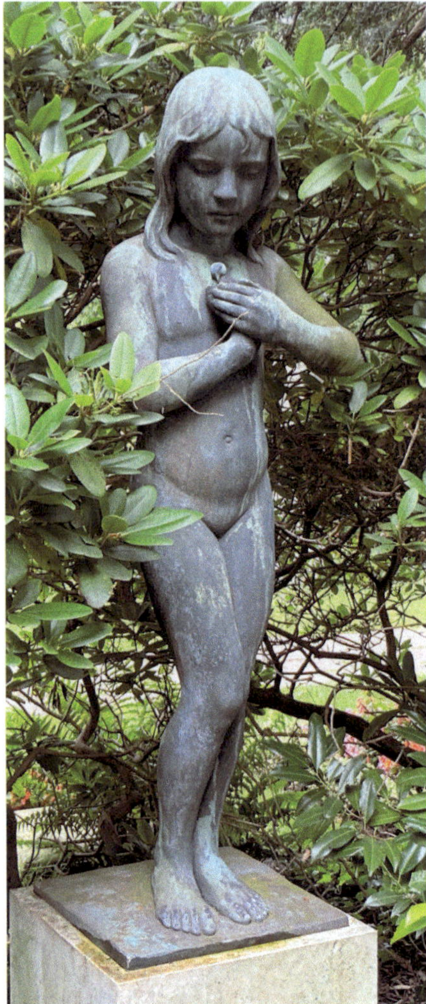

122. Grab Mittag Grosse, 1957
Stehendes Mädchen, Bronze · Karte 28C

Eine auffallend meisterliche Bronzefigur eines kleinen Mädchens fällt Friedhofsbesuchern in der Abteilung 28 auf (Abb. 122). Fast könnte man meinen, die naturalistische Leichtigkeit eines Künstlers der 1860er Generation vor Augen zu haben. Aber das Grabmal ist dafür sehr jung, aus dem Jahre 1957. Ein Stuttgarter Bildhauer namens Emil Kiemlen (1869–1956) drängt sich auch mit seiner Formensprache etwas nach vorne als Urheber. Sein Nachname würde zu einer Gravur auf der Plinthe passen, die bis auf die letzten (vielleicht) fünf Buchstaben total vernichtet ist. Kiemlen ist ein künstlerischer Fachmann für ausdrucksstarke menschliche Charaktere, die Emotionen zeigen, auch lustige und alberne. Die Protagonisten stellt er gerne als Akte dar, auch Kinder, Jungen oder Mädchen, was zu jener Zeit noch nichts Anstößiges hat. Diese Eigenschaft machte ihn zu einem Spezialisten von Märchen- und Sagendarstellungen, insbesondere bei Brunnen in Stuttgart. Er wäre auch wirklich einer der letzten infrage kommenden seiner Generation. Kiemlen starb 1956 im biblischen Alter von 87 Jahren. Und bei einem Briefwechsel mit dem Friedhofsamt von 1957 gibt die Tochter des Betrauerten an:

> *„Ich teile Ihnen nun mit, daß Kosten in Höhe von DM 1.500,– entstanden sind. Sie sind deshalb verhältnismäßig gering, weil es sich bei der Mädchen-Bronze um eine*

Zweitausführung handelt und der Bildhauer ein Freund unseres Hauses ist; aus diesem Grunde ist er uns im Preis entgegengekommen. Außerdem habe ich die Bronze (alte Lampen, Bronzefiguren usw.) geliefert, wodurch sich der Preis des Gießers ebenfalls ermäßigt hat."

Das Wichtigste für uns hierbei: sie schreibt im September 1957, dass „der Bildhauer ein Freund unseres Hauses ist", also nicht etwa „war". Entweder hat sie den Tod des Freundes, unseres im August 1956 verstorbenen Favoriten, nicht mitbekommen oder Kiemlen ist raus. Seine diesem Stil ebenfalls mächtigen Kollegen Engelhard und Dammann starben schon 1951 und 1942.

Auch wenn es hier auf dem Tableau beim Eintrag „Unbekannter Künstler" bleibt, sollte die stilistische Richtung – also mit Kiemlen gesprochen: Neoklassik, mehr noch Neobarock und Jugendstil – klar sein und die Altersgruppe der 1860er bis frühen 1870er passen und dementsprechend dort die Urheberschaft zu suchen sein.

Zudem ist es relativ unerheblich, wann die Plastik, also der ursprüngliche Entwurf, geschaffen wurde. Denn es gibt Künstler, wie den bodenständigen Schwaben, die ihren Stiefel sozusagen durch alle Epochen durchziehen, sie kommen zu keiner strengeren Form weder in der Weimarer Republik noch nach dem Zweiten Weltkrieg, auch die Suche nach einer Abstraktion ist ihnen fremd, sie bleiben über die Jahre hinweg bei einem naturalistischen portraithaften Stil.

Das hieße, Kiemlen kann bei intakter Gesundheit und vor allem bei guter Sehfähigkeit

als 80-Jähriger in den 1950ern die Mädchen-Figur geschaffen haben, wahrscheinlicher sind jedoch die 1920er bis 1930er. Wie die Tochter es beschrieb, handelt es sich um einen Zweitguss, die Gussform kann bei guter Lagerung Jahrzehnte überdauern, und wenn sie doch nicht mehr gut war, konnte neu abgeformt werden.

Anders sieht es bei einem Grabmal aus, das zwei Jahre später 1959 entstand. Dieses Mal kniet ein Kind, wieder ein Mädchen, aber aus Stein geschaffen, und wieder naturalistisch sowie anatomisch ohne Beanstandungen umgesetzt, aber dieses Mal mit einer schicken modern wirkenden Kurzhaarfrisur.
Betrauert wird am Grabmal Gehre (Abb. 123) die mit sieben Jahren verstorbene Gabriele, auf der Steinplatte unter der Figur, gut lesbar vor ihrer linken Hand, wird sie Gaby genannt. Ein steinernes Portrait vermutlich nach Fotos. Die Steinplatte ist mehr als eine Plinthe, sie formt nach einer Welle eine Art Schneckenhaus, es sind kreisförmige konkav herausgearbeitete Linien, sie erinnern etwas an das Yin und Yang Symbol. Die so entstandene konkave Form hält Regenwasser vor, etwa für Singvögel oder eins der vielen Eichhörnchen auf diesem Gelände. Sie würden direkt in der Blickrichtung des Mädchens trinken und herumhopsen. Der gut gelaunte Gesichtsausdruck, leicht schmunzelnd und mit offenen Augen, entspricht auch einem erfreuten Zusehen einer solchen Szene. Das alles scheint der Plan der Künstlerin gewesen zu sein.
Im Schriftverkehr mit dem Friedhofsamt un-

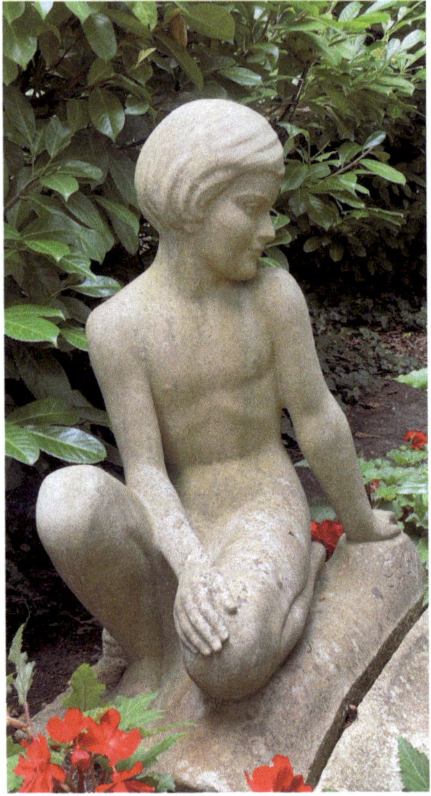

123. Grab Gehre, 1959
Kniendes Mädchen, Stein · Karte 10F

erwähnt könnte die Figur auch in den frühen 1960ern fertiggestellt worden sein. Das naturalistische Arbeiten ohne auffällige Fehler in der Stellung und eine sehr professionelle Beherrschung der Gesamtform lassen auf eine vielbeschäftigte Künstlerin schließen.

Sie merken schon, Ihr Autor würde das Werk eher einer Künstlerin zutrauen als einem Künstler, thematisch, aber auch in der Durchführung. Wir haben einen auf diesem Gelände aktiven männlichen Bildhauer, der Akte nachweislich beherrscht, und zu dieser Zeit um die 40 Jahre alt gewesen sein dürfte. Es ist Josef Kinscher und wir werden ihn später behandeln.

Und dann haben wir noch eine Künstlerin auf diesem Areal, die sich durch ein beeindruckendes Kopfportrait hervorgetan hat, an der hinterlassenen Gravur jedoch nicht eindeutig zu identifizieren ist, dazu auch später mehr. Vielleicht noch zwei Kriterien für eine weitere Forschung zur Urheberschaft.

Dieser Kniesitz, den das Mädchen ausübt, ist nicht einfach anatomisch korrekt wiederzugeben. Um ihn so spielerisch einfach wirkend umzusetzen, sollten Erfahrungen bei Akten vorhanden sein, es sollten sich Beispiele finden lassen, gerade bei erwachsenen Modellen. Und zum Zweiten formt die Frisur einen schönen Hinterkopf und sorgt nebenbei für einen freien Hals, der die Kopfform eindeutig belässt. Die Umrisslinie besitzt so eine grafische Qualität und die Eleganz einer Schaufensterpuppe. Solche Künstler, denen diese Formen leicht von der Hand gehen, können auch als Modezeichner oder Modelleure zum Beispiel für Requisiten im Theater oder in der Filmproduktion gearbeitet haben.

KAPITEL 4

Engesohder Geschichten

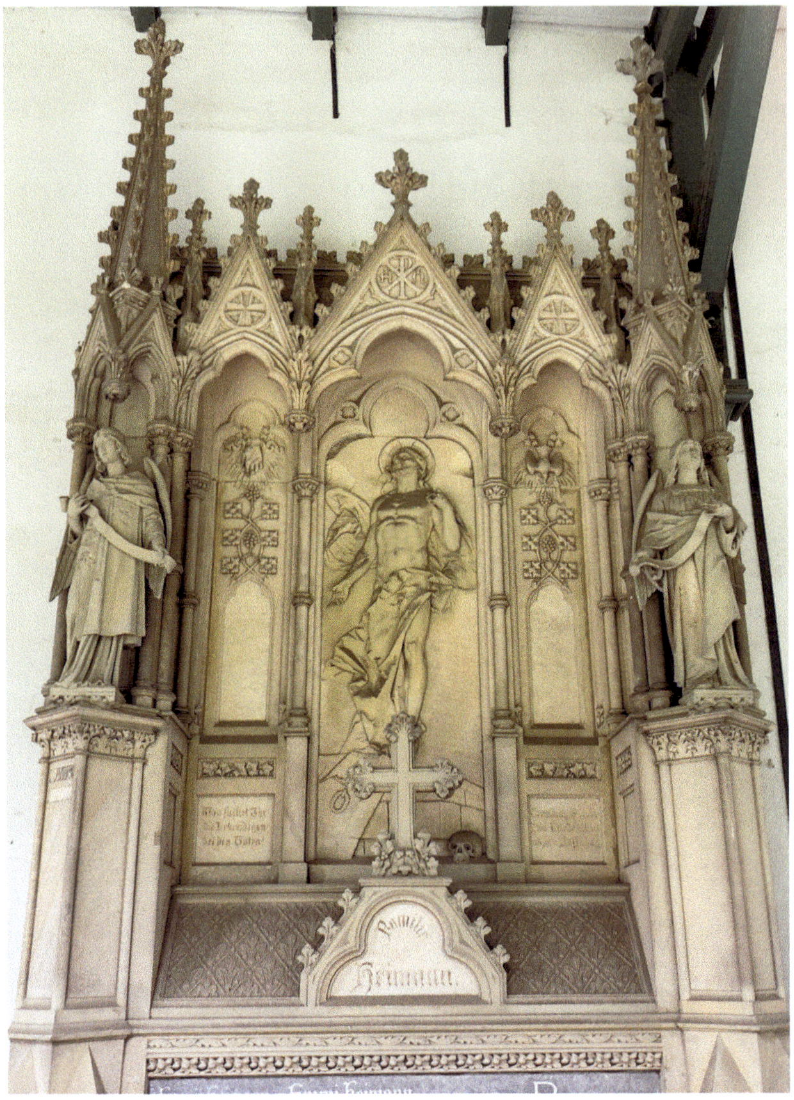

124. Grab Heimann, 1885–1900
Jesus im Halbrelief mit zwei
stehenden Engel, Stein · Karte 06C

Engesohder Geschichten

Zu ein paar Grabmalfiguren gibt es regelrechte Geschichten zu erzählen, etwa über die Planungsphase oder die Entstehung. Aber auch viele Jahre später geschehen den eigentlich für die Ewigkeit geschaffenen Werken die merkwürdigsten Dinge, wie Umsetzungen, Beschädigungen oder Diebstahl.

Und wie beschrieb schon Paulus das Geheimnis göttlicher Vorsehung in seinem Brief an die Römer (Römer 11, 33):

> *„O Tiefe des Reichtums, der Weisheit und der Erkenntnis Gottes! Wie unergründlich sind seine Ratschlüsse und wie unerforschlich seine Wege!"*

Die Entscheidungen Gottes sind demnach für den menschlichen Verstand viel zu tief, als dass wir sie völlig verstehen könnten. Für den Trauernden meist ein schwacher Trost beim Verlust eines für ihn unersetzlichen Menschen.

Dieses Zitat wird aber oft profaner verwendet, etwa wenn man Dinge oder Zustände vorfindet, deren Herkunft oder Entstehung man sich nicht unmittelbar erklären kann.

Der Kirchenaltar

In den wettergeschützten südlichen Arkaden befindet sich eine Familiengrabstätte, die aussieht wie der Altar einer gotischen Kirche. Das Grabmal Heimann (Abb. 124) wurde laut Inschrift geschaffen vom Architekten Karl Börgemann. Unter seinem Namenszug mit Berufsbezeichnung gibt es ein weiteres Feld, auf

dem es sinnvoll wäre, den nicht unerheblichen Kompagnon bei der Erstellung des Werks zu erwähnen, nämlich den Bildhauer. Dieses Feld ist ausgeschabt, was der farbliche Unterschied zur sonstigen, gealterten Oberfläche zeigt. Okay, der Name des Bildhauers sollte da nicht mehr stehen, er wurde entfernt, so würde man folgern.

Die zuerst Betrauerte starb, laut der Inschrift einer Steinplatte vor dem Altar angebracht, 1923. Nach unserer 35-Jahre-Faustregel sollte es sich, wenn das Grabmal für sie entworfen worden wäre, um einen ausführenden Bildhauer der 1880er Generation handeln. Diese Bildhauer zeichnen sich aber – wie wir gelesen haben und noch lesen werden – eigentlich eher durch eine deutliche Abstraktionsstufe aus.

Gut, lassen wir ihn dabei 50 Jahre alt gewesen sein, dann wäre er um 1873 geboren, sprich: in der Kategorie Herting, Garvens, Hoetger, Waterbeck, also immerhin noch jünger als Dammann und Engelhard. Aber auch das können wir hier beim besten Willen an diesem neogotischen Gesamtkunstwerk nicht nachvollziehen.

Gerade die Kleidung der Engel verweist deutlich auf die Generation von Carl Echtermeier (1845–1910), das Jesusrelief hätte vermutlich auch noch ein Karl Gundelach (1856–1920) auf diese Art anlegen können.

Nehmen wir uns den Architekten vor. Karl Börgemann (1851–1938) steht vom Alter her zwischen den beiden. Er wird in Hannover geboren, besucht die TH Hannover und arbeitet ab 1883 als selbständiger Architekt. Sein Stil ist größtenteils deckungsgleich mit der Hannoverschen Schule und unter Conrad Wilhelm Hase war er Bauleiter der Apostelkirche in der Oststadt von 1880 bis 1884.

1884 bis 1886 ist er mit dem Bau der Kirche für die Henriettenstiftung in der Marienstraße betraut, für die er die Pläne macht. Diese Kirche ist heute nicht mehr erhalten. Könnte es sein, bei einem Architekten der augenscheinlich Spezialist für Sakralbauten ist, dass es sich bei dieser Grabstätte um einen umgewidmeten Teil einer Innenausstattung einer abgerissenen Kirche handelt?

Ein Altar in einer Kirche oder Kapelle, also in einem Innenraum, enthält zwischen möglichen flankierenden Heiligen- oder Engelfiguren, entweder aus Holz oder aus Stein, gewöhnlich jedoch ein Altarbild, ein gemaltes Ölbild, meist einer Kreuzigungsszene.

Bei einer Umsetzung zur neuen Bestimmung im Außenbereich, auch wenn das Gesamtwerk von hinten und oben in den Arkaden geschützt wäre, kann das Ölbild auf Leinwand natürlich nicht verbleiben. Extreme Außentemperaturen und vor allem Feuchtigkeit würden es in wenigen Jahren zerstören.

Was wäre zu tun? Es wäre die Aufgabe eines hervorragenden Relief-Spezialisten unter den Bildhauern die besagte Kreuzigungsszene, in unserem vorliegenden Falle ist es eine Auferstehungsszene, im Stein nachzubilden. So tat es Carl Echtermeier beim Grabmal Ebeling am Rande der Abteilung 9, als er ein Gemälde des durch seine Christusdarstellungen bekannten Malers Bernhard Plockhorst (1825–1907) als Relief nachbildete und das Motiv so für den Außenbereich haltbar machte.

Eine solche Vorgehensweise würde erklären, warum die Christusdarstellung am Heimann-Grabmal wesentlich moderner daherkommt als die beiden flankierenden Engel. Letztere hätten demnach schon am Altar in der Kirche gestanden, während das zentrale Relief 20, vielleicht 30 Jahre später am Friedhof eingesetzt wurde. Um das Jahr 1900 stand der so geänderte Altar dann als Schenkung in den Arkaden und hatte die Funktion eines Kenotaphs, eines leeren Grabes ohne sterbliche Überreste eines Menschen, nämlich zum Gedächtnis an alle Verstorbenen Hoffnung auf ein Fortleben des Geistes zu verbreiten. Er wurde dann in der Weimarer Republik als Familiengrabstätte umgenutzt.

Zwei weitere freie Felder zu beiden Seiten des Jesusreliefs, die mit einem farblich neuer wirkenden Stein gefüllt wurden, untermauern diese These. Sie sind leer, ohne Aufschrift oder Relief, was keinen Sinn macht, denn außen sind die Flächen deutlich mit anderen liturgischen Komponenten durch Linien und Symboliken verbunden. Hier waren demnach ebenfalls Ölbilder, nur deutlich kleinere, ursprünglich eingesetzt.

Und kommen wir nun wieder auf das freie Namensfeld unter dem Architektennamen zurück. Jetzt nämlich, nach beschriebener Theorie der Abfolge der Geschehnisse, muss der Name des Malers zwangsläufig entfernt werden, da das Gemälde nicht mehr vorhanden ist. Gleichzeitig ist es dem Bildhauer unangenehm seinen Namen dort im Austausch zu hinterlassen, da er das Ölbild, den Entwurf eines anderen Künstlers, quasi nur nachgeahmt hat.

Zur (un)möglichen Entstehungszeit von 1923 sei noch gesagt, dass der Historismus – und die neogotischen sowie neoromanischen Kirchenbauten gehören zu ihm – in der Regel bis zum Ersten Weltkrieg reicht. In der Weimarer Republik werden Entwürfe mit derart reichhaltig ausschmückendem Interieur eigentlich nicht mehr gefördert oder realisiert.

Deswegen taxiert der Verfasser dieses Buches das Entstehungsdatum des Altars auf ein Jahr um 1900. Bei den flankierenden Engeln können wir sogar noch weiter zurück auf 1885 gehen, dann erhalten wir stilistisch eine Stringenz zum gesamten Künstlertableau.

Der Fall ist noch nicht geklärt, denn welcher Name steht hinter dem naturalistisch anspruchsvollen Relief? Auch wenn sich Echtermeier und Gundelach als Kandidaten etwas vordrängen, es bleibt spannend bei der Urheberschaft des figurativen Anteils bei diesem imposanten Denkmal, solange kein eindeutiger Hinweis zu dem Bildhauer in einem Dokument auftaucht.

Der General und das Epitaph

Die Kirche für die Henriettenstiftung in der Marienstraße wurde abgebaut, ebenso wie die Alte Garnisonkirche, die in der Schmiedestraße Ecke Knochenhauerstraße in der Altstadt stand.[21] Die ursprüngliche Heilig-Geist-Kirche, auch Sankt Spiritus genannt, wurde Mitte des 18. Jahrhunderts für die Angehörigen der Kurhannoverschen Armee eingerichtet. Nach der Preußischen Annexion Hannovers 1867 wurde sie zunächst verkauft und 1875 abgebrochen.

Bei der Verteilung der Kirchenausstattung wurde auch der Engesohder Friedhof beliefert, was einem Schriftdokument zu entnehmen ist. Darin geht es eigentlich um etwas anderes, um eine interne Angelegenheit, um die Verlegung zweier Erbbegräbnisse zuguns-

ten der notwendigen Erweiterung der Geschäftsräume der Verwaltung des Friedhofs im Jahre 1954. Bei den vakanten Positionen handelt es sich um die Ehrengrabstätte von Spörcken und die Grabstätte Kuhlemann. Die Kuhlemannsche kennen wir und wir wissen, wo sie jetzt steht, nämlich in Abteilung 27 – wir haben sie eben behandelt, als wir die Grabmalfigur, eine Stehende aus Bronze, Roland Engelhard zusprechen konnten.

Bei von Spörcken handelt es sich um einen Feldmarschall und General im Siebenjährigen Krieg. Über seine letzte Reise berichtet das Papier von 1954:

> *„Um die Grabstätte von Spörcken haben sich hier nie Angehörige gekümmert. Die Gebeine sind 1870 aus der alten Garnisonkirche wegen des Abbruches nach hier überführt worden. Es ist anzunehmen, daß Angehörige nicht mehr vorhanden sind. Bemerkenswert ist das von der Garnisonkirche nach hier mit überführte Epitaph. Wir empfehlen, die Gebeine in eine andere Grabstätte umzubetten und das Grabmal des Brigadiers E. Braun dort wiederaufzustellen. Das Epitaph von Spörcken könnte nach dem Umbau wieder an die Abschlußwand angebracht werden.“*

Man hat also die Gebeine des Generals erhalten ohne Grabmal. Desweiteren wurde in diesem Zuge ein Epitaph aus der ehemaligen Garnisonkirche mitgeliefert. Ein Epitaph ist laut Definition und Übersetzung aus dem Altgriechischen „zum Grab gehörend“. Es sollte also zum General gehören. Nun gibt es in Hannover bereits ein Epitaph für August Friedrich von Spörcken, es steht in der Chris-

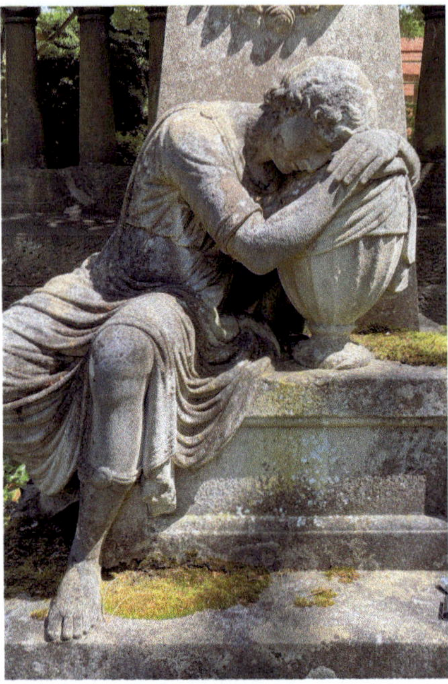

125. Unbekanntes Grabmal
oder Epitaph, o.D.
Sitzende oder Sitzender, Stein · Karte 2A

tuskirche in der Nordstadt.

Wurde es von Engesohde dorthin in die Nordstadt umgesetzt? Oder handelte es sich bei dem Epitaph lediglich um ein, wie es heißt, von der Garnisonkirche mitgeliefertes, welches „Epitaph von Spörcken" genannt wurde, um ihm eine Bezeichnung zu geben. Und hat am Ende mit dem General gar nichts zu tun? Jedenfalls finden wir heute kein Epitaph von Spörcken in den Arkaden.

An der Abschlusswand des Umbaus, wo es laut Text aufgestellt werden sollte, treffen wir heute auf den sitzenden Engel am Grabmal Kunth.

Ein scheinbar herrenloses, seltsam platziertes Grabdenkmal mit einer Sitzenden, die sich über eine Urne beugt, gerät in unmittelbarer Nähe ins Blickfeld (Abb. 125). Dieses Denkmal steht örtlich in Abteilung 2, wird von der Verwaltung jedoch als den Arkaden zugehörig registriert – ein Hinweis? Dort, wo es steht, an der Friedhofsmauer zur Straße hin, gibt es auch keine benachbarten Gräber. Dieses Feld, dieser Bereich, ist nicht für Grabstätten eingeplant.

Der Gedanke liegt nahe: ist die hübsche fantastisch gearbeitete Trauernde das von der Garnisonkirche mitgelieferte Epitaph?

Sie scheint jedenfalls von außen zu kommen, nicht für diesen Friedhof eingeplant gewesen zu sein, angeliefert von einer ehemaligen Kirche oder einem umgesetzten Friedhof, weil sie so schön ist. Ihre Bestimmung war es, sich der großen Familie der wertvollen Grabmalfiguren des Engesohder Stadtfriedhofs anzuschließen.

Das Ensemble mit Pyramide, Urne und Trauernden könnte ein Familiengrabmal gewesen sein. Auf einem Oval an der Pyramide steht ganz schwach lesbar eine Inschrift, die in etwa mit „Familie Gramann" oder ähnlich gelesen werden könnte.

Am Postament unterhalb der Urne sind oder besser waren weitere Inschriften. Zu Beginn der Inschrift, von der der Rest größtenteils aufgelöst und abgefallen ist, steht ein „St", dann ein Punkt gefolgt von einem großen A und einem kleinen N. Es ergibt sich ein „St. An…". Der dritte Buchstabe könnte ein kleines D gewesen sein. Wir bekämen beispielsweise ein „St. Andreas" als Friedhofs- wahlweise Kirchennamen.

Nehmen wir es vorweg, die Urheberschaft der Plastik fehlt noch im großen Künstlertableau in Engesohde. Sie könnte von der Machart eine Echtermeier-Arbeit sein, von der Patina des Sandsteins ist sie eher noch älter einzuordnen. Künstlerisch interessant sind noch zwei Dinge. Zum einen vermittelt sie trotz der Toga einen recht androgynen Gesamteindruck, auch im Gesicht und mit den kurzen Haaren, es könnte also auch ein junger Mann dargestellt sein. Zum anderen sehen wir einen Kniff der Bildhauer, den wir öfter, auch bei vielen anderen figurativen Objekten auf diesem Gelände feststellen, nämlich leicht vergrößerte Hände und Füße im Verhältnis zum ganzen Körper. Das ist gut für die Fernwirkung und bringt mehr Ausdruck und Charakterisierung in die Plastik.

Vom Urnenentwurf zur Skulpturikone

Dass es noch andere Möglichkeiten gegeben hätte, Skulpturen an den jeweiligen Grabstätten zu realisieren, davon zeugen die nächsten Beispiele. Sie sind kurios und Teil der Geschichte der Engesohder Skulptur.

Das Schicksal half Roland Engelhard bei einem seiner berühmtesten Werke, dem Grabmal Barnay in Abteilung 23. Wir sahen es schon oben in der ihm gewidmeten Passage *Feinsinniger Idealist* (Abb. 53). Zunächst sollte es nämlich nach Kundenwunsch anders aussehen, als es heute vor uns steht und uns als eine seiner reifsten Arbeiten gilt.

Keine drei weiblichen Gestalten für Vergangenheit, Gegenwart und Zukunft standen da zur Disposition, sondern ein nonfigurativer Entwurf. Eine große Steinurne hatte sich die Witwe ausgesucht.

Wir können heute froh sein, dass es den ersten Entwurf Engelhards betreffend Schwierigkeiten mit der Verwaltung gab. Der Kommission lag nämlich, wie sie an Engelhard in einem Antwortbrief schrieb, zur Genehmigung von Grabmalentwürfen ein Katalog von Rupp & Moeller Karlsruhe vor. Der Engelhard-Urnen-Entwurf soll dabei zu große Ähnlichkeiten mit dem „Entwurf Nr. 301" aufweisen, worauf der Hannoversche Bildhauer den Plagiatsvorwurf abstreitet und seinerseits als Beweis nicht ausgeführte Entwürfe von 1919 für das Begräbnis des Barons von Königswarther einsendet.

Danach heißt es auf einem Blatt lapidar, Engelhard ziehe den Urnen-Entwurf vom September 1925 zurück.

Einen Monat später lässt er sich den genialen figurativen Barnay-Entwurf aus „grünem Porphyr gestockt" genehmigen.

Anstatt viel Energie im Clinch mit der Kommission zu vergeuden, wählt er also den richtigen Weg, versucht die Witwe für diesen Entwurfswechsel zu erwärmen und schafft zu

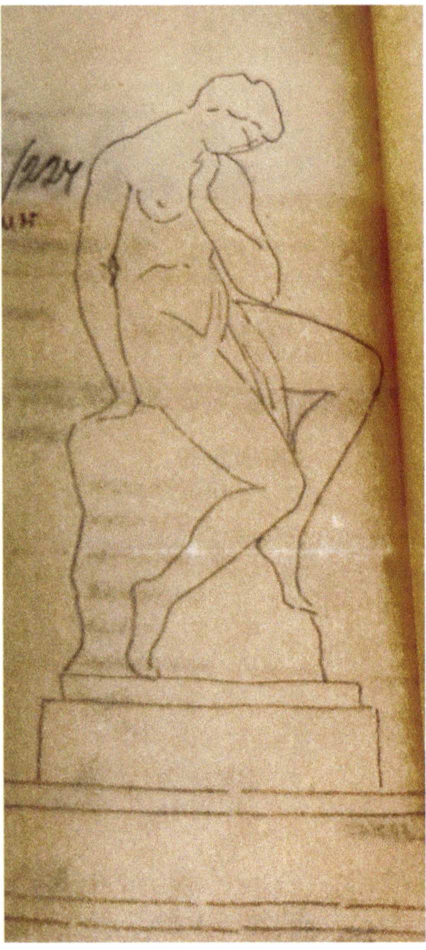

126. Typische Entwurfszeichnung für die
Kommission, 1929
Roland Engelhard (1868–1951)

unser aller Freude ein beeindruckendes und in dieser Art solitäres figuratives Werk, eine Ikone der Sepulkralkunst.

Der doppelte Diethel

Zum Schmunzeln für uns heute ist die Story, die Engelhard mit einem sicher geglaubten Grabmalauftrag passierte. Der selbständige Künstler konnte darüber am Ende eines Jahrzehnts, in dem es zwei Wirtschaftskrisen gab, sicherlich weniger lachen. Wir tauschen hier mal aus Gründen des Respekts und des Datenschutzes die Namen, die Familiengrabstätte betreffend, gegen fiktive aus*.
Die Geschichte liest sich so:

> *„Hannover, 26. Juni 1929.*
> *1. Garteninspektor Müller teilt mit, daß Frau Diethel* auf dem Engesohder Friedhof erklärt habe, sie hätte Bildhauer Engelhardt (Anm.: er wurde gelegentlich mit „dt" am Ende geschrieben) keinen Auftrag zur Aufstellung eines Grabmalentwurfs erteilt. Frau Diethel* war sehr ungehalten, daß die Kommission zur Prüfung der Grabmalentwürfe bereits mit der Angelegenheit beschäftigt worden sei und daß auf ihrer Grabstätte ohne ihr Wissen und ohne ihre Zustimmung die Silhouette eines Grabmalentwurfs aufgestellt worden sei, zu dem sie keine Stellung nehmen konnte."*

14 Tage später äußert sich Engelhard in einem Brief an die Städtische Gartendirektion, Hannover, Trammplatz 2, zu der Angelegenheit. Er wohnt quasi direkt neben dem Amt, den Brief hätte seine Haushälterin – auf dem Weg zum Milchladen oder von der Börse kommend (aber dazu später) – zu Fuß in zwei

Minuten von der Friedrichstraße 18 rüber ins Neue Rathaus bringen können. Der Künstler erklärt sich darin. Frau Diethel* hätte ihn aufgefordert Entwürfe anzufertigen, sie seien zweimal gemeinsam am Begräbnisplatz gewesen, von zugesandten Fotos hätte sie sich zwei Denkmale ausgesucht, die er ihr auf dem Friedhof gezeigt habe. Und weiter:

> *„Ihrem Wunsche gemäß fertigte ich 3 Skizzen an. Zur Besichtigung dieser war Frau Diethel* mit ihrer Tochter bezw. mit einer Frau Koenig* bei mir dreimal im Atelier gewesen. Wir kamen dann zu dem Resultat, dass das dem Friedhofsamt in Zeichnung eingereichte Denkmal von ihr gewünscht würde. Frau Diethel* hatte mir ausdrücklich erklärt, dass ich den Auftrag erhalten sollte, auch ein Kostenvoranschlag wurde ihr zugesandt. Frau Diethel* äusserte sogar den Wunsch, dass das Denkmal bald zur Aufstellung gebracht werden sollte ...“*

Da die Dame verreisen will, erledigt Engelhard die Behördengänge und schickt ihr später den Friedhofsschein mit einer Gebühr vom Magistrat von 10%, den sie jedoch ununterschrieben zurücksendet. Und jetzt kommt des Pudels Kern, wie es so schön im Faust heißt. Er stellt die Kulisse auf dem Grabmalplatz auf, was der Witwe mitgeteilt wird. Engelhard weiter:

> *„… Frau Diethel* ließ daraufhin sagen, da sie inzwischen bettlägerig geworden sei, sie nicht wünsche, dass irgendwelche Entschliessungen getroffen werden, ehe sie nicht wieder von ihrer Erholungsreise zurückgekehrt ist. Wie mir mitgeteilt wurde, wird Frau Diethel* noch einige Zeit in ei-*

> *nem Sanatorium verbleiben müssen. Mit Frau Diethels* Ärztin, einer Frau Dr. Koenig*, habe ich die Angelegenheit besprochen und sie hat mit bestätigt, dass Frau Diethel* mir den Auftrag geben würde, nur sollte ich warten, bis Frau Diethel* wieder zurück sei.*
> *Hochachtungsvoll*
> *Roland Engelhard“*

Er schreibt diese Zeilen am 6. Juli 1929. Auf der Inschrift am Postament des Grabmals lesen wir heute, dass der betrauerte Ehemann Friedrich* 1879 geboren und 1929 verstorben war. Er stirbt also recht jung, mit gerademal 50. Als Diplomingenieur kann er in leitender Position mit einem Maschinenbauunternehmen in Hannover in Verbindung gebracht werden, kein stressloser Job also. Darunter stehen die Lebensdaten von Liesel*, die wohl seine sieben Jahre jüngere Ehefrau ist, sie stirbt erst 1970.

Zum Zeitpunkt dieser unklaren Situation in der Grabmalvollendung im Sommer 1929, sprach also keineswegs eine alte Dame mit dem Künstler, die des hohen Alters wegen schon mit Gedächtnisproblemen zu kämpfen hatte. Nein, sie war gerade einmal 43 Jahre jung, während Engelhard selbst zu der Zeit immerhin schon 61 Jahre auf dem Buckel hatte.

Bedauerlich für die Witwe, was ihr auch immer außer dem Tod ihres Mannes widerfuhr, dass sie sich in einem Sanatorium aufhalten musste, was ein Sammelbegriff für diverse Fachkliniken des frühen 20. Jahrhunderts war. Bedauerlich für den Bildhauer, dass er in jenem schicksalhaften Jahr 1929 einen Auftrag weniger hatte.

Denn auf dem Postament steht heute keine Engelhard-Figur. Da ist wohl was schief gelaufen. Roland Engelhard hatte eine spärlich bedeckte Trauernde auf einem hohen von einem Felsen gekrönten Postament sitzend als Entwurfszeichnung eingereicht (Abb. 126). Nun steht da in Stein materialisiert ein ebenfalls spärlich bedeckter Jüngling, der auf den ersten Blick im Stil verdächtig nach Georg Herting aussieht, so wie wir ihn und seine Protagonisten kennengelernt haben, mit der typischen Statur und stets ein Knie nach vorne.

Und tatsächlich finden sich keine weiteren Korrespondenzen des Friedhofsamtes mit Engelhard, sondern es geht weiter mit einem handschriftlichen Brief aus der Rühmkorffstraße 12, das ist ein Steinwurf entfernt vom Lister Turm, einem der schönsten Biergärten von Hannover, im Stadtteil List, der damals rund 3.000 Sitzplätze bot. Tatsächlich hat die Witwe also einen zweiten unserer Großen Fünf für die Ausführung engagiert, denn Herting hat dort sein Atelier.

Also – für uns mal ausgemalt – setzt sich der 57-jährige Georg Herting an einem sonnigen 6. Oktober 1929 abends von seinem Atelier kommend an einen kleinen Tisch im Bier- und Kaffeegarten „Lister Thurm". Die Einreichung der Unterlagen und die damit verbundene Anbiederung vor der Kommission hat er schon immer gehasst und ist deswegen festentschlossen, sich hier draußen an einem schönen, gut ausgesuchten Plätzchen, nicht mittendrin, lieber etwas mehr am Rande des Gartens, niederzulassen und bei einem Glas Bier erstmal den Blick in die pittoreske Um-

gebung und über die illustre Biergartengesellschaft schweifen zu lassen. Er hat sich eine Zigarre in die Brusttasche gesteckt und eine Mappe mit Zeichnungen mitgenommen, außerdem Briefpapier und Feder. Nun sinniert er darüber, was seinen Diethel*-Entwurf charakterisiert und nach einer guten Weile (der locker geführten Feder zu urteilen etwa Mitte des zweiten Bieres) schreibt er …

> *„An die Denkmalskommission des Friedhofsamts Hannover · z. Hd. Herrn Oberinspektor Wernicke, Rathaus.*
> *Anbei übersende ich 2 Vorschläge, Vorentwurfsskizzen für die Ausführung eines Grabmals für Grabstätte „Dipl. Ing. F. Diethel*", Abt … des Engesohder Friedhofs.*
> *Der Entwurf I. ist von Frau Diethel* bereits zur Ausführung gewählt. Ich bitte um Genehmigung des Entwurfs zur Ausführung. Als Material ist Untersberger Marmor für die Figur und … Travertin für den … Sockel vorgesehen. Die Gesamthöhe beträgt gleich dem Nachbarn 2,75 mtr.*
> *Um die schöne Raumwirkung der Platzanlage nicht zu versperren, ist das Material … gehalten.*
> *Hochachtungsvoll · G. Herting*
> *Anbei: 4 Zeichnungen 1:10*
> *2 Photos der Entwurfsmodelle*
> *1 Anmeldeformular"*

Ein Foto seines zweiten Entwurfsmodells, das dem Brief beiliegt, zeigt eine weibliche Figur. Am 22. November wird Hertings Diethel*-Entwurf Nr. 1 genehmigt, der stehende Jüngling. Herting hat in diesem Winter Arbeit. Eine gute Nachricht für ihn. Was Herting da noch nicht ahnen kann, ist, dass es seine letzte Skulptur auf dem Engesohder Friedhof sein wird. Eine bewundernswerte Serie von 15 Arbeiten, die sich immer phantasievoll und teils sehr abenteuerlich gestaltete, endet hier. Aber er hat sich nichts vorzuwerfen, begonnen hatte er auf diesem Gelände vor 26 Jahren, 1903, mit dem monumentalen stehenden Engel aus Stein am Jugendstilgrabmal Peretz am Rande der Abteilung 16, und danach die weiteren monumentalen steinernen Kunstwerke erstellt, die dem Besucher heute einen gewissen Respekt vor dem gesamten Parkfriedhof abverlangen.

Nicht nur für ihn ist Schluss hier, sondern im Allgemeinen neigt sich die große Zeit der Grabmalplastik, in Hannover wie in ganz Deutschland, dem Ende zu. Dabei hatte sie aus unserer Sicht doch gerade erst begonnen, um 1890. Auch auf die Gefahr hin, dass sich Ihr Autor hier wiederholt: all die großartigen Werke, die wir in diesem Buch behandeln und heute noch vor Ort bestaunen können, entstanden innerhalb eines relativ kurzen Zeitraums von etwa 40 Jahren der heute immerhin 164-jährigen Geschichte des Friedhofs. Auf eine Stunde umgerechnet bedeutet das: zehn Minuten nichts, dann dreht sich eine Viertelstunde lang alles nur um Skulptur, die verbleibenden 35 Minuten heißt es dann wieder: still und starr ruht der See, beziehungsweise der Friedhof.

Als Hertings Diethel*-Entwurf Nr. 1 genehmigt wird, ist der „Schwarze Freitag", der Börsenkrach, gerade einen Monat her. Der Wendepunkt der Weimarer Republik ist da, die Industrieproduktion in Deutschland bricht ein, die Arbeitslosigkeit steigt rapide, die Löhne sinken, Arbeitslosen- und Sozialhilfe sowie Renten werden gekürzt.

Vorher hatte man jede ersparte Mark sofort zu den Aktienhändlern gebracht. Klar, denn die Kurse kannten nur eine Richtung, immer nach oben. Die Banken liehen dem breiten Volk, den Arbeitern, ja selbst Haushälterinnen Geld, um es an der Börse anzulegen. Das war kein Problem, denn bei ständig steigenden Kursen sollten sie das Geld den Banken bald wieder zurückzahlen können. Bis die Blase am 24. Oktober 1929 an der New Yorker Börse platzte.

In Deutschland kommt es zu einer wirtschaftlich problematischen und politisch aufgewühlten Phase. Als im Juli 1932 Deutschland nach der Lausanner Konferenz endlich von den Reparationszahlungen nach dem Ersten Weltkrieg befreit wird und sich darauf die Staatsfinanzen allmählich wieder stabilisieren, ist es für die Republik schon zu spät, denn die Nationalsozialisten sind nicht mehr aufzuhalten und nutzen den nun einsetzenden wirtschaftlichen Aufschwung für ihre eigene Propaganda.

So geschah es in diesem Krisenjahr 1929, dass die Witwe gleich zwei der bedeutendsten Bildhauer Hannovers für das Grabmal ihres Mannes engagierte. Ob Engelhard für die begonnene Arbeit etwas erhielt, wissen wir nicht. Aber Herting konnte der Auftrag für die kommenden Monate in der Krise etwas Luft verschaffen, wenn er denn am Ende seiner Arbeit bei der anstehenden Geldknappheit ausreichend entlohnt werden konnte. Vielleicht konnte er sich sogar eine Schreibmaschine zulegen, wie Engelhard eine nutzte. Aber, wer nimmt schon eine Schreibmaschine mit in den Biergarten?

Ein metallischer Klang durchbricht die mittägliche Stille. Heute ist zwar Dienstag und dass Handwerker am arbeiten sind, ist demnach normal, jedoch ist für Frida heute Sonntag, sagen wir Feiertag, denn es ist Mariä Himmelfahrt.

Schade, denkt sie, dass die Lutheraner diesen Feiertag nicht wahrnehmen, dann wäre es ruhiger. Zudem empfand sie es immer angenehmer ein Gebet an Maria, eine Frau zu richten, im Zweifel, ob Gottvater und Sohn ihr Anliegen auch richtig verstehen würden. Und die schönen Marienfiguren, die die Kunst hervorgebracht hat, wie Michelangelos Pietà, die mochte sie nicht missen. Sie glaubte schon seit längerem, in Hinblick auf die vielen trauernden Frauengestalten ihres Mannes Hans oder des Freundes Roland, dass dieses weibliche Element auf norddeutschen Friedhöfen eine Ersatzfunktion erfüllte, auch zum Marienglauben – ob bewusst oder unbewusst.

Frida gibt den Blumen am Grabmal ihres Schwiegervaters noch etwas Wasser aus der Gießkanne, schon bald würde sie abgeholt werden. 30 Meter Luftlinie entfernt hört sie einen Motor tuckern, die Lärmquelle liegt auf ihrem Weg, drüben in Abteilung 1. Etwas Schweres wird von einem kleinen Lastwagen abgeladen, auf dem „Zeidler & Wimmel Kirchheim" steht. Als der Motor verstummt, erkennt sie zwei Männer um die 30 und einen alten Mann, der sich auf einen Gehstock stützt. Die Verhüllung der Statue, die am Postament installiert werden soll, fällt. Der Hut des alten Mannes, der inzwischen wild gestikuliert und mit seinem Gehstock weit ausladende Armbewegungen macht, kommt ihr bekannt vor. Ist das nicht Georg?

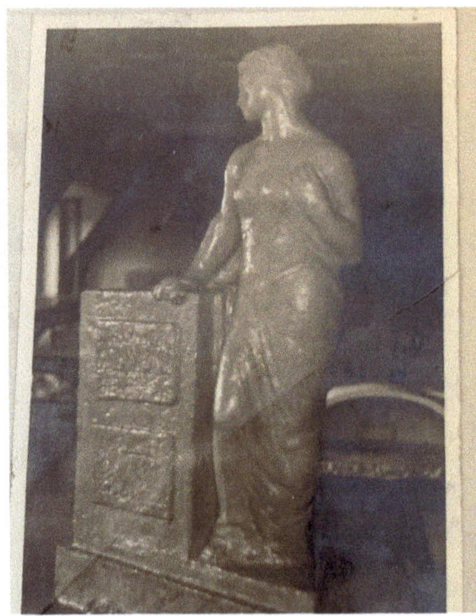

127. Entwurfsmodell zu Grab Grünewald
von Georg Herting, genehmigt 27.02.1950

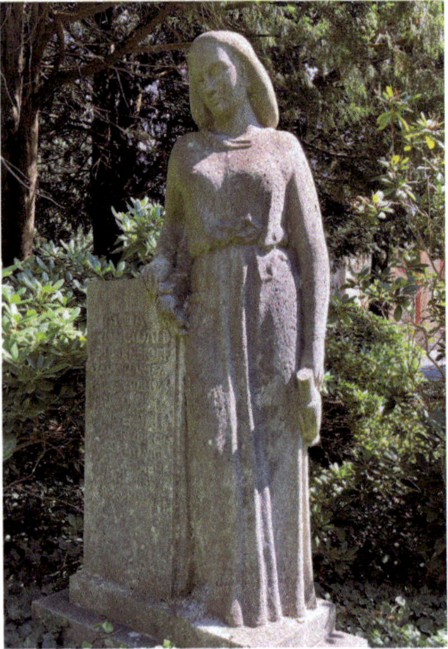

128. Grab Grünewald, 1950
Stehende, Stein · Karte 01K

Der Wille war da

Liebe Freunde der Sepulkralkunst, eine sonderbare Verwandlung ergibt sich bei einer Grabstätte in Abteilung 1, von einem vorzeigbaren, meisterhaften Entwurf eines unserer Großen Fünf zu einer realisierten Figur, die ihm leider nicht gleichkommt.

Für die 1943 Verstorbene soll nach dem Krieg ein schönes Grabmal geschaffen werden. Als ausführender renommierter Bildhauer fällt zunächst ein Name, den Ihr Autor hier gerne vorstellen will, den 1894 in Pforzheim geborenen Hermann Scheuernstuhl (1894–1982). Der einstige Bleeker-Schüler in München leitete schon von 1925 an die Plastik an der Werkkunstschule Hannover. Er war es, der im Olympiajahr 1936 für den Maschsee den „Fackelträger" schuf, der dort heute noch, beziehungsweise wieder, auf einer hohen Säule thront. Dort am Maschsee reitet auch nach Wrba-Manier ein Putto auf einem großen Fisch. Diese Plastik von Scheuernstuhl wird mit 1938 datiert, besitzt aber dem Sujet entsprechend eine neobarocke Ausprägung.

Dass er ab 1937 fast jedes Jahr an der Großen Deutschen Kunstausstellung in München im Haus der Deutschen Kunst teilnimmt, zeigt, dass er mit dem Kulturdiktat des Nazi-Regimes keine großen Probleme hatte.

Formal deutlich anders agiert er dann nach dem Krieg. Seine Skulptur „Mann mit Pferd" von 1957 am Hohen Ufer in Hannover zeigt einen sehr zurückhaltenden Naturalismus, sehr flächig in der Form und nüchtern im Ausdruck.

Zurück zum Grabmal, im Herbst 1949 zieht der Grabeigentümer den Auftrag für Scheuernstuhl zurück. Warum dies geschieht, ist nicht ganz klar, es soll Probleme mit dem Hersteller im Steinbruch geben. Jedenfalls liegt das Grabmalvorhaben nach dem Jahreswechsel unvermittelt in Georg Hertings Hand. Das Friedhofsamt führt nun die Korrespondenz mit ihm.

Ob die Kommission noch so vorgeht wie vor dem Zweiten Weltkrieg, ist ebenfalls nicht ganz klar. Ob die rigiden Kriterien zur künstlerischen Höhe bei Erbbegräbnissen im Jahre 1950 noch abgefragt werden, das scheint eine berechtigte Frage hier zu sein. Eine Entwurfszeichnung Hertings, eine Bleistiftskizze mit Bemaßung, wird am 27. Februar genehmigt. Begleitend sendet der Künstler ein Foto eines Tonmodells der Kommission (Abb. 127).

Drei Wochen später taucht eine Technische Zeichnung vom 21. März 1950 auf, angefertigt von einem Unternehmen namens Zeidler & Wimmel aus Kirchheim, die am 1. April 1950 genehmigt wird. Dabei handelt es sich um die Hannoversche Zweigniederlassung eines der größten Steinbruchunternehmen von vor dem Zweiten Weltkrieg, das bei bedeutenden Berliner Großbauten beteiligt war.

Ein Bildhauer wird nicht genannt, so sind es wohl ausführende Steinmetze, die mit Fundamentarbeiten beginnend, für die Realisierung des Grabmals beauftragt werden, kein ungewöhnlicher Vorgang also. Eigentlich.

Auf der Technischen Zeichnung ist Hertings Trauernde in Tusche noch relativ vorlagegetreu nachgeahmt. Aber das ist keine Herting-Skulptur, die da heute am Grabmal Grünewald (Abb. 128) steht. Aus seiner Trauernden

in einer eng anliegenden Toga wurde eine eher weniger elegante Erscheinung in langem Winterkleid. Die Blickrichtung ist eine andere, der Arm, der eigentlich neben die Brust, zum Herzen hin, angelegt sein sollte, hängt nun herab, so etwas wie eine Amphore tragend. Die Figur, die vermeintlich von den Kirchheimern aufgestellt wurde, ist höflich und zurückhaltend ausgedrückt, anders. Komplett anders.

Schauen wir uns jedoch das Datum an, wird uns schnell klar, dass die Familie Grünewald sehr wahrscheinlich aus hehren Motiven gehandelt hat.

Wir schreiben das Jahr 1950, Herting ist 78 Jahre alt. Würden wir heute einen 78-Jährigen für eine so wichtige familiäre Angelegenheit engagieren? Die Grünewalds haben sich darauf eingelassen.

Womöglich war die engste Familie oder die Betrauerte selbst neben der Bewunderung für Scheuernstuhl eine Verehrerin von Hertings Kunst und hatte sich eine Arbeit von ihm für die Familiengrabstätte gewünscht. Respekt zollt den Erben, dass sie einen Künstler in solch fortgeschrittenem Alter engagiert haben. Belohnt werden die Erben durch eines seiner schönen Tonmodelle in 1:10.

Ende Februar 1950 wird der bemaßte Entwurf Hertings für die Grabstätte Grünewald genehmigt. Der Künstler stirbt elf Monate später in Hannover. Gut vorstellbar, dass es ihm aus körperlichen oder gesundheitlichen Gründen nicht möglich war, das Grabmal in Stein auszuführen. Wer sollte es dann in seinem Sinne ausführen können, gerade in dieser Zeit kurz nach dem Zweiten Weltkrieg?

So hat letzten Endes Hertings Entwurf das

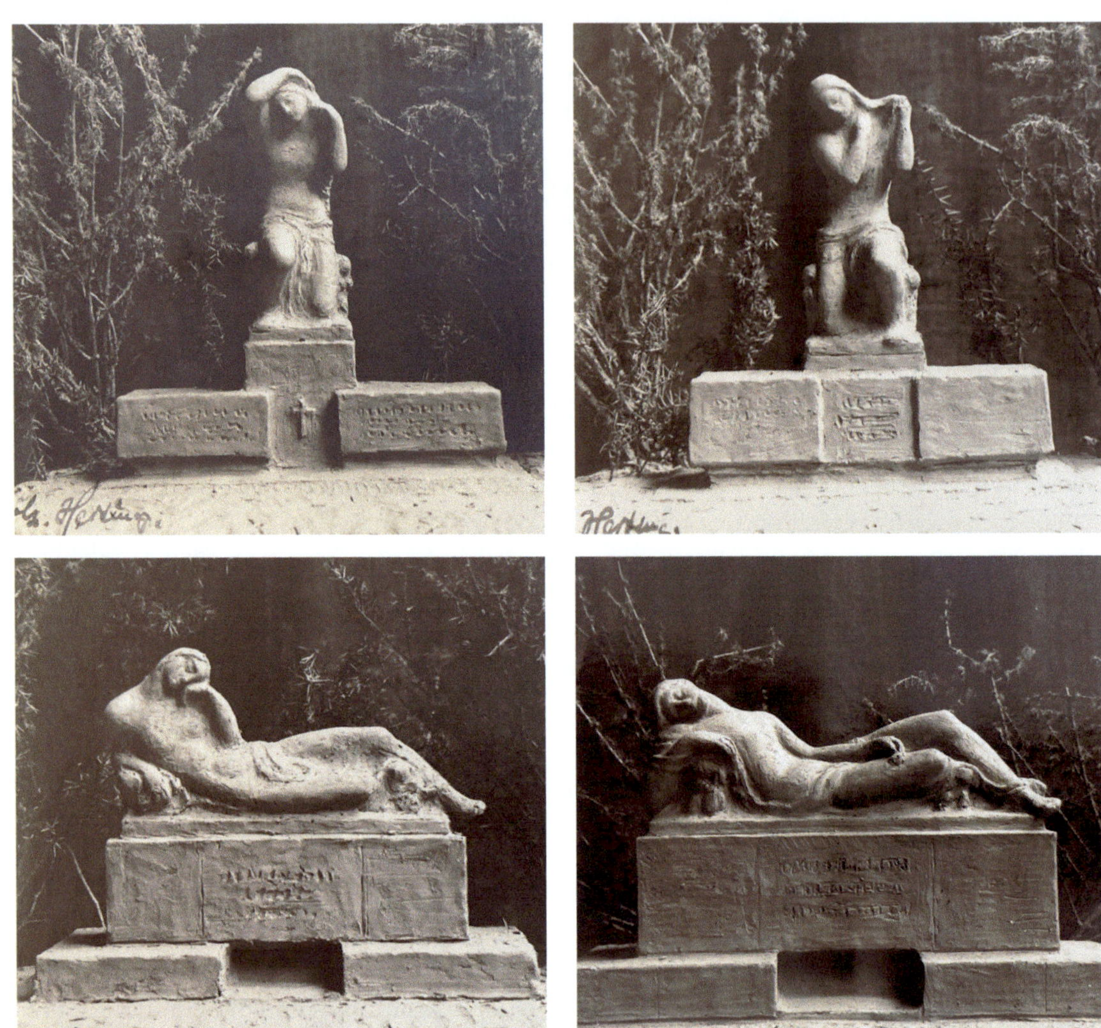

129–132. Entwurfsmodelle zu Grab Imhoff, 1929
von Georg Herting (1872–1951)
Realisiert: Liegende re. unten, Stein · Karte 38F (vgl. Abb. 66)

Vorhaben eines Erbbegräbnisses in hervorragender Lage ermöglicht, indem sein Entwurf von der Kommission durchgewunken wurde. Doch die Familie hat den Entwurf nicht umgesetzt ans Grab bekommen, aber der Wille war wohl da.

Miniaturwelten

Besonders wählerische und launenhafte Auftraggeber mussten die Künstler damals wie heute in berechenbare Bahnen leiten. Bekannte Motive, bekannte Größenverhältnisse von Figur zu Postament, bekannte Materialien, dies alles machte einen Auftrag für beide Seiten kalkulierbar.

Roland Engelhard deutet uns mit seinem Unternehmensstempel an seinem Briefkopf schon an, dass in der Friedrichstraße 18 nicht nur gearbeitet wurde.

> *„Künstler.Vereinigung*
> *für.Friedhofkunst*
> *Leiter.Bildhauer.Rol.Engelhard*
> *Ausstellung.von.Entwürfen.und.fertigen.*
> *Denkmälern*
> *Fernspr. Waterloo 42388 · Friedrichstr. 18*
> *Goldene Medaille*
> *der Stadt Hannover 1912"*

Dort, wie oben angedeutet: vermutlich zwischen Neuem Rathaus und Aegidientorplatz, befanden sich also fertige Entwürfe von Engelhard und seinen assoziierten Künstlern und sogar fertige Denkmale zur Besichtigung. Auch Georg Herting hielt für den Interessenten und Atelierbesucher Modelle parat, die man aufgrund eines Maßstabs von etwa 1:10 gut auf die Fernwirkung überprüfen konnte. Wie liebevoll diese Modelle gemacht waren, zeigen die Fotos zum Grabmalentwurf Imhoff (Abb. 129–132). Kleine Zweige wecken die Illusion von meterhohen Sträuchern und Bäumen um die Grabstätte. Die farbig gefassten Tonmodelle machen insbesondere das Größenverhältnis von Postament und Figur deutlich. Wie wir sehen, konnte so leicht nachjustiert werden, um entweder die Skulptur oder das Postament größer oder kleiner erscheinen zu lassen.

Und wie vorher geschildert, konnten Fotos der Entwürfe auch der Kommission geschickt werden, um die Wirkung des Grabmals jenseits der Technischen Zeichnungen nochmals klar zu verdeutlichen.

Wenn Sie die vier Herting-Fotos von links oben nach rechts unten durchgehen, haben Sie eine Entwicklung von einer aktiven senkrechten Stellung der Figur hin zu einer absolut ruhenden waagerechten. So liegt sie heute auch da, in der Abteilung 38 (Abb. 70), diese wunderbare Schlafende aus Untersberger Marmor, der Sockel aus Travertin, Hertings vermutlich vorletzte Arbeit in Engesohde aus dem Jahre 1929.

KAPITEL 5

Das ganze Künstlertableau

Das ganze Künstlertableau

Diese 40 Jahre andauernde Hochzeit in der figurativen Grabmalskulptur von etwa 1890 bis 1930 wurde hier beschrieben mit dem Wirken der Großen Fünf und der zweiten Reihe, der sogenannten Nachfolger, von denen vier vorgestellt wurden. Über ihre zahlreichen Werke hier in Engesohde und ihr Leben haben wir in den vorangegangenen Kapiteln gesprochen. Nun ist Ihnen der Kunstforscher noch eine kurze Liste weiterer Bildhauer schuldig, die diese Phase jedoch nur durch Einzelwerke mitprägten und die bisher noch unerwähnt blieben.

Zuvor blicken wir auf die wenigen Künstler, die seit Bestehen des Stadtfriedhofs bis zur Hochzeit der Grabmalfiguren, also bis 1890, Werke hinterlassen haben. Und schließlich werden wir einige wenige Bildhauer kennenlernen, die nach 1930 – bis in die Gegenwart – figurative Grabmalplastik für Engesohde geschaffen haben.

In der folgenden Aufzählung gehen wir chronologisch nach dem Entstehungsdatum des jeweiligen Kunstwerks vor.

Akteure bis 1890

Mit der Errichtung des Friedhofs wird 1861 begonnen. Auch wenn dem Autor Informationsquellen zu einigen Grabdenkmalen insbesondere in den Arkaden des Eingangsgebäudes unzugänglich blieben, können wir davon ausgehen, dass es hier in Hannover in den ersten

zehn Jahren, bis etwa 1875, schlicht und ergreifend unüblich ist, große Figuren auf Grabmale zu stellen.

» » » » » GEORG HURTZIG . 1854 « « « « «

Nicht zu einem Grabmal sondern zur Anlage gehörend, begegnen wir am Weg nach dem Eingang neben der Friedhofskapelle einem Exemplar von damals mehreren Bödeker-Engeln in der Stadt Hannover.

Älter als der Friedhof geht der Ursprungsentwurf auf das Jahr 1854 zurück. Er stammt von Georg Hurtzig (1812–1865), einem Hannoverschen Bildhauer, Lehrer an der Polytechnischen Schule und Vergolder, der in München bei Ludwig Schwanthaler eine Ausbildung erhielt.[22]

Der kniende Engel hält den Leuten so etwas wie eine Sparbüchse entgegen. Diese Art von Figuren, von denen es allein 15 in Hannover gab, war zur Sammlung von Spenden für wohltätige Zwecke vorgesehen. Ihren Namen erhielten die bronzenen Engel in Bezug auf den Initiator vieler gemeinnütziger Aktionen, Hermann Wilhelm Bödeker, einem evangelischen Pastor.

» » » HEINRICH BREHMER . 1872–1879 « « «

Der Meister der Portraitplaketten hinterließ in Engesohde mindestens drei solcher Reliefs in Bronze und eine in Stein ausgeführt. Heinrich Friedrich Brehmer (1815–1889) war ein stadtbekannter Medailleur, Münzgraveur und Goldschmied.

Wie überliefert, vermachte er dem Hannoverschen Künstlerverein eine Summe von 6.000

Goldmark und so findet stets am 25. November, seinem Geburtstag, ein „feuchtes Gedeck" statt, der sogenannte „Brehmer-Abend".[23] Für Brehmers eigenes Grabmal in Abteilung 40 schuf Wilhelm Engelhard (1813–1902) im Jahre 1891 eine Portraitbüste von ihm, aus Stein.

» » » ERNST VON BANDEL . VOR 1876 « « «

Er ist wahrscheinlich der Älteste des Künstlertableaus auf diesem Gelände. Wenn man den Text einer Friedhofsbroschüre richtig interpretiert hat, ist der Engel an seinem eigenen Grabmal am Wegesrand der Abteilung 23 von ihm selbst geschaffen.

Ernst von Bandel (1800–1876) wurde im mittelfränkischen Ansbach geboren, das ist 40 Kilometer südwestlich von Nürnberg. Als sein Vater 1818 stirbt, fehlt ihm die finanzielle Unterstützung für sein künstlerisches Talent. Kein Geringerer als der bayerische König Maximilian I. fördert ihn ab diesem Zeitpunkt. Er wird als Zeichner eingestellt und erhält ein Stipendium für einen zweijährigen Romaufenthalt, wo er unter anderem Bertel Thorvaldsen und Ludwig Schwanthaler kennenlernt.

Aus diesen römischen Eindrücken resultiert eine lebensgroße „Venus, sich schmückend", die er ab 1831 als Entwurf und von 1838 bis 1844 aus Marmor in Carrara vor Ort entstehen lässt und die heute das Treppenhaus des Landesmuseums in Hannover schmückt. Nach Aufträgen in München und Berlin beginnt er bei Detmold im Ostwestfälischen das riesige Hermannsdenkmal, für das er heute berühmt ist. Doch die 1837 begonnenen Arbeiten kommen 1846 aus Geldmangel zum Erliegen. Erst nach dem gewonnenen 1870er Krieg gegen Frankreich und einer Finanzspritze von Kaiser Wilhelm I. wird der Koloss zur Erinnerung an Arminius, der die Römer nach damaliger Sicht im Teutoburger Wald geschlagen hatte, bis 1875 vollendet.

Aus getriebenen Kupferplatten zusammengesetzt erreicht er immerhin 26 Meter und ist die größte Statue seiner Zeit, bis zur Fertigstellung der New Yorker Freiheitsstatue im Jahre 1886. Ihr Schöpfer ist dann wieder ein Franzose, der im elsässischen Colmar geborene Frédéric-Auguste Bartholdi (1834–1904). Nach der Einweihung in Detmold im Sommer 1875 schickt der Kaiser den gesundheitlich sehr geschwächten Bandel erstmal in Kur nach Italien. Doch die Erholung kommt zu spät, noch auf der Rückreise im darauffolgenden Jahr stirbt Ernst von Bandel in Neudegg bei Donauwörth. Die Bronzeplakette seines Konterfeis auf der Grabstätte schuf wieder Heinrich Brehmer.

Nebenbei bemerkt, bevor Sie sich, liebe Leserin, lieber Leser, dieselbe Frage stellen, die sich jedem Besucher in Detmold aufs Neue aufdrängt, warum die Arminius-Statue Hermannsdenkmal heißt, hier die Erklärung des Landesverbands Lippe über das regionale Wahrzeichen:[24]

> *Aus Arminius war Anfang des 16. Jahrhunderts Hermann geworden – in der Annahme, Arminius sei eine lateinische Ableitung aus dem germanischen Heermann – Mann des Heeres.*

Einer Statue unserer hier gewohnten Kategorie gleich, also etwa in Lebensgröße, kommt

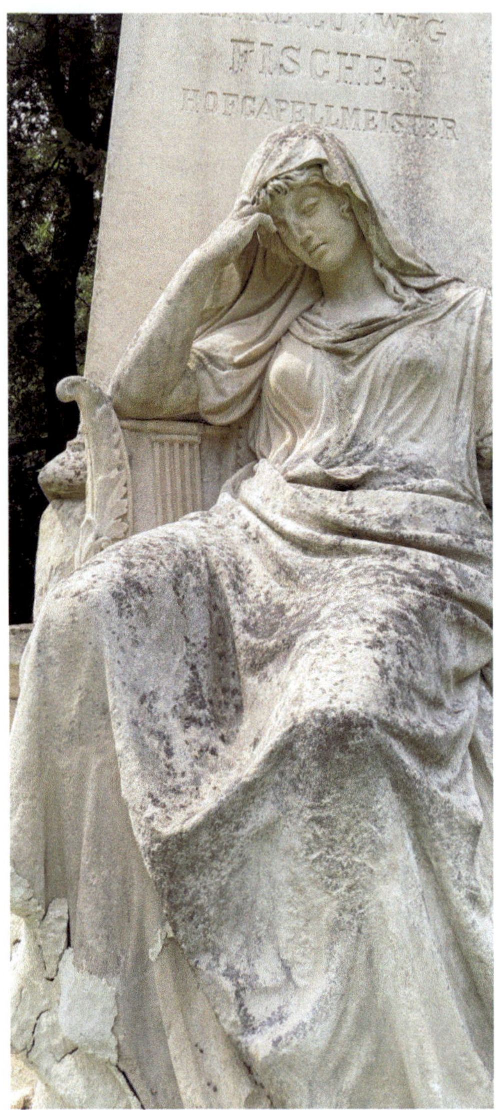

133. Grab Fischer, 1877
Sitzende, Stein · Karte 25A
Eduard Täger (um 1842–unb.)

die von Bandel geschaffene Marmorfigur der Thusnelda. Sie war die Partnerin von Arminius, die gefangen genommen und in Rom auf einem Triumphzug in Ketten vorgeführt wurde.

Ohne weitere Einzelheiten wird auf Wikipedia unter „Werke von Ernst von Bandel" ein Marmorengel auf einem Grabmal des Albani-Friedhofs in Göttingen gezeigt, scheinbar aus dem Jahre 1856. Und tatsächlich besitzt dieser Engel dasselbe Gesicht wie der Engel an seinem eigenen Grabmal in Engesohde. Man hatte ihm, dem Bildhauer, also ein eigenes Werk ans Grab gestellt, was im Übrigen auch eine logische, nachvollziehbare Praxis ist. Wir hatten es als Beispiel bei Waterbecks Grab 70 Jahre später gesehen.

» » » » » » **EDUARD TÄGER . 1877** « « « « « «

Das schöne und hohe Grabmal des Hofcapellmeisters Karl Ludwig Fischer (Abb. 133) aus dem Jahre 1877 in der imposanten Abteilung 25 bildet das Zentrum des Rondells, besser des Halbrunds, mit dem der Parkfriedhof nach Süd-Westen zum Maschsee hin einen hellen, offenen und fürstlichen Abschluss bekommt.

Die gelangweilt wirkende, auf einer Art Steinbänkchen sitzende, sich auf eine Leier lehnende Trauernde aus Sandstein schuf Eduard Täger (um 1842–unb.), Sohn des Bildhauers Ludwig Täger.[25]

Wie viele der nachweislich talentierten jungen Hannoverschen Künstler lässt er sich in München, in der damaligen Kunsthauptstadt Deutschlands, an der Akademie einschreiben, für das Fach Bildhauerei. Das war im Herbst

1863. Ob man hieraus die Münchener Schule ablesen kann, ist fraglich. Jedenfalls trägt die Protagonistin genug Stoff, um mit einer Echtermeier-Figur verglichen werden zu können, und gleichzeitig besitzt sie aber ein dem griechischen Ideal angenähertes Gesicht.

Wie wir unten links im Bild noch erkennen, waren schnelle Behelfsmaßnahmen gegenüber einer abbröckelnden Struktur nicht von langer Dauer.

Ebenfalls auf das Konto Tägers geht eine beeindruckende Portraitplakette aus Stein am Grabmal Tieste am Wegesrand der Abteilung 28, die er fünf Jahre später schuf.

» » » RUDOLF SCHWANTHALER . 1879 « « «

Beim Namen Schwanthaler tut sich in Sachen Plastik eigentlich ein Kosmos auf. Die Bildhauerfamilie Schwanthaler tat sich im Barock und Rokoko vor allem im Kirchenschmuck bei Figuren christlicher Thematik hervor.

Hans Schwa(be)nthaler gründete 1632 in Ried im Innkreis, in Oberösterreich, eine Bildhauerwerkstätte, die bis 1838 bestand.[26]

Der berühmteste Spross der Dynastie, der allerdings in München geboren wurde, dort lebte, arbeitete und auch dort verstarb, war Ludwig Michael Schwanthaler (1802–1848).

Dieser Hauptmeister der klassizistischen Plastik in Süddeutschland, verbrachte, durch König Ludwig I. gefördert, mehrere Jahre in Rom. Für die Ausgestaltung der Befreiungshalle Kelheim, ein Denkmal zum Gedenken der Siege über Napoleon, schuf er später nicht weniger als 34 Siegesgöttinnen in Gestalt von überlebensgroßen Marmorengeln, sie stehen im Kreis, halten sich die Hände, allesamt un-

terschiedlich in Gesten und Gewänder. Die Bavaria, die über dem Oktoberfestgelände in München thront, stammt von ihm oder auch das Mozartdenkmal in Salzburg. 1835 wurde er Professor an der Münchener Akademie. Doch er starb recht früh mit nur 46 Jahren.

Bei uns hier dreht es sich um Rudolf Schwanthaler (1842–1879). Wie wir sehen, blieben ihm sogar nur 37 Jahre zu leben. Am Grabmal Lübbecke Zimker in den südlichen Arkaden findet sich ein sitzender Engel aus Stein, von ihm graviert mit der Jahresangabe 1879.

Rudolf übernahm 1866 die Schwanthaler-Ateliers in München. Einige Arbeiten von ihm sind bekannt, so schuf er Portraits, allegorische Frauenfiguren, figurative Darstellungen aus Vergils Aeneide, der römischen Version der Odyssee, oder etwa um 1870 eine schöne „Venus mit der Sandale" von halber Körpergröße aus Carraramarmor.

Bei letzterer schreibt ein Auktionshaus, es handele sich um eine Reduktion nach der lebensgroßen Skulptur aus der Hand von Ludwig Michael, seines – und genau das schreiben die Quellen nicht – Vaters oder Onkels? Der Stadtfriedhof beherbergt jedenfalls einen echten Schwanthaler dort unter den Arkaden, in Form eines steinernen Engels.

» » » » » CARL DOPMEYER . 1887 « « « « «

Nun sind wir – nur mal zur zeitlichen und stilistischen Einordnung – schon im Jahr des ersten Auftritts von Karl Gundelach in Engesohde angelangt. Am Rande der Abteilung 9 finden wir eine steinerne Portraitbüste aus dem Jahre 1887 von der Hand seines Zeitgenossen Carl Dopmeyer (1824–1899).

Dem Verfasser dieses Buches ist es ein besonderes Vergnügen, diesen Bildhauer vorzustellen, da wir diesem in Springe geborenen Künstler die vielleicht schönste Brücke Hannovers verdanken. Wer zwischen Linden und der Nordstadt pendelt, kennt die Figurengruppe, die historisches großstädtisches Flair versprüht: die „Kandelaber mit Fabelwesen" auf der Segmentbogenbrücke Königsworther Straße, ein Werk mit Nixen und Fische angelnden männlichen Nixe, thematisch und stilistisch im Neobarock angesiedelt. Auch Carl Dopmeyer studiert an der Akademie in München. Der Gänselieselbrunnen am Steintor stammt von ihm und etliche Entwürfe von Denkmalen wie die Bödeker-Figur vor der Marktkirche oder die von Gutenberg vor der Universität.

Die Büste am Grabmal Ebhardt ist allerdings sein einziger Auftritt in Engesohde.

Der in Celle geborene Bildhauer Ferdinand Hartzer (1838–1906) hinterlässt zwei Arbeiten auf diesem Gelände. Eine Portraitplakette in Bronze am Grabmal Callin in Abteilung 30 von 1887 sowie eine Portraitbüste in Bronze am Grabmal Wallbrecht in Abteilung 2 aus dem Jahre 1905.

Hartzer studiert in Dresden, danach in München und arbeitet anschließend ab 1869 als freier Künstler in Berlin. Wenn auch die Portraitbüste sein Steckenpferd ist, mit dem er allen publizierten Werken zufolge die meisten Aufträge einheimst, so gibt es durchaus auch Figuren und Grabmalfiguren von seiner Hand. Ein hübscher Engel in Gestalt eines

Mädchens ist auf dem Poppeldorfer Friedhof in Bonn zu finden und eine detailliert ausgearbeitete lebensgroße Mutter-Kind-Gruppe, in Bronze gegossen, befindet sich auf dem Ohlsdorfer Friedhof in Hamburg an der Familiengrabstätte Hell. Letztere wird mit 1896 datiert.

Ganz unten auf dem Friedhofsplan in Abteilung 39 liegt das Grabmal Spengemann. Wegen einer schönen dort angebrachten Portraitplakette aus Bronze von 1889, setzen wir Wilhelm Aping (um 1854–unb.), der seine Gravur hinterlässt, auf die Liste des Künstlertableaus. Informationen zum Leben und Wirken Apings muss Ihnen der Kunstforscher bisher leider schuldig bleiben.

Akteure von 1890 bis 1930

Die bildhauerischen Werke figurativer Art unterstützend wurden hier, wie Sie schon bemerkt haben, auch Plaketten ins künstlerische Tableau aufgenommen, nicht alle, aber die größeren und handwerklich beeindruckendsten.

Dies sind hauptsächlich Portraitplaketten aus Bronze, aber auch aus Stein. Da es damals zur Grundausbildung eines Bildhauers gehörte sich der Reliefkunst eine Zeit lang zu widmen, machte es auch Sinn, solche besonders gelungenen Arbeiten mit aufzunehmen. Von den großen Namen hier auf dem Engesohder Stadtfriedhof wie Gundelach oder Dammann statteten einige hier und da die Grabstätten neben ihren Figuren auch mit solchen Plaketten aus.

» » » » » GOTTHILF JAEGER . 1890 « « « « «

Ein in Köln geborener, hauptsächlich in Berlin agierender Bildhauer namens Gotthilf Jaeger (1871–1933) graviert in den nördlichen Arkaden am Grabmal Rosenthal eine solche Plakette mit seinem Namen.

Schade, dass er keine Figur auf dem Gelände hinterlassen hat, wir hätten uns auf große Körperkenntnis und auf elegante, nach Art des Jugendstils oder neoklassizistisch angelegte, Akte junger Männer und Frauen einstellen können, worauf einige Kleinplastiken von ihm online bei artnet hinweisen.

» » » FRIEDRICH KÜSTHARDT . 1894 « « «

Eine einzige Figur steuert der bei Gundelach und Herting im Zusammenhang mit den Hochrelieftafeln an der Eingangsfront des Landesmuseums genannte Friedrich Küsthardt (1830–1900) bei.

Der in Göttingen geborene Wahl-Hildesheimer schuf 1894 das Grabmal Huesmann, das heute ganz im Süden des Areals in der Abteilung 41 an der Begrenzungsmauer liegt und mehr wie ein überdimensionierter Heiligenbildstock wirkt, in diesem Falle mit Figur statt gemaltem Bild.

» » » » » GEORG WRBA . 1902 « « « « «

Besonders erfreut ist Ihr Autor einen großen Namen in der deutschen figurativen Kunst mit einer Präsenz hier in Engesohde im Archivstudium ausgegraben zu haben. Im Halbrund der Abteilung 25 steht das Grabmal des berühmten Hannoverschen Architekten Conrad Wilhelm Hase (1818–1902) – wir hatten im Kapitel von Georg Herting von der Hasik, wie sein Baustil scherzhaft genannt wurde, gesprochen, erinnern Sie sich? – und die bronzene Portraitplakette ihm zu Ehren schuf der Münchener Ausnahmebildhauer Georg Wrba (1872–1939). (Anm.: Sollten Sie Schwierigkeiten bei der Aussprache des Namens haben, setzen Sie sich gedanklich einfach ein angedeutetes U zwischen R und B.)

Was ihn so berühmt macht, ist seine besondere Gabe Mensch-Tier-Pärchen in sympathischer Weise plastisch zu beschreiben. Sollten Sie einmal im Hamburger Stadtpark spazierengehen, können Sie Diana auf einer Hirschkuh reiten sehen. Am Mönckebergbrunnen in Hamburg stützt sich ein athletischer Mann auf einen Seehund. Anderswo reitet Europa auf dem Stier, ein Knabe auf einem Steinbock, ein weiterer auf einem Einhorn, Bacchus auf einem Esel. Auch die Verschmelzung als Doppelwesen von Mensch und Pferd, die Zentauren, erschafft er in männlicher und weiblicher Version. Tiergestalten im Allgemeinen, Löwen, Bären, Stiere, Kühe, Schweine und die Menschen, die mit ihnen im Alltäglichen zu tun haben, stellt er in den Mittelpunkt seines Œuvres, gerade bei seinen zahlreichen Brunnenentwürfen.

Um Wrba von einer ernsteren und religiösen Seite seiner figurativen Kunst kennenzulernen, lohnt sich ein Ausflug in den Sankt-Marien-Dom in Wurzen. Das in Sachsen, östlich von Leipzig, gelegene Gotteshaus gleicht einer fortwährenden Ausstellung des Künstlers mit mehreren Bronzereliefs und freien Figuren verteilt auf die liturgischen Komponen-

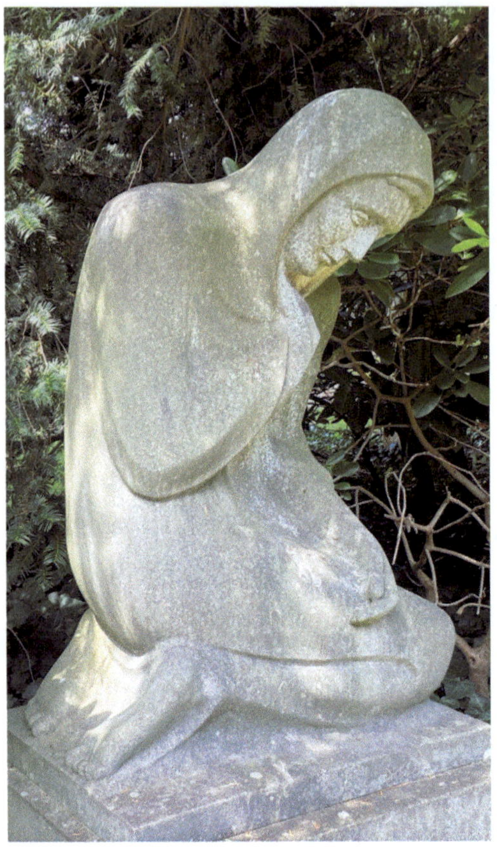

134. Grab Vorthmann, 1913
Kniende, Stein · Karte 10L
Max Krause (1875–1920)

ten. Der bronzene Stehpult formt sich aus einem sitzenden, athletischen, jungen Mann. Die Kreuzigungsgruppe zeigt Jesus am Kreuz, mit Nägeln durch Hände und Füße, wie biblisch beschrieben, zwischen zwei weiteren ans Kreuz gefesselten, nach überlieferter römischer Art. Höchst naturalistisch und mit anatomischer Intension setzt sich Wrba mit der als tödliche Folter herbeigeführten unnatürlichen Körperhaltung auseinander. An den Objekten in dieser Kirche muss er jahrelang gearbeitet haben, angegeben wird meist nur 1932.

In Engesohde bleibt seine Portraitplakette von Hase ein Kurzauftritt im Jahre 1902.

» » HERMANN SCHAPER . 1910 + 1916 « «

Ebenfalls ins Künstlertableau aufgenommen wurden zwei Mosaiken des Malers Hermann Schaper (1853–1911), eine Hannoversche Institution, der verschiedene Gebäude mit seinen Gemälden im Interieur aufwertete, historische und auch Kirchen. Seine Mosaiken wurden oft durch die Berliner Firma Puhl & Wagner umgesetzt, wie am Grabmal Werner in Abteilung 39. Auch die Ausgestaltung des Innenraums des von Georg Herting konzipierten Grabmals Ebeling in Abteilung 6 übernahm Schaper im Jahre 1910 mit fast byzantinisch anmutenden Farben und Mosaiken.

» » » » » » MAX KRAUSE . 1913 « « « « « «

Eine Figur in Abteilung 10 steuert 1913 ein gewisser M. Krause dem Tableau bei (Abb. 134). Ausgehend von unserer Vorgehensweise, eine gemeißelte lebensgroße Grabmalfigur bei Unklarheit einem Künstler mittleren Alters zuzuschreiben, Maßgabe war ab 35 Jahren, käme der deutsche Bildhauer Max Krause (1875–1920) in Betracht.

Dieser wird mit dem Bauhaus in Weimar in Verbindung gebracht.[27] Demnach wurde der Bildhauer sechs Wochen vor seinem überraschenden Tod als Werkmeister angestellt.

Das Grabmal Vorthmann ist deswegen so interessant, weil sich wenige in Engesohde von solch hohem Abstraktionsgrad finden lassen. Lehrreich wäre hier die Frage: Aus welchem Jahr könnte der Entwurf dieser Plastik sein? Der Betrauerte starb 1960, so würden wir eine typisch bundesrepublikanische Nachkriegsplastik erwarten und augenscheinlich auch vor uns haben.

Ein wenig schimmert aber auch der in seiner zweiten Phase befindliche Waterbeck durch, nehmen wir etwa das Grabmal Wundram als Vergleich (Abb. 73), es entstand im Jahre 1920. Aber das eine schließt das andere nicht aus, denn unmittelbar nach dem Nationalsozialismus, der von 1937 bis 1945 diese Art des Ausdrucks unter Strafe stellte, kam er in der jungen Bundesrepublik allerorten wieder zum Einsatz.

Was machen wir nun aus diesem Fund, westdeutsche Nachkriegsplastik oder Expressionismus aus der Weimarer Republik oder gar davor – vor dem Ersten Weltkrieg, dann noch im Deutschen Reich?

Wenn wir den Quellen vertrauen, haben wir letzteres hier vor Augen, eine Plastik von vor dem Ersten Weltkrieg. Darin wird die Grabstätte auch schon Vorthmann genannt, der Bildhauer M. Krause und die Genehmigung erfolgt im Jahre 1913. Da wäre Krause ganze

sieben Jahre früher auf diesen expressionistischen, stark vereinfachenden Stil gekommen. Letztenendes würde dieser reduzierte Stil ganz gut zu dem nach vorne in die Moderne gerichteten Blick der Bauhäusler passen, denen Max Krause am Ende seines Lebens noch beitritt.

Fast vollkommen zugewachsen entging im Sommer 2024 ein wunderbares Grabmal in Abteilung 9 (Abb. 135) beinahe den forschenden Blicken Ihres Autors, werte Leserin, werter Leser. Nicht dass dies ein Grund wäre sich zu beschweren, im Gegenteil, der grüne Zuwuchs steuerte der Szenerie um eine im Jahre 1916 sorgsam aus marmorartigem Stein als Halbrelief geformte Trauernde eine gewisse Verträumtheit bei. Geradeso kam die Gestalt en passant, wie die Schachspieler es nennen, zum Vorschein. Das linke Pendant an der gegenüberliegenden Stele war jedoch am Vorbeigehen nicht zu erkennen, es war komplett zugewachsen. Diese Sträucher wachsen wohl ziemlich schnell und die Entdeckung fiel vor den Schnitt der Gärtner im Spätsommer bis Herbst.

Für die Abteilung 12 schuf der talentierte Steinbildhauer drei Jahre zuvor einen sitzenden Jesus, einen knienden jungen Mann tröstend, aus Untersberger Marmor, wobei er die beiden auf einen hohen Sockel aus Travertin setzte.

Auch wenn der Künstler fürs Erste unbekannt bleibt, konnte sein Name, Ernst Witte (um 1878–unb.), als Urheber den Quellen entlockt werden, weniger als Steinmetzunternehmer,

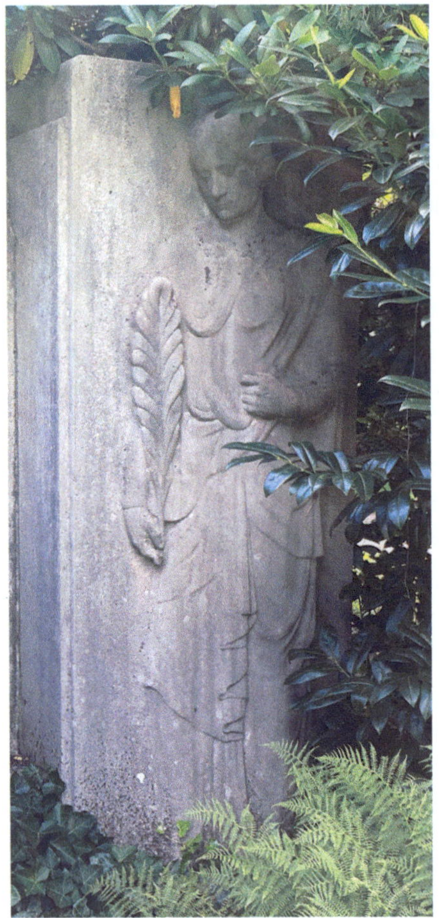

135. Grab Volger, 1916
Stehende, Halbrelief, Stein · Karte 9E
Ernst Witte (um 1878–unb.)

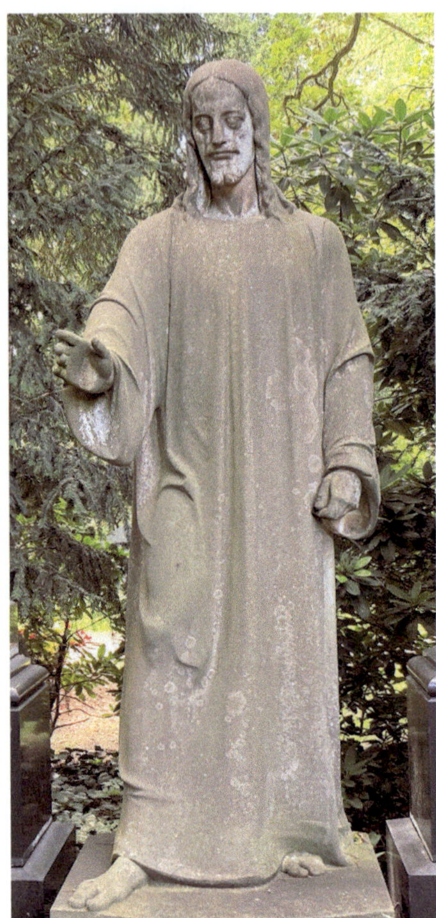

136. Grab Struckmeyer, 1919
Stehender Jesus, Stein · Karte 01P
Edmund Werner (um 1884–unb.)

mehr als Künstler der detailreichen Arbeiten. Womöglich hatte er nicht studiert, verstand sich vielmehr als Handwerker. Ernst Wittes Unternehmen mit dem passenden Briefkopf „Kunstgewerbliche Werkstätten für moderne Friedhofskunst" saß im Norden von Hannover bei den Herrenhäuser Gärten, Herrenhäuserstraße 50.

» » » » » EDMUND WERNER . 1919 « « « « «

In Abteilung 1 befindet sich eines der wenigen Grabmale, die als lebensgroße Plastik den Erlöser in menschlicher Gestalt abbilden. Diesen stehenden Jesus gestaltete 1919 Edmund Werner (um 1884–unb.) für die Familiengrabstätte Struckmeyer (Abb. 136).
Bei Werner könnte es sich um einen jungen Künstlerfreund, vielleicht auch Schüler, von Karl Gundelach gehandelt haben, der hier mit zwei Portraitplaketten der Betrauerten an geschliffenen Granitobelisken zu beiden Seiten der Figur beiträgt. Die Jahresangabe von 1919 stammt direkt von der Gravur Werners an der Plinthe der Figur. Eine Arbeitsteilung zu dieser Zeit würde Sinn machen, nachdem der damals 63-jährige Gundelach mit seiner Bildniserfahrung die Plaketten hinzaubern und der jüngere Werner in der Zeit den 2,50 Meter hohen Steinblock behauen konnte.

» » » » » » » W. HEINE . 1919 « « « « « « «

Eine Bronzeplakette steuert laut Gravur ein gewisser W. Heine in Abteilung 27 dem Reigen bei. Wir taxieren sein Geburtsjahr um 1880. Ein guter Portraitist war er, hier formte er ein aussagereiches Profil der Betrauerten Louise

Mackensen, die rund 80 Jahre alt wurde, vermutlich nach einem Foto als etwa 40-Jährige.

» » » » » » PAUL KEYSSER . 1920 « « « « « «

Eine wunderschöne Arbeit (Abb. 137) wäre in Abteilung 16 beinahe anonym geblieben, gut, dass sie trotz ihres Alters archivarische Spuren hinterlassen hat. Ihr Dasein als Muschelkalkskulptur hat die Kniende am Grabmal Kuckuck die ersten 100 Jahre einigermaßen gut überstanden. Da sie auf ihrer Plinthe eh in Deckung geht, mag sie den Bombenschrapnellen aus dem Zweiten Weltkrieg kein allzu leichtes Ziel geboten haben, obwohl das Postament etwa eineinhalb Meter über den Erdboden herausragt. Das Wetter arbeitet natürlich an ihr, vom Regen ausgehöhlte Stücke brechen weg und irgendwann wird sie restauratorische Behandlung in Anspruch nehmen müssen.
Diese tiefe Verbeugung vor der Urne des Betrauerten ist eine mächtige Geste, welche die steinerne Protagonistin am besten in ihrer naturalistisch belassenen Nacktheit mit ihrem ganzen Körper vollenden kann. An diesem weiblichen kauernden Körper stimmt einfach alles und gleichzeitig ist nichts übertrieben detailliert ausgeführt.
Ein mit getakteten Linien erzeugtes Muster am Haar der Trauernden lockt uns auf einen Weg zu Vorbildern vorklassischer, archaischer Herkunft, etwa ägyptischen oder mesopotamischen Ursprungs. So stilisiert Paul Keysser (um 1885–unb.) durch diese Frisur die Figur leicht, gibt ihr einen feierlichen Charakter und kann sich so von dem Vorwurf entfernen, einen reinen Akt auf das Postament zu stel-

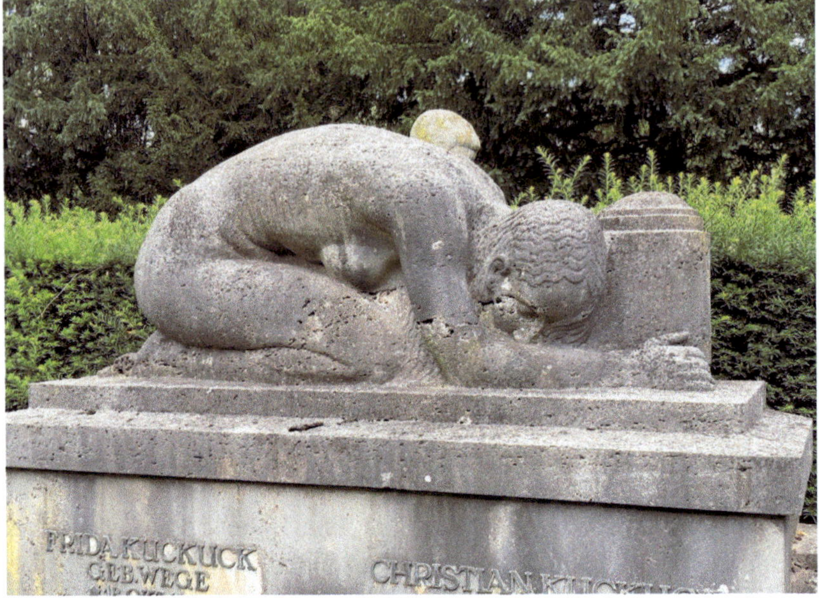

137. Grab Kuckuck, 1920 · Kniende, Stein · Karte 16E
Paul Keysser (um 1885–unb.)

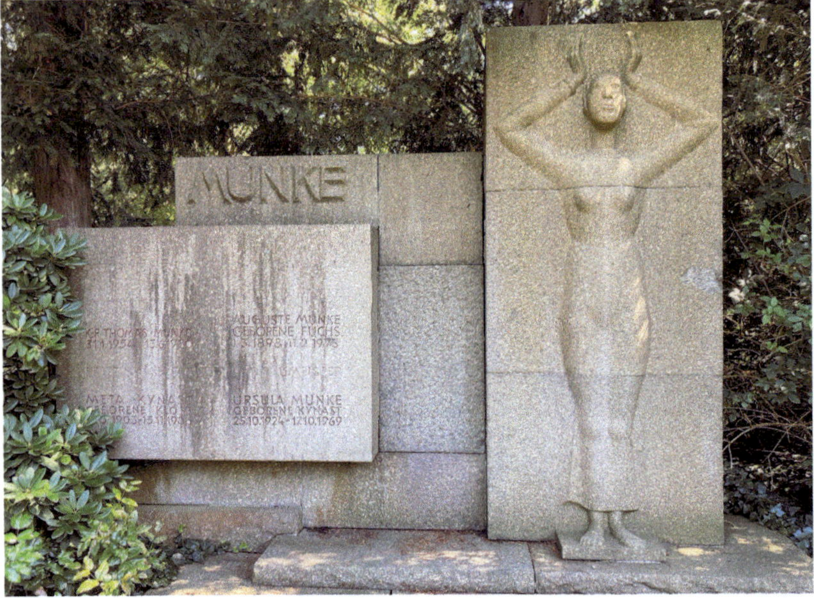

138. Grab Munke, 1924 · Stehende, Halbrelief, Stein · Karte 34C
Vordenbergen (um 1889–unb.)

len, wie es etwa Hans Dammann tat bei dem liegenden Jüngling, der auf dem Foto mit seinem Kopf über der Schulter der Knienden als Nachbarfigur herausragt. Sein Atelier oder seinen Wohnsitz hatte Keysser zu dieser Zeit in Hannover, in der Hindenburgstraße 26.

» » » » » VORDENBERGEN . 1924 « « « « «

Das letzte Werk dieser Einzelauftritte bis 1930 auf diesem Gelände stammt von einem Bildhauer, der seine Genehmigungszeichnung von 1924 nur mit Vordenbergen unterzeichnet. Ohne Vornamen.

Das Grabmal, das er bearbeitet, besitzt eine auf ein Halbrelief reduzierte und durch Vereinfachung stark stilisierte Figur einer überlebensgroßen Stehenden, die eine zunächst merkwürdige Geste macht (Abb. 138).

Vordenbergen (um 1889–unb.) lässt sie die Hände über ihren Kopf halten und zwar auf eine geöffnete Art und Weise, sodass wir meinen könnten, sie möge etwas von oben empfangen, den heiligen Geist oder dergleichen. Diese Interpretation scheint dann auch auf diesem Areal zielführender als der mit Schrecken und einer leichten Fassungslosigkeit zur Kenntnis genommene erste Eindruck des Autors, die Handhaltung über dem Kopf symbolisiere Hörner und die Gebetshaltung ginge demnach in eine ganz andere Richtung und meinte als Adressaten den Gehörnten, also den Gegenspieler im christlichen Glauben.

Doch gäbe es auch eine andere Interpretation in Sachen Hörner. Die alten Ägypter verehrten Hathor als Totengöttin und Göttin der Liebe, des Friedens, der Schönheit, des Tanzes, der Kunst und der Musik.[28] Sie trägt ein Kuhgehörn und eine Sonnenscheibe. In dieser Interpretation würde die Protagonistin das Hörnerzeichen und gleichzeitig die Sonnenscheibe mit den Händen formen, um von dieser Göttin Beistand zu erbitten. Der Betrauerte wäre somit ein orientbereister Mann gewesen mit einer Vorliebe für die ägyptische Mythologie.

Erstaunlich, welche Assoziationen die Gesten von Trauerfiguren auslösen können, besonders dann, wenn sie auf den ersten Blick fremd wirken und sich von den gewohnten christlichen Symbolen unterscheiden.

Staccatoartig hupt draußen auf der Straße ein Auto — dreimal kurz. Das Zeichen. Er würde 20 Minuten warten, eine alte Frau ist kein D-Zug. Als sie vor dem Eingangsgebäude steht, fallen ihr zunächst auf der anderen Straßenseite die Plakate an der Litfaßsäule ins Auge. Der Bundespräsident spricht. Theodor Heuss sieht sich die Stadt an. Und ein Messeplakat hängt da noch. Von Ende März bis irgendwann im April, erstmals mit ausländischen Ausstellern, kann sie noch erkennen. Der Taxifahrer, ein geflohener Breslauer, wird ihr später in schlesischem Dialekt erzählen, die Briten wären 1947 auf die Idee mit der Messe gekommen.

Für die Menschen ist es wohl gut, wenn sie Schutt und Asche, die Kriegserlebnisse, mehr und mehr hinter sich lassen können. Seit Mai waren die Lebensmittelkarten endgültig abgeschafft, es gibt wieder Arbeit und etwas zu kaufen. Aber das ist nicht mehr ihre Zeit. Ihre guten Jahre sieht Frida in der Zeitspanne, in der all die beeindruckenden Figuren auf diesem Friedhof entstanden waren. Jüngst im öffentlichen Raum aufgestellte Kunst fand sie meist nur noch auffallend, selbst wenn sie Verständnis dafür aufbrachte, dass die Abstrakten nun wieder etwas galten. Sie selbst lebte etwas weltabgewandt, eigentlich schon als sie Mitte 50 war, als sich Hans mit Beginn der 1930er vom Grabmalgeschäft immer mehr zurückzog, als 1931 ihre erst zwölfjährige Nichte Beatrix starb und später, mit dem Verschwinden etlicher jüdischer Freunde, als durch den Nazi-Terror mit der Freiheit auch die Freude aus der — in ihrer besten Zeit so vergnügungssüchtigen — Hauptstadt verschwand.

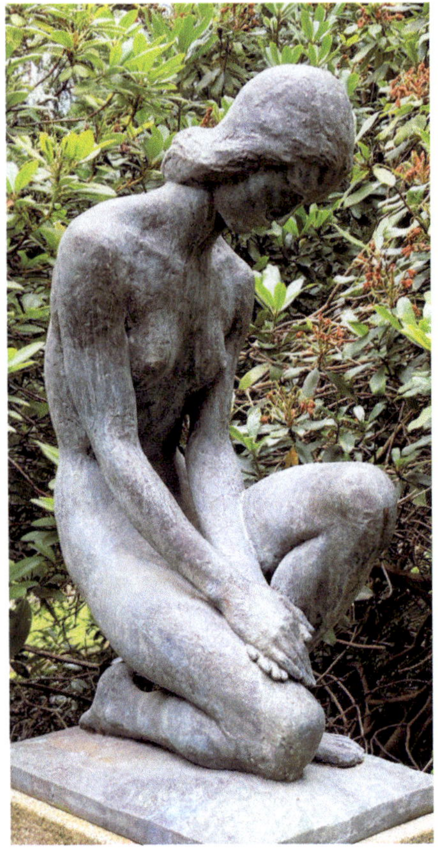

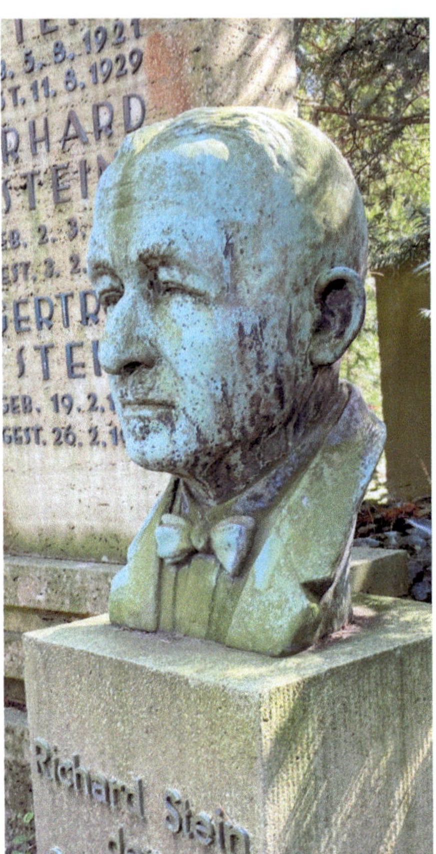

139. Grab Otto, 1930
Kniende, Bronze · Karte 17A
Wilhelm Otto (1871–1943)

140. Grab Stein, 1933
Kopfportrait, Bronze · Karte 29E
Lotte Honnef-Metzeltin (1902–1941

Akteure nach 1930

Auf dem Gesamttableau folgen nun bis zum Zweiten Weltkrieg weitere fünf bisher unerwähnte Künstler, die sich in einer schwierigen Zeit hier verewigt haben.

» » » » » » WILHELM OTTO . 1930 « « « « « «

Eine Kniende von etwa halber Körpergröße, die sich ganz schmal macht (Abb. 139), geschaffen und mit Gravur versehen von Wilhelm Otto (1871–1943), blickt von einer einen Meter hohen Stele auf das Familiengrabmal Otto in Abteilung 17. Bei der Bronzeplastik legt der Berliner Professor einer Kunstgewerbeschule großen Wert auf die Geste des Gedenkens an die Betrauerten. Obwohl es sich um einen Akt handelt, kommt hier keine Kraft eines jugendlichen Körpers zum Ausdruck. Trotz weiblicher Brust, mittellangem Haar und zarten Armen wirkt sie mit ihrem beinahe unrealistisch schmalen Becken recht androgyn. Hauptaugenmerk legt Otto auf die gefalteten Hände. Es gelingt ihm diese auf naturalistische Weise feminin und ausdrucksstark zu bilden. Sie sind das Zentrum der Skulptur.

Dieser Kniesitz ist anatomisch nicht leicht zu beschreiben. Schnell kommt der Künstler in Ungenauigkeiten und Fehler rein, wenn er im Formprozess nicht regelmäßig einen Modellvergleich hat. Der schmale Aufbau mag Kalkül gewesen sein, auch wenn er der anatomischen Korrektheit schaden könnte. So wirkt die Figur letzten Endes etwas deplatziert als Freiplastik aufgrund ihrer Zweidimensionalität, die sich durch die fehlende Tiefe einstellt.

Eine Nische in einer Grabmalwand wäre wohl ihr Platz der Wahl gewesen. So wirkt die Arbeit nicht von allen Seiten gleich plastisch, wenn er sich auch sorgsam um die Linien kümmert, die das zarte Wesen auszeichnen sollen. Die große Symbolkraft und die feminine Eleganz der Hände bleiben, egal wo sie steht.

» » LOTTE HONNEF-METZELTIN . 1933 « «

In Abteilung 29 treffen wir endlich auf eine Künstlerin auf diesem Gelände. Mit einem virtuosen Kopfportrait aus Bronze stellt sich die Hannoveranerin Lotte Honnef-Metzeltin (1902–1941) am Grabmal Stein vor (Abb. 140). Schön, wenn Bronze so blau-grün anläuft. Durch Patinierung lässt sich der Farbton vorwegnehmen, den die Bildgießer, wie schon erwähnt, gerne Pariser Grün nennen.
Die Künstlerin, die spät mit 28 Jahren zur Bildhauerei fand, war Ende der 1930er durch Rezensionen in Zeitschriften bekannt und erhielt neben Portraits Aufträge im Bereich der Bauplastik und vor allem bei Terrakotta-Figuren mit christlichen Themen.[29]
Lotte Honnef-Metzeltin wurde nicht alt in diesen schicksalhaften Zeiten, sie starb mit 39 während eines Luftangriffs auf Hannover im Februar 1941.

» » » » PAUL LEICHSENRING . 1933 « « « «

Aus Muschelkalk ist ein Reliefgrabstein in Abteilung 34 an der Grabstätte Ochwadt, aus der für eine dringliche Empfehlung zum Relief

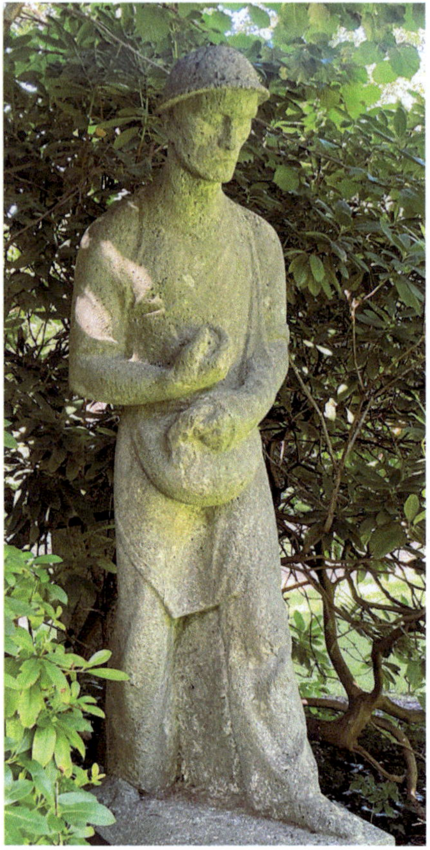

141. Grab Marwede, 1933
Stehender, Stein · Karte 05C
Otto Hohlt (1889–1960)

symptomatischen Zeit der 1930er. Als durchaus brauchbare Arbeit ist dort ein kniender Mann mit Portraitcharakter im Gesicht und gelungenen Händen zu sehen. Eine Gravur an Ort und Stelle ist nicht zu identifizieren und archivarisch taucht mit Paul Leichsenring (um 1898–unb.) ein Betrieb auf, der betont auf Bildhauerei setzt, weniger auf Steinmetzarbeiten oder Verkauf von Grabsteinen. So ist es angeraten, seinen Namen erstmal in unsere Liste der Künstler aufzunehmen, solange sich kein anderer Name aufdrängt. Vielleicht haben wir es im Folgenden noch mit einem weiteren Familienmitglied dieser Handwerkerfamilie zu tun, bei einer Grabmalfigur, die gut 50 Jahre später entsteht.

» » » » OTTO HOHLT . 1933 + 1942 « « « «

Zwei Arbeiten von Otto Hohlt (1889–1960) finden sich im Eingangsbereich und damit im ältesten Teil des Engesohder Friedhofs.
Im Jahre 1933 entstanden ist ein Stehender aus Muschelkalk am Grabmal Marwede in Abteilung 5.
Er arbeitet von Rott am Inn aus, in einem nahen Dorf namens Katzbach, welches in Oberbayern und somit nicht auf dem kürzesten Weg nach Hannover liegt. Aber das muss nicht verwundern, bei einem Künstler, der in der Karibik geboren wurde. Sein Abitur legt er in Hannover ab und geht dann zur künstlerischen Ausbildung nach München, wo er an der Akademie angenommen wird.[30]
Sein Stil in Plastik und Grafik war zunächst vom Expressionismus geprägt. Nach 1945 entsteht in seiner „Werkstatt Hohlt" in erster Linie Gebrauchskeramik, die er mit seinen

Söhnen Albrecht und Görge gestaltet.

Wenn wir uns die Marwede-Skulptur einmal vor Augen führen (Abb. 141), erkennen wir ein zügiges Aufbauen der Gestalt mit wenig Intension zu Proportionen oder portraithaften Details. Das ist in etwa der Expressionismus der 1950er, den wir hier vor uns haben, der von Künstlern wie Hohlt schon in den 1930ern praktiziert wird, und offenbar manchem Kunden gefallen hat.

Ein Engelhard- oder Gundelach-Fan wird an dieser Figur vorbeilaufen und sagen: oh, da hat wohl einer geübt! Da hat er wohl in weiten Teilen recht, aber diese Generation, diese verlorene Generation – denn diese Jahrgänge sind im Ersten Weltkrieg extrem dezimiert worden – meint es ernst damit, es den alten Meistern mit ihren hyperrealistischen Gestalten eben nicht nachmachen zu wollen, sie üben sich vielmehr darin zu vereinfachen, zu glätten, schematisch zu arbeiten.

Zum Thema hat Otto Hohlt hier vermutlich einen Sämann gemacht, an dem eigenen Familiengrab in Abteilung 1 dann einen Mäher, der sich mit einer Hand die Ärmel hochkrempelt und in der anderen Hand eine Sichel zum Korn abschneiden hält.

Sehr symbolhaft beide Allegorien. Aber eben sehr bodenständig und volksnah bei den Protagonisten, bearbeitet dann bewusst etwas primitiv im Ausdruck.

Man kann die Thematik natürlich auch mit eleganten bildhübschen elfenhaften Frauengestalten wie den Horen beschreiben, die eine näht den Faden, die zweite bemisst die Länge und die dritte schneidet ihn ab, den Lebensfaden. Aber das war eben nicht der Stil der 1880er und auch nicht der 1890er Bildhauer-

generation, zumindest eher selten bis sehr selten in deutschen Landen.

In dieselbe Kerbe schlägt ein etwas älterer der 1880er mit einem vom Expressionismus geprägten Werk am Grabmal Schrader in Abteilung 10. Berthold Stölzer (1881–1943) zeigt hier die formbeschreibenden Linien des Gewandes, wie wir sie oben bei August Waterbeck in dessen zweiter Werkphase kennengelernt haben.

Auch bei Stölzer, dem geborenen Thüringer, der scheinbar größtenteils als Autodidakt unterwegs war,[31] kann man von so einer zweiten Phase sprechen, denn auch er arbeitet zunächst, als er mit handwerklich gekonnten Plastiken auffällig wird, naturalistisch und bemüht um eine detailgenaue Darstellung. Auf dem Auktionsmarkt gibt es von ihm detailreich gefertigte Kleinplastiken im Art-déco-Stil zu ersteigern, als elegante Tänzerin fürs Herrenzimmer oder einem griechisch-römischen Reiter und auch Tierstudien wie den röhrenden Hirsch und ein liegendes afrikanisches Buckelrind, jeweils in Bronze auf Marmorsockel in Schreibtischgröße.

Sogar an einen „Denkenden Zentauren", der einen Putto auf dem Rücken trägt, traut er sich heran. Sehr schön auch ein bronzener Kugelstoßer mit brauner Patina als Akt mit durchdeklinierter Muskulatur von 34 Zentimetern Höhe. Noch schöner als Art-déco-Objekt ein sitzender Frauenakt gleichen Maßstabs in gelb-brauner Bronze.

Auch an Baukunst in Hannover ist er beteiligt, wenn auch nur an wenigen Objekten.

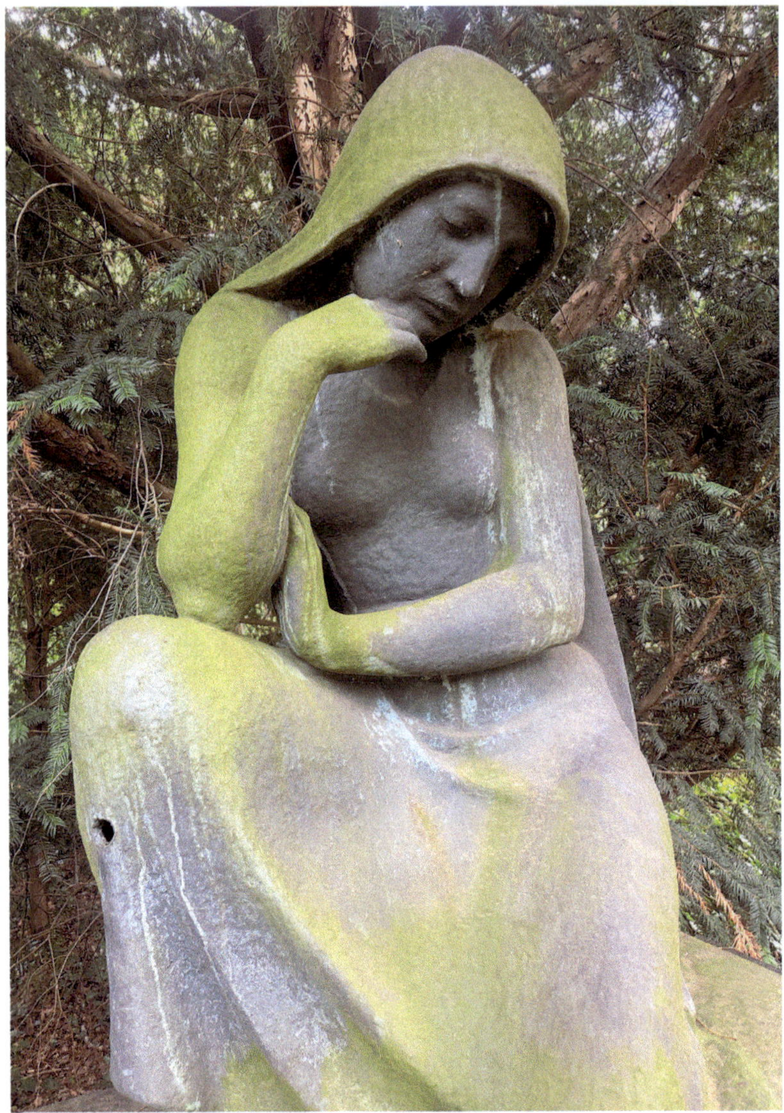

142. Grab Schrader, 1936
Kniende, Bronze · Karte 10J
Berthold Stölzer (1881–1943)

Nun also realisiert er hier für das Grabmal Schrader (Abb. 142) im Jahre 1936 eine überlebensgroße Trauernde mit einer für ihn wohl leicht nachzuformenden weiblichen Eleganz in der Haltung der Arme und Hände beim nachdenklichen Aufstützen des Kinns. Gleichzeitig geht er mit ihrem Gewand großzügig bis uninteressiert um, was sich in der Fernwirkung zunächst an der auffällig großen und detaillosen Kappe sichtbar macht. Darunter ein breit angelegtes Gesicht. Der Körper, die Oberfläche von Brust und Armen, ist nicht geglättet, sondern von einer groben Struktur, die den handwerklichen Formprozess, vermutlich mit Holzspatel auf dem Tonmodell, sichtbar werden lässt.

Übrigens, das was die Skulptur vorne links im Bild im Bereich des Schienbeins aufweist, ist kein Krümel auf der Kameralinse, sondern ein Einschussloch. Begeben Sie sich an die Rückseite, werden Sie kein Austrittsloch finden, die Kugel befindet sich also noch im Inneren der Bronzeplastik. Der Schuss wurde abgegeben aus keiner großen Entfernung, an einem Nachbargrab von einem brusthohen Obelisken aus, auf dem man gut mit einer Waffe anlegen kann. Ihr Autor wird, wenn er dazu Zeit findet, eine Kriminalgeschichte nachliefern.

Unser talentreicher Bildhauer Berthold Stölzer starb 1943 in Hannover, ob kriegsbedingt ist nicht klar. Mit nur dieser einen Plastik auf diesem Gelände hat er auf sich aufmerksam gemacht und uns ein gutes Beispiel hinterlassen für eine noch naturalistische, aber durch Vereinfachung und Betonung der Linien expressive Arbeitsweise, noch vor dem Durchbruch der Abstraktion.

» » » JOSEF KINSCHER . 1952 + 1963 « « «

Nach dem Zweiten Weltkrieg steuert Josef Kinscher (um 1917–unb.) zwei Skulpturen dem Tableau bei, die den Besucherinnen und Besuchern wohltuend auffallen werden, die auf einem romantischen Parkfriedhof nicht über „Moderne" Kunst nachdenken wollen, sondern von einer melancholischen, träumerischen Grundstimmung beseelt dem Gang der Dinge von Mensch und Natur positiv gegenüberstehen. Er zeigt Akte, harmonisch geformt, was heißen soll, naturalistisch mit einem Schuss Idealismus vermengt.

Nach den bisherigen Erzählungen ist er ein handwerklich solide ausgebildeter Bildhauer und Steinmetz, bildet auch selbst im Betrieb aus, künstlerisch wahrscheinlich eher ein Autodidakt.

Die erste Arbeit von 1951/1952 ist eine Reminiszenz an sein augenscheinliches Vorbild. Kinscher bildet dabei in einer eigenen Interpretation das gerade für Hannover so berühmte „Menschenpaar" von Georg Kolbe (1877–1947) nach. Kolbe hatte 1936 mit einem kleineren Modellentwurf von etwas mehr als einem halben Meter Höhe den Wettbewerb für eine monumentale Skulptur am Maschsee gewonnen. Kurios in Anbetracht der Zeit des NS-Regimes: scheinbar brachten Recherchen der Hannoverschen Allgemeinen Zeitung zutage, dass Kolbe ein befreundetes jüdisches Geschwisterpaar, Hans und Renate Loewy, Modell gestanden hatte.

Die überlebensgroße bronzene Plastik Kolbes (Abb. 143) inspirierte also den jungen Kinscher zu der Version seines Paares 15 Jahre

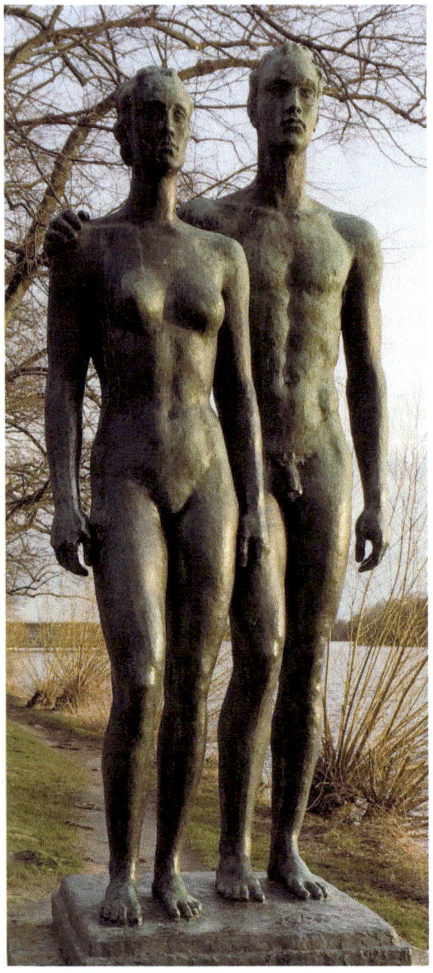

143. „Menschenpaar" am Maschsee in
Hannover, 1936
Georg Kolbe (1877–1947)

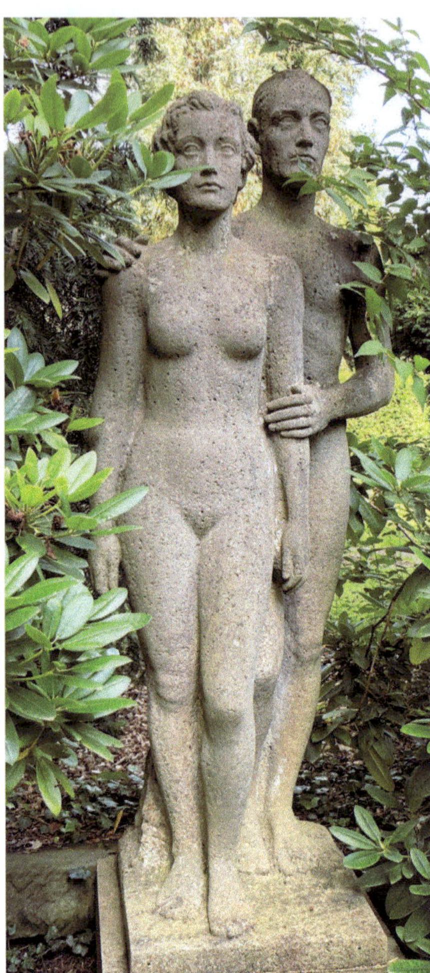

144. Grabmal Siewert, 1951
Stehendes Paar, Stein · Karte 16H
Josef Kinscher (um 1917–unb.)

später (Abb. 144), das, urteilen Sie selbst, womöglich etwas gefälliger dahinschlendert, da sich Kinscher in den Muskelgruppen der Akte nicht so detailliert auslässt.

Kolbe hatte, beginnend mit einer impressionistischen, dann detailliert naturalistischen Phase vor dem Ersten Weltkrieg, nach einer kubistischen Phase zu Beginn der 1920er und einer anschließenden naturalistischen, eleganten, sehr poetischen Phase mit großzügigen Vereinfachungen, die ihn zu einem der erfolgreichsten Bildhauer der Weimarer Republik machte, Mitte der 1930er Jahre auf sportliche, muskulöse Männer gesetzt. Aus dieser letzten Stilphase resultiert das Maschsee-Pärchen.

Kinscher sucht eher die ruhige, gleichmäßige Linie ohne Unterbrechungen von allzu naturalistisch wiedergegebenen Realitäten.

Sein Pärchen für das Grabmal Siewert am Rande der Abteilung 16 ist aus Muschelkalk, einem grobporigen Sandstein, wobei es für detaillierte Muskeln eh schwierig geworden wäre in der Umsetzung.

Das Material ist stellenweise schon sehr verwittert, insbesondere unten an der Plinthe, wo Kinscher seinen Namen eingravierte, der nur aufgrund des Wissens um seine zweite Skulptur auf diesem Areal entziffert werden konnte.

Dort auf der Bronze eines trauernden Mädchens ist er gut zu lesen. Weit im Süden des Areals steht sie, in Abteilung 33 am Grabmal Bartens (Abb. 145). An dieser Figur aus dem Jahre 1963 wird eine Weiterentwicklung sichtbar, seine künstlerische Intension, die großen Linien zu finden, hat sich nochmal gesteigert. Die Gesamtform, die sich in der Umrisslinie schon von weitem offenbart, versucht er von allen Seiten durch verschliffene Übergänge im Inneren zu erhalten. Fugen, Ecken, Kanten werden, soweit es der verbliebene Naturalismus zulässt, vermieden. Weniger an Kolbe orientiert er sich da, mehr an Aristide Maillol (1861–1944), den die Moderne in der Plastik einläutenden Franzosen oder an Joseph Enseling (1886–1957), der damals jedoch eher im Düsseldorfer Raum bekannt gewesen sein dürfte.

» » » » » FRITZ GELLINEK . 1957 « « « « «

Wohin sonst die Reise in den späten 1950ern und 1960ern geht, zeigt eine Plastik von Fritz Gellinek (um 1922–unb.) am nördlichen Rand der Abteilung 9 platziert (Abb. 146). Da bleibt der Naturalismusfreund erstmal mit offenem Mund davor stehen, auf diesem Gelände, das eine solche, gewollte Abkehr vom Figürlichen selten erlebt.

Die Formensprache des Lindeners, der sein Atelier wohl in der Ricklinger Straße 82 hatte, zeigt nun nicht mal mehr Linien, sie zeigt Achsen. Achsen, die sich hier und da orthogonal als Kreuz schneiden. Kopf, Schulter, Brust, Becken auf geometrische Volumina reduziert, die in den Größenverhältnissen zueinander jedoch stimmig scheinen und auf elegante Weise verbunden, miteinander verschliffen sind. Die Frisur: stilisiert. Lange schmale Finger an stilisierten, aber anatomisch korrekt zusammengesetzten Händen. Das Gesicht, flach wie ein Pfannkuchen, deutet es mehr grafisch als plastisch eine recht fromme Mimik an. Die auch passend scheint, denn irgendetwas passiert hier, mit einem

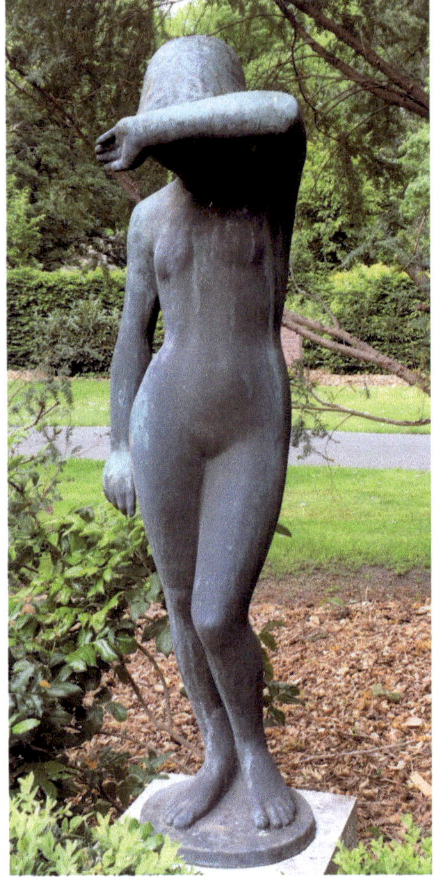

145. Grabmal Bartens, 1963
Stehende, Bronze · Karte 33C
Josef Kinscher (um 1917–unb.)

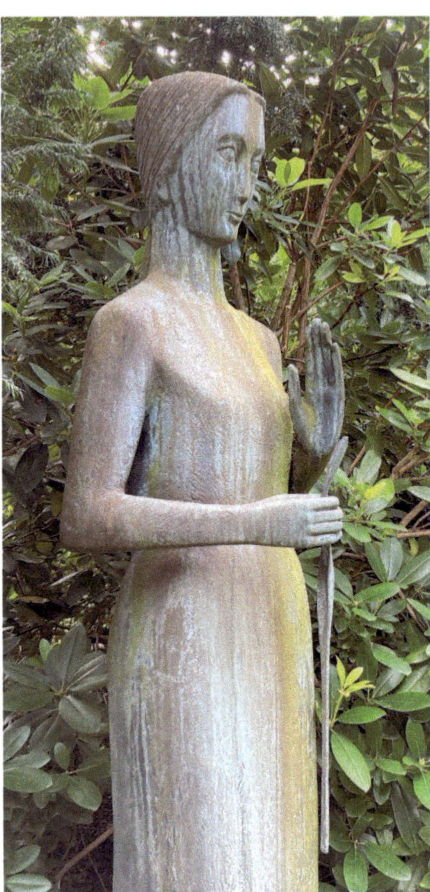

146. Grabmal Heese, 1957
Stehende, Bronze · Karte 09G
Fritz Gellinek (um 1922–unb.)

dünnen Stab, einem Docht, einer Schnur oder einem Lebensfaden.

Vielleicht ist sie die Mittlere der Horen, die den Lebensfaden misst und uns zeigt, wie wenig davon noch übrig ist. Es bleibt Interpretationsspielraum ohne Ende bei dieser symbolträchtigen Figur von Gellinek, die uns an so manche bronzene oder steinerne Plastik in und an den Kirchen erinnert, die in den 1950ern neu errichtet wurden.

Gut, aus protestantischer Tradition, wird auf figürliche Darstellungen von Maria oder Heiligen sowieso seit jeher verzichtet. Doch auch Neubauten katholischer Konfession verweigerten sich in den 1950ern bis in die 1970er einer Fortsetzung allzu naturalistischer figurativer Ausstattung.

Auch an anderer Stelle, an öffentlichen Gebäuden im Allgemeinen, gab es eine systematische und politisch gewollte Abkehr vom Naturalistischen. Nach dem Zweiten Weltkrieg galt so zirka alles, was figurativ und naturalistisch aussah, als Nazi-Kunst und die Bildhauer dieser Güte als Mitläufer. Selbst wenn man es bei dem einen oder anderen nicht so ganz genau wusste, war man doch mit den Abstrakten auf der sicheren Seite, bei Aufträgen in den Kirchen, an den Rathäusern, vor den Schulen oder bei Brunnen in den Fußgängerzonen.

Dies war einfach nur logische Konsequenz. Denn die Instrumentalisierung der naturalistischen Plastik für nationalistische Inszenierungen zwischen 1933 und 1945 war einfach nicht umkehrbar. So konnte in der frühen Nachkriegszeit die Aufarbeitung des Geschehenen unmöglich mit den stilistischen Mitteln bewerkstelligt werden, derer sich die Verursacher bemächtigt hatten.

Und nicht zuletzt für die Kunsthändler und die Kunstliebenden war es eine Befreiung, wieder mit den Abstrakten arbeiten zu können. Sie gab es ja vorher auch schon. Weit vorher. Die Skulptur „The Sleeping Muse", um ein prominentes Beispiel zu nennen, von Constantin Brâncusi, der mit seinem Geburtsjahr 1876 zwischen Hoetger und Kolbe liegt, besteht nur aus einem liegenden stilisierten Kopf und stammt aus dem Jahre 1910. Die Abstrakten waren ja Mitte der 1930er quasi verboten im Deutschen Reich, sie gehörten zu den Verlierern in der Diktatur. Nun, nach dem Zusammenbruch, wurde ihre Art sich künstlerisch auszudrücken der neue Zeitgeist, zunächst meist anklagend und mahnend im Rückblick auf die Geschehnisse.

Dass sich eine Figur noch wesentlich abstrakter darstellen lässt, als es uns Fritz Gellinek hier in Abteilung 9 zeigt, werden wir anschließend sehen. Stilisiert bis hin zu einem Kipppunkt, an dem sich die Skulptur von einer figurativen Erscheinung löst.

Für das Grabmal Guse in Abteilung 5 schafft Max Sauk (1929–2023) im Jahre 1958 eine Plastik, die zwischen einer willkürlich erscheinenden Form und einer menschlichen Figur liegt (Abb. 147). Er treibt die Zusammenfassung der einzelnen Komponenten, die eine menschliche Trauernde oder einen menschlichen Trauernden für unsere Wahrnehmung ausmachen, soweit, dass sie zu einer homogenen Gesamtform verschmelzen.

Und als ob die daraus resultierende Form ihm

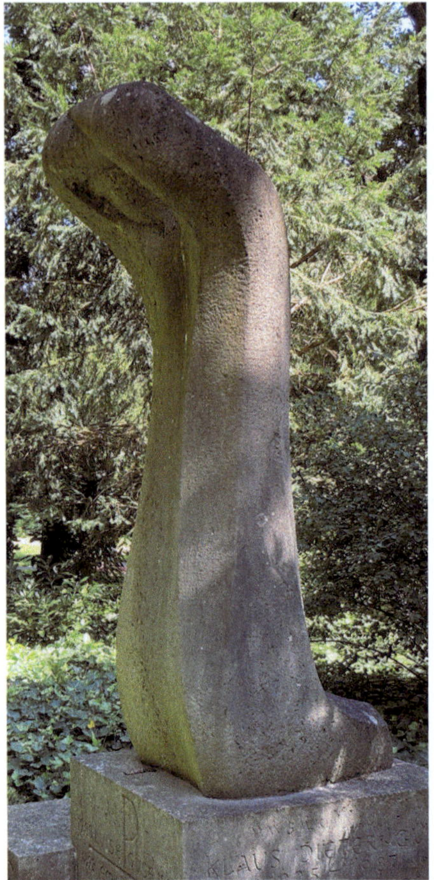

147. Grabmal Guse, 1958
Kniender, Stein · Karte 05D
Max Sauk (1929–2023)

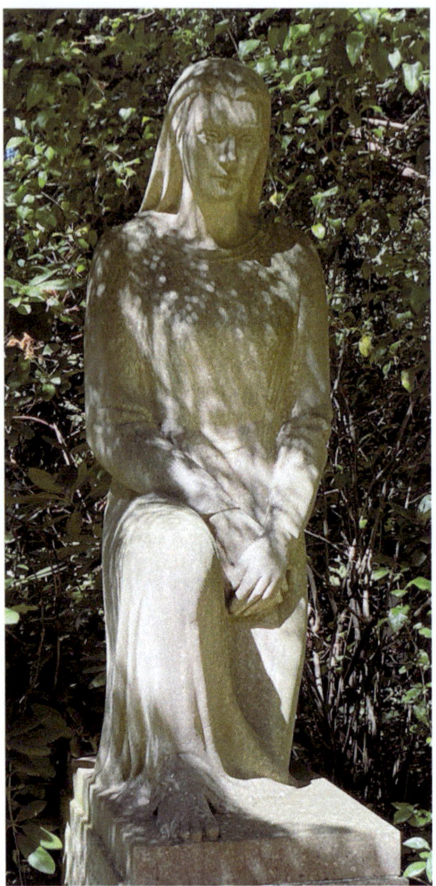

148. Grabmal Hamel Rummelt, zwischen
1935 und 1960
Kniende, Stein · Karte 01L
Albert Lettau (1885–1961)

noch zu organisch erscheint, bildet er an dem runden Körper Kanten und Flächen aus. Es sollen nur noch Linien verbleiben, zusammenfassende Linien, gebildet aus einem gut zwei Meter hohen Block aus Kirchheimer Muschelkalk.

Vor unserem inneren Auge, aufgrund unserer formalen Prägung, lassen sich oben über dem Kopf verschränkte Arme erkennen, unten in einem Fortsatz nach hinten so etwas wie ein Knien interpretieren. Den Rest, den senkrechten Zwischenteil könnte ein so geformtes Gewand erklären. Aber vielleicht steht sie oder er ja auch. Oder ist es gar keine Trauernde, sondern etwas, dass sich aus dem Grab erhebt, aufsteigt?

Wir merken, an diesem Kipppunkt der figurativen Plastik ist der Interpretationsspielraum groß und die übliche Antwort eines Künstlers dieser Generation wäre:

> *„Sehen Sie doch was sie wollen, ein Künstler erklärt sein Werk nicht!"*

Der in Hamburg geborene Max Sauk verstarb erst vor kurzem, 2023, im Badischen. In Hannover hat er einige Plastiken im öffentlichen Raum hinterlassen. Ein abstrakter „Großer Vogel" aus zusammengesetzten geometrischen Volumina von 1962 steht auf den Ihme-Anlagen vor dem Krankenhaus Siloah. Mit naturalistischen Pferdeköpfen versehen zeigt sich sein Pferdekutschenbrunnen an der Limmerstraße.

Am Anna-Blume-Brunnen auf dem Mühlenberger Markt spielt er durch die Verwendung floraler Formen mit ihrem Namen und aus ihrem Bauch strömt eine Fontäne, eine Bezugnahme auf Kurt Schwitters Gedicht, das mit

den Worten endet:

> *„Anna Blume, du tropfes Tier, ich liebe dir!"*

» » » » ALBERT LETTAU . 1935–1960 « « « «

Am Grabmal Hamel Rummelt in Abteilung 1 von 1965 (Abb. 148) finden wir eine Skulptur des von Bad Pyrmont aus agierenden Bildhauers Albert Lettau (1885–1961). Wann er die Kniende aus hellgrauem Marmor schuf, ob vor oder nach dem Zweiten Weltkrieg oder gar als 75-Jähriger um das Jahr 1960, darüber geben die Quellen keine Auskunft.

Er war ein guter Portraitist, was er an einem kleinen grün glasierten Terrakotta-Kopf eines Mädchens, an einem Portrait eines Mädchens als Bundstiftzeichnung oder einer Gouache mit einer sitzenden alten Frau auf Online-Auktionsplätzen zeigt.

Das Museum im Schloss Bad Pyrmont beherbergt ein beeindruckendes Portrait vermutlich seiner sitzenden Ehefrau, in Öl.

Wie alle diese Arbeiten, scheint auch Lettaus Figur auf dem Engesohder Friedhof zeitlos, es ist einfach ein Portrait einer knienden Frau, die nicht trauernd, sondern mit positivem Gesichtsausdruck in die Ferne schaut, wie Engelhards Figuren oder einige von Ahlbrecht. Sie trägt ein langes Kleid, keine eng anliegende Toga. Wichtig bei solch einer Figur – wie bei alten Meistern, die mit viel Kleidung arbeiteten, Echtermeier lässt wieder grüßen! – die Hände. Sie sind übereinander gelegt, sehen feminin sowie anatomisch korrekt aus und strahlen eine ruhige, andächtige Atmosphäre aus.

Wie sich insgesamt feststellen lässt, ahmt

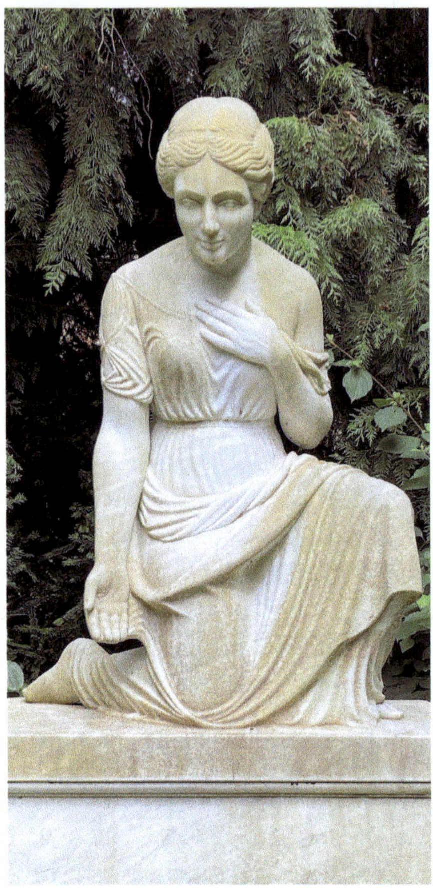

149. Grabmal Fechner, 1982
Kniende, Stein · Karte 06H
P. Leichsenring (um 1947–unb.)

Lettau die Trauerfiguren auf diesem Friedhof, die zwischen 1890 und 1930 entstanden, zwar nach, der nüchterne Ausdruck der Bekleidung und der zurückhaltende, neutrale Gestus der Protagonistin lassen jedoch auf eine Entstehungszeit zwischen 1935 und 1960 schließen.

» LOTTE FLOLLHAAS (O.Ä. SIGN.) . 1963 «

Ein Kopfportrait stammt von einer Künstlerin, die auch auf der Bronze signiert. Lotte heißt sie mit Vornamen. Vielleicht liest sich der vom Verfasser angenommene Nachname Flollhaas korrekterweise etwas anders, die Buchstabenkombination, die sie in dem Tonmodell am Nacken des Kopfes einritzt, ergibt nach dem Bronzeguss leider kein eindeutiges Bild.

Schriftverkehr gibt es nur zum Grabstein, der sich neben dem Bronzekopf auftürmt. Ein gewisser J. R. Kinscher formt am Grabmal Götz in Abteilung 29 einen organisch wirkenden Stein und versieht ihn mit zahlreichen Inschriften. Der Kopf dagegen wird nicht erwähnt, der auf einem nicht sehr hohen Steinsockel angebracht, also eher in Bodennähe platziert ist. Dass es sich bei diesem Kinscher um unseren oben genannten Künstler, Josef mit Vornamen, handelt, ist anzunehmen. In beiden Fällen wird auch die Adresse der Werkstatt erwähnt, sie lag demnach in Hannover-Döhren, in der Friedhofsallee 11, die am Stadtfriedhof Seelhorst liegt.

Mit dem ausgezeichneten, detaillierten Kopfportrait des Betrauerten gibt uns die noch nicht eindeutig identifizierte Künstlerin ein gutes Beispiel dafür, dass solche naturalistischen Fähigkeiten über alle Jahrzehnte und

Stilepochen hinweg gefragt waren und gefragt sind.

» » » » » » KARL SCHMITT . 1966 « « « « « «

Eine schöne Portraitplakette aus Bronze schuf Karl Schmitt (um 1931–unb.) um das Jahr 1966 für das damals verstorbene Familienmitglied am Grabmal Pfad. Dort in der Abteilung 15 steht schon ein oben erwähnter Reliefgrabstein von 1936 aus Karl Ahlbrechts Hand.
Es gab einen Bildhauer in Trier mit dem Namen Hans Karl Schmitt (1927–1991), der im Rahmen eines Stipendiums bei Giacomo Manzù und Oskar Kokoschka in Salzburg studierte.[32]
Die Plakette unseres Schmitts hier in Hannover ist diesmal nicht rund sondern rechteckig, zeigt den Betrauerten im Profil und ist auf einer am Boden liegenden Steinplatte angebracht, welche die Inschrift trägt.

» » » » » P. LEICHSENRING . 1982 « « « « «

Neben dem Grabmal von Hans Dammanns Hannoverscher Familie in der Abteilung 6, auf das der sitzende Mönch von 1914 herabblickt, fällt eine relativ neue kleinere Marmorarbeit am Grabmal Fechner auf (Abb. 149).
Die Figur ist gekonnt gemacht, handwerklich. In der Lieblichkeit ihrer Machart jedoch und bei solch dekorativ gemustertem Haar sowie dem ähnlich gemusterten Kleid schien als Urheber zunächst einer der namenlosen Bildhauer italienischer Gartenfiguren in stilistischer Reichweite. Bis schließlich der Name des Steinmetzbetriebs auftauchte, der die Figur 1982 installierte.

Es war P. Leichsenring (um 1947–unb.), die Adresse des Unternehmens lautete Garkenburgstraße 46, die am Stadtfriedhof Seelhorst liegt. Und nachdem oben schon ein Meister seines Fachs mit diesem Familiennamen bei dem Relief am Grabmal Ochwadt in Abteilung 34 tätig war, nämlich Paul Leichsenring, ist es durchaus wahrscheinlich, dass es sich hier vielleicht sogar um den Sohn oder die Tochter handelt. Zwei Bildhauermeister also, keine studierten Künstler, haben in Engesohde demnach ihren Anteil am Skulpturenbestand, der eine mit einer Arbeit von 1933 und ein Familienmitglied von 1982 – eigentlich schon zwei Generationen weiter – hier am Grabmal Fechner. Womöglich.

» » » » » ALFRED SCHOTT . 1985 « « « « «

Womöglich ist auch der Steinmetz Alfred Schott (um 1950–unb.) ein Künstler. Oder hat er einen Künstler an der Hand, der ihm die Skulptur am Wegesrand der Abteilung 38 entwirft? Das gilt es noch zu klären.
Jedenfalls wird der Name Schott als Verantwortlicher bei der Ausführung des Grabmals Schmidt im Jahre 1985 genannt (Abb. 150). Die Figur aus Kalkstein scheint eine Kniende mit gesenktem Haupt darzustellen – „scheint" deswegen, da es sich um eine ausgesprochen abstrakte Darstellung handelt.
Nicht so extrem losgelöst von einer menschlichen Statur, wie wir es oben bei Max Sauk am Grabmal Guse gesehen haben, aber es fehlt nicht viel, es ist sozusagen eine Abstraktionsstufe darunter angesiedelt, was uns da gegenübertritt. Deutlich sehen wir noch die verschränkten Arme, doch ihre Ausformung

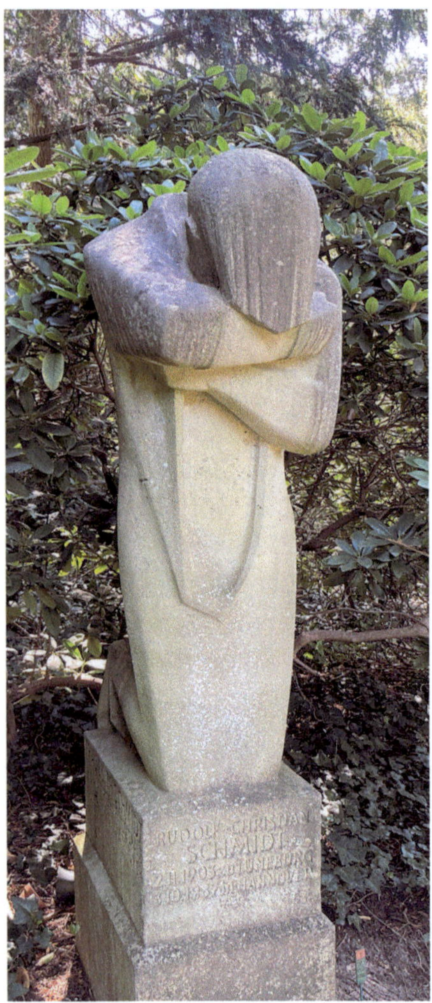

150. Grabmal Schmidt, 1985
Kniende, Stein · Karte 38A
Alfred Schott (um 1950–unb.)

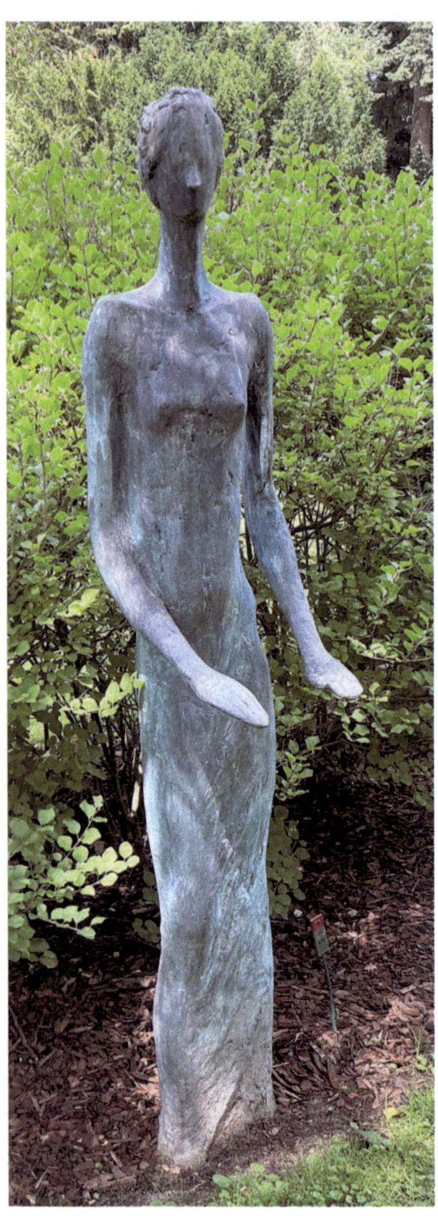

151. Grabmal Pfeffermann, 1991
Stehende, Bronze · Karte 25L
Thomas Lucker (1959–dato)

gehorcht kubistischen Gesetzmäßigkeiten. Nicht nur jeder körperliche Bestandteil stellt sich dem Runden, Organischen entgegen, sondern im Besonderen der Gesamtaufbau orientiert sich am quaderförmigen Steinblock. Ein paar herausgearbeitete Linien wollen im Brust-Bauch-Bereich noch etwas nicht sofort Erkennbares beschreiben. Die Frisur, die nach vorne und nach unten pfeilartig strebenden Haare, verschließen das Gesicht, schützen es vor Blicken und weisen gleichzeitig nach unten, auf das Grab.

Wenn dies alles einem Steinmetzmeister, einem Handwerker, einfällt, dann darf er auf unserem Tableau hier in Engesohde gerne als Künstler stehen. Oder was meinen Sie, liebe Leserin, lieber Leser?

» » » » » **THOMAS LUCKER . 1991** « « « « «

Eine Stehende aus Bronze (Abb. 151), nicht sehr hoch, vielleicht von halber Körpergröße, fällt sofort auf, und zwar als rein künstlerisches Produkt. Übertrieben schmalgliedrig gestaltet erscheint sie vor den Augen der auf dem pittoresken Halbrund der Abteilung 25 schlendernden Kunstfreunde.

In ihrer schmalen Schemenhaftigkeit wirkt sie wie eine Fata Morgana oder eine außerirdische humanoide Spezies, die ihr Raumschiff verlassen hat für einen Erkundungsgang, vielleicht um Echtermeiers Figuren auf dem benachbarten Grabmal Mencke zu studieren, die 100 weniger sechs Jahre zuvor entstanden sind.

Dass es sich bei der extraterrestrischen Forscherin – sie ist eindeutig weiblich – um das Grabmal Pfeffermann von 1991 handelt, ist

uns erstmal nicht bewusst, kein Grabstein, keine Grabplatte über einer Urne, kein Schild, keine Buchstaben.

Genauso im Unklaren bleibt die Kunstfreundin, der Kunstfreund darüber, ob sich hier mit einem Entwurf von so schmalgliedrigem Aufbau nicht etwa ein echter Wilhelm Lehmbruck (1881–1919) oder vielleicht ein echter Alberto Giacometti (1901–1966) auf dem Engesohder Friedhof befindet.

Genau für solche „Kunstnotfälle", wie es der Galerist des gesuchten Künstlers, Kleebolte aus Essen-Werden, witzigerweise nennt, ist ja dieses Buch geschrieben worden. Nein, nicht die modernen Vorzeigebildhauer des Kunstunterrichts der ersten 40 Jahre Bundesrepublik, Lehmbruck und Giacometti, waren hier am Werk, sondern sehr wahrscheinlich eher ein Fan von ihnen.

Thomas Lucker (1959–dato) heißt der bei Cuxhaven geborene Bildhauer, der 1981 in Hannover eine Steinbildhauerlehre beginnt und später an der FH für Kunst und Design Hannover bei Professor Horst Hellinger studiert. Seit 1996 arbeitet er von Berlin aus und sein Steckenpferd ist inzwischen eine besondere Technik, bei der er seine aus Stein geschaffenen Skulpturen in der Dunkelkammer mit Fotos nasschemisch dauerhaft verbindet.[33]

Die extreme vertikale Ausrichtung Luckers Stehender in Engesohde wird nur durch die nach vorne gehaltenen Hände unterbrochen. Mit dieser Geste wird etwas Schützendes, Bewahrendes angedeutet, so hat diese Skulptur, ob sie von vornherein als Grabmalplastik vorgesehen war oder nicht, begleitet von den Überlängungen durchaus einen sakralen Charakter.

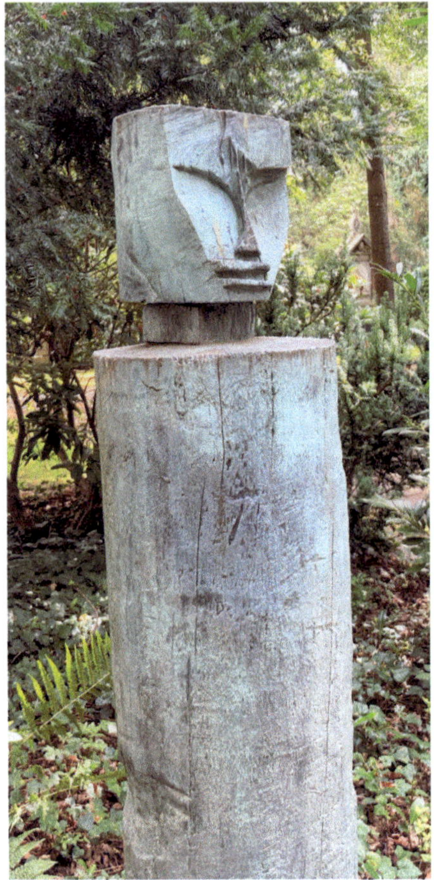

152. Grabmal Hütte, 1994
Baumstamm-Totem, Bronze · Karte 13D
Dietrich Klinge (1954–dato)

Unmittelbar neben Hans Dammanns sitzen-
dem Soldaten am Grabmal Werner in Abteilung 13 findet sich eine Skulptur mit kurioser
Motiv-Material-Kombination. Dietrich Klinge
(1954–dato) ließ dort für das Grabmal Hütte
ein Baumstamm-Totem in Bronze gießen mit
einer blau-grünen Patina (Abb. 152).
Der Thüringer studierte an der ABK Stuttgart,
wo er unter anderem auch Schüler von Alfred
Hrdlicka (1928–2009) war.[34] Für den heute von
Dinkelsbühl in Mittelfranken aus arbeitenden
Klinge ist die Technik, die er an diesem Grabmal anwendet, kein Unikum, vielmehr gehört
es generell zu seiner Praktik, zunächst grob
behauene, archaisch wirkende Holzskulptu-
ren zu erstellen, die er dann im Bronzeguss
für den Außenbereich verewigen lässt.

Bei der Marmorarbeit am Grabmal Di Maggio
handelt es sich augenscheinlich um ein Portrait des Betrauerten, ein junger Mann, der
2004 verstarb. Laut der Gravur an der Büste
schuf sie der Künstler oder die Künstlerin
R. Maggi (um 1969–unb.).
Äußerst fein gearbeitet, detailreich und ohne
künstlerische Leichtigkeit, ohne wildes He-
rausarbeiten eines Charakters, so wirkt die
Büste, die in Abteilung 33 zu finden ist. Im
Ausgehanzug, also mit Hemd, Krawatte, Ja-
ckett, und dabei lächelnd blickt der junge
Mann mit offenen Augen gerade nach vorne.
Mit der feinen Arbeit wollte der Bildhauer
oder die Bildhauerin an einen feinen Kerl erinnern, so kommt es uns in den Sinn.

Der Taxifahrer war Freddy-Quinn-Fan, das steht fest. Frida verspürt auch mal wieder Lust auf ein Konzert. Ihre Schwester Lotte wollte eigentlich mit nach Hannover kommen. Lotte, die Opern liebt, wollte am Samstag in die letzte Neuinszenierung im Galeriegebäude: „Entführung aus dem Serail". Im Herbst soll das restaurierte Opernhaus wiedereröffnet werden.

Lotte, die in den letzten Kriegsmonaten aufs Land geflüchtet war, überlegte sogar nach Hannover zu ziehen, schließlich hatten die beiden Schwestern ja Verwandtschaft hier. Wenn Frida sie bald wieder sehen würde, muss sie ihr jedoch sagen, dass sie niemanden angetroffen hat, das Haus in der Stadt war noch nicht wieder aufgebaut. Deswegen hatte sie sich ein Zimmer in der Pension genommen. Wer noch übrig war und ob sie vermeintlich in den umliegenden Dörfern eine neue Existenz gefunden hatten, müsste noch erforscht werden. Frida zog es vor, sich auf dem Engesohder Friedhof aufzuhalten, wo ihre schönen Erinnerungen zu finden waren. Ob sie ihn noch einmal wird besuchen können? Alleine eher nicht, das war heute schon anstrengend, erstmal abwarten, was der Hausarzt am Donnerstag sagen würde.

Der Besuch in Engesohde hat ihr die Zeit zurückgebracht, sie hat sich selbst gesehen, in einigen Plastiken, auch die anderen Modelle, in der Blüte ihres Lebens, die in einigen Fällen ihre Freundinnen und Freunde waren. Nun sitzt Frida wieder im Zug, blickt aus dem Fenster, die niedersächsische Landschaft fliegt an ihr vorbei, ihre Jugend und die alte Zeit würden dort auf dem romantischen Stadtfriedhof überdauern.

Bildhauerverzeichnis

Dies sind die im Buch erwähnten Bildhauernamen. Sie betreffen sowohl die Künstler, die auf dem Engesohder Stadtfriedhof durch eigene Plastiken und Plaketten aktiv waren, als auch die Künstler, die als Vergleich herangezogen wurden und eine kurze Beschreibung erhielten (mit Geburts- und Sterbejahr).

KAPITEL 6

Die Entstehung der Abteilungen

Die Entstehung der Abteilungen

Bevor Sie als Kunstfreundin, als Kunstfreund, im nachfolgenden Kartenteil die einzelnen Abteilungen mit der exakten Anordnung der enthaltenen figurativen Skulpturen genauestens studieren können, wollen wir uns kurz der Geschichte dieses Friedhofs widmen. Denn dem Besucher fallen beim Durchgang des gesamten Areals jede Menge gestalterische Veränderungen auf. Da gibt es mal viele dicht aneinander gestellte, aufwändig gestaltete Grabmale, während an anderer Stelle weite Wiesenflächen den Stadtfriedhof charakterisieren. Mal gibt es eine wahre Inflation an großen bildhauerischen Werken, während an anderer Stelle schlichte bescheidene Reihengrabmale eine Abteilung ausmachen.

Wie es dazu kam, erklärt sich aus der Geschichte und die haben die Redakteure einer Broschüre[35], im Jahr 2015 herausgegeben vom Fachbereich Umwelt und Stadtgrün, Bereich Städtische Friedhöfe, der Landeshauptstadt Hannover, zusammengestellt. Der Text beginnt mit den Gründungsjahren des Stadtfriedhofs:

„Der Stadtfriedhof am Engesohder Berge wurde als erster kommunaler Friedhof Hannovers auf dem leicht erhöhten Gelände am Rande der Döhrener Feldmark nach Plänen des Stadtbaumeisters Ludwig Droste in den Jahren 1861 bis 1864 angelegt. Mit 16 Morgen (rund 4,2 Hektar) war er in damaliger Zeit der größte Begräbnisplatz Hannovers.“

Diese Döhrener Feldmark bezieht sich auf den südlicher gelegenen Ort Döhren mit seinen in Richtung Hannover gelegenen Wiesen und Feldern. Diese Anhöhe bot Schutz vor dem Wasser der westlich gelegenen Ricklinger Masch, der südlichen Verlängerung der Altstädter Masch, früher Ägidien Masch und noch früher auch einfach Marsch genannt. Dieses Marschland ist ein von Wildtieren, Wasservögeln und Menschen, zur Erholung in der Natur, genutztes und für Überschwemmungen der Leine vorgehaltenes Gebiet ohne Bebauung, in der Ausdehnung von der Marienburg bei Nordstemmen, die etwa 25 Kilometer flussaufwärts liegt, bis vor die Innenstadt Hannovers. Vor diesem Wasser wollte man die Grabanlagen schützen.

60 Jahre nach der Eröffnung des Engesohder Friedhofs begann man dann mit dem Projekt für den Bau eines Maschsees – erst theoretisch 1925 durch den Wasserbauingenieur Otto Franzius, dann praktisch 1934 mit dem ersten Spatenstich, nicht zuletzt als propagandawirksame Maßnahme der nationalsozialistischen Regierung in Form eines Arbeitsbeschaffungsprogramms für eine von hoher Arbeitslosigkeit geplagten Bevölkerung.

So befindet sich der Engesohder Friedhof heute am Ostufer des Maschsees im Süden des Stadtteils Südstadt.

1. Phase · 1861–1871

Mit 4,2 Hektar Fläche startet er also ab 1861, das ist weniger als ein Fünftel des jetzigen Areals. Von den Stadtfriedhöfen und Stadtteilfriedhöfen ist er heute nach Fläche der fünftgrößte mit 22 ha und nach Anzahl der Grabstätten mit etwa 18.000 derzeit der viertgrößte. Die größten Friedhöfe Hannovers nach Fläche sind Seelhorst, gefolgt von Stöcken, Ricklingen und Lahe.

An der damaligen Alten Döhrener Straße wird ein repräsentatives Eingangsgebäude gebaut. Hinter einem gedoppelten, von einem zur Straße hin offenen Säulengang geteilten, Eingang befindet sich die Kapelle. Zu beiden Seiten des Eingangs verlängert sich das dem Historismus verpflichtete Bauwerk um zwei Arkadenflügel, die wiederum nach innen geöffnet sind und reich gestaltete Grabdenkmale mit Grüften beherbergen.

Das Areal wird in elf Sektionen geteilt (siehe Fig. 1 die Abteilungen 1 bis 11) und das Ganze von einer umgebenden Friedhofsmauer geschützt, welche zur Straße kurioserweise von übriggebliebenen Balustradenelementen gekrönt wird. Ein schmaler Kanal in der Innenstadt, Schiffgraben genannt, der seit dem Mittelalter für Holz- und Torftransporte diente, wird Mitte des 19. Jahrhunderts verrohrt. Die abgebauten Balustraden kommen nun 1861 bis 1864 dem Bau der Friedhofsmauer zugute. Zunächst bestand der Friedhof in seiner ersten Fertigstellungsform acht Jahre, in einer turbulenten Zeit, denn zunächst verlor Hannover 1866 den Krieg gegen Preußen und wurde besetzt, König Georg V. und seine Königin Marie, die mit Tochter Mary noch ein Jahr in der 1858 bis 1869 erbauten Marienburg gewohnt hatte, flohen ins Exil nach Österreich und vier Jahre später kam es zum Deutsch-Französischen Krieg, an dem die Hannoverschen Soldaten in der preußischen Armee eingereiht kämpften. Im 1870er Krieg gegen Frankreich war Hannover ein großer Lazarettstützpunkt Preußens, deutsche und französische Verwundete wurden hier behandelt.

2. Phase · 1872–1879

Von 1858 bis zum Initiierungsjahr des Friedhofs 1861 hatte sich die Einwohnerzahl fast verdoppelt von 33.000 auf 60.000 (Fig. 2). Trotz der Kriegsbeteiligungen zählte Hannover im Jahre 1872 dann schon mehr als 90.000 und war auf dem Weg eine Großstadt zu werden, was bei der Zählung von 1875 mit mehr als 106.000 erreicht wurde. Diese Entwicklung mag ein Grund für die folgenden Erweiterungen sein.

In dieser Zeit von 1872 bis 1877 komplettiert sich der, nennen wir ihn, alte Teil des Engesohder Stadtfriedhofs mit den Abteilungen 1 bis 25. Wir sehen in der Planzeichnung (Fig. 1) auch klar das ursprüngliche Vorhaben der Architekten, nämlich den ersten Entwurf, der von der Flächennutzung her eine dreieckige Ausgangsform hatte, in eine nun symmetrische axiale Ausrichtung zu überführen mit einer langen Hauptachse zum südwestlichen Abschluss in Form eines Rondells, der Abteilung 25. Diese zugrundeliegende Absicht zeigt sich schon im sternförmigen Zentrum des Plans der ersten Phase von 1861. Denn der Verlauf des Hauptweges, der vom Eingang des an der Alten Döhrener Straße entlang gebauten Eingangsgebäudes zwischen den Abteilungen 1 und 6 an diesen Punkt trifft, dreht ein auf die neue Hauptachse, die dann die Abteilungen 9 und 10 trennt und im Erweiterungsbau zur Mittelachse wird.

3. Phase · 1880–1956

Auch wenn schon 1880 eine die Gesamtform und die Dimension entscheidend ändernde Erweiterung eintritt, bleibt das Areal des alten Teils für die Aufstellung der wertigen figurativen Plastik der Ort der Wahl. Die aufwändig gestalteten Erbbegräbnisstätten werden hier im Laufe der Jahre zahlreicher und rücken näher zusammen, gerade die Abteilungen in der Nähe des Eingangsgebäudes gleichen heute einem komprimierten Skulpturenpark.

In dem neuen großen hinzugekommenen Komplex werden die Erbgrabmale zunächst lediglich entlang der Friedhofsmauer und am Rande der Hauptwege verteilt, während die Trauerfiguren im alten Teil eine entscheidende Rolle an der Gestaltung innerhalb der meisten Abteilungen übernehmen.

Wie die Bevölkerungsentwicklung in Fig. 2 zeigt, ist Mitte der 1870er Jahre eine nächste Erweiterung abzusehen. In der Broschüre der Stadt heißt es weiter:

> *„Für die nächste Erweiterung wurde 1880 die südliche Ziegelmauer durchbrochen und ein langgestrecktes Gelände einbezogen. Ein ehemaliger Querweg auf der Grenze zwischen den ersten beiden Bauabschnitten wurde zur Hauptwegeachse des neuen Friedhofteiles verlängert (Lindenallee). Parallel geführte Haupt- und Nebenwege führten zu einer Gliederung in sechzehn mehr oder weniger regelmäßig geformte neue Abteilungen (Nr. 26–41). In den Kreuzungspunkten der Hauptwege wurden Rundplätze zur Orientierung angelegt. Ein gutes Beispiel hierfür ist der Platz mit dem Goldenen-Engel-Brunnen.“*

Im Jahre 2024 befand sich dieser goldene Engel, der lediglich eine goldene Farbe erhalten hatte, nicht mehr auf dem Brunnen. Warum er fehlt, ob er gestohlen wurde, trotz des geringen Werts, und von wem, bleibt nach Medienrecherchen im Nebulösen.

Lotrecht zur Hauptachse führt durch diesen Kreuzungspunkt ein breiter Weg, der den neuen Friedhofsteil halbiert und zur Orli-Wald-Allee hin zu einer geschmiedeten Eisenpforte führt, die gelegentlich offen ist.

An der südöstlichen Ecke befindet sich der offizielle zweite Eingang, daneben der Urnenhain mit Jugendstil-Eingangspfeilern und gestalteten Urnenwänden, der 1903 entsteht. Der Besucher, so er über die Hildesheimer Straße kommt, kann seinen Friedhofsgang also auch über die Abteilung 40 antreten. Zu diesen, nennen wir sie, neuen Abteilungen, die ihn dort empfangen, ist anzumerken, dass sie nicht ohne Innengestaltung angelegt werden.

Ganz im Gegenteil – vor allem nach der Jahrhundertwende kümmert man sich sehr um eine gartengestalterische Ausprägung. Wenn wir in ihnen nach unseren Skulpturen fahnden, treffen wir auf Arrangements von knie- bis mannshohen gepflegten Hecken, auf Höhen und Senkungen der Bodenflächen, auf langgezogene Wasserbassins, Wege mit verdichtetem Sand, Steinplatten zwischen kurz gehaltenen Rasenflächen, auch auf bedachtsam ausgewählte inzwischen groß gewachsene Bäume wie in einem Englischen Park. Die Gestaltung des gesamten Geländes kann man als stetigen Prozess auffassen. Die Gartenbaudirektoren führen die Arbeit und Visionen ihrer Vorgänger unbeirrt durch Kriege und wechselnde Staatsführungen immerzu weiter fort.

Auch im alten Teil bekommen die Abteilungen, die an die ehemalige Südostmauer grenzen, erst sehr viel später eine finale Fassung. Das betrifft zum Beispiel die Abteilung 23. Wir erinnern uns an Engelhards Granitskulptur mit den drei in Zukunft, Gegenwart und Vergangenheit blickenden Damen für die Familie Barnay, da sprachen wir vom Zeitpunkt der Abteilungsplanung, von 1916. Sie ist übrigens die einzige Freiplastik in dieser Abteilung. Diese ehemalige Mauerzone ist zudem kaum mit alten großen schattenspendenden Bäumen besetzt, von vielen Wegen durchzogen und wirkt wie eine interne Verkehrsader zur Versorgung des Geländes vom Werkhof aus. Schon in den Abteilungen 22 und 8, die noch vor der ehemaligen Mauer liegen, sind keine plastischen Grabfiguren vorzufinden.

Wie ein Foto von 1957 des Grabmals Mittag, das mit der Mädchen-Bronze, in Abteilung 28 zeigt, standen zu dieser Zeit noch Mauerreste des alten Friedhofsteils dahinter. Die Mauer wurde also wirklich nur, wie es hieß, durchbrochen und nicht völlig abgebaut. Heute ist sie komplett weg und an ihrer Stelle erstreckt sich die lange, nur ein paar Meter breite Abteilung 26.

Besucher und Kunstfreunde müssen an dieser Stelle, sollten sie ihre Tour vom Haupteingang durch den alten Teil gestartet haben, auf die Idee kommen, eine weitere Suche nach bildhauerischen Werken hinter dieser Doppellinie – der Abteilungen 11, 24 und der langen 26 daneben – mache keinen Sinn. Gehen wir jedoch geduldig weiter gen Südosten, werden wir schon in den Abteilungen 27, 28

oder 29 von weiteren Plastiken empfangen. Diese Erweiterung ab 1880 manifestiert sich zunächst entlang einer neuen umgebenden Friedhofsmauer, die Gestaltung und Belegung der einzelnen Abteilungen innerhalb des neuen Areals erfolgt jedoch sukzessive in größeren Zeitabschnitten. So finden wir beispielsweise auf den Postamenten an den im Folgenden dokumentierten Grabmalfiguren in der Abteilung 34 das Jahr 1923 und in Abteilung 38 das Jahr 1926 als frühestes Sterbedatum. Sie wurden also mehr als 40 Jahre nach der Erweiterung installiert.

Diese beiden Abteilungen sind erkennbar extra für eine reiche Präsentation von Skulpturen angelegt, während andere im neuen Teil ausschließlich Reihengräbern Raum bieten. Aber fantastisch, wie die Planer von etwa Mitte der 1920er bis Mitte der 1930er dafür gesorgt haben, dass wir auch im neuen Teil plötzlich auf ungeahnt reizvolle Arrangements treffen, in Sachen Plastik, wie in den Abteilungen 34 und 38.

Die Redaktion der Friedhofsbroschüre kommt im gartenplanerischen Sinne zu dem Schluss:

> *„Die durch Trip begonnene, von Kube maßgeblich fortgeführte und durch Wernicke abgeschlossene gärtnerische Anlage der Abteilungsinnenflächen vervollkommnete den Friedhof bis 1936 zu einem Gesamtkunstwerk.“*

In den darauffolgenden Jahren bis zum Zweiten Weltkrieg wird zwar, wie oben bei Ahlbrechts Vorträgen in der „Gartenkunst“ angesprochen, über eine Pflicht zur Einhaltung vorgegebener handwerklicher Grabmaltypen einer Verflachung des künstlerischen Niveaus

Fig. 1 · Bau in zwei Phasen – von Beginn an mit Erweiterung geplant

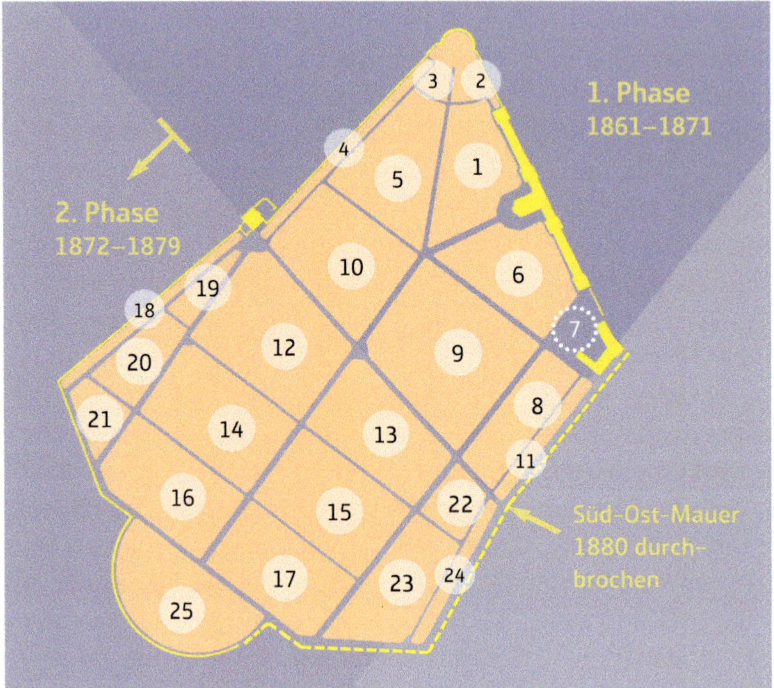

Fig. 2 · Bevölkerungsentwicklung Hannovers

1842	25.916
1845	27.926
1848	28.233
1852	31.876
1855	33.148
1858	33.467
1861	60.120
1864	67.815
1867	73.952
1871	87.626
1872	90.404
1873	95.167
1874	99.930
1875	106.677
1880	122.843
1885	139.731
1890	163.593
1895	209.535
1900	235.666
1901	240.962
1902	245.901

Fig. 4 · Der Bau des Maschsees 1934 macht die letzte Erweiterung möglich, begonnen 1957

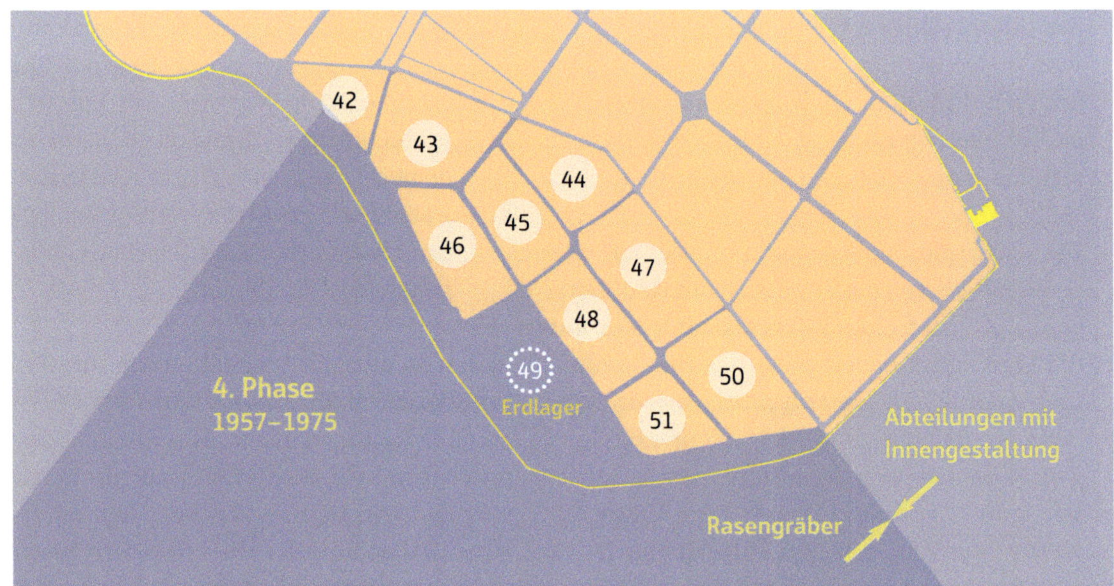

Fig. 3 · So sah der Friedhof zur großen Zeit der Grabmalfiguren 1890–1930 aus

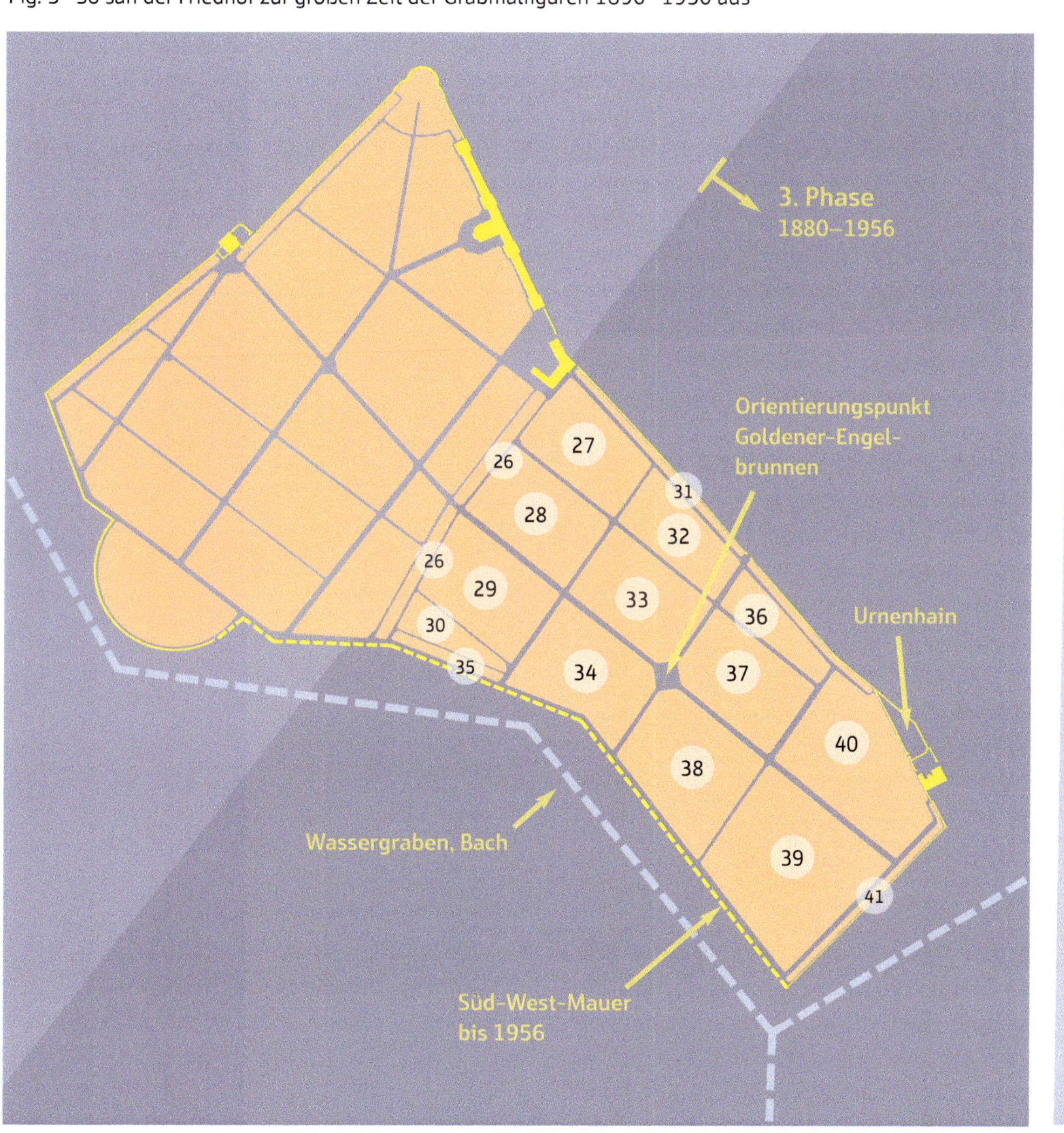

der Gesamtanlage durch glattgeschliffene, industriell gefertigte Reihengrabsteine Einhalt geboten. Gleichzeitig kommt jedoch die das Individuum allzu auszeichnende Freiplastik auf dem Grabmal in Verruf. Anfang der 1930er werden die letzten auf dem Engesohder Stadtfriedhof platziert, vornehmlich die erwähnten Akte als neoklassizistische Kunstwerke. Von 1936 bis 1945 werden menschliche Darstellungen nur noch verschmolzen mit dem Grabstein toleriert, etwa als Hochrelief. Übrigens vollendet die Erweiterung ab 1880, die dritte Phase, den Friedhof zu dem Areal, wie es unsere Ausnahmebildhauer Echtermeier, Gundelach, Dammann, Engelhard oder Herting vorfinden, als sie mit ihren Werken von 1890 bis 1930 die Geschichte der großen Zeit der Grabmalfiguren schreiben (Fig. 3).

Wie eine alte Karte im Brockhaus von 1895 verrät, gab es im Westen eine Art Wassergraben, einen Bach, vielleicht ein zusammenhängendes Entwässerungssystem der Masch. An eine Erweiterung nach Westen hin war also ohne Maschsee nicht zu denken. Es ging nach der Süd-West-Mauer direkt bergab zu dem Wassergraben und zum Marschland. Erst bei der Entstehung des Maschsees, im Zuge der Ausgestaltung des Rudolf-von-Bennigsen-Ufers, kommt es zu einer Aufschüttung des Geländeteils für die kommende Erweiterungsphase.

4. Phase · 1957–1975

Der letzten Erweiterung von 1957 bis etwa 1975 liegt ein vollkommen anderes Konzept zugrunde. Hier wurde städtebaulich eine vergrößerte grüne Lunge geschaffen und von der Begräbniskultur her auf neue Formate eingegangen.

Quasi als Vorläufer zum Waldfriedhof, als Vorstufe zu einer anonymisierten Bestattung, finden sich hier die Abteilungen bedeckende große Rasenflächen. Vereinzelt werden Zonen gesetzt, in denen kleine quadratische Flächen in regelmäßigen Abständen eine Urnenbeisetzung ermöglichen. Das Quadrat füllt dann entweder ein kleines bepflanztes Beet aus oder eine Grabplatte mit Inschrift.

Nicht alle hinzugekommenen Abteilungen werden dazu benötigt, wir finden dort zum Maschsee hin auch welche, die als Streuwiese bewirtschaftet einigen Stöcken Honigbienen Zusatznahrung bieten, zu ihrer Hauptaufgabe, der Bestäubung der Flora des gesamten Stadtfriedhofs. Von diesen saisonal naturbelassenen Zonen profitieren natürlich ebenfalls weitere Insekten, die vielen Vögel und Eichhörnchen, die für uns während eines Besuchs ständige Begleiter sind.

Für den Besucher

Adresse

Stadtfriedhof Engesohde
Orli-Wald-Allee 2
30173 Hannover

Öffnungszeiten

15. März bis 31. Oktober: 8 bis 20 Uhr
1. November bis 14. März: 9 bis 17 Uhr

Öffentliche Verkehrsmittel

Stadtbahnlinien (U-Bahn) 1, 2 und 8
– Haltestelle: Altenbekener Damm
Buslinie 370 – Haltestelle: An der Engesohde

METHODEN ZUR FESTSTELLUNG DER URHEBERSCHAFT

oder: was die Buchstaben nach dem Künstlernamen und nach dem Entstehungsjahr bedeuten

G nach Gravur
*auf dem Stein, der Bronze,
oder als aufgebrachtes
Plättchen mit Namen*

RG mit Recherche zur Gravur
*auf dem Stein, der Bronze,
bei Unleserlichkeit, etwa bei
starker Verwitterung auf
Sandstein, oder Abkürzungen*

K nach künstlerischer Analyse
*vergleichende Herangehens-
weise, Stilmerkmale, ikonische
Markenzeichen, die Modelle
haben sehr hohen Stellenwert,
bekannte Referenzwerke*

Q verlässliche Quellen
*Fachliteratur, Schriften von
Zeitzeugen oder des Künstlers
selbst*

V nach Verwaltung
*auf Infotafeln oder in
Prospekten der Behörden der
Stadt Hannover und der
Friedhofsverwaltung*

RV nach Verwaltungsarchiv
*Recherche im
Verwaltungsarchiv des
Friedhofs*

R nach allgemeiner Recherche
Funde und Übereinstimmungen
*von mehreren Quellen, online
und offline, wie Auktions-
häuser, Wikipedia und Biblio-
theksdatenbanken*

SD Sterbedatum
*Auf dem Grab stehende
Jahreszahlen, zumeist die zwei
ältesten Einträge (von–bis)*

Danksagung

Für die Ermöglichung der Archiv-Forschung dankt der Autor den Damen und Herren des Bereichs Friedhöfe der Stadtverwaltung Hannover.

Datenschutz

Die DSGVO findet Anwendung bei der Verarbeitung personenbezogener Daten. Die Datenverarbeitung erfolgte rein zweckgebunden, nämlich zum Ziele der Zuordnung von Kunstwerken und Künstlern. Sie ist im öffentlichen Interesse für kunsthistorische Forschung und Denkmalschutz und liegt nicht im Widerspruch zum ursprünglichen archivarischen Zweck. Die entnommenen Daten sind in der Regel etwa 100 Jahre alt.

Nicht benötigte Daten wurden nicht gespeichert.

Daten wurden soweit möglich minimiert, auf die Entstehungszeit, die oft mit den Sterbedaten übereinstimmt, und auf die Grabmalnamen. Bei der Auseinandersetzung mit Sepulkralkunst ist es unumgänglich, Kunstwerke ihren Familiengrabstätten zuzuordnen. Künstler haben ihre Werke in mehreren Städten auf mehreren, von der Fläche her teils riesigen, Friedhöfen hinterlassen. So dienen die Namen der Grabdenkmale als wichtige Referenz in der künstlerischen und kunsthistorischen Diskussion. Ihre Erwähnung geschah mit allem gebotenen Respekt den Verstorbenen gegenüber und voller Hochachtung vor dem erbrachten Engagement der Familien bei der Förderung der Künstlerinnen und Künstler und ihrer Werke. Bei der Herleitung der Urheberschaft und der Beziehung von Künstler zu Auftraggeber, den Verstorbenen oder Hinterbliebenen, bemühte sich der Autor nach bestem Wissen und Gewissen um Respektierung der postmortalen Menschenwürde. Bei wenigen näher beschriebenen Geschehnissen wurden personenbezogene Daten im Text pseudonymisiert.

Wenn unter einem Foto kein Name eines Fotografen steht, stammt es von dem Autor selbst. Wollen Sie das Bild weiterverwenden, egal ob zu privaten, Studiumgebundenen oder kommerziellen Zwecken, ist Ihnen dies erlaubt mit der einzigen Bedingung der Angabe „Foto: Bernhard Lubos", dies entspricht der Lizenz Deed – Namensnennung 4.0 International (CC BY 4.0)

Die unter weiteren Fotos genannten Urheber des Bildes tragen gelegentlich personenuntypische Bezeichnungen; sie tragen dann Pseudonyme von Wikipedia bzw. creative commons (CC), wobei die jeweiligen Lizenzen zur freien Verwendung/Verbreitung hier aufgelistet sind. Der Autor weist darauf hin, dass zum Zeitpunkt des Layouts ausschließlich Bilder mit der Lizenz Public domain oder mit dem einzigen Attribut zur Namensnennung (CC/by) hier verwendet wurden, auch die vom Autor selbst gefertigten Fotos sind für jederman mit dem Attribut zur Namensnennung weiterverwendbar, ausgenommen sind Verwendungen in unseriösen, Autor und Werk diffamierenden Zusammenhängen.

Die einzelnen Bilder bleiben im Verhältnis zum Text eigenständige und klar identifizierbare Inhalte. Die Bilder im Buchlayout sind für den Druck angepasst, so können sie in Gradationskurven, Helligkeit und Farben der Pixel eine Veränderung erfahren haben. Dies gilt auch für übernommene Fotos, diese bekamen im Layout deswegen eigene Dateibezeichnungen. Sollten Sie einzelne Bilder online teilen oder weiterverwerten wollen, empfehle ich zur Aufrechterhaltung der Lizenz und Ursprungsbeschreibung unbedingt den Links der Originale zu folgen, die hier mit angegeben sind.

14. Henryk Glicenstein (1870–1942) „Melancholie" 1897 · Foto: Scan aus Die Plastik 1913, Verlag Georg D.W. Callwey, München · gemeinfrei

15. Max Levi (1863–1912) „Träumerei", zwischen 1900 bis 1904 · Verkaufskatalog, Gebrüder Heilbron, Berlin, 1913 · Foto: gemeinfrei
https://de.wikipedia.org/wiki/Max_Levi_(Bildhauer)#/media/Datei:Max_Levi,_Tr%C3%A4umerei.jpg

16. Martin Schauß (1867–1927) „Der Traum" 1904 · alte Postkarte, The original uploader was Ruchhöft-Plau at German Wikipedia. (Public domain) This work is

in the public domain in its country of origin and other countries and areas where the copyright term is the author's life plus 70 years or fewer. Transferred from de.wikipedia to Commons by Mutter Erde using CommonsHelper. The original uploader was Ruchhöft-Plau at German Wikipedia. https://commons.wikimedia.org/wiki/File:Schauss-martin-dertraum01.jpg

17. Otto Stichling (1866–1912) „Die Träumende", 1908 · [Public domain] aus Monatsheft „Kunst für allle" von 1909 · This work is in the public domain in its country of origin and other countries and areas where the copyright term is the author's life plus 70 years or fewer. · https://commons.wikimedia.org/wiki/File:Otto_Stichling_-_R%C3%AAveuse.jpg

20. Giulio Monteverde (1837–1917) „Engel für das Grab Oneto" 1882, Genua · Foto: Vassil · Diese Datei wird unter der Creative-Commons-Lizenz „CC0 1.0 Verzicht auf das Copyright" zur Verfügung gestellt. https://upload.wikimedia.org/wikipedia/commons/1/17/Staglieno_30072015_17_Monteverde_Oneto_Angel.jpg?uselang=de

21. Zeichnung von Emil Orlik: Der Verleger Bruno Cassirer führt eine rege Diskussion mit Max Slevogt und Hans Dammann, 1928 · Jürgen Schebera: Damals im Romanischen Café, Ullstein-Verlag · Foto: Public Domain – CassirerSlevogtDammann.jpg

23. Hans Dammann (1867–1942) „Aux morts", sitzende Trauernde mit Urne, Detail, Bronze, lebensgroß", erste Version vor 1904 · Foto: Mutter Erde · The copyright holder of this file allows anyone to use it for any purpose, provided that the copyright holder is properly attributed. Redistribution, derivative work, commercial use, and all other use is permitted. https://commons.wikimedia.org/wiki/File:HansDammannTrauernde2-Mutter_Erde_fec.jpg

29. Hans Dammann (1867–1942) „Salome" vor 1913 · Foto: unknown photographer, before 1912, This work is in the public domain in its country of origin and other countries and areas where the copyright term is the author's life plus 70 years or fewer. Public domain · https://commons.wikimedia.org/wiki/File:Dammann_salome.jpg

43. Roland Engelhard (1868–1951) Grab Behrens, 1906, Kniender, Stein · Abbildung: aus Zeitschrift für Bauwesen 1918 · Public Domain · digital.zlb.de

54. Albert Bartholomé (1848–1928) „Monument aux Morts" 1889–1899, Père Lachaise · Foto: EuroVizion from NYC · Lizenz „Namensnennung 2.0 generisch https://commons.wikimedia.org/wiki/File:EuroVizion_-_Johann_Strauss_Monument_in_Stadt_Park,_Vienna_1987.jpg?uselang=de

55. Franz Metzner (1870–1919) „Die Wächter der Toten", Entwurfszeichnung zu einer monumentalen Gruftanlage bei Berlin, Foto: aus Deutsche Kunst und Dekoration 1904/05 · Public Domain

56. Franz Metzner (1870–1919) „Weinhaus Rheingold" Fassadenrelief an der Bellevuestraße 1907, Berlin · Deutsche Kunst und Dekoration 1907, illustrierte Monatshefte [Public domain] · https://commons.wikimedia.org/wiki/File:Berlin_Weinhaus_Rheingold_Fassadenrelief_1_DKD.jpg

61. Georg Herting (1872–1951) Die „Jugend" titelt mit Hertings Entwurf der Tanzenden von 1901 · Foto: aus Jugend Ausgabe 8 von 1902 · Public Domain

74. August Waterbeck (1875–1947) Liebe, um 1900, Sitzendes Paar, Ton · Foto: aus Kunst für Alle, Ausgabe 25 von 1909/1910 · Public Domain

Alle anderen Fotos sind vom Autor. Verwendung erlaubt mit Namensnennung: Foto: Bernhard Lubos Dies entspricht der Lizenz Deed - Namensnennung 4.0 International (CC BY 4.0)

Q u e l l e n

Zu jedem hier beschriebenen Bildhauernamen erfolgte eine Recherche in Texten, Fotoarchiven oder Filmen. Insbesondere die Lebensläufe mit Jahreszahlen fußen auf den jeweiligen Künstlerseiten in Wikipedia, in on-line-Präsenzen von unterschiedlichen Galerien und Museen, die hier nicht alle mit Link aufgeführt sind. Weitere Quellen, insbesondere mit Zitaten, die Geschichten von Bildhauer und Werken erzählen, sind hier als Endnote angeführt.

[1] Friedrich Lindau: Das Welfenschloss (Schloss Königssitz), in ders.: Hannover – der höfische Bereich Herrenhausen. Vom Umgang der Stadt mit den Baudenkmalen ihrer feudalen Epoche. Mit einem Vorwort von Wolfgang Schäche. Deutscher Kunstverlag, München (u. a.) 2003

[2] Hannoversches Biografisches Lexikon · Böttcher, Mlynek, Röhrbein, Thielen, S. 141–142, Schlütersche

[3] Helmut Zimmermann · „Der Schöpfer des Hölty-Denkmals zu Hannover: Bildhauer Karl Gundelach", Artikel in Niedersächsische Zeitschrift Jahr 1967, S. 217–218

[4] Gedicht: Paul Markus (d. i. Paul Marcus bzw. Pem): Die Bleibe. In: Der Junggeselle, Nr. 10, 2. Märzheft 1926, S. 4–6, hier: S. 5

[5] Jürgen Schebera: Damals im Romanischen Café, Ullstein-Verlag · public domain

[6] „Wertvolle Kunstwerke wurden Opfer skrupelloser Metalldiebe" von Peter Schulze, OHLSDORF - Zeitschrift für Trauerkultur · Ausgabe Nr. 114, III, 2011 - August 2011 · https://www.fof-ohlsdorf.de/aktuelles/2011/114s21_metalldiebe

[7] http://ute-pothmann.de/erotische-skulpturen-auf-berliner-friedhoefen/#more-656

[8] Wer ist's? IX. Ausgabe, Verlag Hermann Degener, Leipzig 1928.

[9] „Künstlerische Gestaltung von Soldatengräbern und Erinnerungsmalen für die Opfer des Krieges", O. Jürgens · in Zeitschrift für Bauwesen 1918 https://digital.zlb.de/viewer/image/15239363_1918/211/

[10] „Die Form als Ausdruck deutscher Gemütswerte auf unseren Friedhöfen", von Bildhauer Karl Ahlbrecht · aus Gartenkunst, 44. Jahrgang 1931 · gartentexte-digital.ub.tu-berlin.de

[11] „Der Friedhof als Kultstätte" von Stadtgartendirektor H. Wernicke, Hannover · aus Gartenkunst, 44. Jahrgang 1931 · gartentexte-digital.ub.tu-berlin.de

[12] Hans Schliepmann: „Bruno Schmitz" · XIII. Sonderheft der Berliner Architekturwelt · Verlag Ernst Wasmuth, Berlin 1913

[13] https://upload.wikimedia.org/wikipedia/commons/8/83/1951-01-23_Beglaubigte_Abschrift_Standesamt_Hannover_Bildhauer_Georg_Herting_und_Ehefrau_Martha_K%C3%B6hler%2C_Tochter_vom_Fabrikant_Johann_Georg_Leopold_Egestorff%2C_Seite_1.jpg

[14] Bernhard Hoetger auf museen-boettcherstrasse.de, abgerufen am 18. November 2024

[15] „Die Kunst für alle", Ausg. 25, 1909/1910 · Universitätsbibliothek Heidelberg, digitalisiert nach dem Exemplar der Kunstbibliothek, Staatliche Museen zu Berlin. https://doi.org/10.11588/diglit.12502#0189

[16] Ines Katenhusen: Hannoversche Sezession · Klaus Mlynek, Waldemar Röhrbein (Hrsg.)

[17] „Grabmalkunst und Grabmalindustrie" von Bildhauer Karl Ahlbrecht, Hannover · aus Gartenkunst, 46. Jahrgang, Nr. , Mai 1933 · gartentexte-digital.ub.tu-berlin.de

[18] Alfred Wegener.: Mitteilungen der kaiserlichen und königlichen Geographischen Gesellschaft in Wien / Organ der Deutschen Geographischen Gesellschaft für den europäischen Südosten, Jahrgang 1931, S. 181ff. (online bei ANNO).

[19] Kunstgussmuseum Lauchhammer in Ernst Waegener: Goethe Statuette auf www.kunstgussmuseum-lauchhammer.de · Nicola Vösgen

[20] Biografie vonfamilysporet.dk, einem privaten Online-Stammbaum · Carl Theodor Wegener auf da.scout-wiki.org

[21] Rainer Kasties M.A.: Heilig-Geist-Spital u. Stift · in Klaus Mlynek, Waldemar Röhrbein (Hrsg.) Stadtlexikon Hannover - Von den Anfängen bis in die Gegenwart · Schlütersche 2009

[22] 00080 Georg Hurtzig in matrikel.adbk.de

[23] Hugo Thielen: Bremer, Heinrich Friedrich in Hannoversches Biographisches Lexikon

[24] Hermannsdenkmal – Landesverband Lippe · www.landesverband-lippe.de

[25] R. Hartmann: Geschichte Hannovers von den ältesten Zeiten bis in die Gegenwart · Ernst Kniep, Hannover 1880

[26] Eintrag zu Schwanthaler im Austria-Forum (AEIOU-Österreich-Lexikon)

[27] bauhaus.community · Datenbank der Forschungsstelle für Biografien ehemaliger Bauhaus-Angehöriger (BeBA)

[28] Hans Bonnet: Lexikon der ägyptischen Religionsgeschichte. Hamburg 2000, S. 277

[29] Illustrirte Zeitung, Sammelband Nummern 4895–4907 (1939), S. 396, 406

[30] Gisela Reineking von Bock, Carl-Wolfgang Schümann: Keramik. Vom Historismus bis zur Gegenwart · Katalog des Kunstgewerbemuseums Köln, 1975

[31] Alfred Kuhn: Stölzer, Berthold · Allgemeines Lexikon der Bildenden Künstler von der Antike bis zur Gegenwart. Thieme und Becker, Leipzig 1938

[32] Vita von Hans Karl Schmitt auf public-art-trier.de

[33] Lucker, Thomas auf galerie-kleebolte.de

[34] Biografie des Künstlers Klinge auf bode-galerie.de

[35] „STADTFRIEDHOF ENGESOHDE", Redaktion: Silke Beck, Cordula Wächtler, Oktober 2015 · LANDESHAUPTSTADT HANNOVER, Fachbereich Umwelt und Stadtgrün, Bereich Städtische Friedhöfe

KAPITEL 7

Der Kartenteil

40B Grab Brehmer
Wilhelm Engelhard
(1813–1902) · G
Portraitbüste, Stein, 1891 G
52,3475 °N · 9,7591 °O

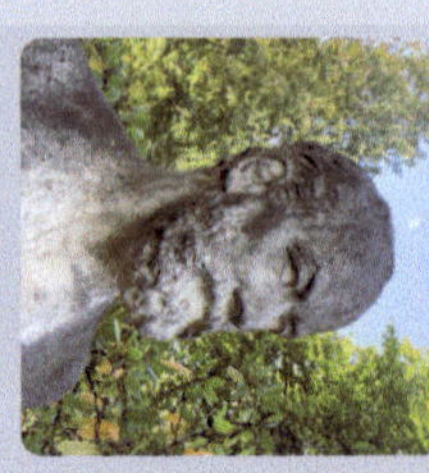

40A Grab Schulze
August Waterbeck
(1875–1947) –
Portraitplakette, Bronze, 1907 G
52,3472 °N · 9,7592 °O

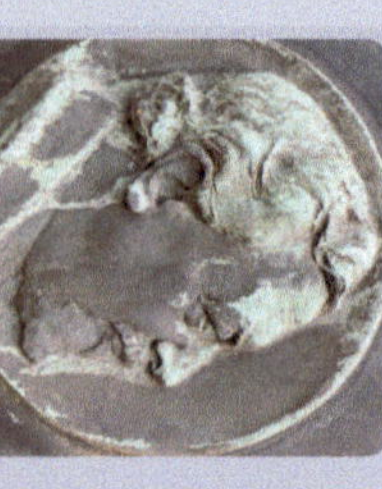

41A Grab Huesmann
Friedrich Küsthardt
(1830–1900) · G
Stehende, Stein, 1894 G
52,3471 °N · 9,7595 °O

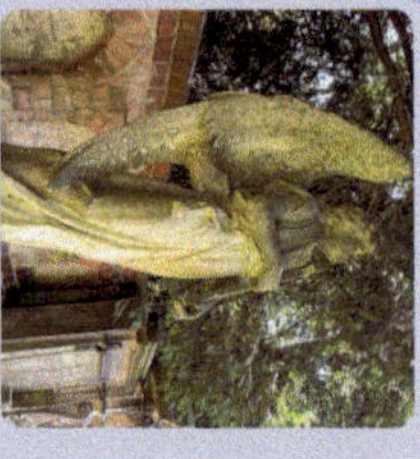
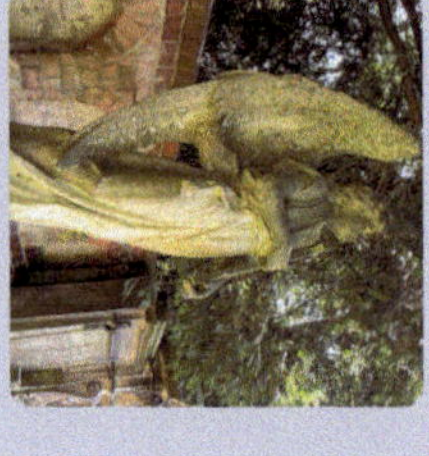

41B Grab Schwotzer
Fiebing
Künstler unbekannt
Stehender Engel, Stein, 1901 SD
52,3470 °N · 9,7591 °O

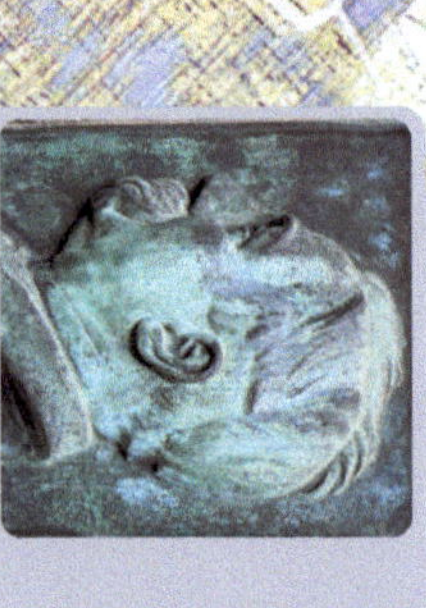

40C Anlage Urnenhain
Künstler unbekannt
Reliefs, Stein, um 1903 V
52,3478 °N · 9,7594 °O

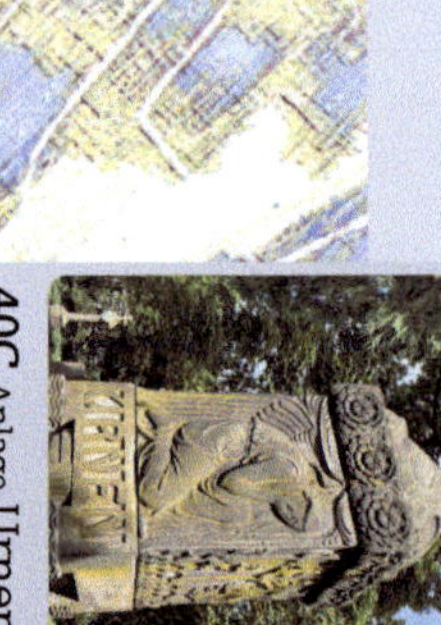

40D Grab Hoffmann
Carl Echtermeier
(1845–1910) · G
Sitzende, Stein, 1892 G
52,3480 °N · 9,7593 °O

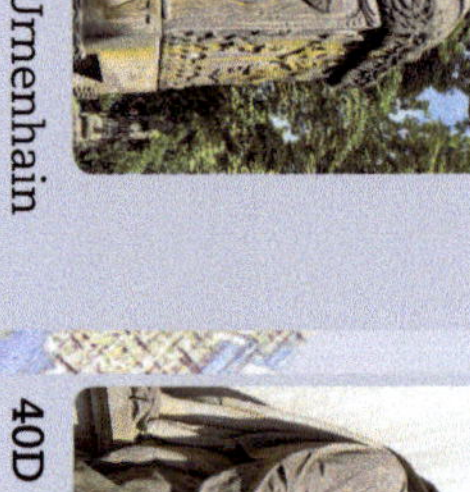

40E Grab Bartels
Karl Gundelach
(1856–1920)
Stehende, Stein, 1902 RV
52,3482 °N · 9,7591 °O

40F Grab Grahn
Karl Ahlbrecht
(um 1879–unb.) · G
Portraitplakette, Bronze, 1921 G
52,3483 °N · 9,7587 °O

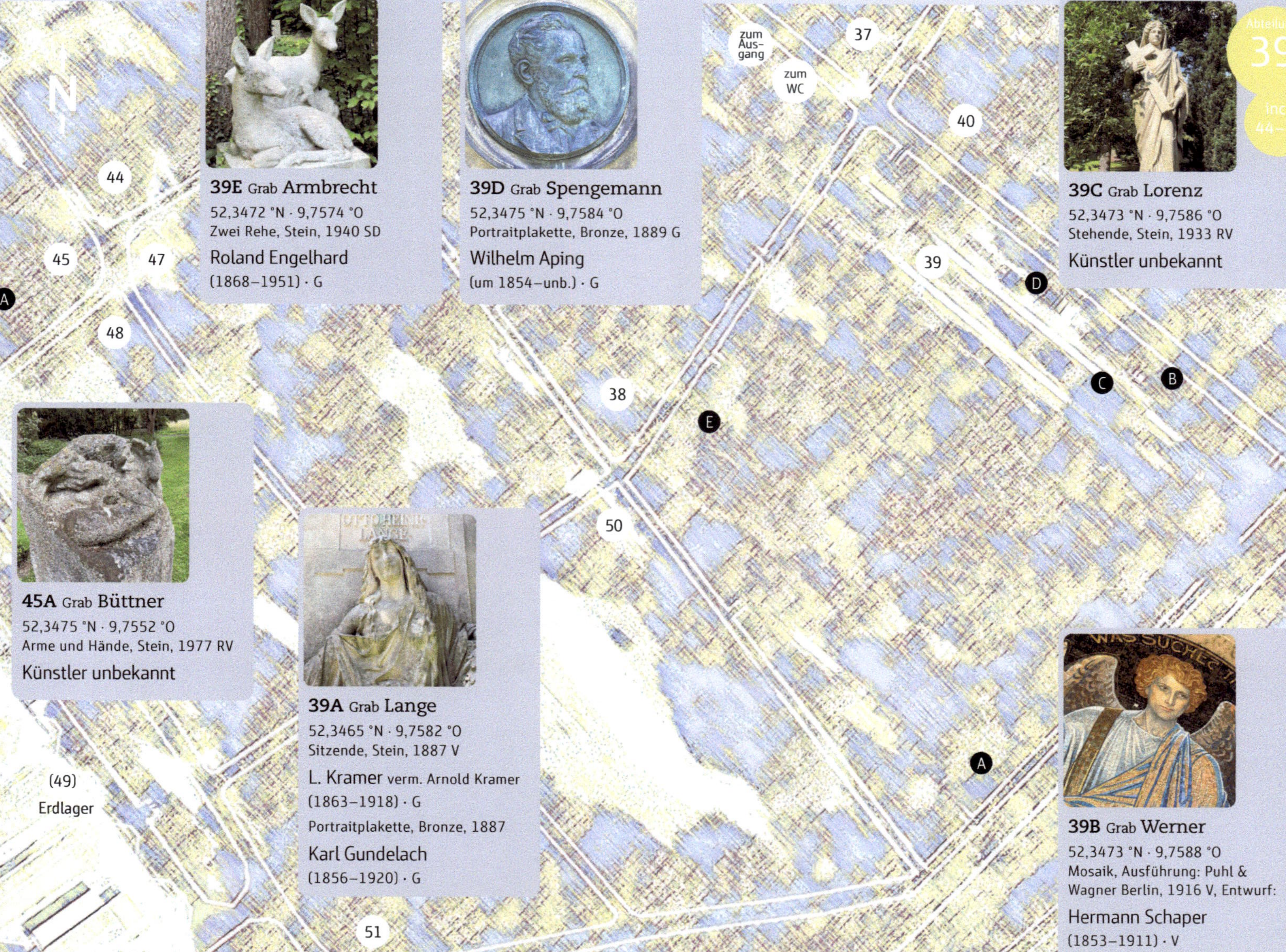

N

zum Ausgang
zum WC

37
40
39
38
50
51
44
45
47
48
(49)
Erdlager

A D C B E A

Abteilung **39** incl. 44–51

39E Grab Armbrecht
52,3472 °N · 9,7574 °O
Zwei Rehe, Stein, 1940 SD
Roland Engelhard
(1868–1951) · G

39D Grab Spengemann
52,3475 °N · 9,7584 °O
Portraitplakette, Bronze, 1889 G
Wilhelm Aping
(um 1854–unb.) · G

39C Grab Lorenz
52,3473 °N · 9,7586 °O
Stehende, Stein, 1933 RV
Künstler unbekannt

45A Grab Büttner
52,3475 °N · 9,7552 °O
Arme und Hände, Stein, 1977 RV
Künstler unbekannt

39A Grab Lange
52,3465 °N · 9,7582 °O
Sitzende, Stein, 1887 V
L. Kramer verm. Arnold Kramer
(1863–1918) · G
Portraitplakette, Bronze, 1887
Karl Gundelach
(1856–1920) · G

39B Grab Werner
52,3473 °N · 9,7588 °O
Mosaik, Ausführung: Puhl &
Wagner Berlin, 1916 V, Entwurf:
Hermann Schaper
(1853–1911) · V

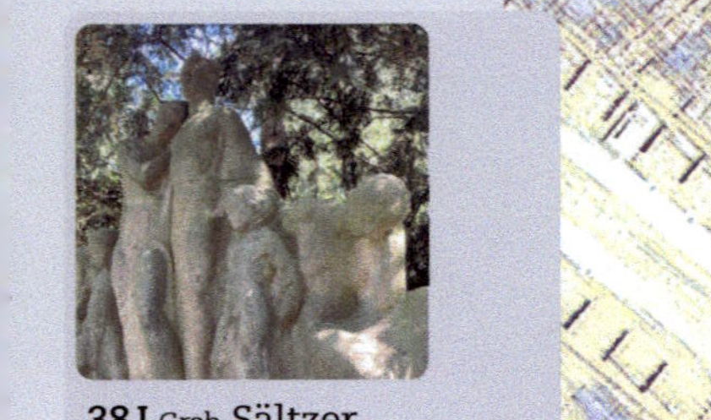

38J Grab Sältzer
52,3471 °N · 9,7570 °O
Familiengruppe, Stein, 1931 G
August Waterbeck
(1875–1947) · G

38A Grab Schmidt
52,3478 °N · 9,7576 °O
Kniende, Stein, 1985 RV
Alfred Schott (Steinmetzname)
(um 1950–unb) · RV

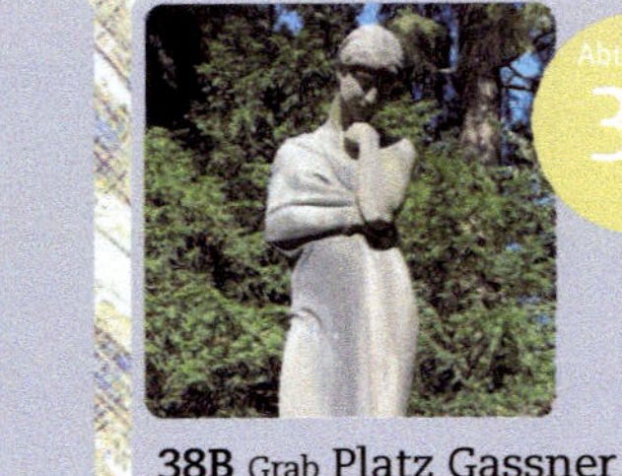

38B Grab Platz Gassner
52,3477 °N · 9,7575 °O
Stehende, Stein, 1926–1933 SD
Oskar Garvens
(1874–1951) · G

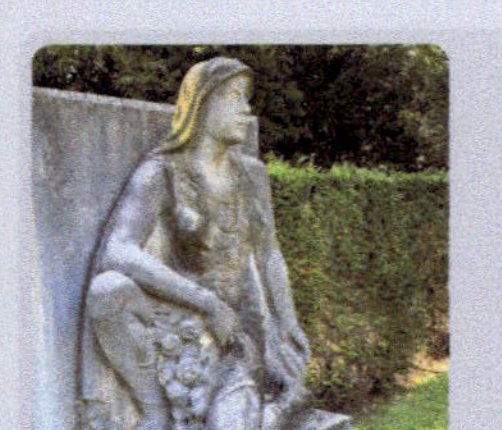
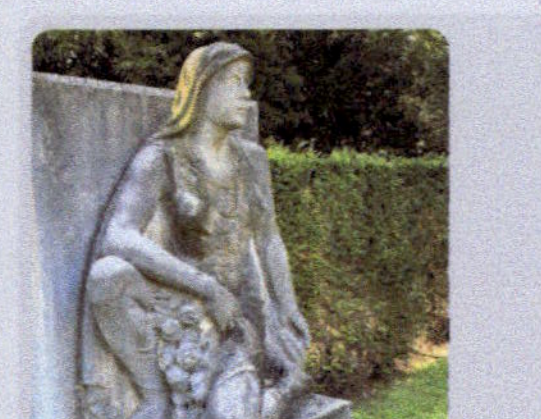

38H Grab Najork Krüger
52,3478 °N · 9,7568 °O
Kniende, Stein, 1940–1950 SD
Roland Engelhard
(1868–1951) · G

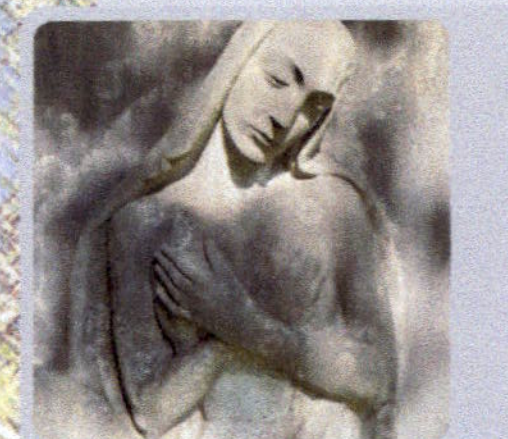

38C Grab Weber
52,3479 °N · 9,7573 °O
Kniende, Halbrelief, Stein, o.D.
Clemens Werminghausen
(1877–1963) · G

38G Grab Kleinschmidt
52,3479 °N · 9,7568 °O
Gruppenszene, Relief, Stein,
1941–1959 SD
Künstler unbekannt

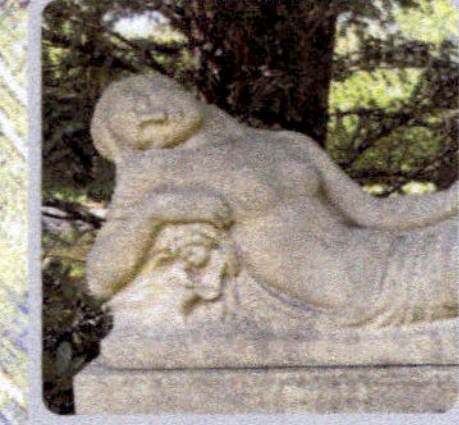
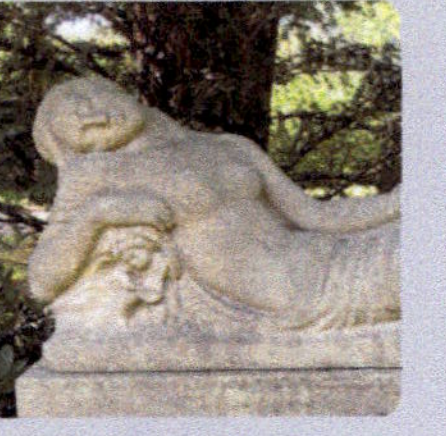

38F Grab Imhoff
52,3480 °N · 9,7567 °O
Liegende, Stein, 1929 RV
Georg Herting
(1872–1951) · G

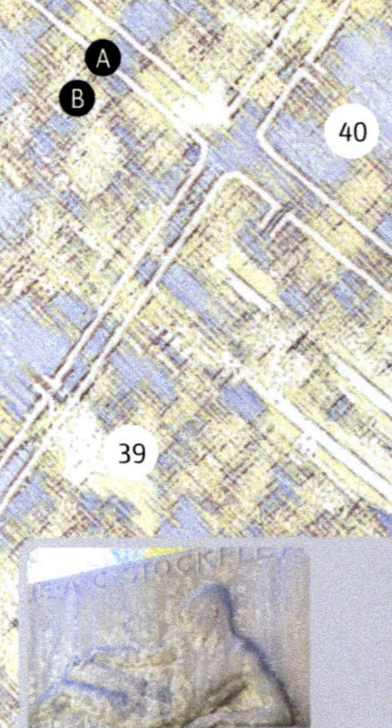

38E Grab Stockfleth
52,3479 °N · 9,7571 °O
Lieg., Hochrelief, Stein, 1930 SD
Roland Engelhard
(1868–1951) · G

38D Grab Pape
52,3480 °N · 9,7572 °O
Kniender, Stein, 1928 SD
Georg Herting
(1872–1951) · G

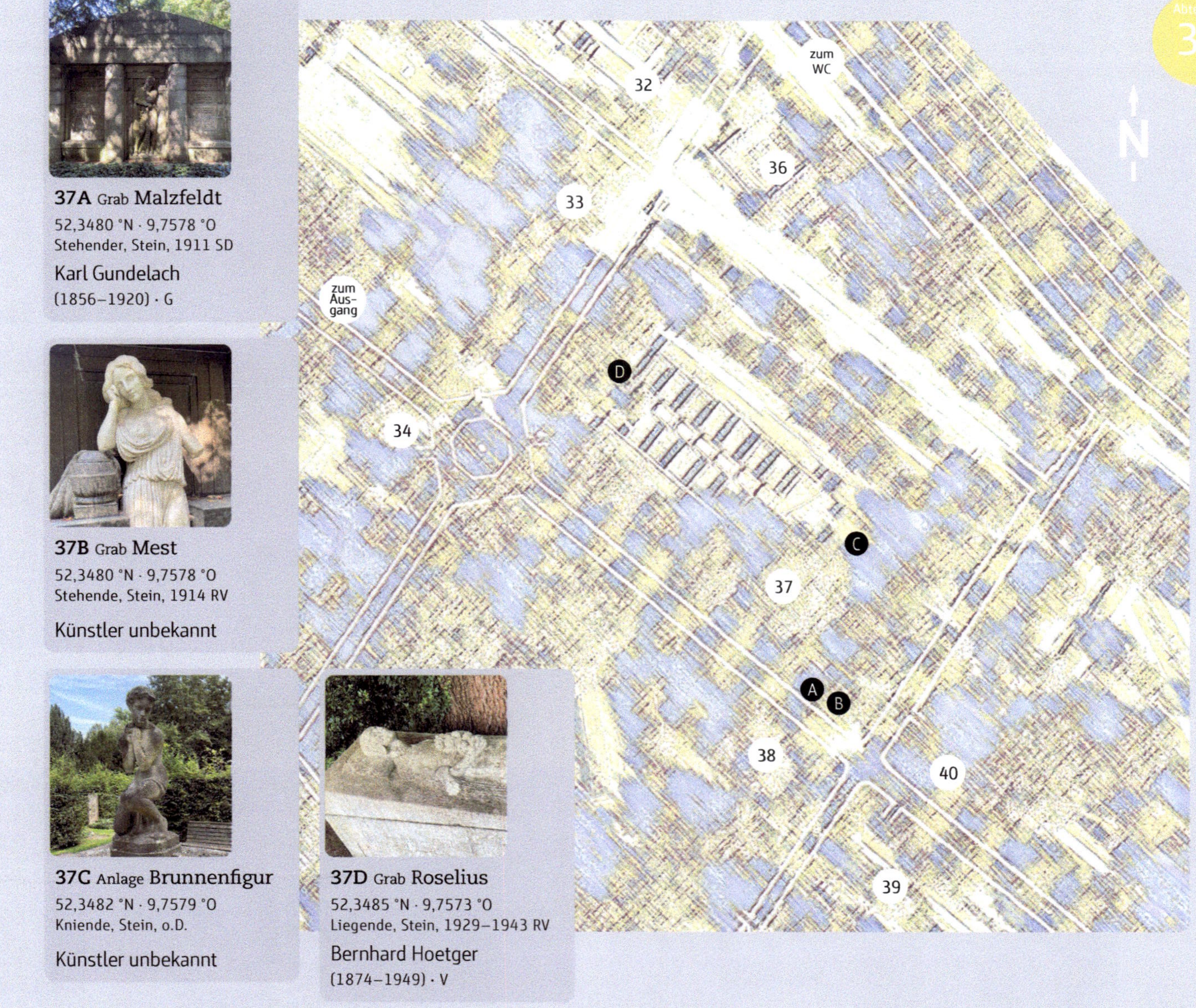

37A Grab Malzfeldt
52,3480 °N · 9,7578 °O
Stehender, Stein, 1911 SD

Karl Gundelach
(1856–1920) · G

37B Grab Mest
52,3480 °N · 9,7578 °O
Stehende, Stein, 1914 RV

Künstler unbekannt

37C Anlage Brunnenfigur
52,3482 °N · 9,7579 °O
Kniende, Stein, o.D.

Künstler unbekannt

37D Grab Roselius
52,3485 °N · 9,7573 °O
Liegende, Stein, 1929–1943 RV

Bernhard Hoetger
(1874–1949) · V

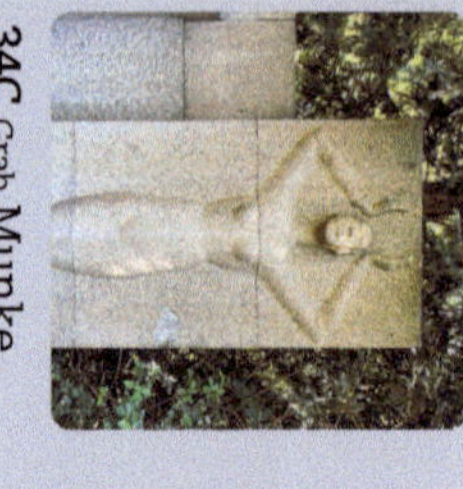

34C Grab **Munke**
52,3482°N · 9,7565°O
Steh., Halbrelief, Stein, 1924 RV
Vordenbergen
(um 1889–unb.) · RV

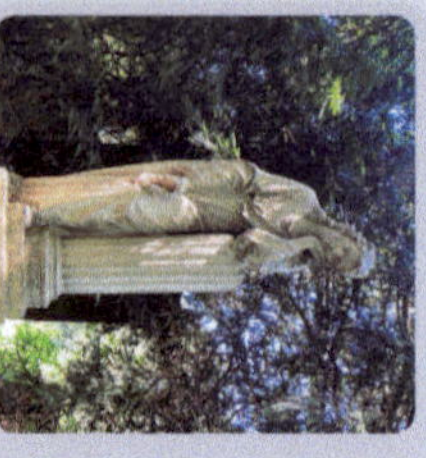

34B Grab **Pickert** (1949)
52,3479°N · 9,7564°O
Stehende, Stein, 1883 G
Villeroy&Boch Merzig · G

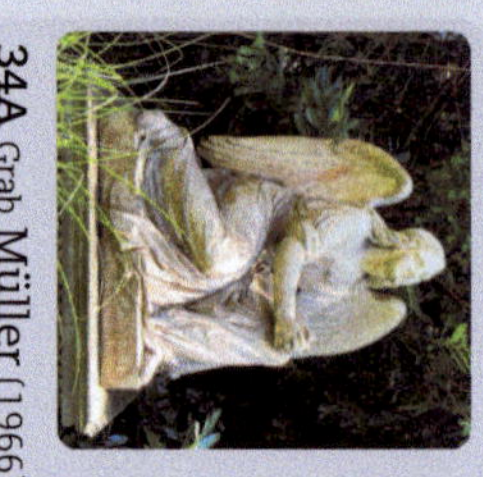

34A Grab **Müller** (1966)
52,3485°N · 9,7555°O
Sitzender Engel, Stein, 1880 G
Alexander Schmidt
(um 1845–unb.) · G

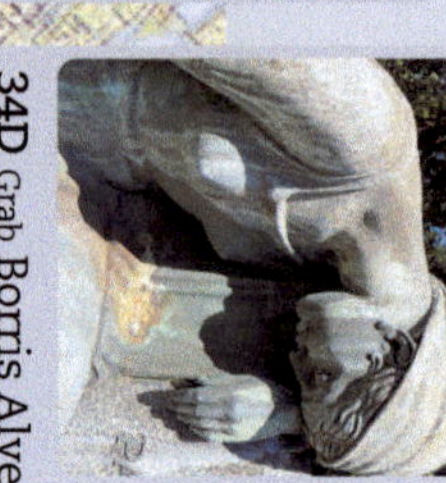

34D Grab **Borris Alves Hensel**
52,3484°N · 9,7563°O
Kniende, Bronze, 1935–1942 SD
Hans Dammann (1867–1942)
Heinrich Rochlitz (unb.) · G

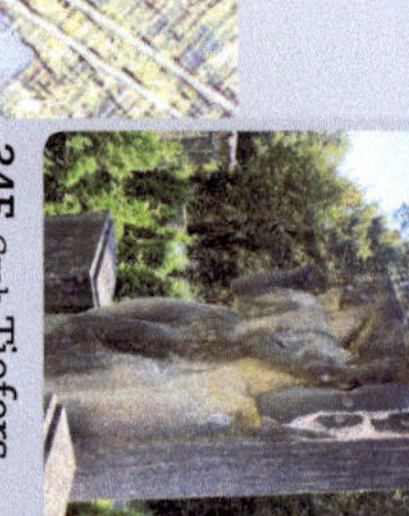

34E Grab **Tiefers**
52,3484°N · 9,7558°O
2 Stehende, Stein, 1926–1935 SD
Georg Herting
(1872–1951) · G

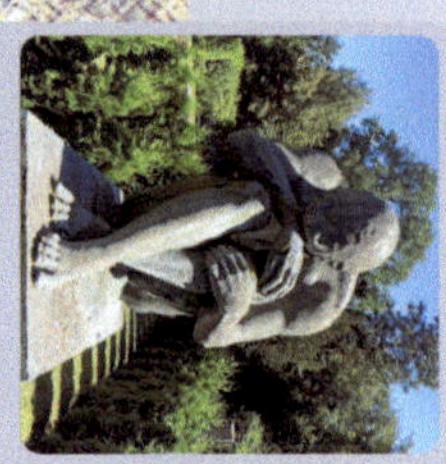

34F Grab **Uhl**
52,3483°N · 9,7559°O
Sitzender, Bronze, 1932 SD
Roland Engelhard
(1868–1951) · G

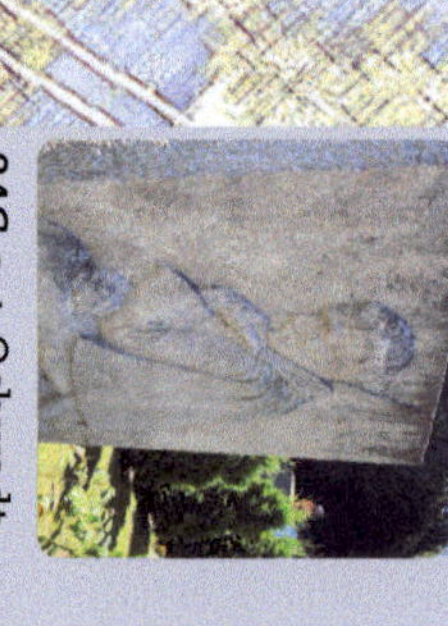

34G Grab **Ochwadt**
52,3483°N · 9,7560°O
Sitzender, Relief, Stein, 1933 RV
Paul Leichsenring
(um 1898–unb.) · RV

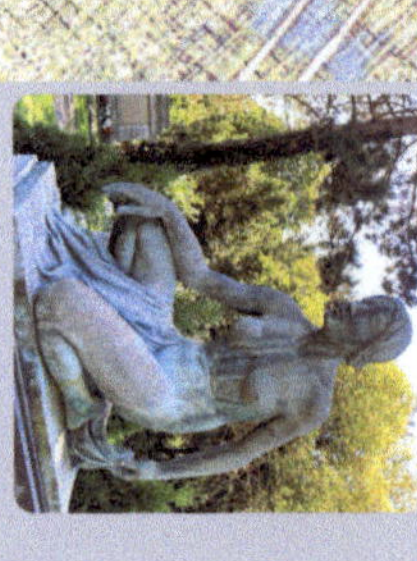

34H Grab **Bartels**
52,3483°N · 9,7560°O
Kniende, Bronze, 1944–1952 SD
Roland Engelhard
(1868–1951) · G

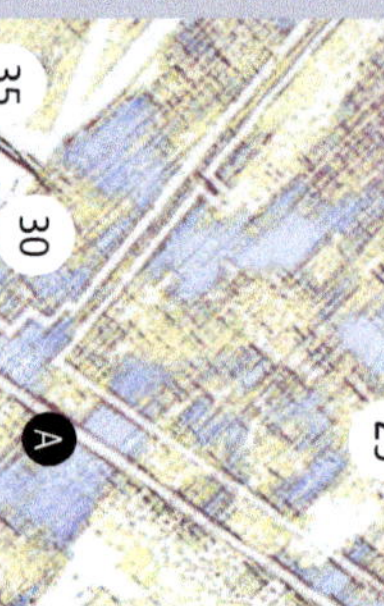

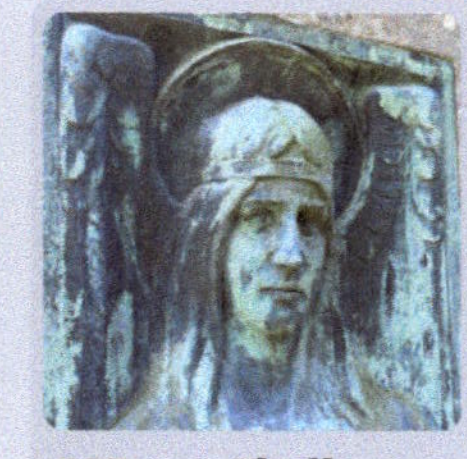

35A Grab Küster
52,3484 °N · 9,7545 °O
Stehende, Stein, 1913 SD

Roland Engelhard
(1868–1951) · G

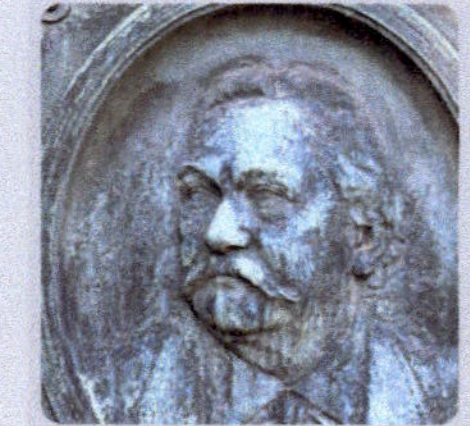

24A Grab Dreyer
52,3489 °N · 9,7542 °O
Portraitplakette, Bronze, 1903 SD

Karl Gundelach
(1856–1920) · G

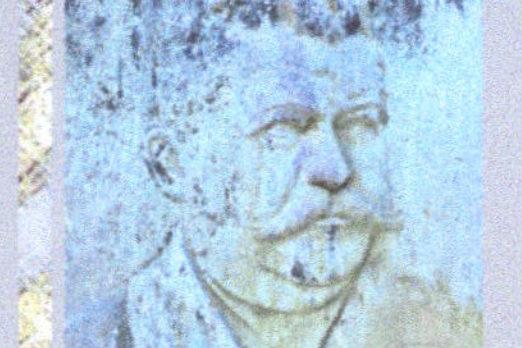

29A Grab Sprinkmann
52,3491 °N · 9,7551 °O
Sitzende, Stein, 1901 RV

A. Wegener
(um 1866–unb.) · RG

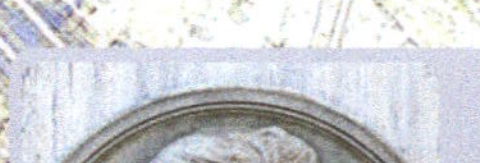

30A Grab Herner
52,3485 °N · 9,7546 °O
Portraitplakette, Bronze, 1906 SD

Karl Gundelach
(1856–1920) · G

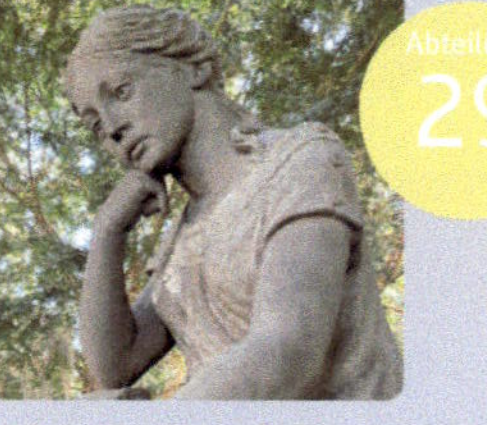

29B Grab Ermacora
52,3490 °N · 9,7544 °O
Sitzender, Stein, 1946 G

August Waterbeck
(1875–1947) · G

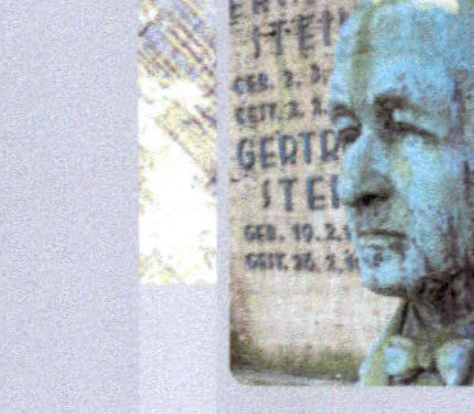

30B Grab Ebell
52,3484 °N · 9,7548 °O
Engelskopf, Halbrelief, Bronze,
1914 RV

Künstler unbekannt

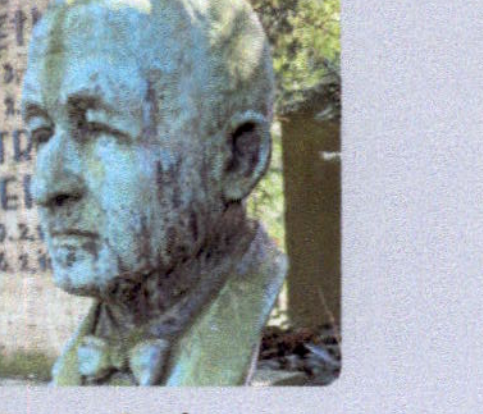

30C Grab Callin
52,3484 °N · 9,7548 °O
Portraitplakette, Bronze, 1887 SD

Ferdinand Hartzer
(1838–1906) · V

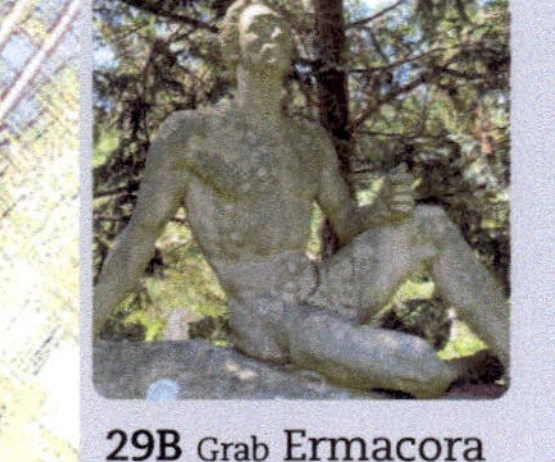

29E Grab Stein
52,3487 °N · 9,7551 °O
Kopfportrait, Bronze, 1933 SD

Lotte Honnef-Metzeltin
(1902–1941) · G

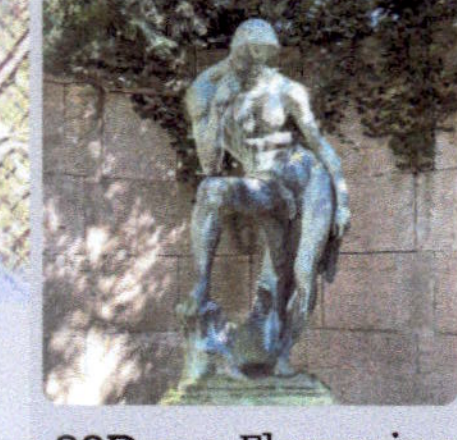

29D Grab Flemming
52,3488 °N · 9,7553 °O
Stehender, Bronze, 1920 G

Georg Herting
(1872–1951) · G

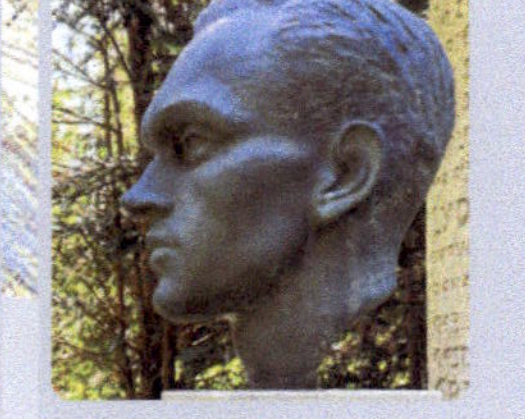

29C Grab Götz
52,3489 °N · 9,7545 °O
Kopfport., Bronze, 1963–1975 SD

Lotte Flollhaas (o.ä. signiert)
(um 1928–unb.) · G

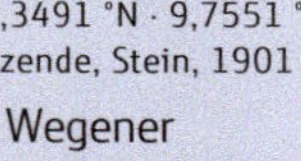

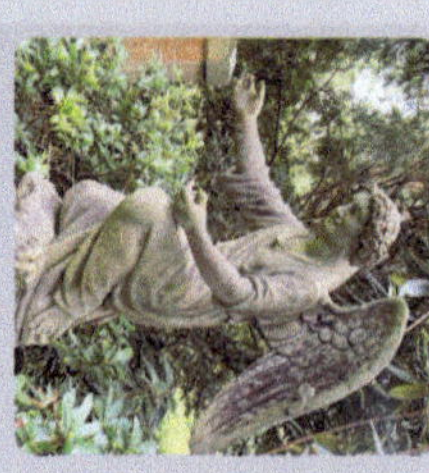

28A Grab Grobe
52,3491 °N · 9,7556 °O
Stehende, Stein, 1912 Q
Georg Herting
(1872–1951) · Q

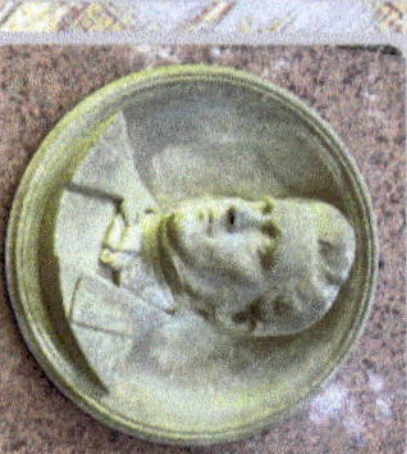

28B Grab Madsack
52,3492 °N · 9,7554 °O
Flieg. Engel, Stein, um 1900 RV
Künstler unbekannt

28C Grab Mittag Grosse
52,3496 °N · 9,7551 °O
Stehendes Mädchen, Bronze,
1957 RV (Zweitguss)
Künstler unbekannt

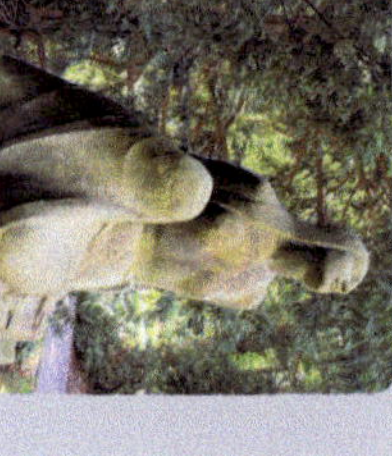
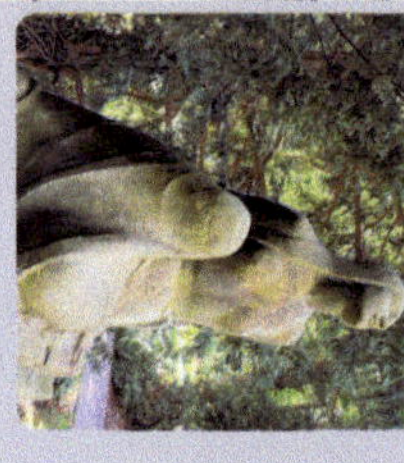

28D Grab Tieste
52,3493 °N · 9,7551 °O
Portraitplakette, Stein,
1882–1891 SD
Eduard Täger
(um 1842–unb.) · G

33A Grab Wundram
52,3485 °N · 9,7569 °O
Sitzende, Stein, um 1920 K
August Waterbeck
(1875–1947) · G

33F Grab Roeder
52,3491 °N · 9,7566 °O
Liegende, Stein, 1922 RV
Clemens Werminghausen
(1877–1963) · RV

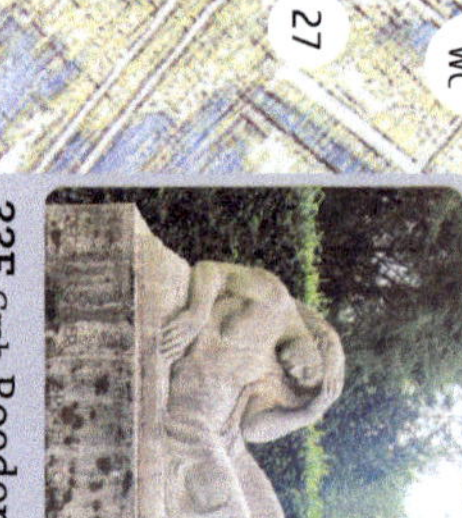

33E Grab Di Maggio
52,3490 °N · 9,7565 °O
Portraitbüste, Stein, 2004 SD
R. Maggi (um 1969–unb.) · G

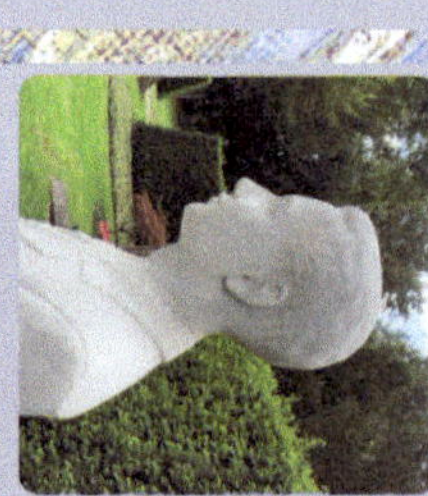
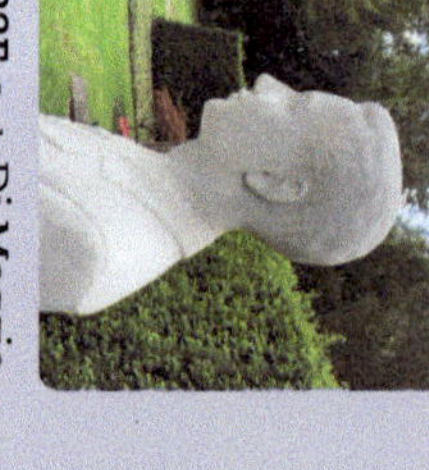

33D Grab Haensch
52,3488 °N · 9,7564 °O
Sitzen., Halbrelief, Stein, 1922 RV
Künstler unbekannt

33C Grab Bartens
52,3489 °N · 9,7570 °O
Stehende, Bronze, 1963 RV
Josef Kinscher
(um 1917–unb.) · G

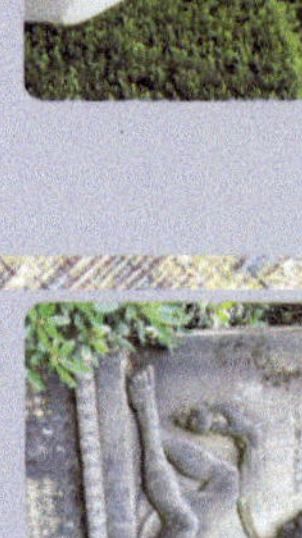

33B Grab Hansen Kaiser
52,3486 °N · 9,7569 °O
Zwei flankierende Halbfiguren,
Liegende, Kind, Stein, 1923 Q
August Waterbeck
(1875–1947) · G

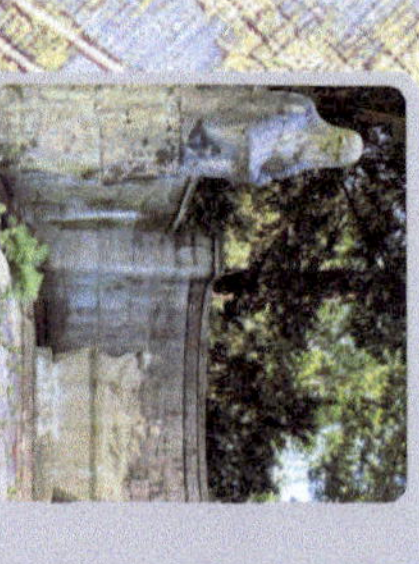

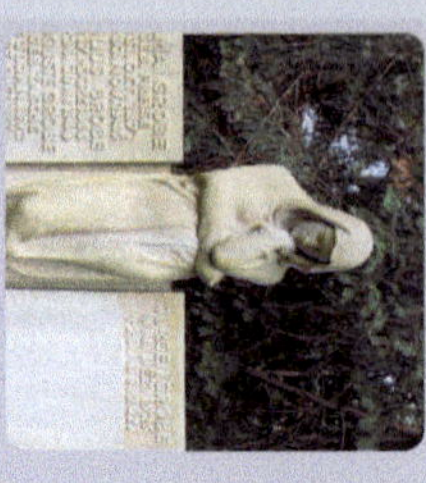

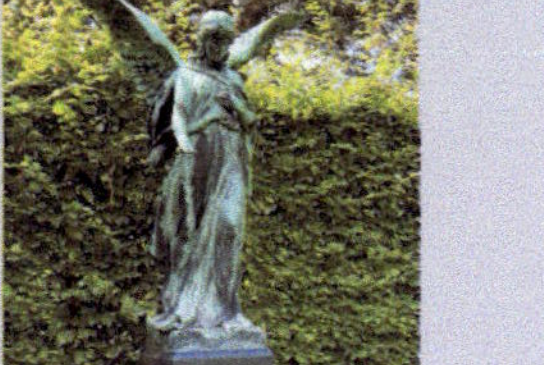

27E Grab Narjes

52,3500 °N · 9,7557 °O
Sitzende, Stein, 1920–1930 SD

Roland Engelhard
(1868–1951) · G

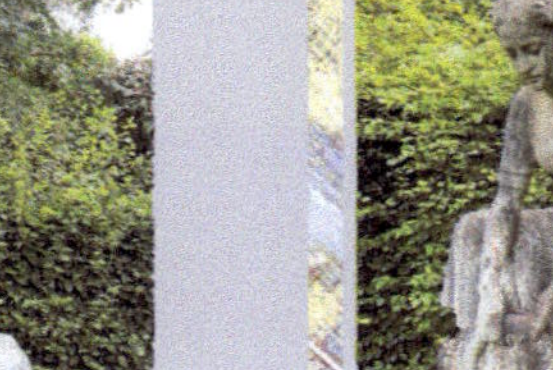

27D Grab Eggers

52,3497 °N · 9,7558 °O
Stehend. Engel, Bronze, ab 1902 R

WMF Galvanoplastische
Kunstanstalt Geislingen · G

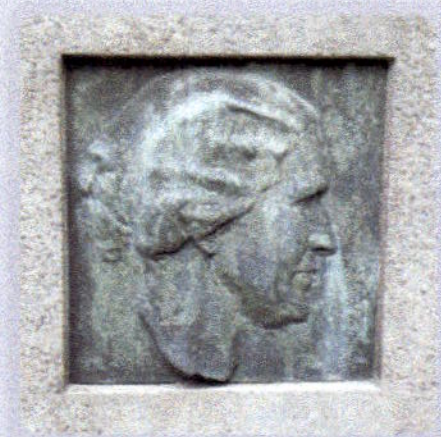

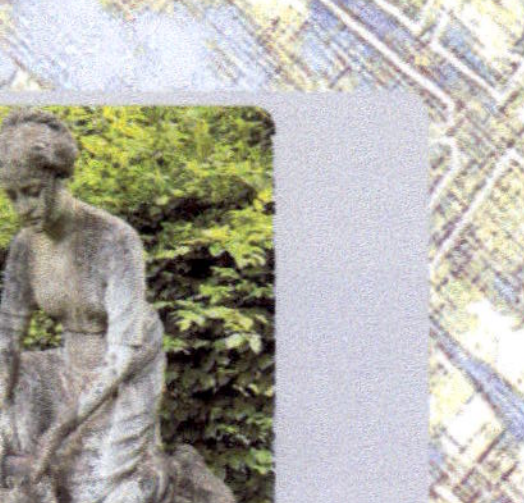

27C Grab Mackensen

52,3498 °N · 9,7560 °O
Portraitplakette, Bronze, 1919 SD

W. Heine (um 1880–unb.) · G

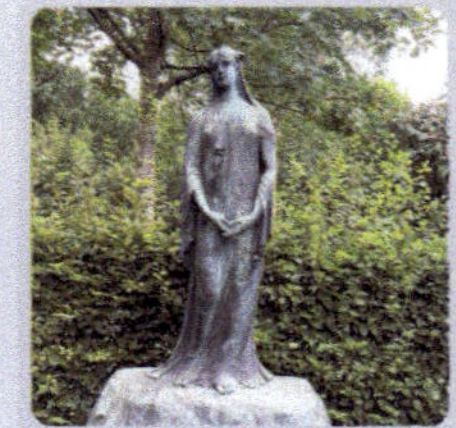

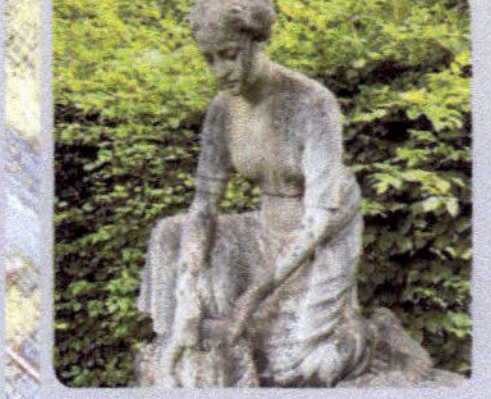

27B Grab Kuhlemann

52,3496 °N · 9,7566 °O
Stehende, Bronze, 1929 V (Guss)

Roland Engelhard
(1868–1951) · K

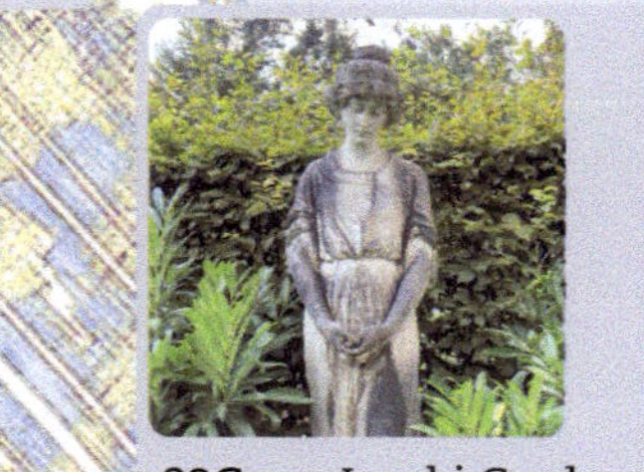

27A Grab Jobst

52,3496 °N · 9,7565 °O
Kniende, Stein, 1920 RV

Roland Engelhard
(1868–1951) · K

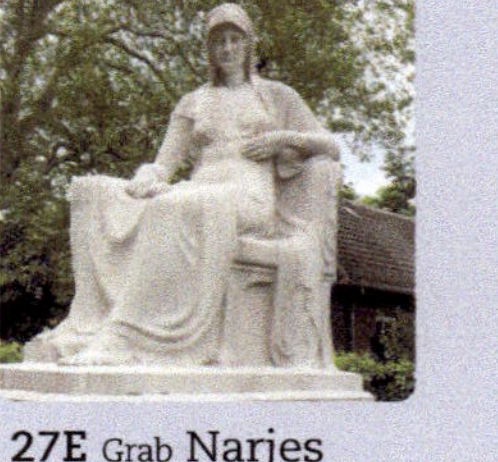

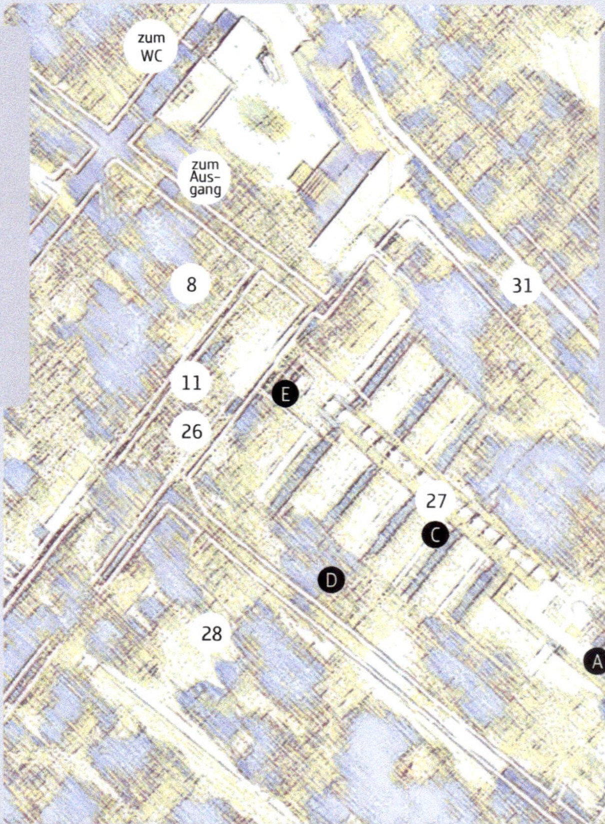

32A Grab Rexhausen

52,3495 °N · 9,7570 °O
Portraitplakette, Bronze
Stehender, Stein, 1923 G

Georg Herting
(1872–1951) · G

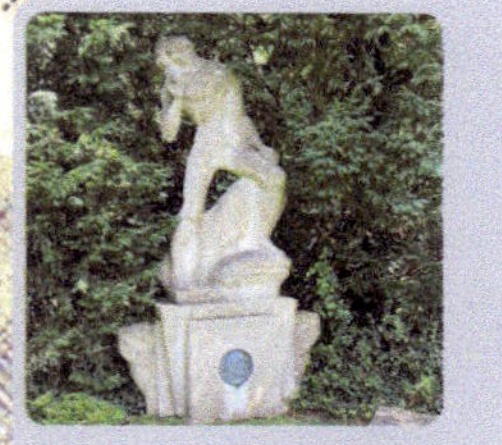

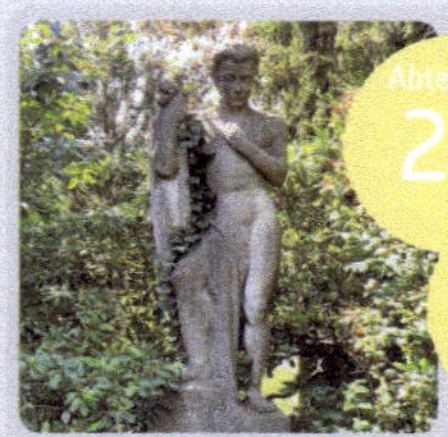

32B Grab Titgemeyer

52,3492 °N · 9,7567 °O
Stehender, Stein, um 1940 K

August Waterbeck
(1875–1947) · K

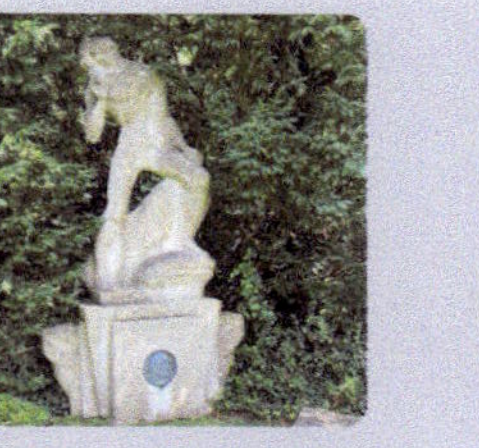

32C Grab Jacobi Cordes

52,3490 °N · 9,7571 °O
Stehende, Stein, um 1911 K

Josef Hanser
(um 1876–unb.) · K

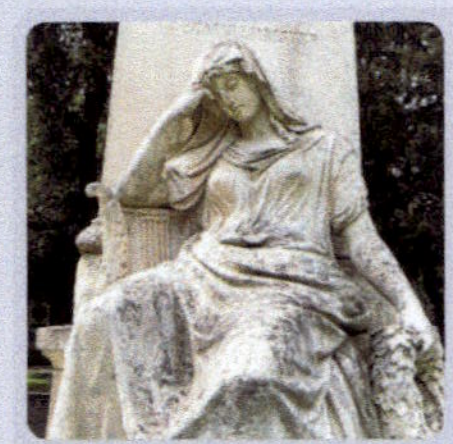

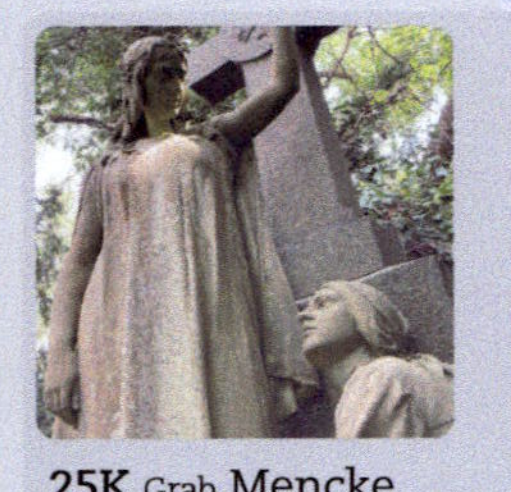

25A Grab Fischer
52,3489 °N · 9,7515 °O
Sitzende, Stein, 1877 R
Eduard Täger
(um 1842–unb.) · R

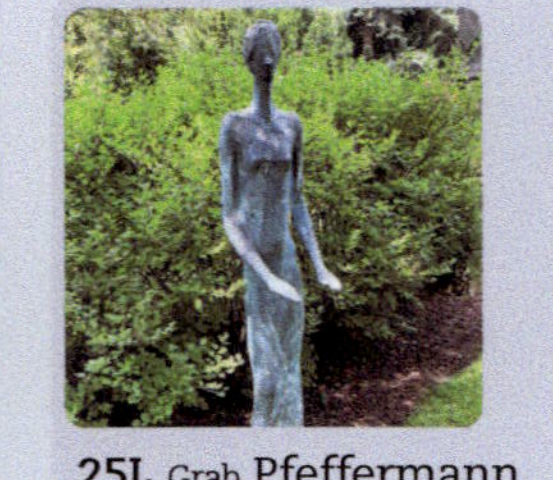

25B Grab Hase
52,3491 °N · 9,7514 °O
Portraitplakette, Bronze, 1902 RV
Georg Wrba
(1872–1939) · RV

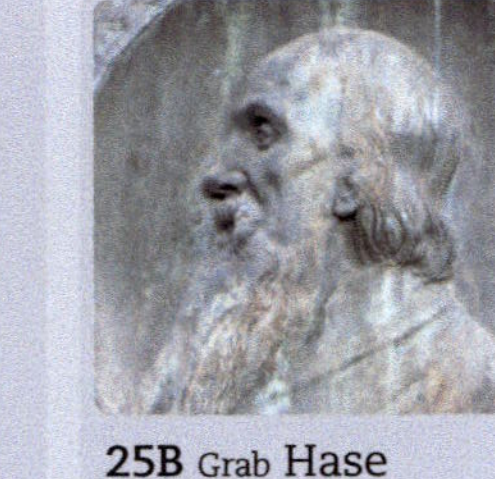

25C Grab Aluku-Schröter
52,3491 °N · 9,7513 °O
Stehende, Stein, 1890 G
Villeroy & Boch Merzig
um 1880 · G

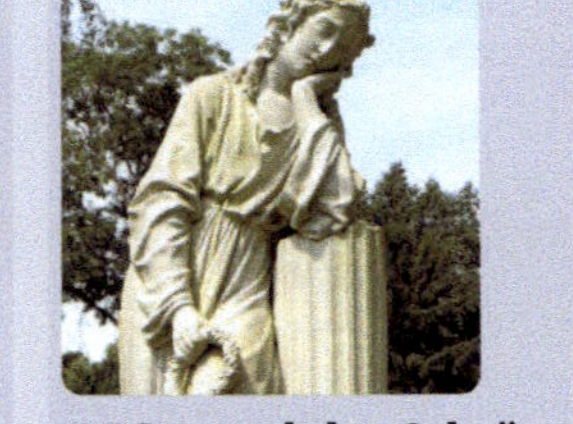

25D Grab Koehler
52,3488 °N · 9,7511 °O
Stehende und zwei Sitzende,
Stein, 1892–1903 SD
Carl Echtermeier
(1845–1910) · G

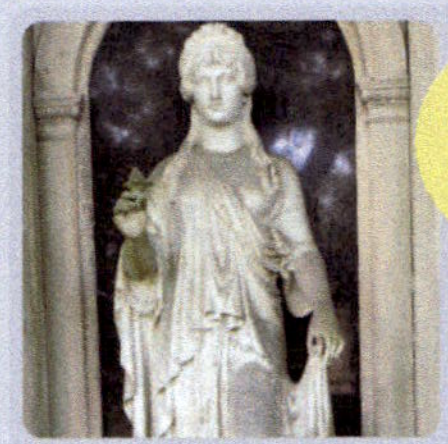

25E Grab Wessel
Von Nerée
52,3487 °N · 9,7512 °O
Stehende, Stein, 1879–1899 SD
Künstler unbekannt

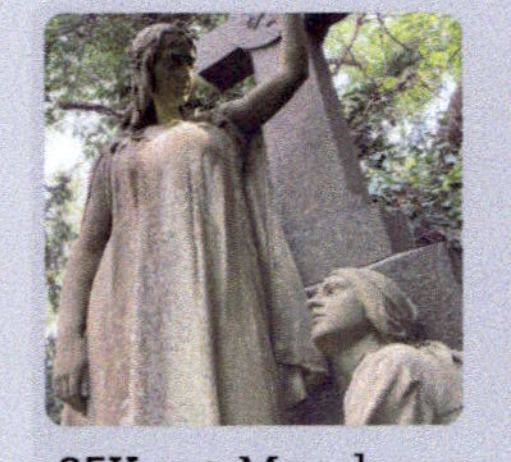

25L Grab Pfeffermann
52,3488 °N · 9,7519 °O
Stehende, Bronze, 1991 RV
Thomas Lucker
(1859–dato) · RV

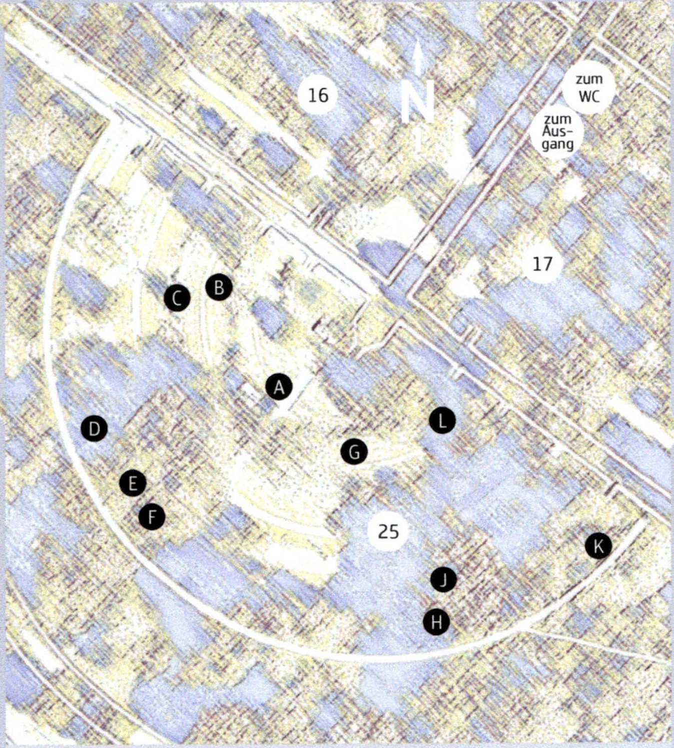

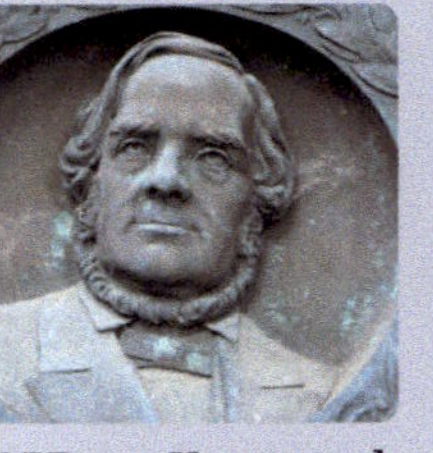

25F Grab Karmarsch
52,3487 °N · 9,7512 °O
Portraitplakette, Bronze, 1879 V
Heinrich Brehmer
(1815–1889) · V

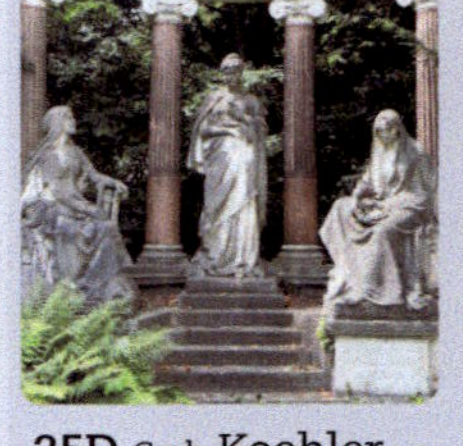

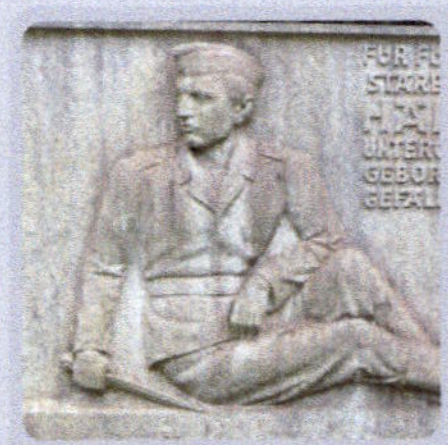

25G Grab Wolf
52,3488 °N · 9,7517 °O
Sitzender, Relief, Stein, 1940 SD
Künstler unbekannt

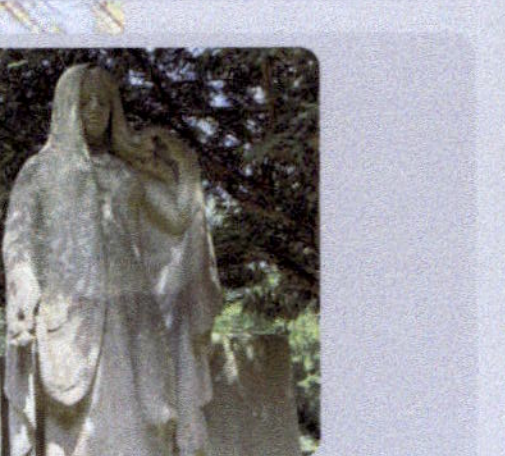

25K Grab Mencke
52,3486 °N · 9,7523 °O
Stehende, Kniende, Stein, 1897 G
Carl Echtermeier
(1845–1910) · G

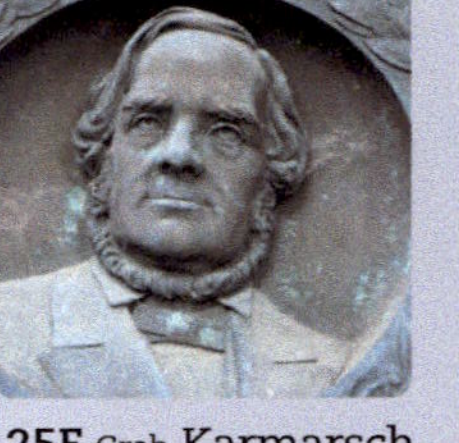

25J Grab Basse
52,3486 °N · 9,7519 °O
Stehende, Stein, o.D.
Clemens Werminghausen
(1877–1963) · G

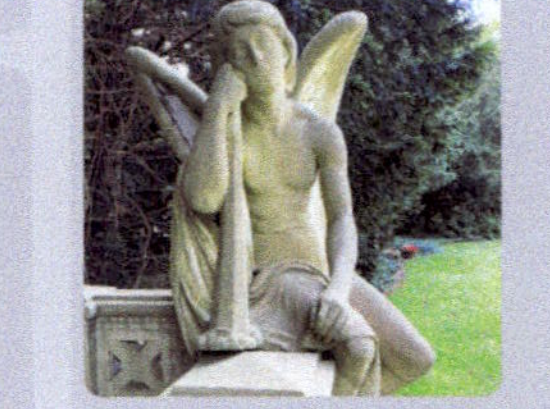

25H Grab Schlütersche
52,3485 °N · 9,7519 °O
Stehende und Sitzender Engel,
Stein, 1896–1905 RV
Karl Gundelach
(1856–1920) · G

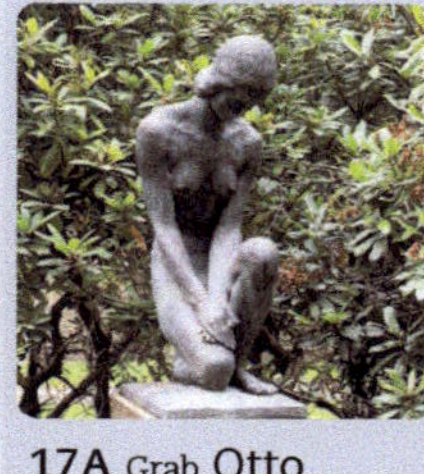

17A Grab Otto
52,3492 °N · 9,7523 °O
Kniende, Bronze, 1930 G
Wilhelm Otto
(1871–1943) · G

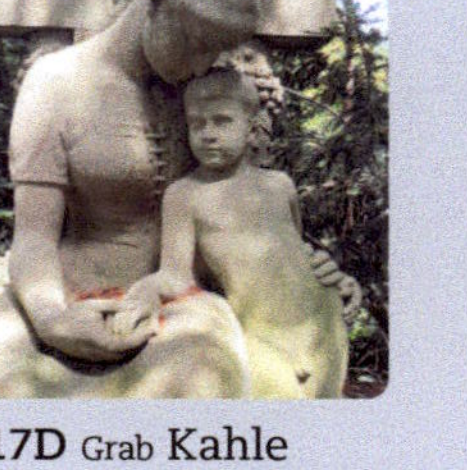

17D Grab Kahle
52,3490 °N · 9,7527 °O
Sitzende Mutter mit Knaben,
Stein, 1920 RV
Hans Dammann
(1867–1942) · RV

17E Grab Stern
52,3489 °N · 9,7528 °O
Stehende, Stein, 1918 SD
Hans Dammann
(1867–1942) · G

23A Grab Goldie Hoehl
52,3489 °N · 9,7534 °O
Sitzendes Kind, Relief, Stein,
1923–1930 RV
Künstler unbekannt

23B Grab Barnay
52,3491 °N · 9,7539 °O
Drei Stehende, Stein, 1925 RV
Roland Engelhard
(1868–1951) · G

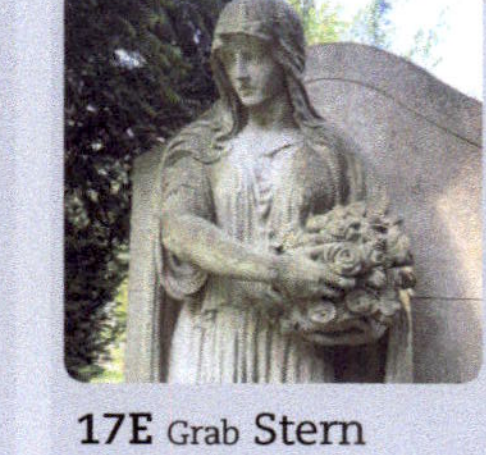

17B Grab Becker
52,3490 °N · 9,7525 °O
Sitzende, Stein, 1912 RV
Karl Ahlbrecht
(um 1879–unb.) · RG

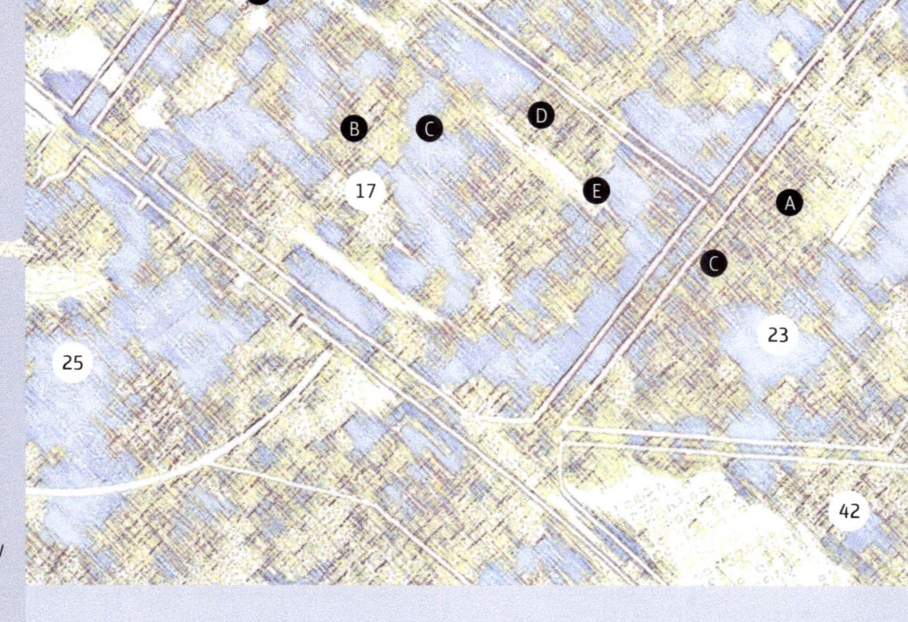

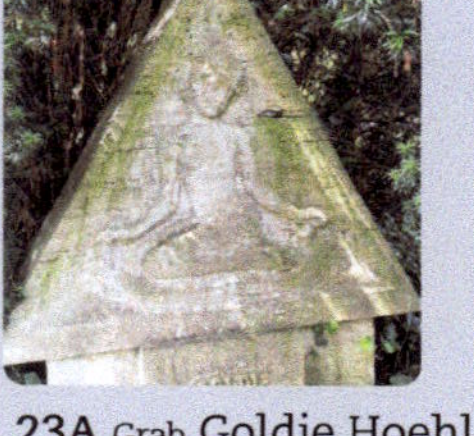

17C Grab Vernhalm
52,3490 °N · 9,7526 °O
Stehender, Relief, Stein, 1936 RV
Roland Engelhard
(1868–1951) · RV

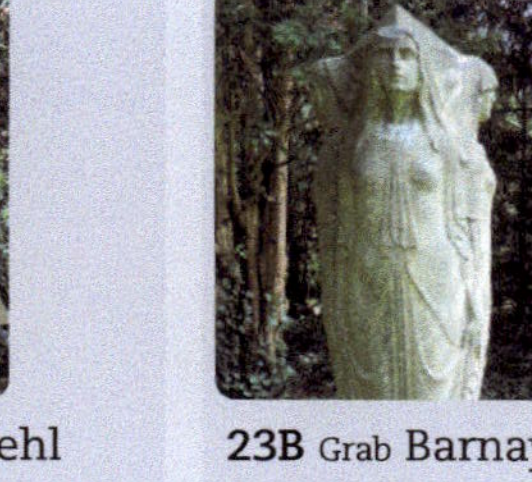

23C Grab Bandel
52,3488 °N · 9,7532 °O
Sitz. Engel, Stein, vor 1876 SD
Ernst von Bandel
(1800–1876) · V
Portraitplakette, Bronze
Heinrich Brehmer
(1815–1889) · V

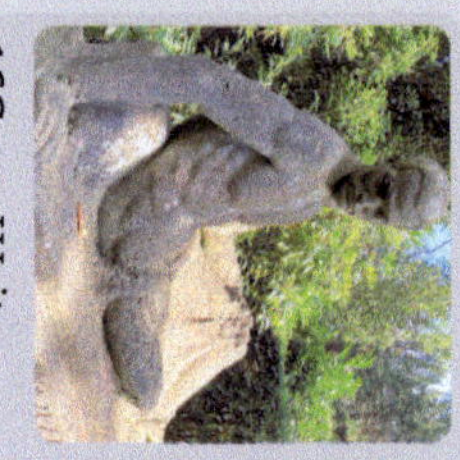

16C Grab Weitz
52,3498 °N · 9,7511 °O
Liegender, Stein, 1929 SD
Karl Ahlbrecht
(um 1879–unb.) · G

16B Grab Altenburg
52,3496 °N · 9,7510 °O
Zwei Kinder, Stein, 1918 RV
Hans Dammann
(1867–1942) · RV

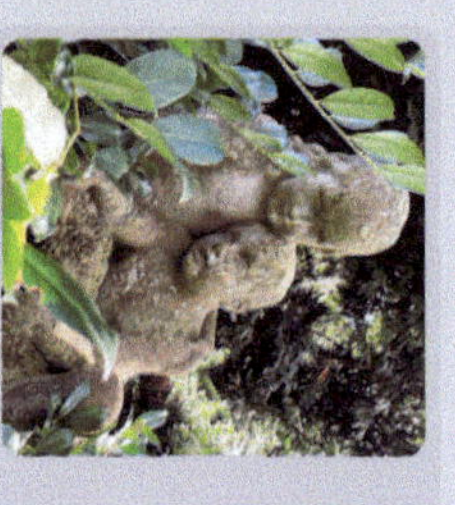

16A Grab Schütze
52,3496 °N · 9,7510 °O
Fallender, Stein, 1917 SD
August Waterbeck
(1875–1947) · V

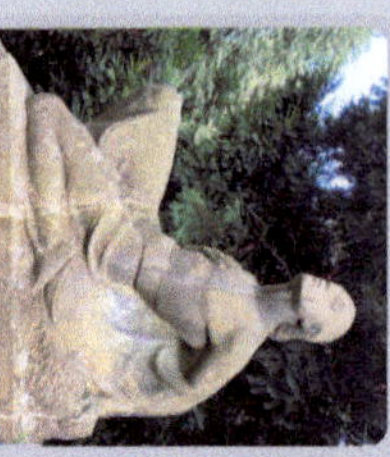

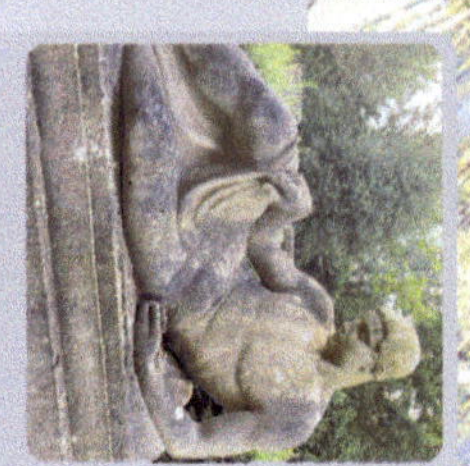
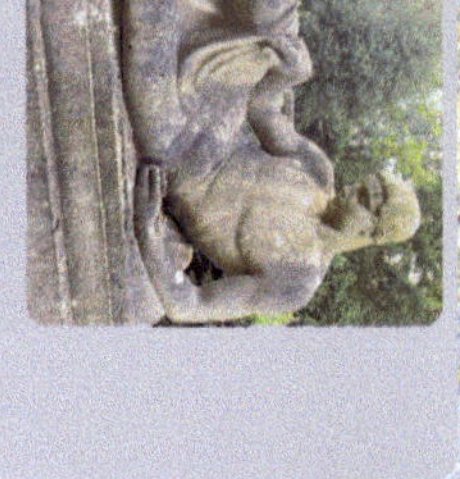

16D Grab Lange
52,3497 °N · 9,7513 °O
Liegender, Stein, 1923 SD
Hans Dammann
(1867–1942) · G

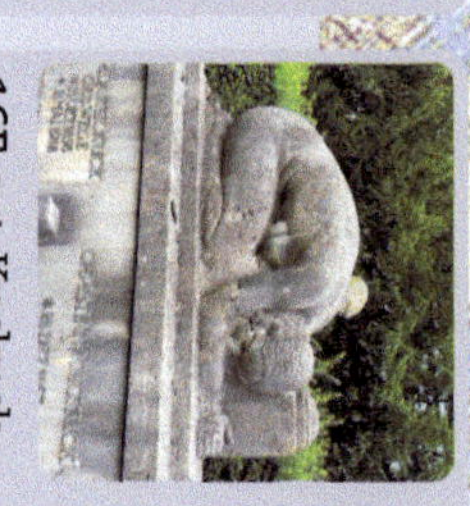
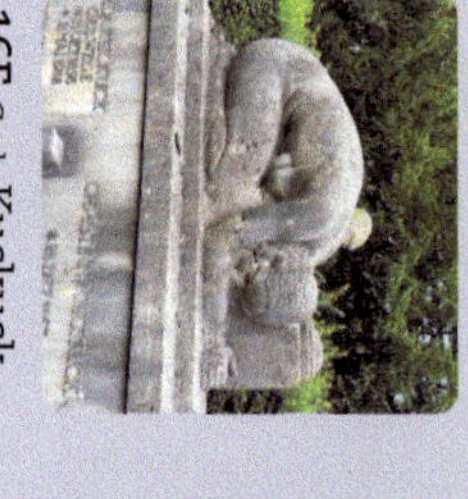

16E Grab Kuckuck
52,3496 °N · 9,7512 °O
Kniende, Stein, 1920 RV
Paul Keysser
(um 1885–unb.) · RV

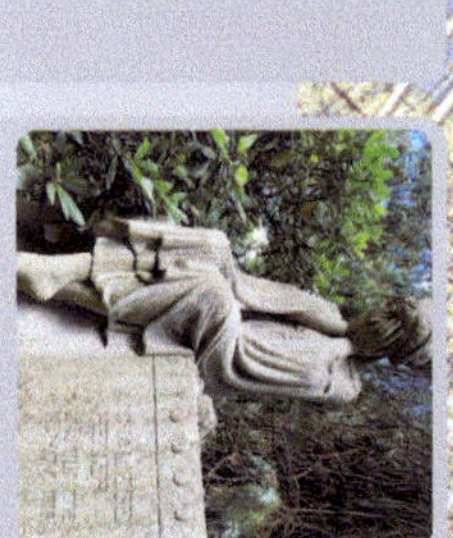

16F Grab Heuer
52,3494 °N · 9,7513 °O
Sitzendes Mädch., Stein, 1918 SD
Hans Dammann
(1867–1942) · G

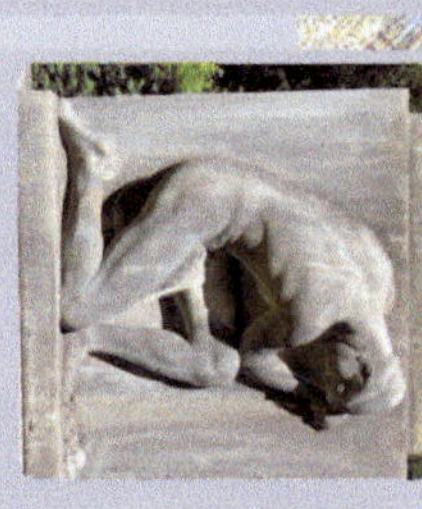

16G Grab Ebhardt
52,3495 °N · 9,7511 °O
Kniender, Halbrelief, Stein,
1907–1919 SD
Hans Dammann
(1867–1942) · G

16H Grab Siewert
52,3498 °N · 9,7509 °O
Stehendes Paar, Stein, 1952 RV
Josef Kinscher
(um 1917–unb.) · RV

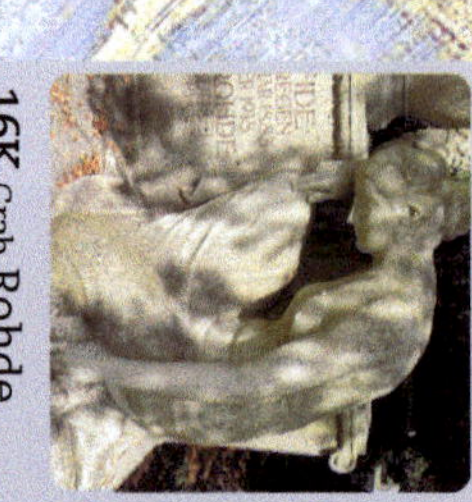

16K Grab Rohde
52,3491 °N · 9,7517 °O
Kniende, Stein, 1918 SD
Roland Engelhard
(1868–1951) · G

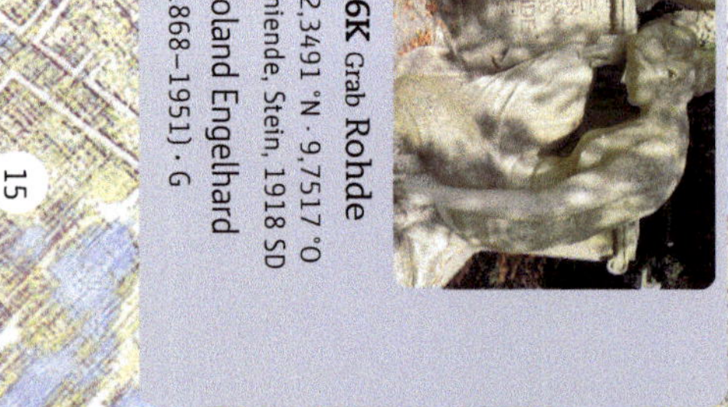

16J Grab Peretz
52,3494 °N · 9,7521 °O
Monumentaler stehender Engel,
Stein, 1903 V
Georg Herting
(1872–1951) · V

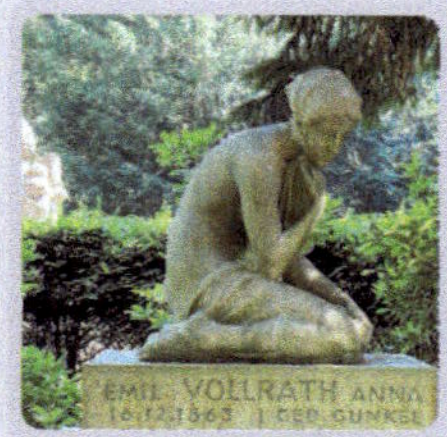

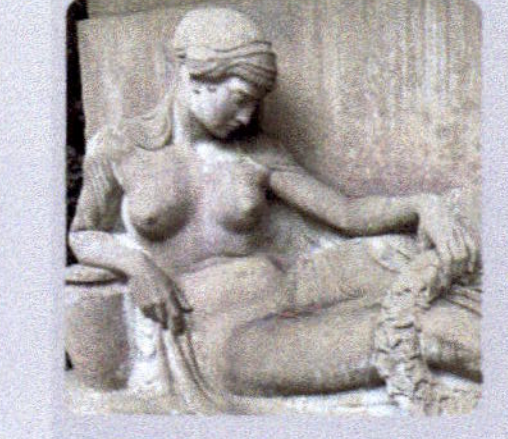

15A Grab Vollrath
52,3494 °N · 9,7527 °O
Kniende, Stein, 1919 SD

Roland Engelhard
(1868–1951) · G

15B Grab Spiegelberg
Chappuis
52,3493 °N · 9,7529 °O
Stehendes Paar, Stein,
1926–1929 SD

Hans Dammann
(1867–1942) · G

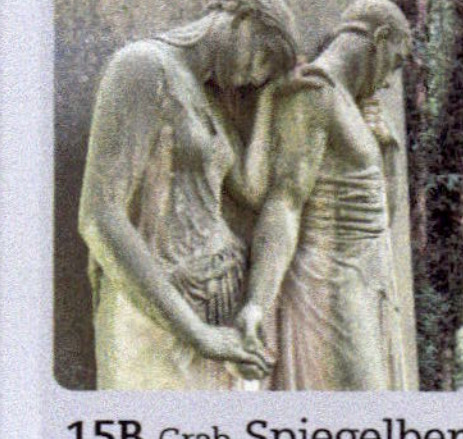

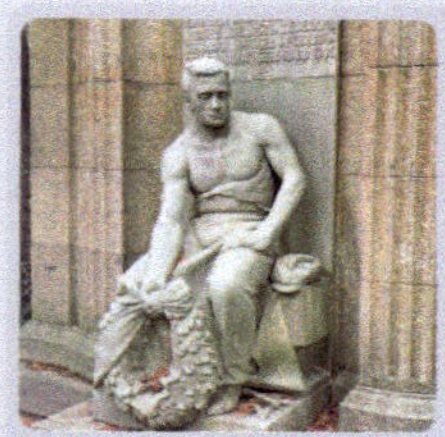

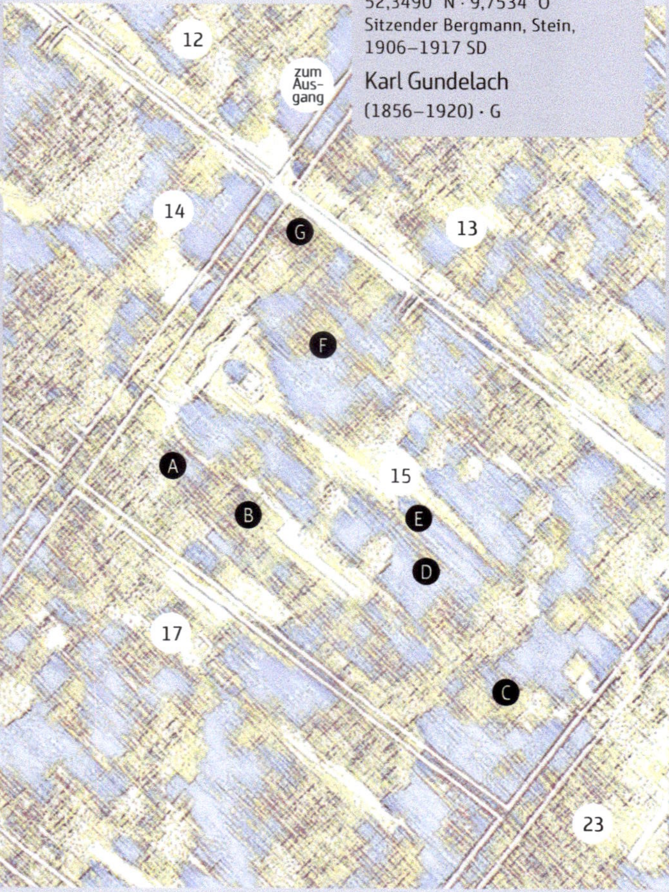

15C Grab Eilers
52,3490 °N · 9,7534 °O
Sitzender Bergmann, Stein,
1906–1917 SD

Karl Gundelach
(1856–1920) · G

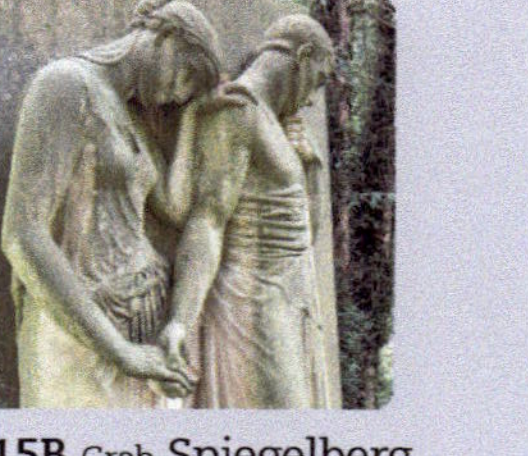

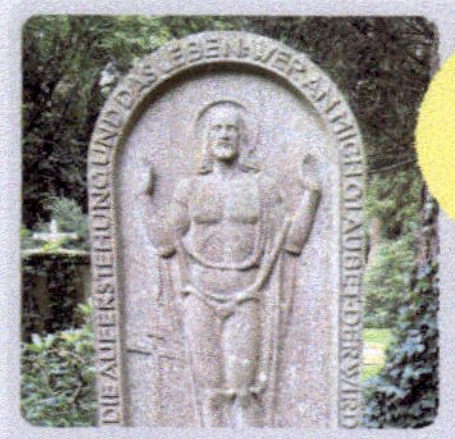

15D Grab Pfad
52,3492 °N · 9,7532 °O
Stehender Jesus im Relief, Stein,
1936 RV

Karl Ahlbrecht
(um 1879–unb.) · RV

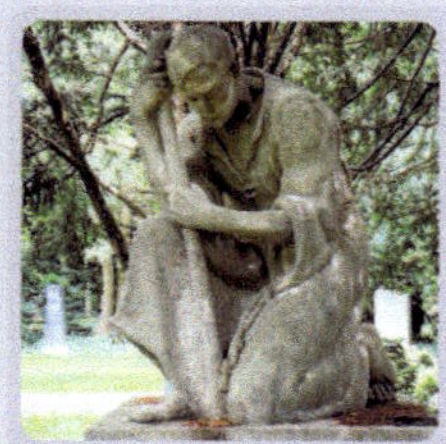

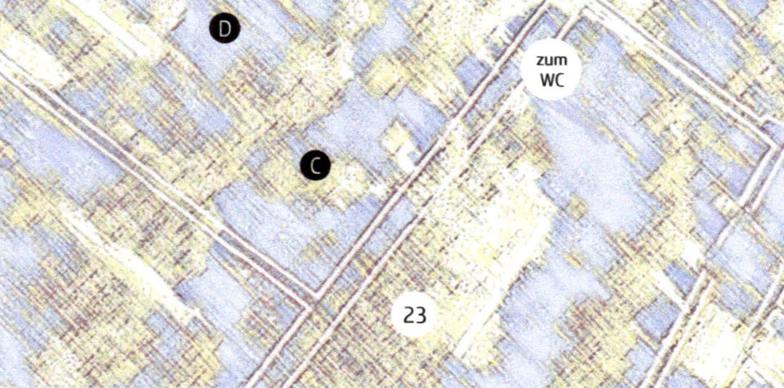

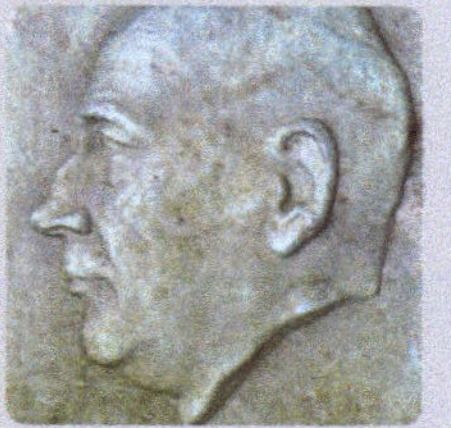

15F Grab John
52,3496 °N · 9,7530 °O
Kniender, Stein, 1922 R

Hans Dammann
(1867–1942) · R

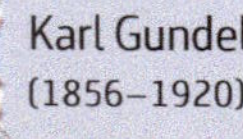
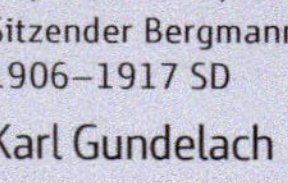

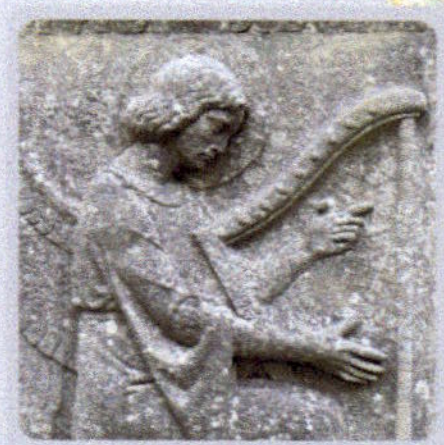

15E Grab Gronau
52,3493 °N · 9,7532 °O
Sitzendender Engel mit Harfe,
Relief, Stein, 1923 G

Karl Ahlbrecht
(um 1879–unb.) · G

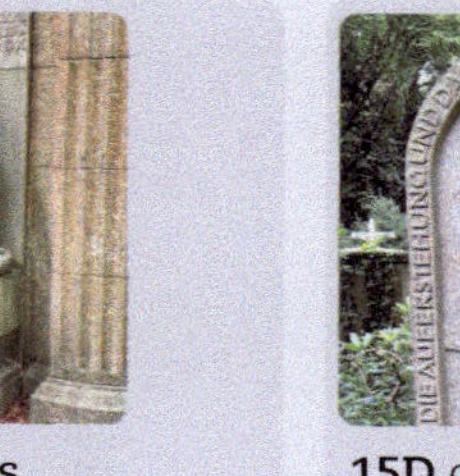

15D Grab Pfad
52,3492 °N · 9,7532 °O
Portraitplakette, Bronze, 1966 RV

Karl Schmitt
(um 1931–unb.) · G „K.S." + RV

15G Grab Kayser
52,3498 °N · 9,7530 °O
Liegende, Stein, 1920–1926 SD

Hans Dammann
(1867–1942) · G

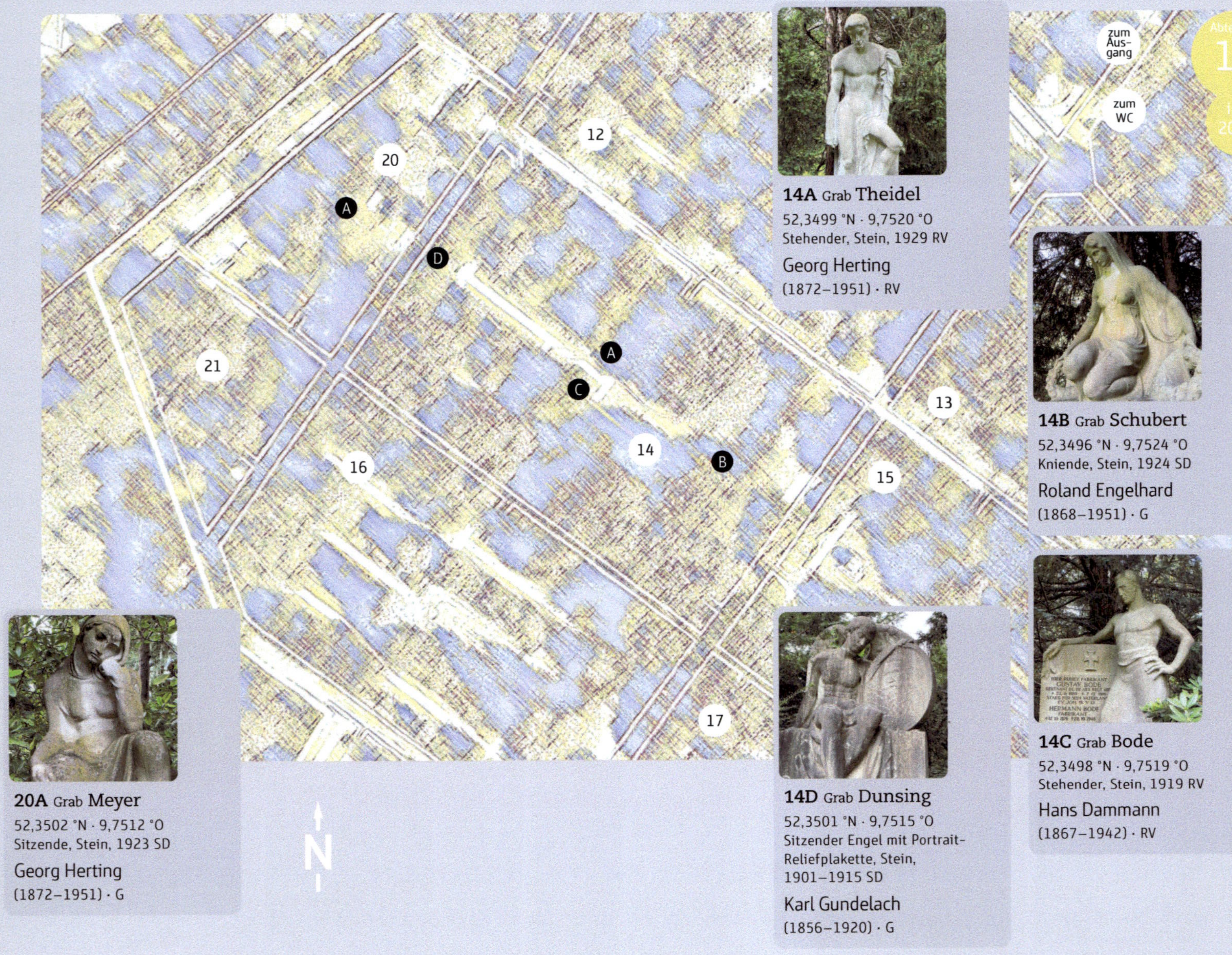

14A Grab Theidel
52,3499 °N · 9,7520 °O
Stehender, Stein, 1929 RV

Georg Herting
(1872–1951) · RV

14B Grab Schubert
52,3496 °N · 9,7524 °O
Kniende, Stein, 1924 SD

Roland Engelhard
(1868–1951) · G

14C Grab Bode
52,3498 °N · 9,7519 °O
Stehender, Stein, 1919 RV

Hans Dammann
(1867–1942) · RV

20A Grab Meyer
52,3502 °N · 9,7512 °O
Sitzende, Stein, 1923 SD

Georg Herting
(1872–1951) · G

14D Grab Dunsing
52,3501 °N · 9,7515 °O
Sitzender Engel mit Portrait-
Reliefplakette, Stein,
1901–1915 SD

Karl Gundelach
(1856–1920) · G

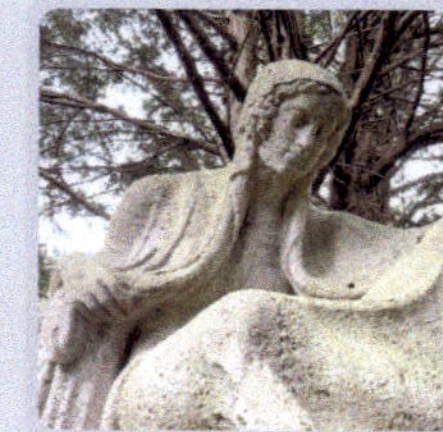

13A Grab Spiegelberg
52,3495 °N · 9,7539 °O
Zwei monumentale stehende
Engel, Stein, 1913–1918 SD

Georg Herting
(1872–1951) · G

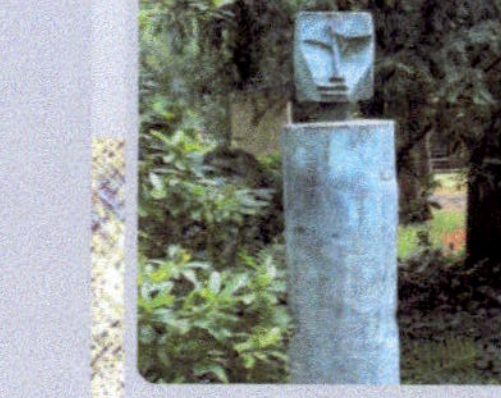

13D Grab Hütte
52,3499 °N · 9,7534 °O
Baumstamm-Totem, Bronze,
1994 RV

Dietrich Klinge
(1954–dato) · RV

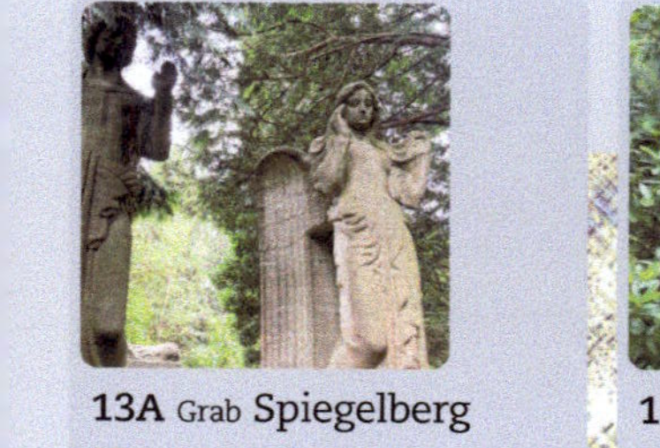

13E Grab Werner
52,3500 °N · 9,7533 °O
Sitzender Soldat, Stein,
1914–1916 SD

Hans Dammann
(1867–1942) · R

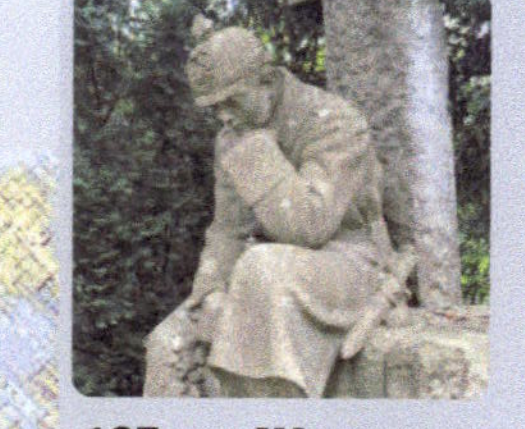

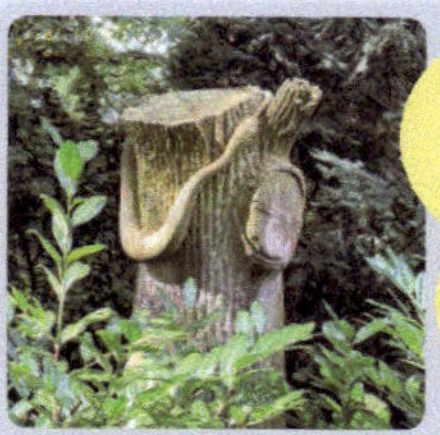

13F Grab Schneider
52,3501 °N · 9,7534 °O
Baumstumpf, Stein, 1872 SD

Künstler unbekannt

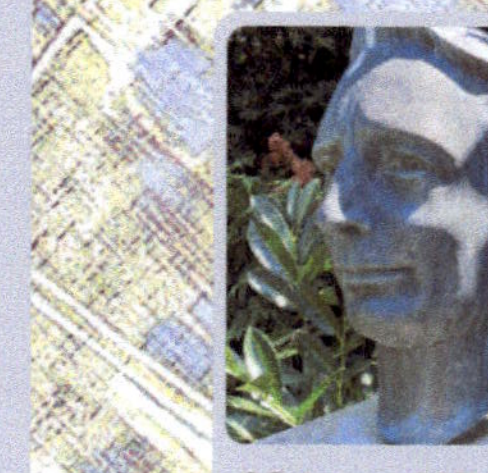

13B Grab Frommeyer
52,3493 °N · 9,7538 °O
Sitzende, Stein, 1921 RV

Künstler unbekannt

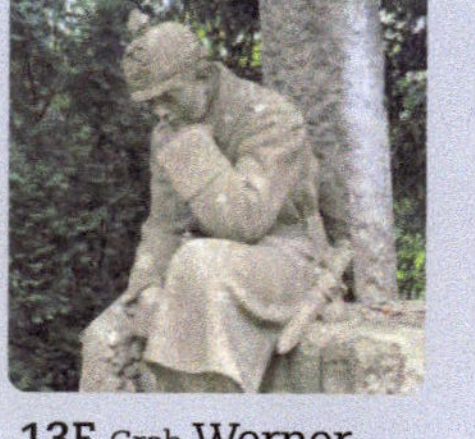

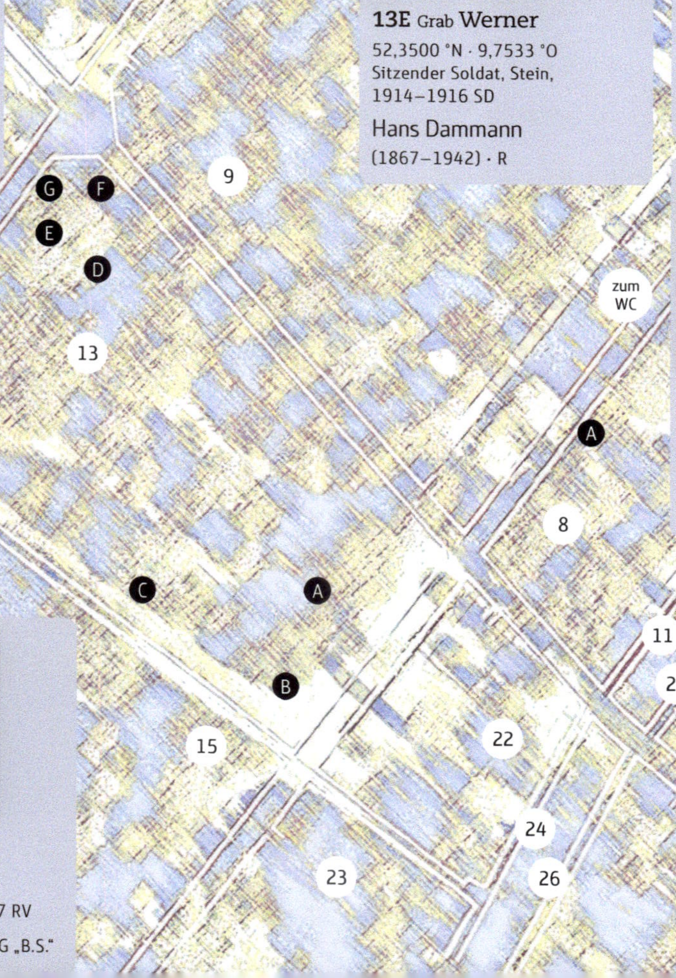

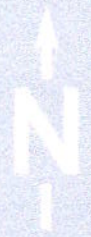

13G Grab Koken
52,3501 °N · 9,7533 °O
Portraitplakette, Bronze, 1872 V

Heinrich Brehmer
(1815–1889) · V

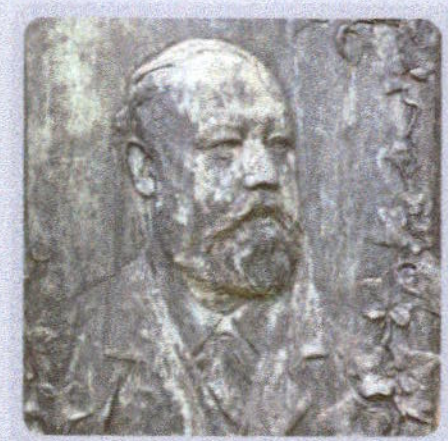

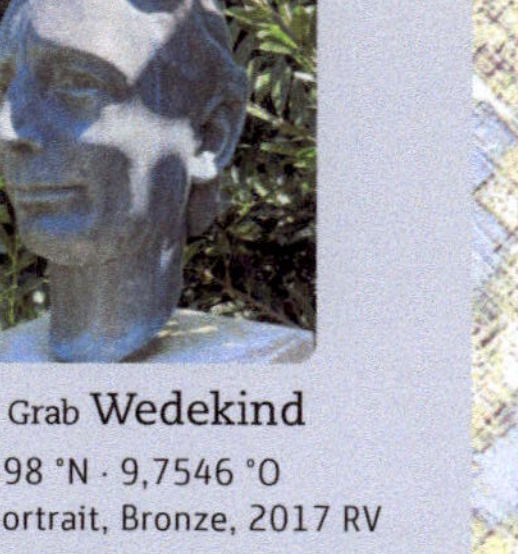

13C Grab Krische
52,3495 °N · 9,7535 °O
Portraitplakette, Bronze, 1894 G

Hans Dammann
(1867–1942) · G

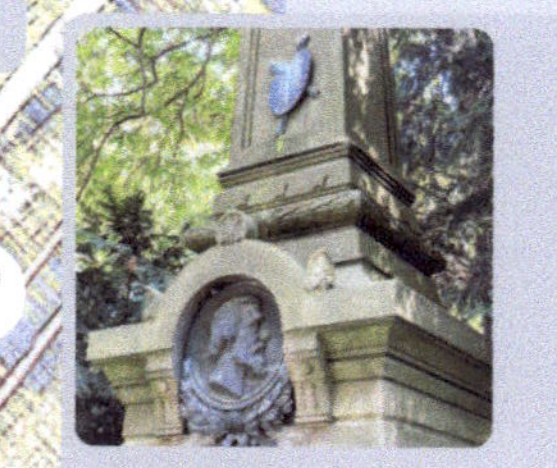

08A Grab Wedekind
52,3498 °N · 9,7546 °O
Kopfportrait, Bronze, 2017 RV

Künstler unbekannt · G „B.S.“

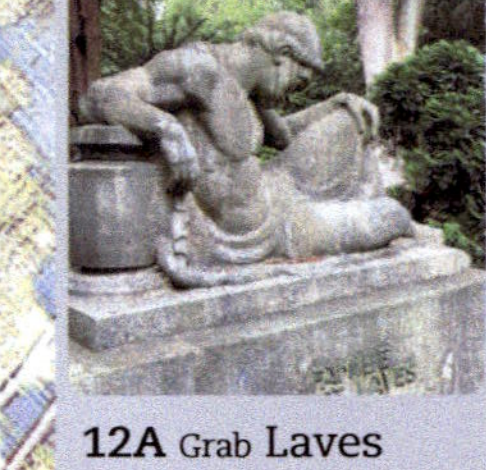

12A Grab **Laves**

52,3505 °N · 9,7526 °O
Liegender, Stein, 1915–1927 SD

Hans Dammann
(1867–1942) · K

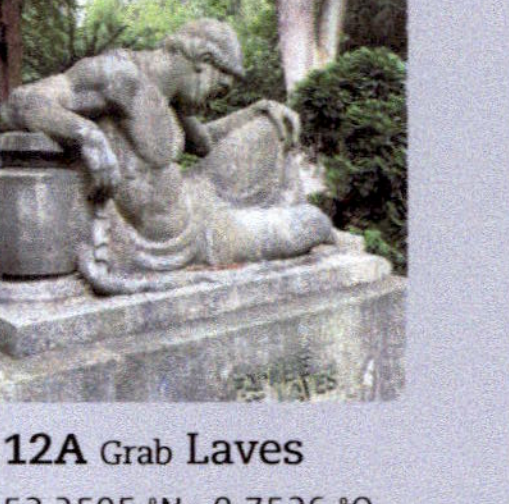

12B Grab **Jänecke**

52,3504 °N · 9,7523 °O
Mutter-Kinder-Gruppe, Stein,
1912–1917 SD

Roland Engelhard
(1868–1951) · G

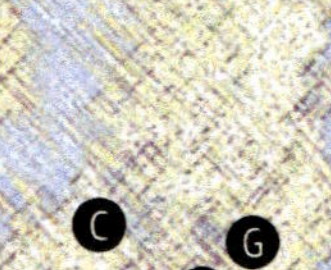

12C Grab **Brauns Ebeling**

52,3502 °N · 9,7527 °O
Zwei Stehende, Halbrelief, Stein,
1915 RV

Roland Engelhard
(1868–1951) · RV

12D Grab **Waterbeck**

52,3500 °N · 9,7526 °O
Stehender, Stein, um 1940 K

August Waterbeck
(1875–1947) · G

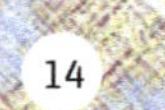

12H Grab **Meyenburg
Papenhoff**

52,3504 °N · 9,7528 °O
Sitzender Jesus tröstet knienden
Jüngling, Stein, 1913 RV

Ernst Witte
(um 1878–unb.) · RV

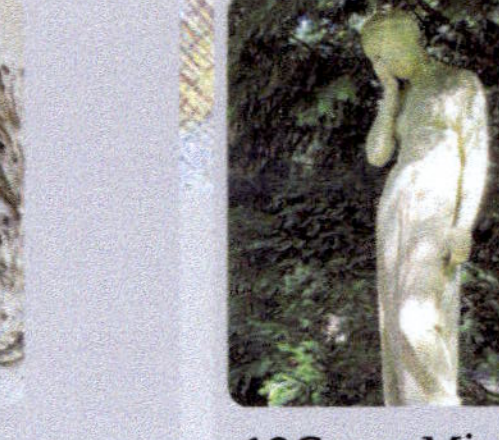

12J Grab **Devrient**

52,3503 °N · 9,7531 °O
Portraitplakette, Stein, 1872 SD

Heinrich Brehmer
(1815–1889) · V

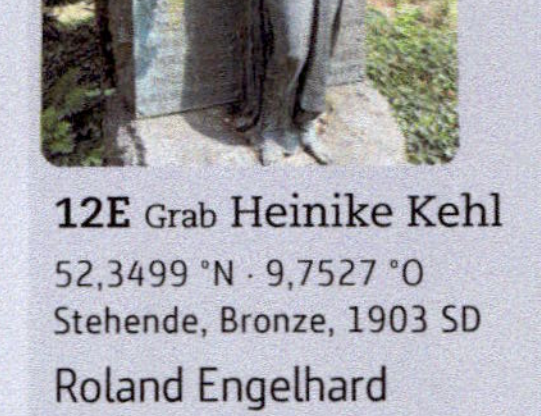

12G Grab **Miehe Garvens**

52,3502 °N · 9,7527 °O
Stehende, Stein, 1921 V

Oskar Garvens
(1874–1951) · V

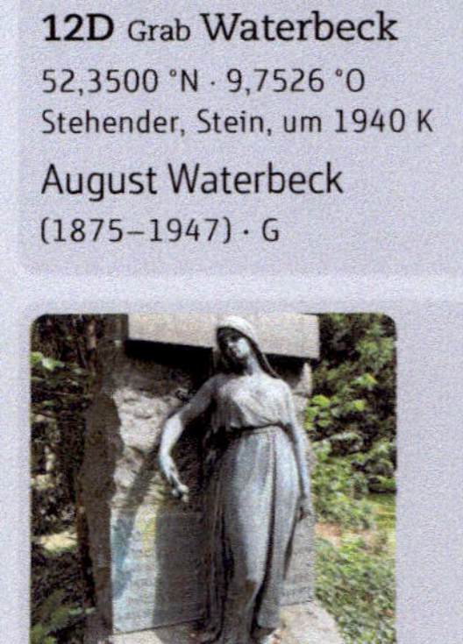

12F Grab **Kessler**

52,3501 °N · 9,7527 °O
Stehende, Stein, 1912 G

Roland Engelhard
(1868–1951) · G

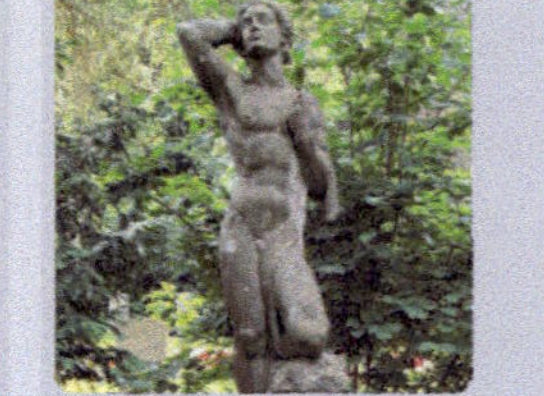

12E Grab **Heinike Kehl**

52,3499 °N · 9,7527 °O
Stehende, Bronze, 1903 SD

Roland Engelhard
(1868–1951) · K

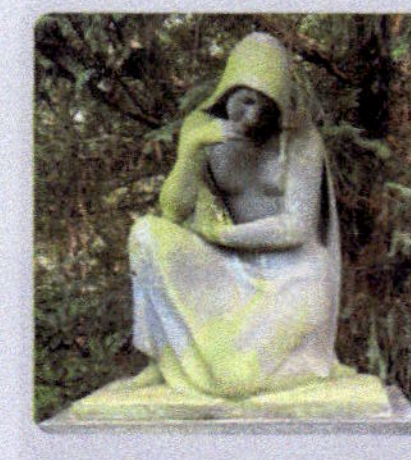

10L Grab Vorthmann

52,3509 °N · 9,7527 °O
Kniende, Stein, 1913 RV

Max Krause
(1875–1920) · RV

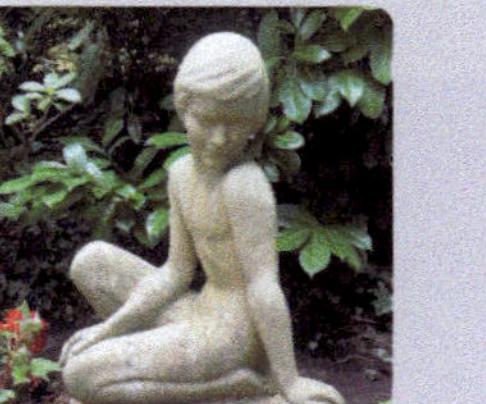

10K Grab Seefeld

52,3504 °N · 9,7533 °O
Portraitplakette, Bronze, 1893 SD

Künstler unbekannt

10J Grab Schrader

52,3506 °N · 9,7534 °O
Kniende, Bronze, 1936 SD

Berthold Stölzer
(1881–1943) · G

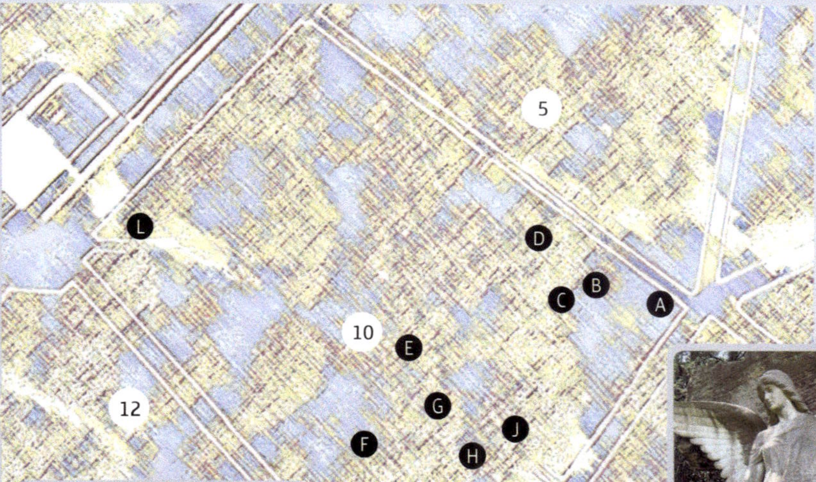

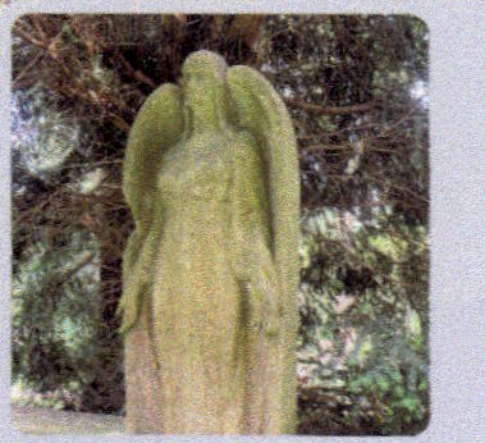

10H Grab Lindemann

52,3506 °N · 9,7533 °O
Sitzende, Stein, 1934–1937 SD

Roland Engelhard
(1868–1951) · G

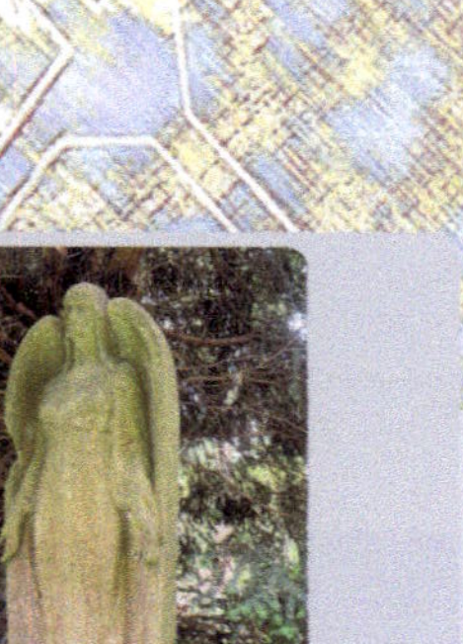

10F Grab Gehre

52,3506 °N · 9,7531 °O
Kniendes Mädch., Stein, 1959 RV

Künstler unbekannt

10G Grab Greis

52,3506 °N · 9,7532 °O
Stehender Engel, Stein,
1911 RV · Friedhofskunst
Künstler-Vereinigung, Leitung:

Roland Engelhard
(1868–1951) · RV

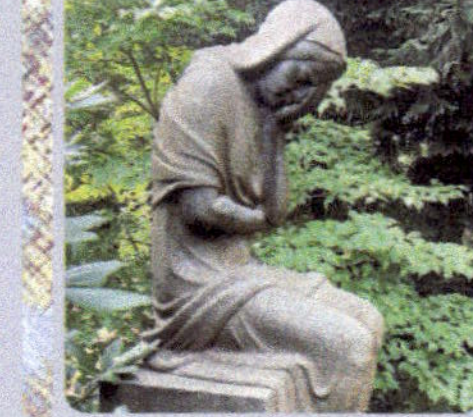

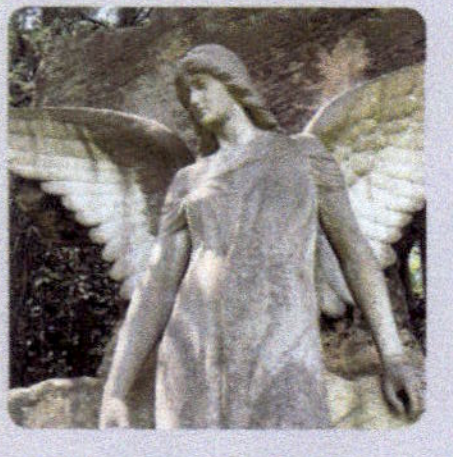

10A Grab Pleuss

52,3508 °N · 9,7540 °O
Stehender Engel, Stein, 1904 R

Roland Engelhard
(1868–1951) · R

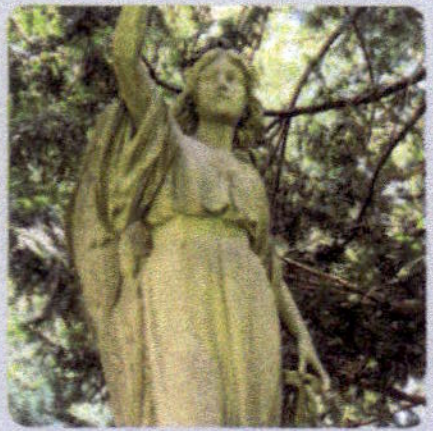

10B Grab De Haen

52,3508 °N · 9,7537 °O
Zwei Engel, Mutter-Kinder-
Gruppe, 1890 G

Carl Echtermeier
(1845–1910) · G

Portraitrelief, Stein

Hans Dammann
(1867–1942) · G

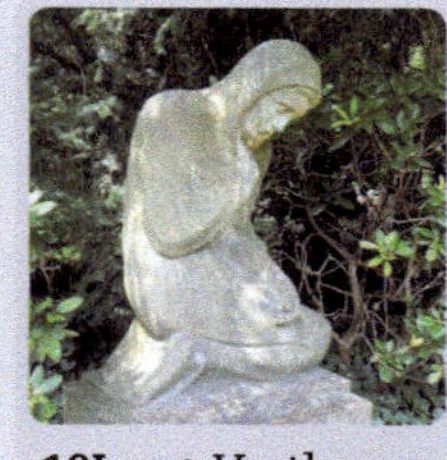

10C Grab Diedrich

52,3508 °N · 9,7537 °O
3 Portraitplak., Bronze, 1911 RV

Künstler unbekannt

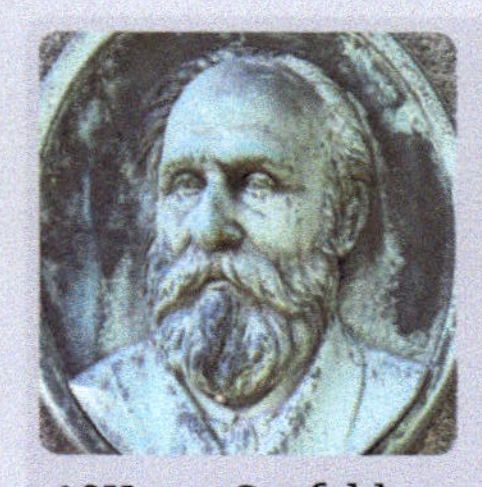

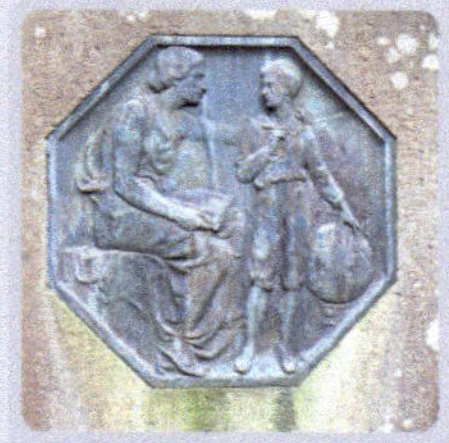

10D Grab Hinneschiedt

52,3509 °N · 9,7535 °O
Plakette, Bronze, 1911 RV

Karl Gundelach
(1856–1920) · RG „K.G."

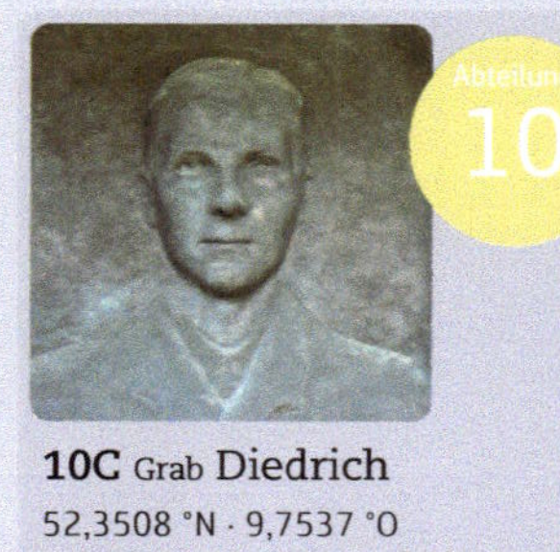

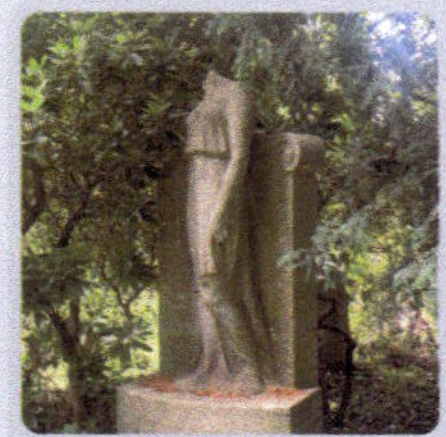

10E Grab Reuss

52,3507 °N · 9,7532 °O
Stehende, Stein, stark beschädigt,
1911 RV · Friedhofskunst
Künstler-Vereinigung, Leitung:

Roland Engelhard
(1868–1951) · RV

09R Grab Ebell
52,3498 °N · 9,7542 °O
Stehender Junge, Stein, 1908 SD
Roland Engelhard
(1868–1951) · G

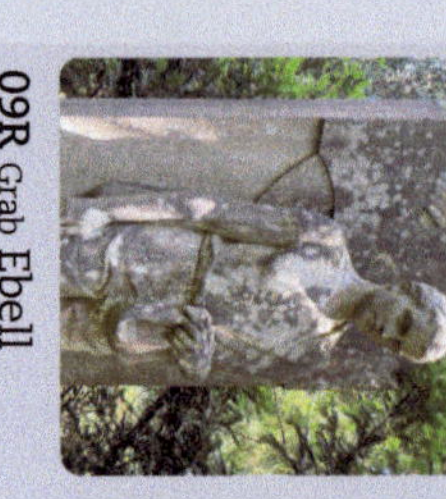

09S Grab Engelhard
52,3498 °N · 9,7543 °O
Stehende, Stein, Portraitplakette, Bronze, 1902 SD
Roland Engelhard
(1868–1951) · R

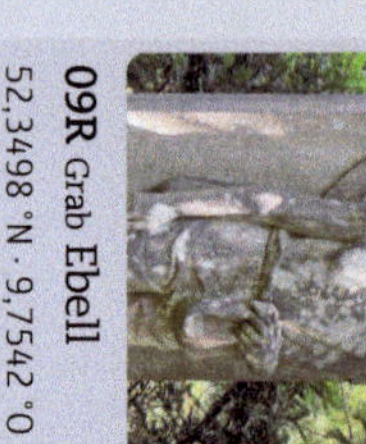

09J Grab Staude
52,3503 °N · 9,7547 °O
Stehende, Stein, 1910 RV
Künstler unbekannt

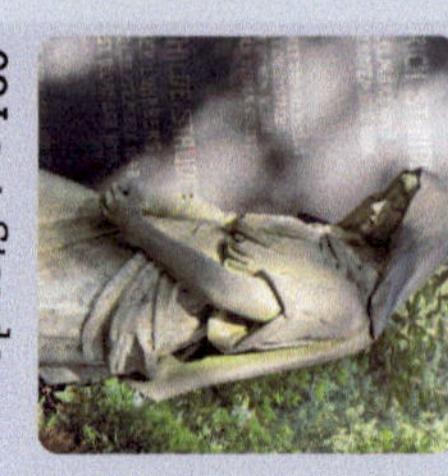

09K Grab Lindemann
52,3501 °N · 9,7543 °O
Stehende, Stein, 1914 SD
Clemens Werminghausen
(1877–1963) · G

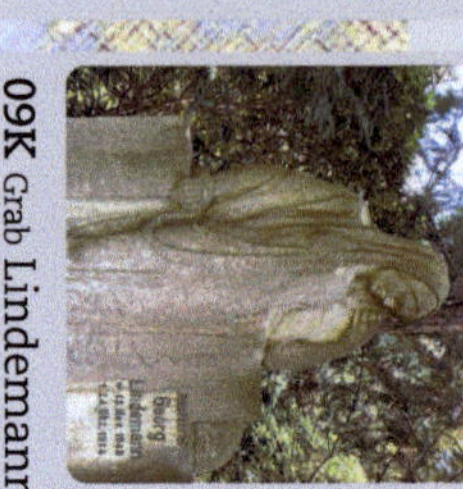

09Q Grab Ebeling
52,3502 °N · 9,7539 °O
Sitzender Jesus tröstet knienden Jüngling, Stein, 1898 SD
Carl Echtermeier (1845–1910)
nach Maler B. Plockhorst
(1825–1907) · G

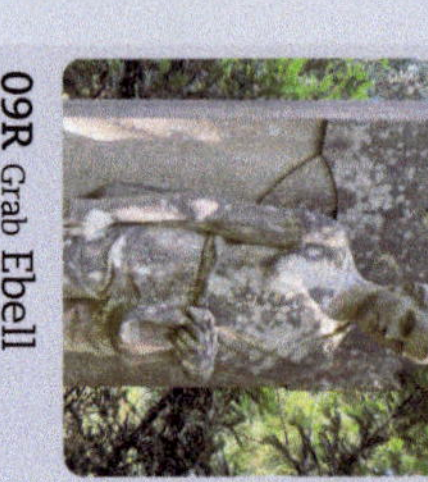

09L Grab Proffen
52,3501 °N · 9,7542 °O
Stehender, Stein, 1894–1912 SD
Roland Engelhard
(1868–1951) · G

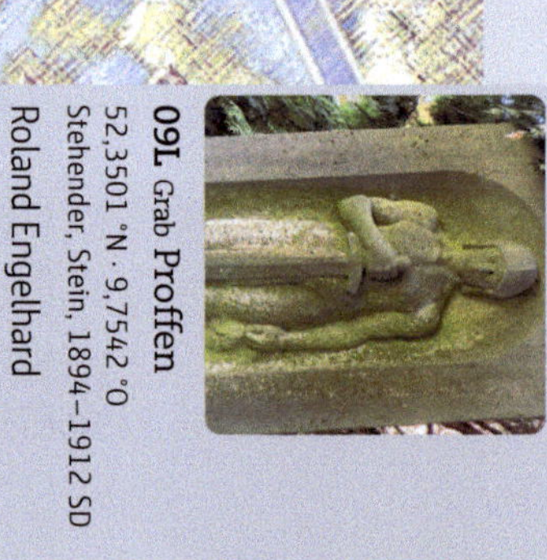

09M Grab Berding
52,3502 °N · 9,7540 °O
Kniender Engel, Bronze, 1914–1918 SD
Hans Dammann
(1867–1942) · G

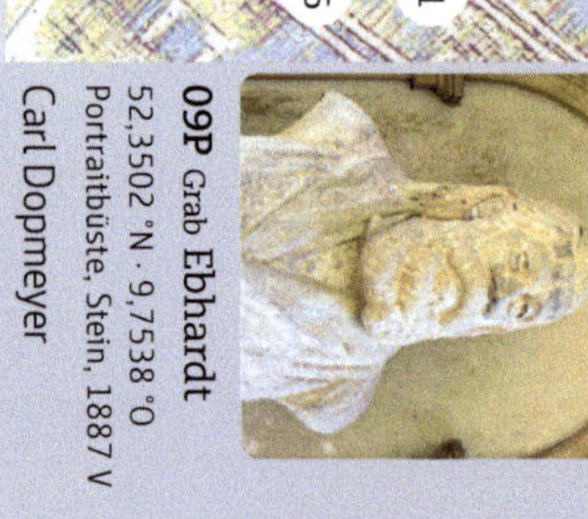

09N Grab Rasch
52,3502 °N · 9,7537 °O
Portraitplakette, Bronze, 1912 RV
Künstler unbekannt
sig. Pirner&Franz, Dresden (Guss)

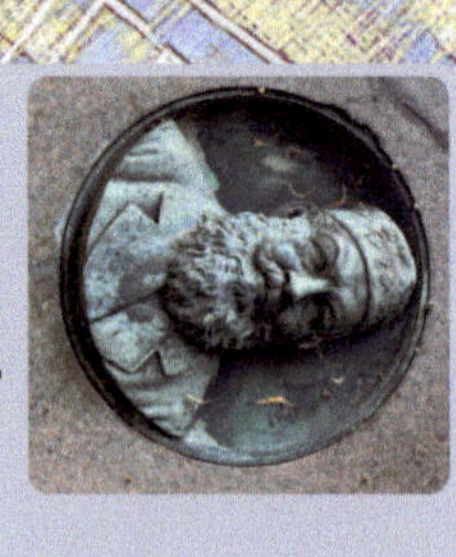

09P Grab Ebhardt
52,3502 °N · 9,7538 °O
Portraitbüste, Stein, 1887 V
Carl Dopmeyer
(1824–1899) · V

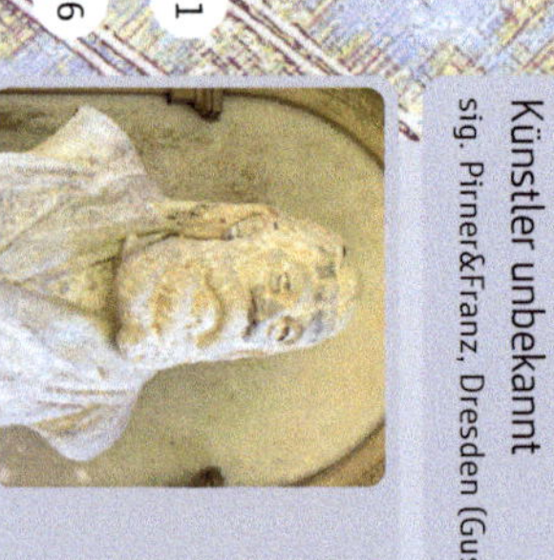

09A Grab Grünewald
52,3508 °N · 9,7541 °O
Stehende, Stein, 1915 RV
Karl Ahlbrecht
(um 1879–unb.) · G

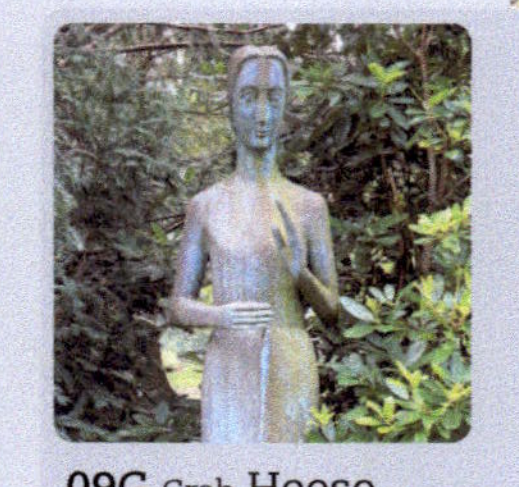

09B Grab Krüger Gluchowski
52,3505 °N · 9,7544 °O
Sitzende, Stein, 1914 G
Karl Ahlbrecht
(um 1879–unb.) · G

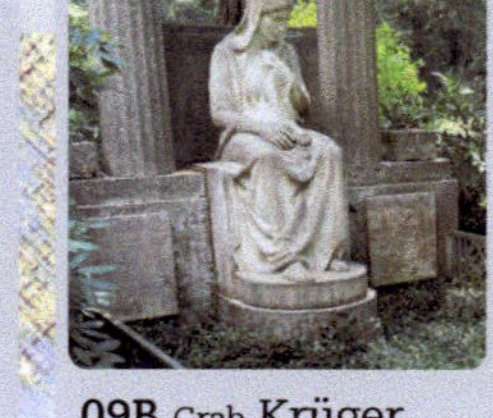

09C Grab Mauersberg
52,3504 °N · 9,7543 °O
Mutter-Kind, Stein, 1920–1930 K
Roland Engelhard
(1868–1951) · G

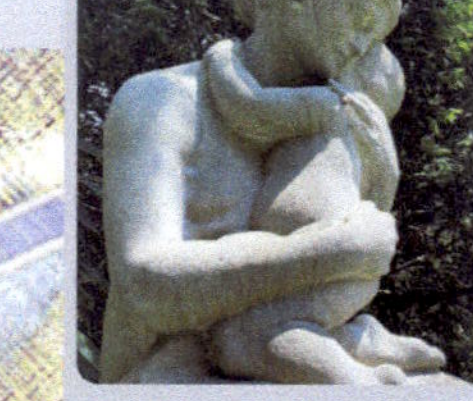

09D Grab Eichwede
52,3503 °N · 9,7541 °O
Sitzender Jesus, Stein, 1910 RV
Georg Herting
(1872–1951) · K

09H Grab Kühn
52,3503 °N · 9,7544 °O
Kopfportrait, Bronze, 1998 SD
Künstler unbekannt · G „P.F."

09E Grab Volger
52,3503 °N · 9,7541 °O
Stehende, Halbrel., Stein, 1916 RV
Ernst Witte
(um 1881–unb.) · RV

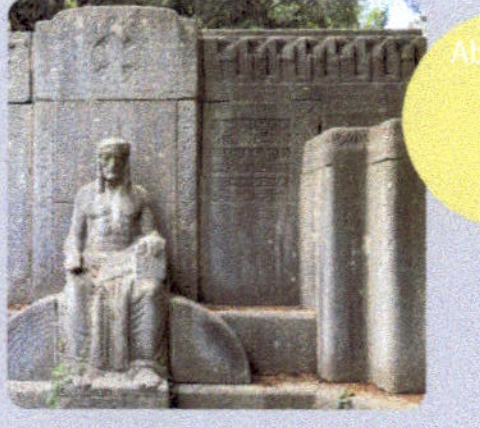

09G Grab Heese
52,3505 °N · 9,7546 °O
Stehende, Bronze, 1957 RV
Fritz Gellinek
(um 1922–unb.) · RV

09F Grab De Neuf
52,3504 °N · 9,7545 °O
Liegende, Stein, 1927 RV
Roland Engelhard
(1868–1951) · G

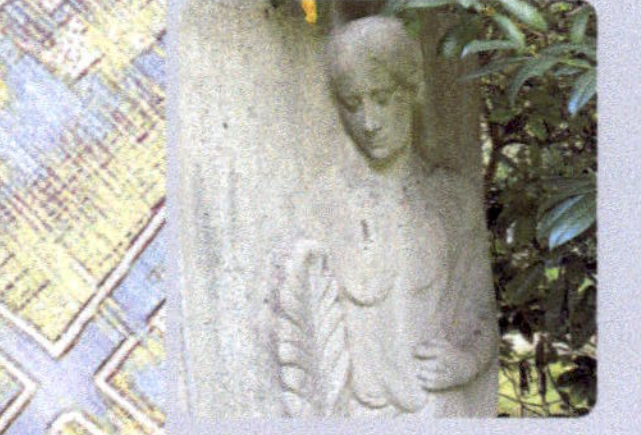

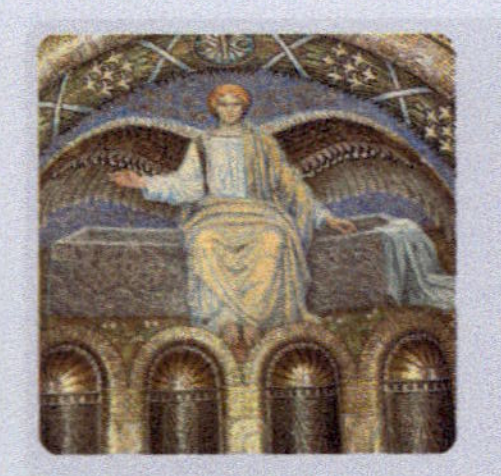

06E Grab unb./vlt. Epitaph
52,3509 °N · 9,7552° O
Steh. Engel, Bronze, um 1900 R

WMF Galvanoplastische
Kunstanstalt Geislingen · G

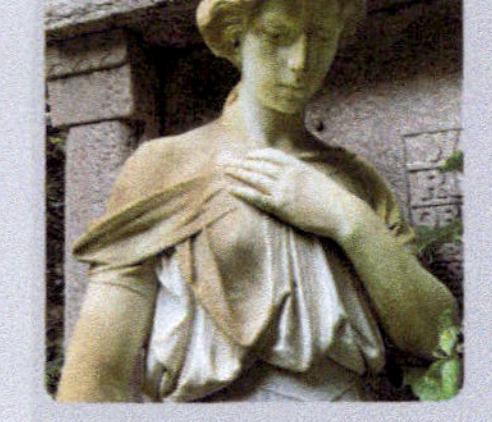

06F Grab Sprinkmann
Krumbiegel
52,3509 °N · 9,7551° O
Stehende, Stein, 1913 RV

Karl Ahlbrecht
(um 1879–unb.) · K

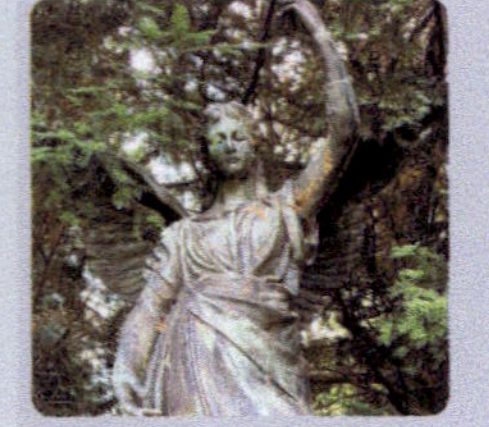

06G Grab Dammann
Poten Siegling
52,3508 °N · 9,7551 °O
Sitzender Mönch, Stein, 1914 R

Hans Dammann
(1867–1942) · R

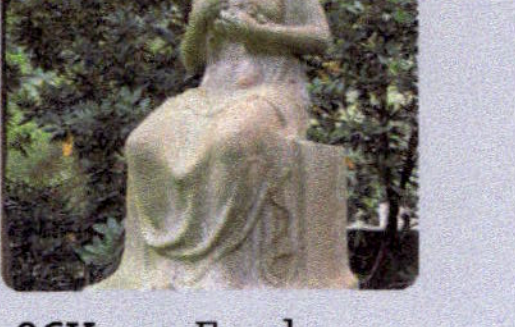

06M Grab Ebeling
52,3508 °N · 9,7543 °O
Mosaik,1910 R, Entwurf:

Hermann Schaper
(1853–1911) · R

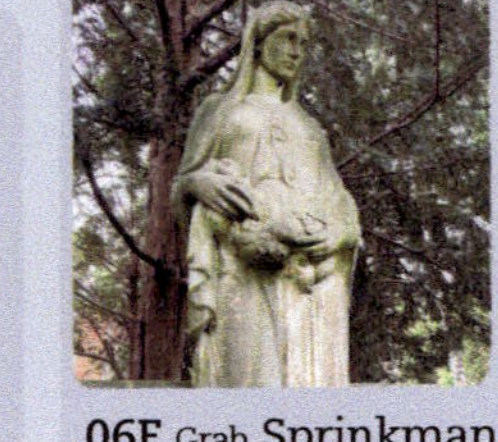

06N Grab Rudorff Foeth
52,3509 °N · 9,7546° O
Stehende, Stein, 1911 RV

Josef Hanser
(um 1876–unb.) · RV

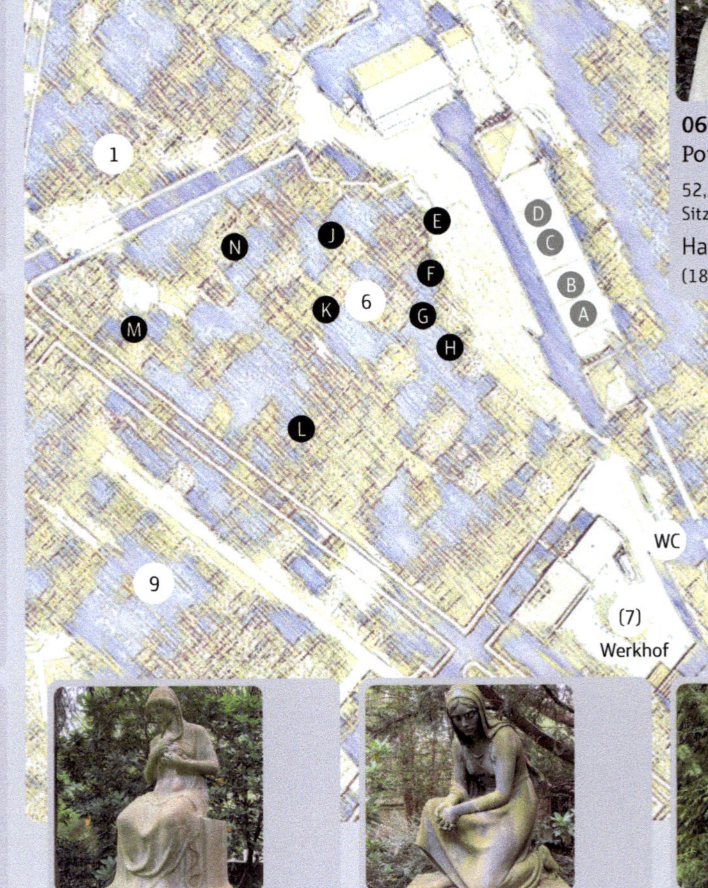

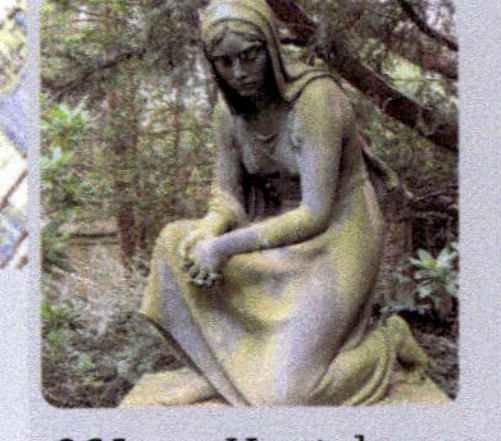

06M Grab Ebeling
52,3508 °N · 9,7543 °O
Reliefs, Stein, 1910 R

Georg Herting
(1872–1951) · V

06L Grab Behrens
52,3505 °N · 9,7548 °O
Stehendes Bergmännerduo,
Stein, 1920 R

Georg Herting
(1872–1951) · G

06K Grab Forcke
52,3508 °N · 9,7549 °O
Sitzende, Stein, um 1913 K

Roland Engelhard
(1868–1951) · G

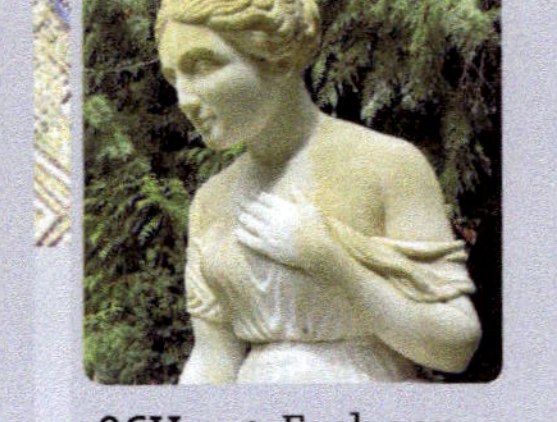

06J Grab Hantelmann
52,3509 °N · 9,7549 °O
Kniende, Bronze, um 1910 K

Hans Dammann
(1867–1942) · G

06H Grab Fechner
52,3507 °N · 9,7552° O
Kniende, Stein, 1982 RV

P. Leichsenring
(um 1947–unb.) · RV

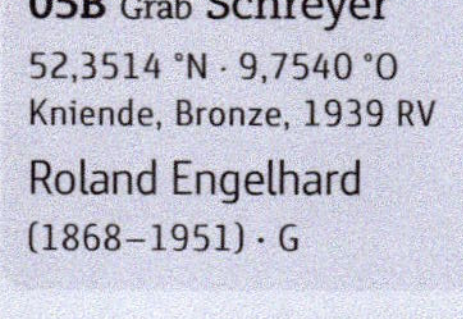

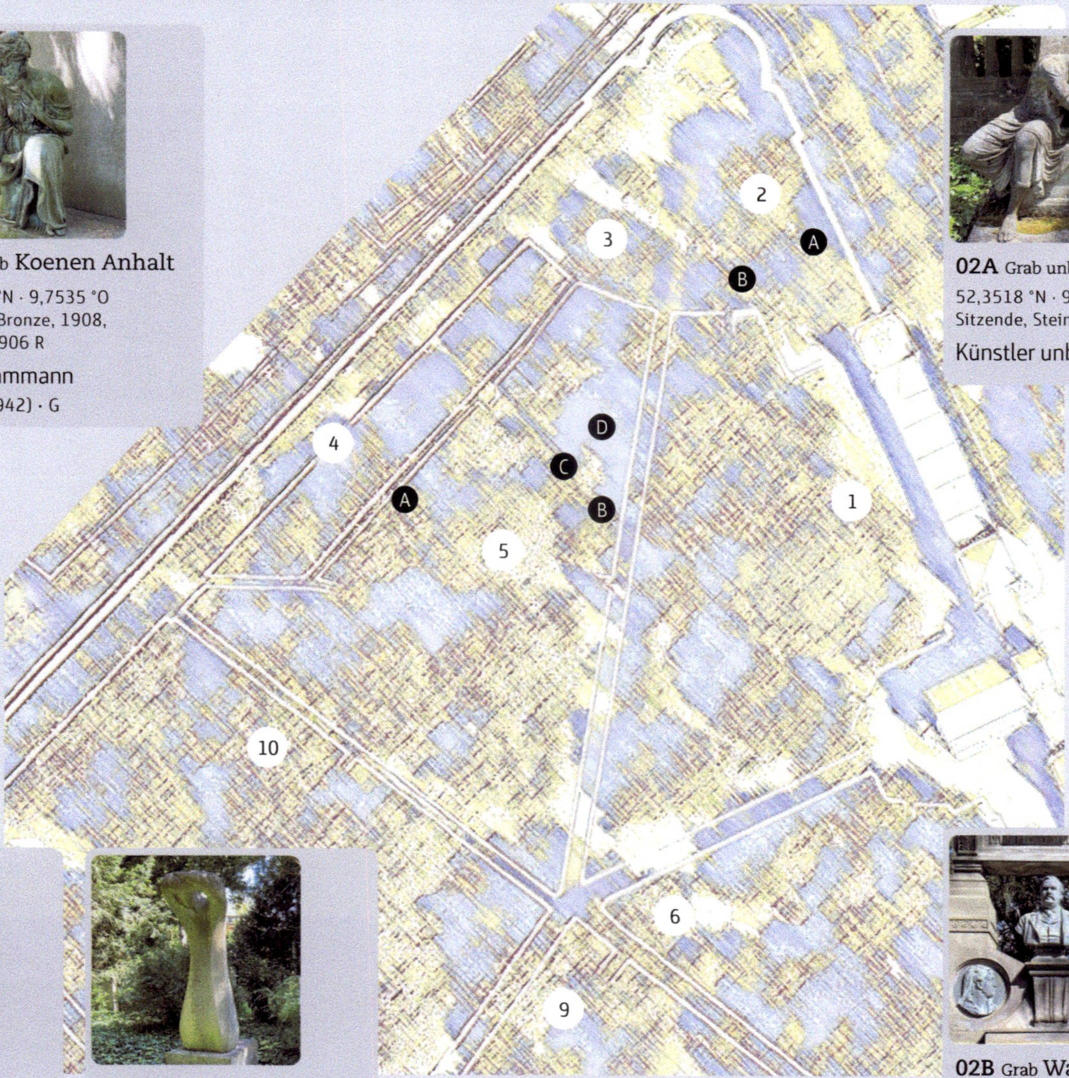

05A Grab Koenen Anhalt

52,3514 °N · 9,7535 °O
Kniende, Bronze, 1908,
in Stein 1906 R

Hans Dammann
(1867–1942) · G

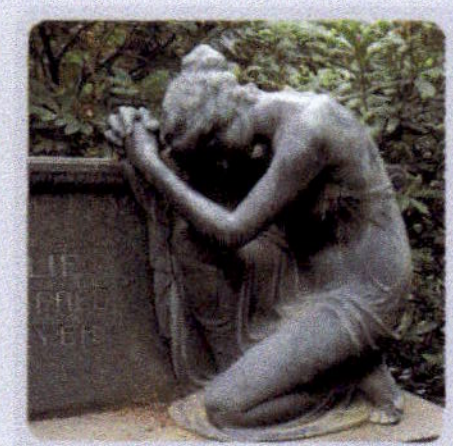

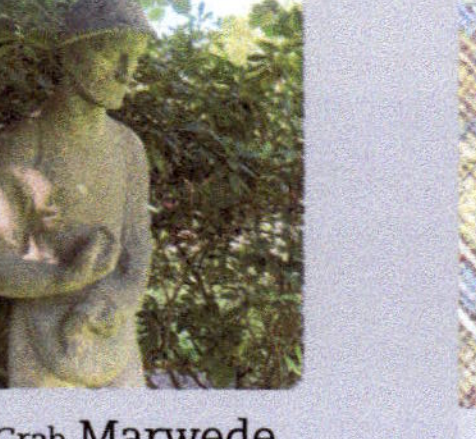

05B Grab Schreyer

52,3514 °N · 9,7540 °O
Kniende, Bronze, 1939 RV

Roland Engelhard
(1868–1951) · G

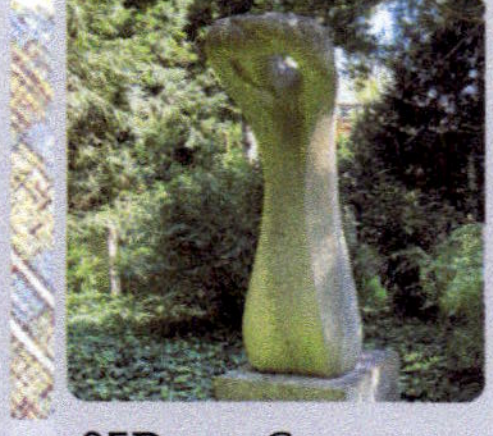

05C Grab Marwede

52,3515 °N · 9,7539 °O
Stehender, Stein, 1933 RV

Otto Hohlt (1889–1960) · RV

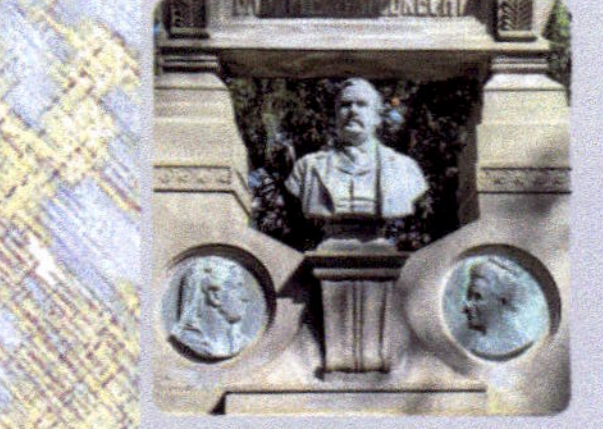

05D Grab Guse

52,3516 °N · 9,7540 °O
Kniender, Stein, 1958 RV

Max Sauk (1929–2023) · G

02A Grab unb./vlt. Epitaph

52,3518 °N · 9,7547 °O
Sitzende, Stein, o.D.

Künstler unbekannt

02B Grab Wallbrecht

52,3517 °N · 9,7545 °O
Portraitbüste, Bronze, 1905 V

Ferdinand Hartzer
(1838–1906) · V

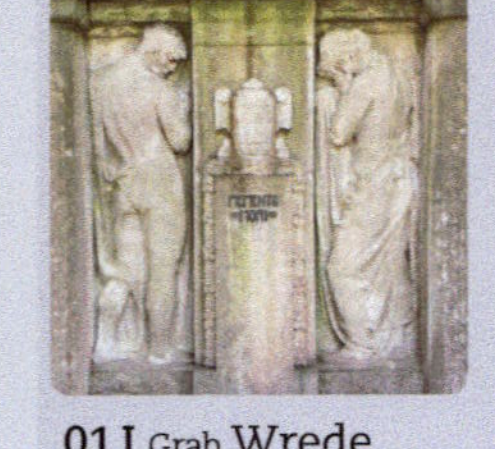

01E Anlage **Bödeker-Engel**
52,3511 °N · 9,7547 °O
Kniender Engel, Bronze, 1854 V
Georg Hurtzig
(1812–1865) · V

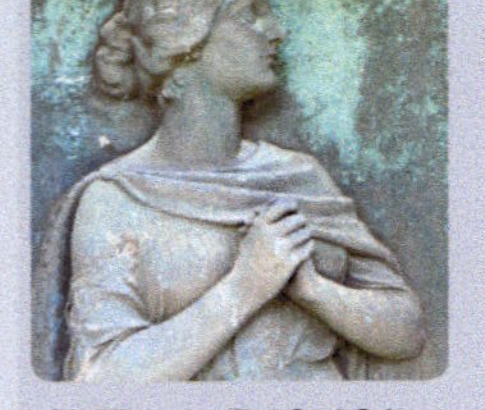

01F Grab **Brase**
52,3511 °N · 9,7546 °O
Kniende, Stein, o.D.
Roland Engelhard
(1868–1951) · G

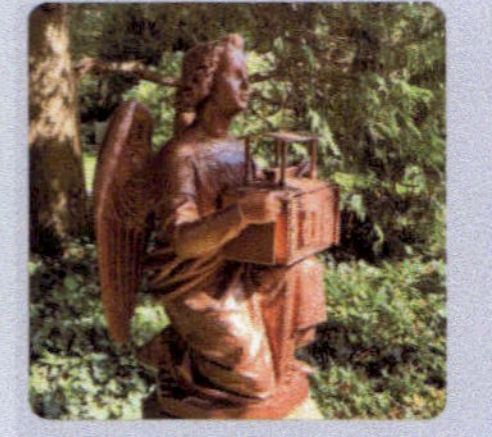

01R Grab **Weidlich**
52,3512 °N · 9,7546 °O
Sitzende, Bronze, i. Stein 1904 R
Hans Dammann
(1867–1942) · R

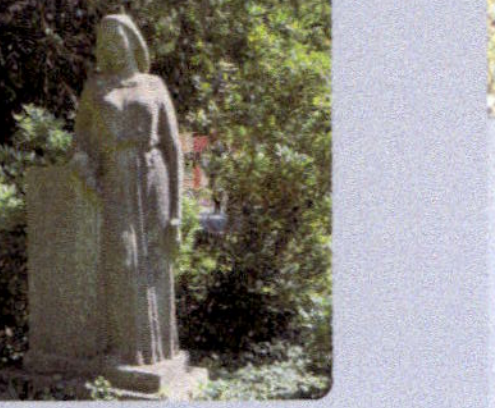

01G Grab **König**
52,3509 °N · 9,7543 °O
Portraitbüste, Stein, 1888 SD
Künstler unbekannt

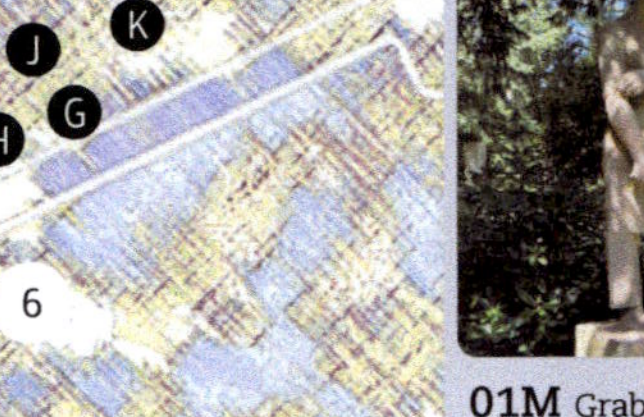

01H Grab **D42-101** namenlos
52,3508 °N · 9,7542 °O
Stehende Halbrelief, Bronze, o.D.
Karl Gundelach
(1856–1920) · G

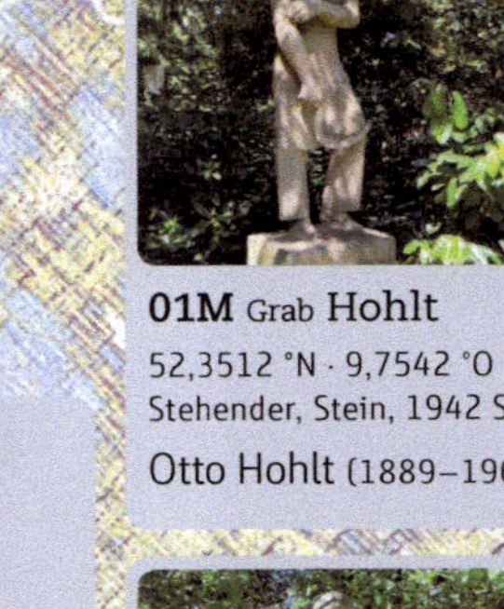

01M Grab **Hohlt**
52,3512 °N · 9,7542 °O
Stehender, Stein, 1942 SD
Otto Hohlt (1889–1960) · G

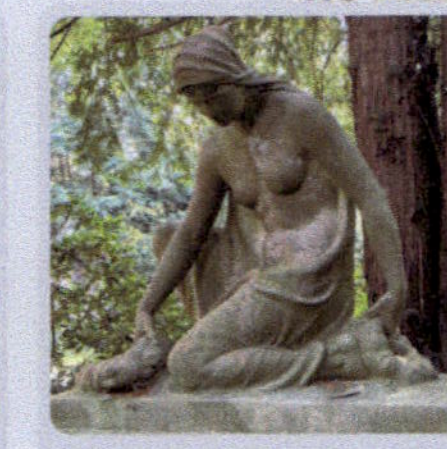

01Q Grab **Peine**
52,3514 °N · 9,7546 °O
Stehende, Bronze, 1907 RV
Karl Gundelach
(1856–1920) · K

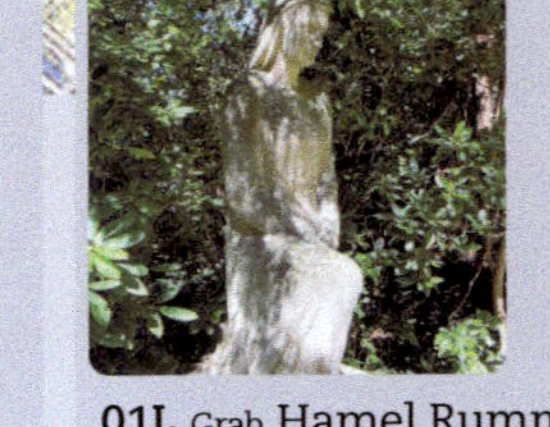

01J Grab **Wrede**
52,3510 °N · 9,7543 °O
Stehendes Paar, Relief, Stein,
1907 RV
Georg Herting
(1872–1951) · RV

01K Grab **Grünewald**
52,3510 °N · 9,7544 °O
Stehende, Stein, 1950 RV
Künstler unbekannt

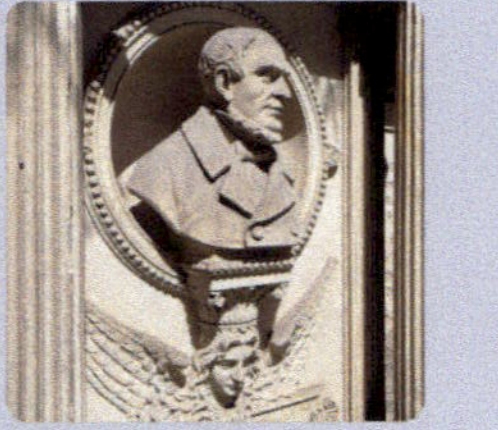

01P Grab **Struckmeyer**
52,3514 °N · 9,7544 °O
Stehender Jesus, Stein, 1919 SD
Edmund Werner
(um 1884–unb.) · G
Zwei Portraitplaketten, Bronze
Karl Gundelach
(1856–1920) · G

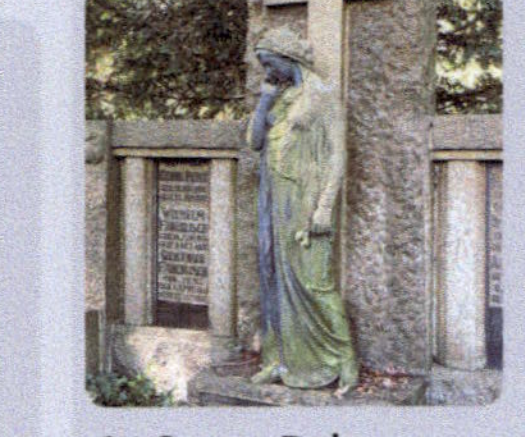

01L Grab **Hamel Rummelt**
52,3512 °N · 9,7543 °O
Kniende, Stein, vor 1960 RV
Albert Lettau
(1885–1961) · RV

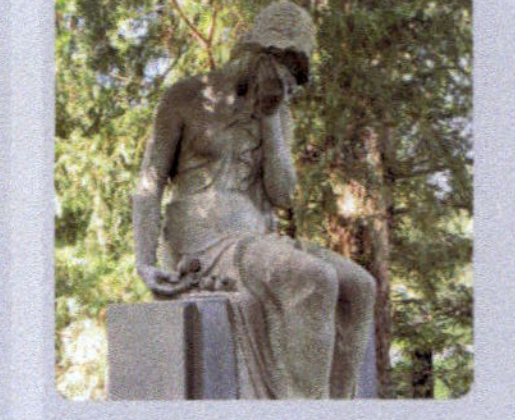

01N Grab **Goedicke**
52,3513 °N · 9,7543 °O
Sitzende, Stein, um 1935 K
Roland Engelhard
(1868–1951) · G

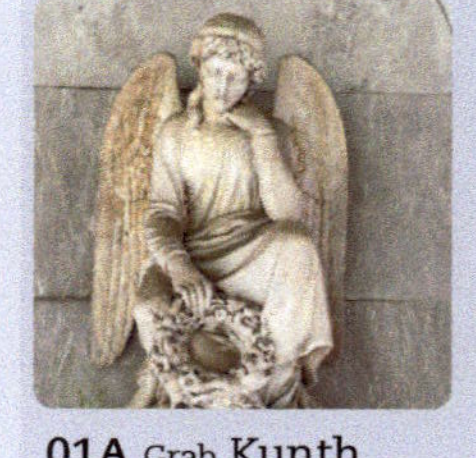

01A Grab Kunth
52,3514 °N · 9,7550 °O
Sitzender Engel, Stein,
1882–1906 SD

Künstler unbekannt

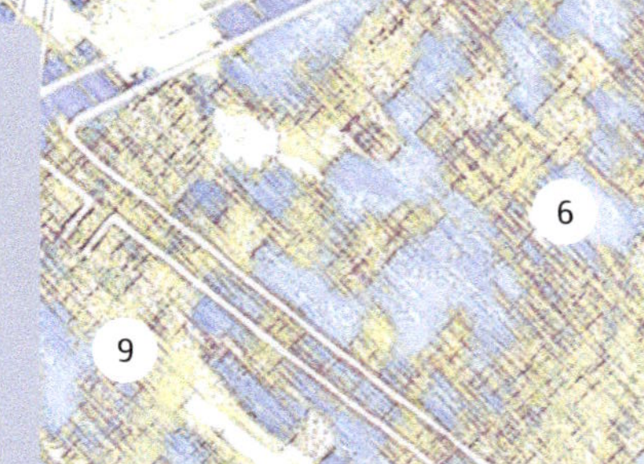

01B Grab Strack
52,3514 °N · 9,7550 °O
Stehende, Stein, um 1900 K

Karl Gundelach
(1856–1920) · G

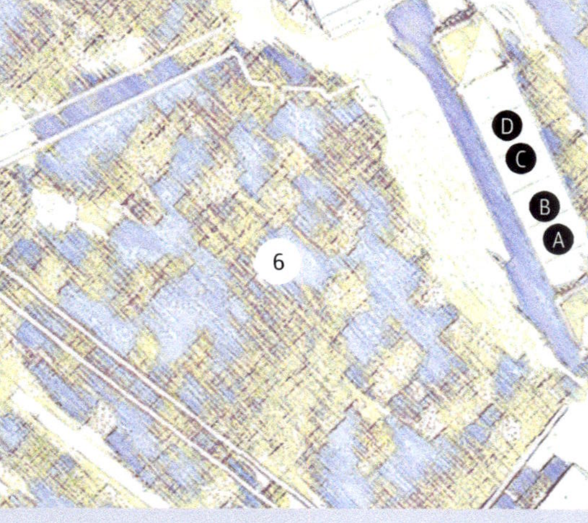

01C Grab Elbers
52,3515 °N · 9,7549 °O
Stehende, Stein, 1927 RV

Roland Engelhard
(1868–1951) · G

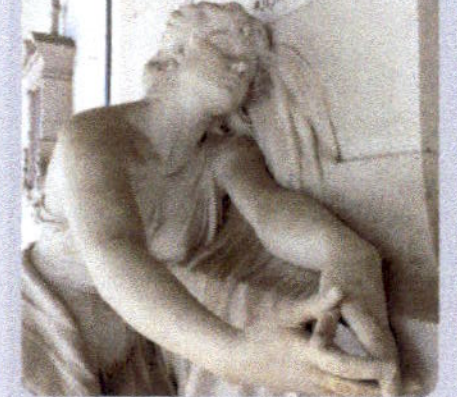

06C Grab Heimann
52,3508 °N · 9,7555 °O
Jesus im Halbrelief mit zwei
stehenden Engel, Stein,
1885–1900 K

Künstler unbekannt

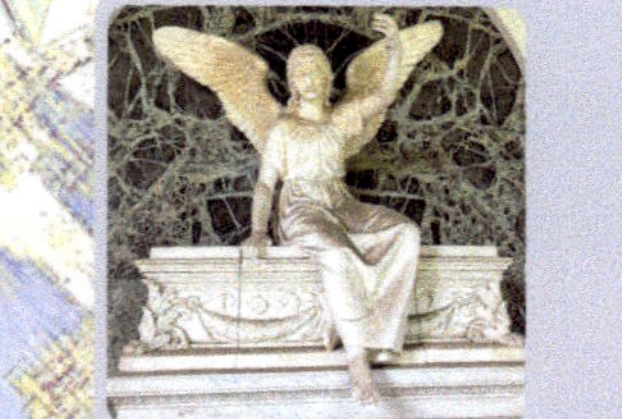

06D Grab Blum Hemmerde
52,3509 °N · 9,7554 °O
Sitzender Engel, Stein, 1880 G

Wilhelm Engelhard
(1813–1902) · G

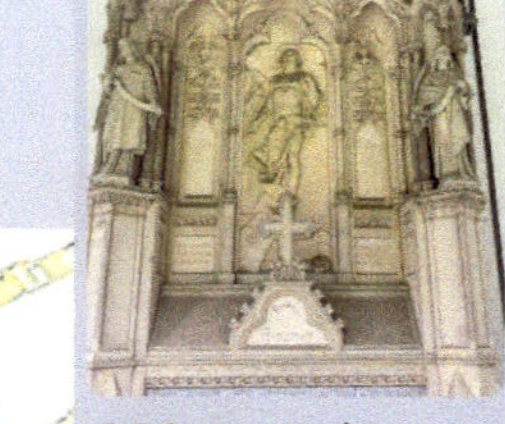

06B Grab Lübbecke Zimker
52,3508 °N · 9,7556° O
Sitzender Engel, Stein, 1879 G

Rudolf Schwanthaler
(1842–1879) · G

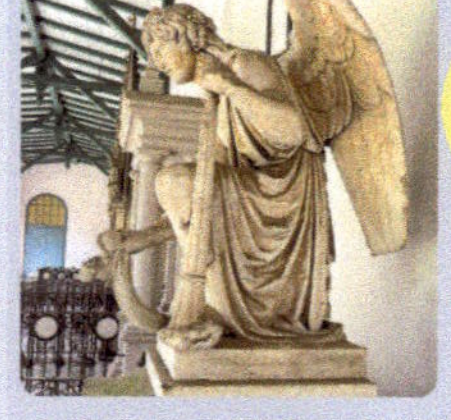

06A Grab Lohmann
52,3508 °N · 9,7556° O
Stehende, Stein, 1904 SD

A. Wegener
(um 1866–unb.) · G

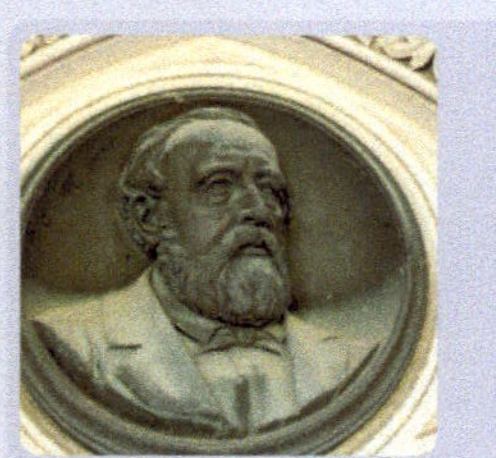

01D Grab Rosenthal
52,3516 °N · 9,7547 °O
Portraitplakette, Bronze,
1890–1917 SD

Gotthilf Jaeger
(1871–1933) · G

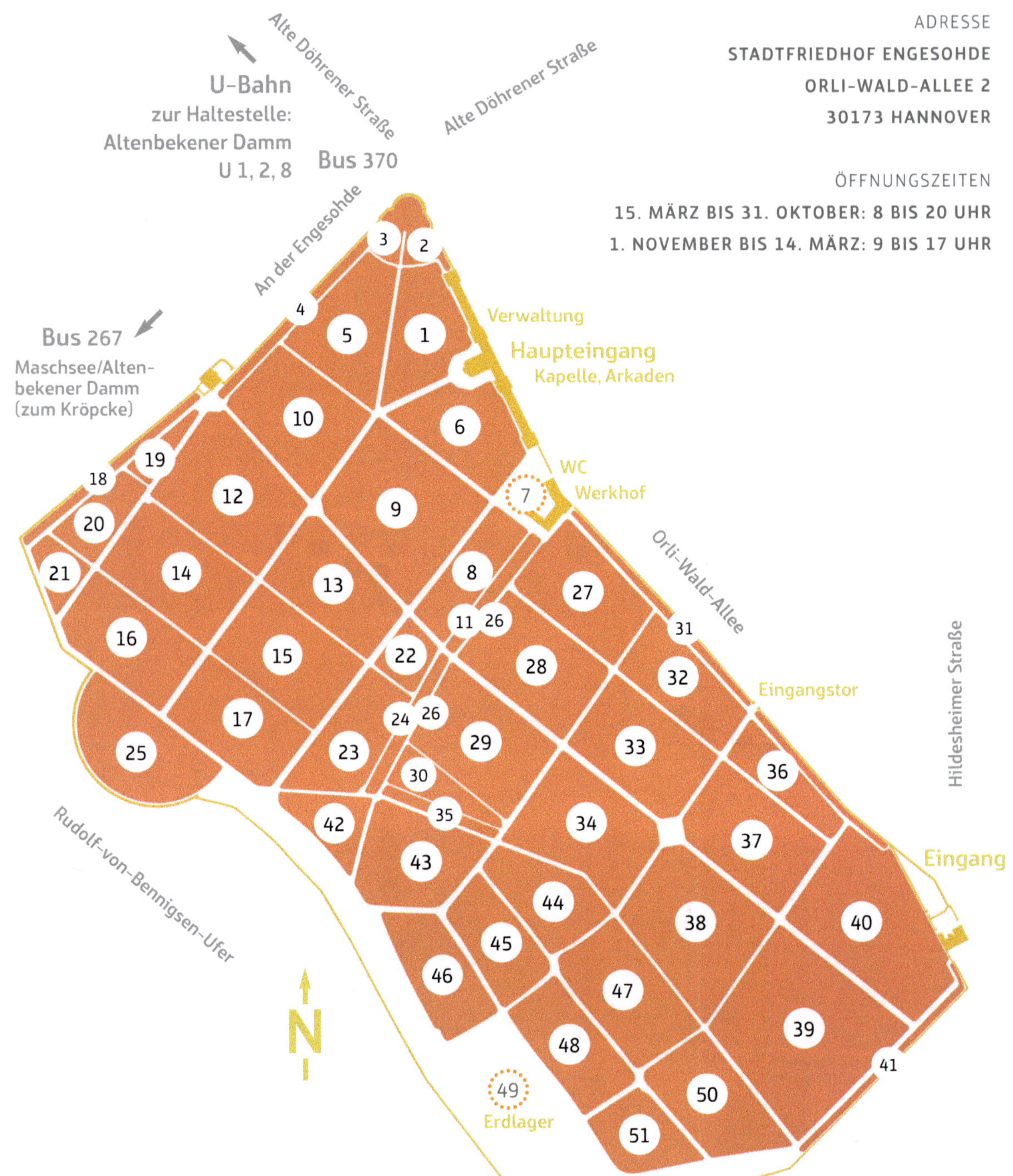
U-Bahn
zur Haltestelle:
Altenbekener Damm
U 1, 2, 8
Bus 370
Alte Döhrener Straße
Alte Döhrener Straße
An der Engesohde
Bus 267
Maschsee/Alten-
bekener Damm
(zum Kröpcke)
3
2
4
5
1
Verwaltung
Haupteingang
Kapelle, Arkaden
10
6
19
18
WC
Werkhof
20
12
7
9
21
14
8
13
27
Orli-Wald-Allee
16
11
26
15
22
28
31
32
17
24
26
Eingangstor
25
23
29
33
Hildesheimer Straße
30
36
42
35
34
43
37
44
38
Eingang
45
46
40
N
47
48
39
41
49
50
Erdlager
51
Rudolf-von-Bennigsen-Ufer
ADRESSE
STADTFRIEDHOF ENGESOHDE
ORLI-WALD-ALLEE 2
30173 HANNOVER
ÖFFNUNGSZEITEN
15. MÄRZ BIS 31. OKTOBER: 8 BIS 20 UHR
1. NOVEMBER BIS 14. MÄRZ: 9 BIS 17 UHR